문학으로서의 성서

문학으로서의 성서

1쇄 발행일 | 2021년 02월 22일

지은이 | 신성종
펴낸이 | 윤영수
펴낸곳 | 문학나무
편집 기획 | 03085 서울 종로구 동숭4나길 28-1 예일하우스 301호
이메일 | mhnmoo@hanmail.net

출판등록 | 제312-2011-000064호 1991. 1. 5.
영업 마케팅부 | 전화 | 02-302-1250, 팩스 | 02-302-1251
ⓒ신성종, 2021

값 15,000원
잘못된 책은 바꾸어 드립니다
지은이와 협의로 인지는 생략합니다
무단 전재 및 복제를 금합니다
ISBN 979-11-5629-113-8 03230

문학으로서의 성서

신성종 지음

문학나무

문화명령을 이끌어가는 성직자 아닌 성직자에게

필자가 소설가인 아내의 권면을 받아들여 '문학으로서의 성서'를 쓰기로 했으나 국내에서는 참고할 만한 책이 별로 없었다. 미국의 여러 도서관에 갔더니 거기에는 자료가 너무 많아서 그것을 다 읽을 수도 없고 그래서 주제를 중심으로 될 수 있는 한 많이 읽어보았다. 특히 이 분야의 최고 권위자라고 할 수 있는 오하이오 주립대학의 영문학 교수인 존 B. 가벨(John B. Gabel)과 찰스 B. 휠러(Charles B. Wheeler)의 『문학으로서의 성서 서론』, 레란드 라이켄(Leland Ryken)의 『문학으로서의 성서를 읽는 방법/How to Read the Bible as Literature』 버크나 B. 트라위크(Trawick)의 『문학으로서의 성서, 신약/The Bible as Literature, New Testament』을 읽으면서 큰 도움이 된 것을 이 책의 서론을 빌려 감사한다.

필자는 연세대학에 다닐 때 '기독교 문학'이란 한 과목을 강사인 이대 교수의 선택과목으로 배웠다. 그리고 웨스트민스터 신학대학원과 템플 대학원에서 폭넓게 신학과 철학은 물론 약간의 고대문학을 공부했지만 여기서 필자가 논하는 것은 다만 전문가들이 논한 것에 한 각주에 불과하다고 솔직히 고백한다. 평생 학문을 했지만 이 글을 쓰면서 사신의 무지힘과 학문의 세계가 이렇게 넓구나 하는 것을 새삼 깨달았다.

그러나 한국에서는 이 분야에 관한 책이 많지 않기 때문에 필자의 이번 책이 좋은 안내자와 지름길이 될 것이라고 믿어 이 글을 쓴다. 그러나 나중에 조신권 박사의 『성경의 문학적 탐구』를 읽고는 내가 얼마나 무식했는가를 깨닫게 되었다. 그렇다고 이미 쓰던 글을 중지할 수도 없었다. 내 스스로 다짐하기를 조신권 박사는 신학자가 아니기 때문에 그 면에서 부족할 것이기에 그것을 보충한다는 뜻으로 쓰기로 했다.

솔직히 필자는 보수적인 교단에서 예수를 믿고 총신과 웨스트민스터 신학대학원에서 공부했으며 개인적으로는 고려파에서 예수를 믿다가 충현교회가 합동 측으로 연합되는 바람에 갑자기 신분이 변했다. 그 후 합동 측의 신앙 교육을 받았기 때문에 솔직히 말해 성서에 대한 이해가 아주 좁았다. 그러나 연세대학 신학과와 미국의 비츠버그 신학교에서 공부해서 소위 자유주의 신학에 대해서도 많이 배웠다. 더구나 템플 대학에서 문학 석사와 철학 박사를 받았기 때문에 유대교는 물론 불교까지 선택과목으로 배웠고 사신신학(死神神學)의 거성인 폴 반 뷰란 교수에게서는 20세기의 가장 위대한 언어분석 철학자인 비트겐슈타인(Ludwig Wittgenstein)의 『철학적 탐구/Philosophical Investigation, 1953』를 중심으로 언어분석학을 공부했다. 해서 자유주의와 보수주의의 양쪽 분야를 다 배웠다고 자부한다. 국내에 돌아와서는 민중신학과 해방신학을 비판하는 입장에서 많은 글을 썼다.

　그러나 신앙은 계속해서 보수교단에 있었기 때문에 아주 고답적이고 보수적이었다. 솔직히 당시 필자의 신학은 근본주의적 신학을 가지고 있었다. 성경이라고 말하면 보수주의이고 성서라고 하면 자유주의라고 생각했을 정도였다. 그러나 헬라어를 가르치면서 성경이란 말이 헬라어의 원문인 비브리온(to bilblion)에서 온 말로서 그것은 단순히 '그 책들'(the books)이란 말의 복수형이기 때문에 경(經)보다는 서(書)란 말이 원문에 더 가깝다는 것을 알게 되었다. 제롬(Jerome)이 성서를 라틴어로 번역할 때에 라틴어로 ta biblia라고 한 것이 영어로 번역할 때에 the Bible이 되었는데 나중에 거룩한(Holy)이란 말이 책이란 말에 덧붙여져서 '聖經'이 된 것이다. 그러나 성경의 경(經)이란 말은 사실은 불경(佛經)에서 빌려온 말이다. 우리 문화에서 불교가 수천 년간 내려오면서 토착화되어 성경이라는 말이 기독교인들에게도 별 거리낌 없이 사용된 것이다. 이렇게 우리는 별 생각 없이 말들을 사용한다. 예를 들면 기독교에서는 예수란 말을 사용하면 보수이고(예장, 예감, 예성처럼) 그리스도라고 하면 자유주의로 생각한다(기장, 기감, 기성처럼). 그러므로 성서라고 하면 자유주의자이고, 성경이라고 하면 보수라는 생각은 사실은 우리의 무지에서 온 것이다.

　물론 성서 자체는 정확무오(正確無誤)한 하나님의 말씀이지만 그럼에도 불구하고, 하늘에서 뚝 떨어진 것도 아니고, 성령이 불러주는 글을 저자들이 기록한 것도 아니다. 우리와 꼭 같은 문화와 역사 속에서 숨 쉬며 살았던 인물들이 성령의 영감을 받아 성서를 기록했지만 그 언어도 인간의 언어인 히브리어와 헬라어로 기록된 것이다(다니엘서의 일부는 아람어로 기록), 문장도 그 당시에 사용했던 많은 문학의 장르를 빌려서 사람의 말로 기록했기 때문에 성서를 문학이라고 하는 것이 내용에 따라서는 극단적 자유주의도 될 수 있지만(모세오경의 문서 설처럼) 성서의 무오설을 믿는 한 성서의 내용을 문학적으로 연구하면 성서를 더 깊이 이해할 수 있다는 것을 깨닫게 되었다. 사실 성서는 기본적으로는 신학적으로 접근해야 하지만 여기에 역사적으로 접근할 뿐 아니라 문학적으로도 연구하면 더 많은 것을 발견하게 된다. 또 너무 거룩해서 저 멀리 있던 성서가 문학적으로 접근하면 훨씬 가깝게 우리에게 다가온다.

아닌 게 아니라 역사를 보면 문학을 죄악시한 경우도 많이 있었다. 이 문제는 리처드 니버의 『그리스도와 문화』란 책에서 문화에 대한 여러 가지 견해를 지적하고 있다. 조신권 교수의 책에서는 이 문제를 제1장 성경과 문학의 관계에서 깊이 있게 다루고 있다. 예를 들면 키에르케고르는 시인을 죄악시하며 "시인의 존재는 죄악의 존재이다"라고 했고 터툴리아누스는 문화를 "하나님으로부터 인간을 돌아서게 하려는 악마의 계교에 의해 이룩된 예술"이라고까지 극언을 했다. 교부인 성 아우구스티누스도 문학의 허구적인 성격, 부도덕한 영향력, 그리고 비실용성에 대한 일반적인 불평을 토로하였다.

더욱이 윌리엄 퍼킨즈는 "민요, 사랑에 관한 책, 부질없는 이야기 등은 허무한 유혹물에 불과하며 죄악으로 이끄는 마귀에 지나지 않는다"고 했다. 필자의 부친도 필자가 청소년이었을 때 소설 같은 문학작품을 절대로 읽지 못하게 하면서 그것은 시간낭비이며 오락처럼 기분전환거리에 불과하다고 일절 금했다. 그러나 칼뱅주의는 "예술을 성령의 선물로 또 우리들의 현대 생활의 위안물로 존중하였으며, 예술은 우리로 하여금 이 죄 많은 인생의 내부와 뒷면에서 보다 풍성하고 영광스러운 배경을 발견하도록 도와주는 소중한 것"이라고 했다. 그러므로 문학을 무조건 죄악시하는 것은 나쁜 면만 보는 잘못을 범하게 된다. 필자는 문학을 칼로 비유하고 싶다. 잘못 사용하면 손도 베고, 때로는 사람을 죽이는 무기도 되지만 잘 사용하면 음식을 만들 때 없어서는 안 될 필수품이 되기도 하는 것과 같이 문학도 그렇다고 본다. 그래서 필자는 시인으로 등단해서 '펜 문학'의 회원으로도 활동하며 『크리스천문학나무』의 대표요 편집인으로서 6년이 넘게 일하고 있다. 그동안 「성서적으로 본 세계사」라는 글을 연재하여 책으로 간행했다. 필자는 연세대학에 다닐 때 김동길 교수에게서 서양사를 배웠고, 단재(丹齊) 신채호의 『조선상고사』를 읽으면서 역사에 눈을 뜨게 되었다. 함석헌 선생의 강의를 오랫동안 수강하면서 비판적 역사관을 배운바 일반 역사가들이 보지 못하는 영적 면을 제시하면서 제4차 산업혁명이 시작된 오늘날까지의 한국인들이 보아야 할 것과 앞으로의 사명을 제시한 『성서적으로 본 세계사』를 쓸 수 있었다.

『문학으로서의 성서』에서 필자가 피력하고 싶은 말을 요약하겠다.

기독교 문인들이 하는 일은 창1:28절의 하나님의 문화명령을 이 땅에 이룩하는 일이라고 믿는다. 문제는 성서의 번역에 오류가 있다. "땅을 정복하라"는 우리말 번역은 '땅을 기경하라' 영어로는 cultivate the earth로, 더 정확하게는 culture(동사로) the earth

로 번역하는 것이 원문의 뜻에 더 가깝다고 생각한다. 그러므로 창 1:28절은 하나님의 문화명령을 언급한 말씀이다. 그렇다면 문화의 한 지류인 문학은 주님의 지상명령 이전에 주신 하나님의 지상명령이라고 해야 할 것이다. 따라서 기독교 문인늘이 문학을 한다는 것은 창세기에 언급된 문화명령의 실천이란 점으로 믿고 우리가 문학을 하는 것이 하나님께 영광 돌리는 최선의 길임을 깨달아야 한다. 물론 목회자는 일선에서 말씀을 전파하는 성직자이지만 기독교 문인도 하나님의 최초의 명령인 문화명령을 이끌어가는 성직자 아닌 성직자, 다시 말하면 하나님의 사명자라고 자부해야 한다.

하나님의 영광을 위하여(Soli Deo Gloria). 2021년 새해를 맞으면서
미국 서재에서
일조 신성종

차례

책머리에 | 문화명령을 이끌어가는 성직자 아닌 성직자에게 ____ 004

제1편
문학으로서의 구약성서
제1장 왜 하필이면 '문학으로서의 성서'인가? ____ 014

제2장 구약성서에 나오는 장르들 ____ 043

제3장 문학으로서의 시편 ____ 162

제4장 문학으로서의 지혜문학 ____ 176

제5장 문학으로서의 잠언 ____ 185

제2편

문학으로서의 신약성서

제1장 신약성서의 배경 ____ 194

제2장 사복음서의 장르 ____ 201

    1. 마가복음   2. 마태복음

    3. 누가복음과 사도행전   4. 요한복음

제3장 바울 서신의 장르 ____ 307

    1. 로마서   2. 고린도전서

    3. 옥중서신(에베소서, 골로새서, 빌레몬서, 빌립보서)

    4. 골로새서   5. 빌레몬서

    6. 빌립보서   7. 목회서신(딤전후서. 디도서)

제4장 문학으로서의 히브리서 ____ 358

제5장 공동서신(General Epistles 혹은 Catholic Epistles) ____ 365

제6장 묵시문학으로서의 요한계시록 ____ 379

제1편

문학으로서의 구약성서

제1장
왜 하필이면 '문학으로서의 성서'인가?

언어 분석 철학자인 비트겐슈타인은 그의 대표적인 저서 『철학적 탐구/The Philosophical Investigation』에서 "단어의 의미는 주어진 언어놀이 안에서 그 단어들이 가장 잘 이해된다"라고 했다. 다시 말하면 언어놀이(words-play), 즉 한 단어의 뜻은 그것이 기록된 맥락 속에서 이해되어야 바로 알 수 있다는 말이다. 그러므로 '문학으로서의 성서'란 말은 문맥에 따라서는 성서를 단순히 인간의 작품으로 보고 일반문학 작품과 같이 연구하기도 했다. 그 대표적인 예로 모세오경을 J, E, D, H, P의 다섯 가지의 문서들을 편집한 것으로 보는 고등 비평가들의 경우이다. 그 후 양식사 비평과 편집사 비평으로 발전했지만 이런 소위 자유주의자들에 맞서서 많은 보수주의자들이 전통적인 입장을 지켜왔고, 그런 것 때문에 성서를 문학으로 보지 않으려는 사람들이 생긴 것이다. 물론 축자영감설이 오류라고 한데서 성서의 문학적 연구가 시작된 것은 사실이다.

그러나 필자처럼 성서가 하나님의 영감을 받아 기록되었지만 그럼에도 불구하고 인간의 언어로 기록되었기 때문에 그 장르에 따라 해석하지 않으면 저자가 의미하는 참 뜻을 완전히 이해할 수 없다는 뜻에서 '문학으로서의 성서'를 다루려고 한다. 이것을 바로 이해하려면 예수님의 양성론(완전한 인간이면서 완전한 하나님이란 주장)을 믿고 받아들여야 이해가 될 것이다.

솔직히 성서는 역사 속에 실재로 살았고 숨 쉬었던 사람들이 문학의 여러 가지 형태(literary forms)를 빌려서 구약은 히브리어와 아람어로, 신약은 헬라어로 기록한 책이다. 그러므로 성서를 바로 이해하려면 구약은 히브리어의 사용법과 장르를 알아야 하고, 신약은 헬라어에서 사용된 장르와 사용법을 알아야 비로소 그 본문의 뜻을 올바로 이해할 수 있다. 많은 목회자들은 신학생 때에는 히브리어와 헬라어를 열심히 배우지만 신학교를 졸업한 뒤 목회할 때에는 그 언어적 지식을 사용하지 않아 원저자와 다른 말로 해석하는 경우가 많다. 그래서 목회자들이 빠지는 함정이 영해와 알레고리칼 해석이다.

성서의 문학성

어떤 면에서 성서는 지금까지 기록된 문학 가운데 가장 위대한 문학작품이다. C. S. 루이스(Lewis)도 '시편에 대한 숙고(Reflections on the Psalms)'란 글에서 문학으로서 성서를 연구할 필요성을 주장했다. 필자가 성서를 문학으로서의 연구라고 주장하는 이유가 있다.

첫째로 성서의 메시지를 연구하는데 있어서 신학적 연구만으로는 성서의 폭넓고 깊은 진리를 다 파악할 수 없기 때문이다.

둘째는 성서를 문학적으로 보지 않고는, 다시 말해 성서의 다양한 장르를 모르고는 성서의 저자가 말하려고 하는 본뜻을 오늘날의 책으로 올바로 다 파악할 수 없기 때문이다.

셋째로 성서의 말씀 속에는 아름다움과 예술적 보화들이 많이 들어있는데 신학적으로만 볼 때에는 그것을 다 볼 수 없기 때문이다.

두 말할 필요도 없이 성서는 하나님의 영감을 받은 저자들이 기록한 것으로 우리의 신앙과 행위를 인도하는 유일한 표준이다. 그래서 우리는 루터의 "오직 성서(Sola Scriptura)"를 고집한다. 그러나 우리가 같은 말을 한다 해도 그 단어의 뜻은 비트겐슈타인이 말한 대로 "The meaning of the word is its use of the word." 즉 어떤 문맥 속에서 사용하느냐를 모르면 그 본문의 뜻을 바로 정확하게 이해할 수 없다. 그래서 삶의 정황(Sitz-im-Leben) 속에서 저자가 뜻하는 의미를 이해해야 한다. 예를 들면 하박국 2:4절에 "그러나 의인은 그 믿음으로 말미암아 살리라"는 구절이 있다. 좀 더 정확하게는 '그'란 말은 원문에 보면 '그의'(대문자의 His 혹은 소문자의 his란) 말이기 때문에 한글 성서는 정확하지 않다. 따라서 '그'란 말이 대문자인지 아니면 소문자인지에 따라 뜻이 변한다. 대문자인 경우는 '하나님의 신실하심'이란 뜻이 되지만 소문자인 경우는 '우리 자신의 믿음'으로 말미암아 살리라(구원받는다)는 뜻이 된다. 놀라운 것은 70인 역에서는 '그'란 말을 '자신의 믿음'이라는 말로 번역했다. 즉 소문자(his)의 뜻으로 이해한 점이다.

그러나 합2:4절을 인용한 바울 서신을 보면(롬1:17, 갈3:11) 바울은 합2:4절을 소문자의 뜻으로 인용한 것을 볼 수 있다. 게다가 바울 서신에서는 '그'(His or his)란 말을 완전히 생략함으로써 보다 더 확실한 뜻으로 해석하고 있다. 그래서 우리는 바울이 예수님을 가장 잘 이해했고, 바로 조직화해서 표현했다고 말한다.

여기서 필자가 말하는 '성서는 문학이다'라고 말할 때 간단히 말하면 그것은 좁은 의미가 아니라 넓은 의미로 말하는 것이다. 좁은 의미로 문학이란 시, 소설, 수필, 희곡처럼 그 구분이 분명하다. 그러나 좁은 의미의 문학의 장르도 지금 많이 변하고 있다. 예를 들어 시의 경우 과거에는 서정시니 서사시니 해서 그 구분이 분명했지만 최근에는 그 구분이 분명치가 않다. 예를 늘변 전새 시인 기형도의 「입 속의 검은 잎」은 마치 살아있는 윤동주를 만난 것처럼 역사를 뛰어넘어 우리에게 가까이 다가오는 시이다. 그는 내재하는 폭압과 공포의 심리구조를 통해 독특하게 표현한 글을 60편 남겨 놓고 떠났다. 그의 대표적 시는 「입 속의 검은 잎」이지만 어떤 장르의 시든 그의 시는 읽는 사람에게 마음에 짠하게 메아리쳐오는 공포의 음색을 가지고 다가온다. 그러나 형식을 보면 '대학 시절', '바람은 그대 쪽으로', '여행자' 같은 경우는 산문시 형식이어서 좀 의아하지만 그러나 그의 생애가 그러하듯이 그는 시처럼 살다가 시처럼 죽었다. 따라서 그의 시는 글로 표현한 것 이상의 세계로 우리를 이끌어간다. 그래서 그는 지금도 수많은 청소년들의 우상적 존재가 되고 있다. 특히 그의 '가을에'라는 시는 독자에게는 눈물 나게 슬프다. '잎 진 빈 가지에/ 이제는 무엇이 매달려 있나/ 밤이면 유령처럼/ 벌레 소리여/ 네가 내 슬픔을 대신 울어 줄까/ 내 음성을 만들어줄까'(이하 생략). 이처럼 기형도의 글은 산문 형식을 가질 때에도 시학적 표현이 별처럼 빛난다.

사실 어떤 의미에서 성서는 문학이 아니라고 할 수도 있다

왜냐하면 일반 문학과는 너무도 다르기 때문이다. 일천 년이 넘도록 써졌으면서도 한 사람의 작품처럼 서로 연결이 되어 있다는 점은 분명히 성령의 영감 없이는 불가능하다. 성서의 작품들은 편집사학파들처럼 그렇게 조직적으로 편집되었다고 볼 수는 없지만 그러나 성령의 인도하심에 따라 저자들이 '거기에 있는'(out there) 어떤 것이 아니라 '여기 안에 있는'(in here) 어떤 것을 말해주기 때문에 일반 문학과는 전혀 다르다.

T. S. 엘리엇(Eliot)의 「종교와 문학/Religion and Literature」이란 글은 종교인들이 문학을 어떻게 대하며 이해해야 할 것인가를 다섯 가지로 잘 표현하고 있다. 첫째는 크리스천은 자기들이 읽는 모든 문학에서 자신의 크리스천의 표준을 적용해야 한다. 둘째는 이런 표준은 크리스천 문학에만 적용해서는 안 된다. 셋째로 크리스천은 불신자들의 글을 읽을 때에 잘못된 것을 묵인해서는 안 된다. 넷째로 문학은 독자들의 사상과 행위에 쉽게 영향을 준다. 다섯째로 현대 문학의 영향은 그것의 세속적 성향 때문에 크게 해를 줄 수가 있다.

이 글은 많은 크리스천들이 불신 사회에 살면서 빠지기 쉬운 함정들을 잘 지적한 것이라고 할 수 있다. 결론적으로 성서와 문학의 관계는 조신권 교수의 말대로 인간의 두 요소인 육체와 영혼의 관계처럼 뗄 수 없는 필연적 관계이다.

성서를 전체적으로 보면 한 편의 드라마

왜냐하면 성서는 (1)서막(창세기 1~11장), (2)제1막(창12~말라기), (3)제2막(마태복음~유다서), (4)종막(계시록)으로 되어 있기 때문이다.

그러면 이제 구체적으로 성서의 문학성을 살펴보자. 먼저 창세기는 어떤 구조로 되어 있는가? 크게 두 부분으로 나누어져 있다.

제1부는 서론적 이야기(1~11장: 모든 것의 시작), 제2부는 족장 이야기(12~50장: 아브라함, 이삭, 야곱, 요셉)로 되어 있다.

그러면 창세기는 어떤 문학 장르에 속하는가? 한 마디로 설화(Narrative) 형태로 기록되었다. 설화란 여러 다른 문화권 속에서 구전되는 이야기를 통틀어 일컫는 말이다. 설화의 특징은 구전이란 점이다. 예를 들면 노아의 홍수 같은 설화는 그 이야기가 자손들에게 구전으로 내려온 것을 (1)기억 (2)구전 (3)문헌기록의 순서로 기록되었을 것이다. 특히 유대인들의 경우는 특별하다. 그들은 지금도 모세오경이나 심지어 구약성서를 글자 하나 틀리지 않고 외우는 경우가 있다. 그러므로 기억-구전-기록의 순서를 성서의 영감설에 반하는 것으로 보아서는 안 된다. 왜냐하면 그것이 다 성령의 영감 속에서 이루어졌기 때문이다.

성서의 여러 내러티브(說話)들은 다 이런 비슷한 과정에서 기록되었을 것이다. 쉽게 이해할 수 있는 것은 복음서이다. 예수님이 십자가에 죽으신 것이 주후 30년경이므로 복음서가 기록된 것은 70년 전후이기 때문에 40년 동안 복음서 내용이 어떻게 기억되고, 구전되고, 마지막에 기록된 것을 알면 다른 설화들도 비슷한 과정을 밟았을 것으로 보인다. 우리는 이 과정을 유대인들의 탈무드 기록에서 볼 수 있다. 유대인들은 에스라 이후에 구전을 모으기 시작했는데 그것을 토론(Gemara)하고 그 토론한 것이 그 유명한 탈무드(Talmud)이고 본문은 미슈나(Mishnah)를 이용한 것이다. 탈무드는 6부, 63권으로(마지막 목표가 72권이었다) 현재의 페이지 수는 1만 2천 페이지나 된다.

창세기의 설화 내용은 당시에 살았던 인물들이 없었기 때문에 창조를 하나의 대상으로 묘사하지 않고 어떻게 우주가 창조되었는지의 주제만을 기록하고 있다. 어떤 하나님이신지 설명도 없이 그냥 하나님께서 "빛이 있으라 하매 빛이 있었다"고 했다. 7일 동안의 창조와 안식을 기록하기 때문에 7일이 우리가 생각하는 24시간의 날을 말하는 것인지(칼뱅), 아니면 한 시대를 의미하는 긴 날(아우구스티누스)인지도 언급하고 있지 않다. 우주가 하나님의 창조라는 것만을 언급할 뿐이다. 이것이 창세기 저자가 우리에게 말해 주는 핵심이다. 창세기 저자는 과학적 역사적 관심이 아니라 주된 관심이 창조가 하나님의 작품이란 점이 중요할 뿐이었다. 따라서 창세기의 창조 설화는 다윈의 진화론과는 목적도 다르고 형식도 다르고 접근 방법도 다를 수밖에 없다. 그런 점에서 성서는 다른 문학과는 전혀 다르기 때문에 특수한 유형의 문학이라고 하는 것이 가장 정확한 표현이다. 그런 면에서 성서는 우리가 흔히 말하는 문학과는 다르다고 할 수 있다.

창세기를 보면 하나님은 옛날에 있었던 이야기꾼처럼 창조 이야기를 전개한다. 창세기에 나오는 장르는 설화(narrative) 형식으로 되어 있다. 이 설화식 표현은 성서에서 가장 많고 중요한 장르이다. 따라서 설화형식의 장르를 연구하면 할수록 성서의 내용을 더 깊이 이해할 수가 있다. 중요한 것은 이런 설화가 그냥 꾸며낸 이야기가 아니라 역사적으로 표현하고 있다는 점이 특징이다. 특히 다윗의 이야기나 욥의 이야기는 우리의 상상력을 깊게 해준다. 단순히 세상 역사처럼 순서적으로 기록된 것이 아니라 역사의 섭리자인 하나님의 마음을 읽도록 해준다는 점에서 특이하다. 그래서 때로는 문자적인 뜻만 있는 것이 아니라 영적인 깊은 의미를 보게 해준다. 그래서 독자로 하여금 하나님의 초청에 참여하여 체험하게 만들어준다. 설화를 단순히 독자로서 읽게 하는 것이 아니라 하나님과 대화하며 그 사건에 동참하게 만들어준다. 그러므로 성서는 단순히 독자들로 하여금 이해하게 하는 데서 끝나지 않고 '지금 여기에'(here and now) 살아계신 하나님의 사역에 동참하게 만들어준다. 따라서 성서는 문자적 의미만 있는 것이 아니라 영적인 의미와 예표적인 의미와 은유적인 의미 등등 다양하다.

설화에서 주목할 점

성서의 설화에서 우리들이 간과하지 말아야 할 것은 설화에 나오는 인물들을 통해서 우리에게 전달하려는 하나님의 뜻이 무엇인가를 깨달아야 한다는 점이다. 그래서 그 설화 속에서 나 자신의 영적 의미와 현주소를 보며 그 인물들을 통해서 주시는 교훈을 발견해야 하는 것이다. 그러므로 성서는 어떤 면에서 살아서 숨 쉬는 생물과도 같다고 볼 수 있다. 따라서 성서의 설화는 단순한 설화가 아니라 설화를 통해서 지금 나에게 전달해주시는 하나님의 말씀인 것이다. 그러므로 성서는 어떤 설화이든 지금의 나에게 영적 교훈을 주는 하나님의 말씀이란 점에서 세상의 다른 설화나 문학과 전혀 차원이 다르다.

사도행전 7장에 나오는 예루살렘 교회의 신도였던 스데반이 유대인 회당에서 한 설교도 일반 문학과 다른 점을 보여준다. 그의 설교를 보면 구약의 인용을 유대인의 전통적 암기식 방법을 사용

하고 있다. 그것은 베드로의 경우나(행3장) 바울의 경우(행13장)와
도 유사하다. 그런데 놀라운 것은 사도행전의 저자인 누가는 스데
반을 예수님의 경우와 비교하여 언급한 점이다. 예수님처럼 스데
반은 성전 예배를 반대하였고 예수님처럼 유대인들의 공회의 재판
을 받았던 경로를 그대로 밟고 있다(눅11:49-51). 예수님만이 자신
을 '인자'(Son of man)라고 칭하였는데 스데반도 예외적으로 예수
님을 '인자'라고 불렀다(행7:56). 또 예수님이 자신을 죽이는 살인
자들을 용서해달라고 하나님께 기도한 것처럼(눅23:34) 스데반도
그렇게 기도했고 죽을 때는 "주 예수여 내 영혼을 받으시옵소서"
라고 예수님처럼 하나님께 위탁하는 기도를 했다(행7:59). 사도행
전의 저자인 누가는 스데반을 예수님의 표본대로 산 최초의 순교
자로 묘사하려는데 목적이 있었기 때문에 일반 문학이나 자서전과
는 전혀 다른 형태로 기록한 것이다. 이때부터 이방인 선교가 시작
되었다고 기록하고 있다.

　　그러나 복음서의 저자들이 일반 문학에서처럼 복음서를 편집한
것은 아니지만 대상에 따라서는 내용을 성령의 감동 속에서 자유
롭게 썼던 것을 쉽게 볼 수 있다. 성서를 보면 각 저자마다 필체가
다르고 좋아하는 단어들이 다른 것은 성령의 영감이 성서의 저자들
을 기계처럼 사용한 것이 아니라 인격적으로 활용한 것을 볼 수 있
다. 그런 점에서 편집사 비평은 어떻게 활용하느냐에 따라 복음서
연구에 도움이 될 수도 있다. 특히 비유 연구에는 절대적 공헌을
했다. 필자가 쓴 「예수님의 비유」는 삶의 정황(Sitz-im-Leben) 속에
서 비유를 해석한 편집사적 방법을 활용한 시도이다.

마태복음의 경우

여기서는 마태복음의 경우만 언급하겠다. 마태의 대상은 구약에 익숙한 유대인들이었다. 그래서 마태는 예수님을 유대인들이 구약 성서를 통해 예언되어진 메시아인 것을 증명하기 위해 서두에서 예수님의 족보를 아브라함의 족보에서부터 시작하였다. 그 대수 (generation)도 다윗이란 글자의 뜻과 같이 14대씩 구분을 하였다. 그뿐 아니라 구약의 모세오경처럼 예수님께서도 다섯 묶음의 설교를 한 것을 예로 들어 마태복음서를 모세오경에 비교하여 기록하였다. 예를 들면 산상수훈(5~7장), 제자 선택과 그들에게 준 권위 (10장), 일곱 가지의 비유(13장), 교회의 훈련(18장), 종말론(24~25장)의 다섯 묶음으로 편집하여 기록한 것이다. 재미있는 사실은 마태복음에서는 "심령이 가난한 자는 복이 있나니"(마5:3)라고 했는데 누가복음에 보면 6:20절에서는 "너희 가난한 자는 복이 있나니"라고 했다. 그것은 듣는 대상이 달랐기 때문이다. 마태복음에서는 부한 유대인들이 주 대상이었기 때문에 심령의 가난을 강조했으나 누가복음의 경우는 물질적으로 가난한 자들이 많이 있었기 때문에 물질적 가난을 예로 든 것이다. 이런 것은 저자들이 자기들 스스로 그렇게 편집하여 기록한 것이 아니라 청중 즉 설교의 대상에 따라 성령의 인도하심에 따라 복음서를 기록했다는 말이다.

유대인들을 위한 복음서인 마태복음에서는 하나님의 이름을 부르는 것을 금하고 있다. 유대인들의 전통 즉 "하나님의 이름을 망령되이 일컫지 말라"(출20:7)는 말씀을 하나님의 이름 사용을 금지한 것으로 이해했다. '하나님의 나라'를 '천국'(하늘나라)이란 말로 표현한 것은 제3계명에 따라 기록한 것이기 때문이다. 그러나 누가복음에는 대상이 헬라인들이었기 때문에 '하나님의 나라'란 말을 거리낌 없이 그냥 사용하고 있다.

따라서 여기서 필자가 "성서는 문학이다"라고 말한 것은 넓은 의미로 말한 것일 뿐 결코 좁은 의미로 논하는 것이 아니다. 다시 말하면 성서 영감의 부인이나 유오설을 인정하는 것이 아니란 점이다. 다른 말로 말하면 성서는 순수문학(belles-lettres)은 아니다. 그래서 성서를 문학이 아니란 말은 순수문학적으로 보면 옳은 것이고, 성서는 문학이라고 말하는 것은 그것이 넓은 의미로 말하는 것이라면 그것도 옳다는 말이다.

역사를 보면 기독교와 문학 사이에는 적지 않은 갈등을 겪어온 것이 사실이다. 예를 들면 키에르케고오르는 시인을 죄악시하여 시인은 "선과 진리를 구현하기 위하여 노력하지 않고 상상을 통하여 거기에 접근하고자 하는 죄를 범하고 있다"고 했다. 더구나 터툴리아누스는 반 문화론적 입장에서 "하나님으로부터 인간을 돌아서게 하는 악마의 계교에 의해 이룩된 것이 예술"이라고 혹평했다. 특히 영어번역의 개척자인 윌리엄 틴델은 토머스 모어의 『이상국(Utopia)』을 "색칠한 시"라고 멸시하였다. 또 윌리엄 퍼킨즈는 "허무한 유혹 물에 불과하며 죄악으로 이끄는 마귀에 지나지 않는다"고 혹평했다. 더구나 백스터(Baxter)는 "허구적인 문학은 위험하게도 속이 빈 젊은이들의 마음을 미혹시키며 더 좋은 일을 하는 데 소비될 수 있는 귀중한 시간을 빼앗아간다"고 믿었다. 더욱이 T. S. 엘리엇은 종교와 문학이란 평론에서 성서의 문학성만을 보고 읽는 사람들은 "본질적으로 기생충"이라고 했고, C. S. 루이스는 "성서를 문학으로 읽는 사람들은 성서를 읽는 것이 아니다"라고 혹평했다(이상은 조신권 님의 책에서 인용). 물론 필자는 이들의 문학에 대한 혹평을 문학이 빠지기 쉬운 함정임을 지적한 것으로 보기 때문에 동의하지만 그러나 그것은 문학의 좋은 면은 보지 못한 소치라고 안타까워한다. 좀 더 심하게 말하면 문학에 대한 무지에서 본 것이라고 생각한다. 세상에 사탄이 침투하지 않는 곳이 어디 있나? 하나도 없다. 그렇다면 그것을 다 버려야 하는가? 그럴 수 없다. 우리가 사는데 절대적으로 필요한 '밥'은 넓은 의미에서는 없어서는 안 될 절대적 필수품이지만 그것으로 인해 사기를 치고 심지어 살인을 하는 경우도 많기 때문에 문학을 비평하는 분들에게 "구더기 무서워 장 못 담그느냐?"란 말을 하고 싶다. 그러나 칼뱅주의자들은 예술을 성령의 선물로 보았다. 때로는 예술이 우리에게 위안을 줄뿐 아니라 보다 성서의 풍성한 것을 발견하도록 도와준다고 보았다.

그리스도와 문화

여기서 필자는 문학을 사탄적인 것으로 보는 사람들에게 리처드 니버(Richard Niebuhr)의 『그리스도와 문화/Christ and Culture, 2003, 11월 3』라는 책을 권하고 싶다. 리처드 니버는 기독교 안에는 문화를 보는 다섯 가지의 유형이 있다고 지적했다. (1)대립적 유형(Christ against Culture) (2)일치적 유형(Christ of Culture) (3)종합적 유형(Christ above Culture) (4)역설적 유형(Christ in Paradox) (5)변혁적 유형(Christ as Transformer of Culture)이 있다고 하면서 다섯 번째인 변혁적 유형이 가장 성서적이고 칼뱅주의라고 지적했다. 물론 그는 문학을 직접 논한 것은 아니지만 문학은 문화의 한 부분이며 그 가운데서도 예술의 일원이라고 지적했다. 문학은 문자 문화라고 말할 수 있다. 물론 한국 교회에서는 문학은 아직까지도 정체가 불분명한 반갑지 않은 분야이지만 송영옥 교수가 기독교 문학자로서 분투 중에 있는 것을 보면서 안쓰럽게 생각한다.

필자는 성서 신학자로서, 또 한국문학의 시인일 뿐 아니라 국제 Pen 클럽 정회원으로서 바울의 변혁사상(롬12:1, 3)과 요한의 변혁사상에 기초하여 기독교문학을 바른 궤도 위에 올려놓기 위해 남은 생애를 바칠 것이다. 필자가 『크리스천문학나무』의 편집인으로서 많은 경제적 희생을 무릅쓰고 계속 활동하는 것은 이 분야가 아직도 한국 교회에 낯선 손님이기 때문이다. 필자가 믿기로는 한국 교회의 강단이 '문학으로서의 성서'를 연구하지 않고는 성서에 나오는 수많은 은유와 상징은 물론 예수님의 시적 설교와 비유에 대한 바른 이해가 결단코 이루어지지 않는다고 본다.

다시 본론으로 돌아가 라이켄은 『성서의 문학형태의 완전한 안내서/A Complete Handbook of Literary Forms in the Bible』란 책에서 성서를 문학으로서 읽어야 할 열 가지 이유를 열거했다. 이것은 필자의 생각과 거의 일치하므로 여기에 그 열 가지를 그대로 언급하려고 한다.

(1)문학으로서의 성서란 개념은 현대에 와서 시작된 것은 아니다.

(2)문학으로서의 성서란 견해는 반드시 신학적 표현은 아니다. 라이켄은 성서에 대한 믿음과 그것을 문학으로 연구하는 것 사이에 모순을 느끼지 않는다.

(3)성서를 문학이라고 말하는 것이 사실이 아닌 꾸민 이야기를 의미하는 것은 결코 아니다. 대부분의 문학은 꾸민 이야기이지만 그것만이 문학의 특징은 아니기 때문이다.

(4)성서가 문학이란 개념은 성서의 서사들과 함께 시작된 것이다.

(5)문학의 주제는 인간의 체험이다. 그런데 성서 안에는 성령의 감동 속에서 저자들의 체험이 많이 녹아서 나온다.

(5)문학이란 주제의 육화(肉化)이며 말씀의 육화적 표현이다.

(7)예술적 기교는 성서의 문학성의 중요한 부분이다.

(8)성서를 문학적 측면으로 존중하는 것은 성서의 저자의 의도를 관찰하는 방법이다.

(9)성서를 문학으로 읽는 것은 모든 독자의 능력 안에 내재한다.

여기서 중요한 것은 성서는 종교서적이면서도 또한 문학 작품이란 점이다. 사실 역사상 성서만큼 문학으로서 뛰어난 걸작은 없다. 예컨대 창조설화는 당시에 이미 구전으로 내려온 설화를 중심으로 성령의 영감 속에서 쓴 것이다. 꼭 같지는 않지만 호머의 『오디세이』처럼 모세오경도 구전으로 내려오다가 모세가 성령의 영감을 받아 그것을 하나의 책으로 기록한 것이다. 따라서 모세의 창조 이야기는 당시의 구전을 그대로 쓴 것이 아니라 성령의 감동 속에서 취사선택했을 것이다. 모세오경이 어떻게 책으로 남게 되었는지는 확실치 않다. 모세 이전에는 구전 혹은 부분적인 기록의 형태로 순환되다가 성령의 영감 속에서 모세가 수집하여 경전화했을 것으로 보인다. 여기서 구전으로 내려온 것이 성령의 영감과 관계가 없는 것으로 볼 수도 있겠지만 그러나 모세의 경우는 호머의 경우와는 전혀 다른 것을 잊지 말아야 한다.

성서의 가장 중요한 특성은 한 권의 책이면서도 마치 도서관처럼 수많은 장르의 책으로 구성되어 있다는 점이다. 그러면서도 요 20:31절에 기록된 대로 성서의 목적은 아주 분명하다. "오직 이것을 기록함은 너희로 예수께서 하나님의 아들 그리스도이심을 믿고 그 이름을 힘입어 생명을 얻게 하려 함이니라" 성서는 독자로 하여금 그리스도 예수를 만나게 해주고 그로 말미암아 참 생명인 새 생명(영생)을 얻게 하려는데 목적이 있다는 말이다. 여기서 우리는 성서와 일반 문학과의 차이점이 있을 뿐 아니라 그러면서도 연관성이 있음을 발견한다.

성서는 여러 장르로 되어 있다고 했는데 그러면 장르란 무엇인가? 성서의 장르(genre)란 말은 프랑스어의 형태(type) 혹은 종류(kind)를 뜻하는 말에서 왔다. 벨슈어(Art Verschoor)는 그의 『문학으로서의 성서』란 책에서 이렇게 말했다.

"성서는 세계의 모든 문학 가운데서 가장 중요한 작품에 속한다. 그러므로 우리는 그 목적을 어떻게 더 잘 이해할 수 있는가를 살펴야 한다."

사실 서양의 문학사에서 성서의 영향을 무시할 수는 결단코 없다. 예컨대 셰익스피어의 작품을 보면 성서의 인용이 1000구절이 넘는다. 그밖에도 존 밀턴, 찰스 디킨슨, 메튜 아놀드, 윌리엄 워즈워스, 마크 트웨인, 로버트 프로스트, 에밀리 디킨슨 등 모든 위대한 서양의 작가들은 다 성서의 은유와 암시를 받아 그들의 문학을 창조했다.

예를 들면 작가들의 성서 인용은 아주 많다. 창4:9 "내가 내 아우를 지키는 자니이까", 마5:13 "너희는 세상의 소금이니", 롬2:14

"자기가 자기에게 율법이 되나니", 롬13:1 "모든 권세는 다 하나님의 정하신 바라", 딤전3:3 "돈을 사랑치 아니하며", 딤전 6:12 "선한 싸움" 등 얼마든지 찾아볼 수 있다.

존 드링크워터(John Drinkwater)는 『문학의 개요/The Outline of Literature』에서 구약성서를 천여 년 동안의 유대인들이 기록한 최고의 문학작품이라고 극찬했다. 신약은 한 나라의 문학이 아니라 한 운동의 문학작품으로서 나사렛 예수와 초대교회 신앙의 발전 상황을 기록한 책이다. 신약은 구약에 비해 그 문학성은 좀 떨어지지만 필자의 생각으로는 예수님의 비유 사용이나 은유의 사용 같은 것은 세계 어디에도 비교할 수 없는 가장 위대한 문학적인 시도요 작품이라고 본다. 물론 예수님 이전에도 비유 사용은 있었지만 그러나 예수님처럼 많은 비유를 사용한 분은 역사 어디에도 없다. 넓은 의미로 본다면 비유의 숫자는 더 많겠지만 브라이언 쾌미체르(Brian Kuehmichel)가 찾아낸 것은 예수님이 100개 정도 사용했다고 보았다. 상식적으로만 보아도 마태복음에 21개, 마가복음에 6개, 누가복음에 22개나 된다. 신약의 3배나 되는 구약의 경우는 신약보다도 적게 29개에 불과하다. 예수님의 비유가 얼마나 생생하게 영향을 주었는지 무신론자인 헉슬리(T. E. Huxley)까지도 신약성서는 가난한 자와 억압받는 사람들의 대헌장(Magna Carta)이라고 극찬했다.

문학이란 무엇인가?

C. S. 루이스(Lewis)는 '문학이란 무엇인가?'에 대해 첫째 인간의 체험을 그린 것이다. 둘째는 문학의 저자들은 자신의 체험뿐 아

니라 때로는 해석도 했다. 셋째로 문학은 일종의 형태 예술(An Art of Form)이라고 정의했다.

그의 주장은 어떻게 보면 문학으로서의 성서를 잘 요약한 것이라고 할 수 있다.

프랑크 N. 마질(Magill)은 그의 『크리스천 문학의 걸작들/Masterpieces of Christian Literature』이란 책에서 우리가 흔히 신학적 저서라고 생각하는 것들까지 다 문학의 장르에 포함시킨 점이다. 예를 들면 오리겐의 『셀서스에 반하여/Against to Celsus』를 비롯해서 리처드 니버의 『그리스도와 문화』, 칼 바르트(Karl Barth)의 『로마 서신/Epistle to the Romans』 같은 신학 서적들을 다 포함해서 2백 권이 넘는 책들을 크리스천 문학으로 포함시켰다. 따라서 마질 같은 학자는 크리스천이 쓴 모든 서적을 다 크리스천 서적으로 생각한 것이다. 필자는 이런 그의 분류가 옳은지 그른지는 여기서 언급하고 싶지 않다. 다만 필자는 상식적 수준에서 크리스천 문학에 대한 일반적인 견해를 따르려고 한다.

필자의 '문학으로서의 성서'에서 오해하지 말아야 할 점은 성서를 문학으로만 보아야 한다는 말은 절대 아니다. 신학적으로 만 보아서는 저자의 많은 부분들을 놓치기 때문에 문학적인 면을 빼놓지 말자는 말이다. 그래서 많은 문학가들은 성서연구의 방법으로 신학자들의 도움을 요청하고 있고, 반대로 많은 신학자들은 성서연구가 신학적인 것만으로는 다 이해할 수 없는 많은 부분이 있다는 점을 인정하고 있다. 그래서 신학자들은 성서의 장르에 대한 관심을 갖기 시작하였다. 사실 신학자들의 가장 큰 문제점은 성서를 전체적으로 보지 않고, 부분적이고 분석적으로만 보는 데 있다. 특히 편집자 비평가들의 연구방법은 부분적인 것만 보는 우를 범하고 말았다.

그래서 C. S. 루이스는 『시편에 대한 숙고들/Reflections on the Psalms』에서 이렇게 말했다.

"시편은 모든 문학의 형식을 취하고 있기 때문에 문학으로서 취급하지 않으면 안 된다" 사실 고등학교나 대학에서 성서를 공부할 때에는 문학으로 연구한다. 그러나 시편이나 성서가 일률적으로 꼭 같은 문학적 표현을 하고 있는 것은 아니다.

예수님의 문학성

성서 가운데 가장 문학적 표현을 잘한 곳은 예수님의 비유 사용인데 그 중에서도 선한 사마리아인의 비유를 대표로 들 수 있다(눅 10:30-36). 이 구절은 놀라운 문학적 표현이다. 내 이웃이 누구냐는 청년의 질문에 예수님은 추상적으로 논리적으로 대답하지 않고 흔히 체험할 수 있는 예를 들었다. 상상을 통해 누구나 이해할 수 있는 예를 든 것이다. 예수님이 예를 든 것은 문학적 장르인 모형론(Type)을 사용한 점이다. 이 모형론적 예화는 통일성과 일관성과 강조성의 세 가지를 다 가지고 있다. 레칸, 『성서를 문학으로 읽으라/Read the Bible as Literature』. 이런 점에서 사마리아인의 비유는 문학적으로 볼 때에 걸작 중에 걸작에 속한다. 그 비유는 듣는 사람들에게 상상과 함께 문학 속에 잠기게 만든다. 여기서 우리는 예수님과 바울의 차이점을 발견한다. 바울이 예수님의 말씀을 신학적으로 조직화해서 논리적으로 표현했다면 예수님은 시적 감각으로 쉽게 진리를 이끌어간 점을 볼 수 있다.

알란 데일(Alan T. Dale)은 예수님은 결코 단테나 셰익스피어에 뒤지지 않는 시인이라고 했다. 그러면서 성서에서 몇 편의 말씀을 소개했다. 이 번역은 우리가 사용하는 성서와는 약간 표현 방법이 다르다.

내 말을 듣고/무엇인가 행하는 사람은 모두/현명한 건축가와 같다/
그는 그의 집을 짓되/반석 위에 짓는다
겨울이 지나간다 비가 내리고/산에서 급류가 언덕을 따라 내리고/
큰 바람이 불어/그 집을 때린다 그러나 그 집은 견고히 서 있다/반석을 딛고 서 있으므로(마7:24절 이하)

너희는 무엇을 보려고 나갔더냐?/그런 호화스러움과 사치스러움을 보려거든/
궁전으로 나갈 것이지/그러면 너희가 무엇을 보려고 나갔더냐 하나님의 위대한 사람 중 하나더냐/
옳다 나는 너희에게 말한다 옛날의 하나님의 위대한 사람들보다/더 큰 사람을(마11:7-9)

이 두 구절을 합치면 예수님은 시인의 내적 비전과 언어 구사의 능력이 풍부함을 보여준다. 특히 놀라운 것은 예수님께서 비유에 대해 길고도 장황한 해설을 하고 있다는 점이다. 솔직히 시인들은 자기의 시에 대해 긴 해설을 하지 않고 청중에게 맡긴다. 이 점에서 예수님은 일반 시인들과는 전혀 다르다. 그것은 그가 단순히 시인일 뿐 아니라 교사로서의 모습을 보여준다. 따라서 예수님이 시인이기는 하지만 듣는 사람들에게 그의 시를 이해할 수 있도록 설명까지 해주는 교사였음을 볼 수 있다. 특히 예수님은 "하늘에 계신 너희 아버지의 온전하심 같이 너희도 온전하라"(마5:48)고 하심으로 윤리적 교사로서의 모습까지 보여준다. 그래서 마가복음 13장의 감람산 강론의 핵심을 발견하게 만들어준다.

윌리엄 블레이크(William Blake)는 '순결의 노래들'(Songs of Innocence)에서 이렇게 노래했다.

"어린 양이여, 누가 너를 만들었나?/너는 누가 너를 만들었는지 아는가?/

맑은 시내와 목장에서/너에게 생명을 주고 길러준 분이 누가인지"

이 위대한 시는 예수님의 하신 말씀을 모방한 것이 아닌가?

다음에 존 밀턴(John Milton)의 다음 시를 보면 시인은 부분과 전체가 서로 논리적인 구조로 되어 있지 않는 것을 볼 수 있다.

"나의 불타는 듯 한 금 화살을 가져다 다오!/나의 욕망의 화살을 가져다 다오!/

나의 창을 가져다 다오!/오, 펼쳐진 구름이여!/나에게 불수레를 가져다 다오!"

특별히 예수님의 시에는 다른 시인들에게서 볼 수 없는 교수법이 잘 나타나있다. 예를 들면 눅 4:16-30, 13:10절에(성서의 번역과는 다름) "저쪽 편에서 싸우며 놀고 있는/아이들을 보라/어떤 녀석들은 피리를 불어도/ 춤추려하지 않고/또 어떤 녀석들은/애곡하여도/울려하지 않는다 그 무엇도 저들을 즐겁게 하지 못하는구나 우리나라에도 저런 자들이 있다/ 그들은 세례요한을 좋아하지 않았고/나를 좋아하지도 않는다 그러나 너희는 볼 것이다/하나님의 정의가 드러나고야 말 것이다(눅7:31-35, 마11:16-19)"

이 비유는 예수님께서 사람들의 변덕스러움을 아이들의 놀이를 예로 든 비유이다. 처음에 예를 든 것은 아이들의 결혼식 놀이이고, 다음에 예를 든 것은 장례식 놀이이다. 당시에는 결혼식 때는 피리 부는 자들에게 피리를 불게 하여 결혼식의 흥을 돋우고, 장례식에서는 슬픔을 돋우기 위해 애곡하는 자들을 불러 분위기를 만들었다. 세례요한이 와서 먹지도 않고 마시지도 않자 미쳤다고 비판하더니, 예수님은 와서 세리들과 창녀들과 함께 먹고 마시자 율법을 어겼다고 비판한 것을 예로 들어서 말씀한 것이다.

우리는 복음서에서 예수님의 독창성을 가진 시들을 많이 볼 수 있다. 당시 예수님은 갈릴리 사람들의 일상어인 아람어를 많이 썼고 때로는 로마의 언어인 헬라어를 사용했다. 예수님의 말씀 가운데 구약의 인용이 많은 것은 아마도 나사렛의 학교에서 배웠을 것으로 사료된다. 물론 성서 어디에도 예수님께서 학교에서 공부했다는 구절은 없다. 그런 언급은 없으나 그러나 가정이나 일상생활에서 예수님께서 랍비들과 막힘없이 히브리어로 대화한 것을 보면 인성을 가진 예수님이었기 때문에 갈릴리에 있는 유대인 학교에서 배웠다고 보는 것이 자연스러운 추측이다. 다시 말하면 예수님은 어려서부터 유대교 안에서 훈련을 받았을 것이다. 그럼에도 불구하고 예수님은 유대교의 문제점을 누구보다도 잘 알고 계셨다. 그래서 그는 유대교의 전통에도 비판적 태도를 취했다. 예수님이 유대교의 전통에 반기를 든 네 가지 예를 살펴보려고 한다. 첫째로 예수님은 만찬 석상에서 세리들과 죄인들과 함께 자리를 했다.

둘째로 세례요한의 투옥을 슬퍼하는 표시로 금식하는 것을 거부했다.

셋째로 예수님은 유대교의 엄격한 안식일 금법을 무시했다. 제자들이 안식일에 밀 이삭을 비벼먹는 것을 허락했다.

넷째는 안식일에 한 손 마른 자를 고쳐주었다.

물론 이 4가지 사건이 동시적으로 일어났다고 볼 필요는 없다. 마가는 다만 그 사건들을 한 곳에 모았고, 또 그것을 강조한 점이다. 더 중요한 것은 예수님은 새로운 생활방식을 선포한 점이다. 자신이 신랑이며 제자들은 초대된 손님이고, 그의 메시지는 새 포도주에 비유했고 그것이 낡은 부대를 터뜨릴 것이라고 했다. 여기서 사용된 유형(Type)과 은유들은 예수님의 시적 감각이 얼마나 뛰어났는가를 잘 말해준다. 그래서 예수님께서는 천국을 말할 때 비유가 아니면 말씀치 않았다고 한 것이다(막4:34). 복음서 안에는 모형과 유형이 꽉 차있다. 유형과 은유에 대한 책으로는 벤자민 키치(Benjamin Keach)의 5권으로 된 책이 가장 쉽게 되어 있다.

예수님의 특유한 가르침

복음서에 나타난 예수님의 가르침을 보면 예수님께서는 주변에서 일어나고 있는 문제들을 예리하게 관찰한 것을 볼 수 있다. 예수님께서 40일간 금식하신 후에 사탄에게 시험받았을 때에 신명기만을 인용하였는데 세 가지 시험을 통해 그것이 예수님이 평소에 가졌던 문제점인 것을 알 수 있다. 마태복음과 누가복음은 순서가 다르다. 여기서는 누가복음의 순서를 따른다. 장소적인 면에서 볼 때에 더 자연스럽다고 생각하기 때문이다. 첫 번째는 돌로 떡을 만들라는 것이었는데 그것은 당시 유대인들이 일반적으로 당하는 굶주림을 잘 말해준다. 그 시험은 단순히 개인이 굶주린 것을 말하는 것이 아니다. 두 번째 시험은 정치적인 권력의 문제였다. 로마의 통치와 열심당원의 로마에 대한 증오와 폭력은 문제를 해결할 수 있는 해답으로 사탄이 제안한 것이다. 조건은 간단한 것이었다. 사탄에게 절만(경배만)하면 되는 것이었다. 그러나 예수님은 사탄이 제안한 "천하만국과 영광"을 받기를 거부한 것이다. 세 번째 마지막 시험은 예루살렘 성전의 꼭대기에서 내려 뛰면 사람들에게 인기와 권위를 얻어 쉽게 그의 사역을 성취할 수 있다는 유혹이었다. 이 시험들을 보면 예수님이 이룩하고자 하는 사역을 고난과 죽음으로 성취하는 것이 아니라 쉽게 사탄적이며 인간적인 방법을 제안한 것이었다.

그러면 하나님의 통치할 때의 삶은 어떤 것인가? 로버트 C. 왈톤은 '예수의 메시지'란 글에서 네 가지로 언급했다. 첫째는 그 나라의 도래는 자연스런 성장과정으로 된다고 보았다. 그러나 이것은 긴박성과 위기감과는 모순되지 않는다고 하였다. 둘째는 하나님이 통치하시면 사람들은 그들이 마땅히 받아야 할 것을 받지 아니하고 그들이 요구하는 모든 것을 받게 된다(마5:45)고 했다. 셋째로 하나님이 통치하시면 용서가 이 사회를 다스리게 될 것이다. 용서가 영원한 도덕적 의무가 된다는 것이다(마6:12). 넷째로 하나님의 다스림이 시작되면 분리의 시대가 될 것이다. 곡식은 곡간에 모아들여지고, 가라지는 다 불에 타버릴 것이다(마13:40)라고 했다.

예수님의 가르침 가운데 특유한 것은 다음과 같다.

첫째로 하나님에 대한 가르침이다. 특히 하나님을 '아버지'라고 했다 아버지라고 한 말은 구약성서에도 나오지만 신약성서에는 훨씬 많이 나온다. 요한복음에만 107회나 나온다. 마가복음에 4회, 마태복음에 23회, 누가복음에 6회, Q(독일어의 자료(Quelle)란 뜻)에 9회나 된다. 이 아버지란 말은 예수님의 가장 대표적인 은유적 표현이다. 특히 "너희 중에 누가 아들이 떡을 달라하면 돌을 주며 생선을 달라하면 뱀을 줄 사람이 있겠느냐? 너희가 악한 자라도 좋은 것으로 자식에게 줄 줄 알거든 하물며 하늘에 계신 너희 아버지께서 구하는 자에게 좋은 것으로 주시지 않겠느냐" 얼마나 놀라운 은유적 표현인가!

둘째로 기도에 대한 가르침이다. 특히 불의한 재판관의 비유(눅 18:2~8)는 중요한 메시지를 가지고 있다. 여기서 과부는 빚이나 저당, 유산으로 인해 맡겨진 돈이 억류되어 있어 그것을 찾기 위해 재판관을 찾는다. 재판장은 계속되는 끈질긴 괴롭힘을 당하지 않기 위해 그녀의 간청을 들어준 내용이다. 7절은 이 비유를 해석하는 열쇠가 된다. "하물며 하나님께서 그 밤낮 부르짖는 택하신 자들의 원한을 풀어주지 아니하시겠느냐 저희에게 오래 참으시겠느냐?" 불의한 재판장과 우리의 아버지 되신 하나님을 비교한 것이다.

셋째는 인간에 대한 가르침이다. 먼저 하나님께 의존하는 마음을 "마음이 가난한 자"라고 말씀했다. 그러나 마태복음에는 '심령이 가난한 자'라고 했으나 누가복음에는 '심령'이란 말없이 그냥 '가난한 자'가 복이 있다고 했다. 이 구절은 많은 사람들에게 혼동을 일으킨다. 둘 중에 어느 구절이 예수님께서 말씀하신 것이냐고 묻는다. 필자의 대답은 간단하다. 둘 다 예수님께서 하신 말씀이다. 다른 점은 말씀을 듣는 청중이 다르다는 점이다. 특히 누가복음의 교훈은 믿음으로 인해 직장을 잃고 가난한 사람들에게 주셨기 때문에 그냥(심령이란 말을 빼고) 말씀한 것이다. 요10:10에서처럼 풍성한 삶에 대한 약속도 있지만 포기에 대한 가르침도 신앙생활에서 중요한 덕목이다. 그래서 마6:19절에서 "너희를 위하여 보물을 땅에 쌓아 두지 말라…… 오직 너희를 위하여 보물을 하늘에 쌓아두라"고 한 것이다. 예수님은 가난에 대한 질문에서 이렇게 말씀했다. "삼가 모든 탐심을 물리치라 사람의 생명이 그 소유의 넉넉한 데 있지 아니하리라" 중요한 것은 이 말씀을 하신 다음에 어리석은 부자의 비유를 말씀했다(눅 12:13~21).

낙타와 바늘구멍의 이야기(눅 18:25)는 비유가 아니라 직유이다. 비유와 직유가 다른 것은 직유는 표현하고자 하는 본래의 의미나 사실이 그것을 돕기 위해 쓰인 비유적 언어가 분명히 나타난다는 점이다. 이 직유는 단어 다음에 '처럼' '인양' '인 듯' 등이 연결하는 말로 쓰이기 때문에 비유와는 전혀 다르다. 이 문장에서 직유의 내용은 재산이 인간의 창조적인 생활을 위험에 빠뜨리기도 한다는 경고를 한 것이다. 그때 베드로는 "우리가 모든 것을 버리고 주를 좇았나이다"라고 하자 예수님께서는 막10:28-30절에서 이렇게 말씀했다. "내가 진실로 너희에게 이르노니 나와 및 복음을 위하여 집이나 형제나 자매나 아비나 자식이나 전토를 버린 자는 금세에 있어 집과 형제와 자매와 모친과 자식과 전토를 백배나 받되 핍박을 겸하여 받고 내세에 영생을 받지 못할 자가 없느니라" 예수님의 이 수수께끼 같은 대답에 대한 해석은 만족할 만한 것이 별로 없다. 어떤 학자들은 이 구절은 초대교회의 원시 공산사회를 반영한 것이라고 말하나 필자는 원시 공산사회를 반영한 것이 아니라 반대로 원시 공산사회가 이 교훈을 따른 것으로 본다.

예수님의 말씀의 시제(tense) 문제

보통 현재형으로 기록된 것은 당시에 진리를 표현할 때 쓰는 방식이다. 그래서 필자는 기도 끝에 "기도 했습니다"라고 하는 과거형의 표현은 하나님께서 우리의 무지를 아시고, 응답은 해주시겠지만 그러나 과거형으로 말하면 문법적으로는 틀린 것임을 주장한다. 예를 들면 영어에서처럼 'I loved you'라고 하면 과거에는 사랑했으나 지금은 사랑하지 않는다는 뜻이 되기 때문이다. 그래서 예수님께서 현재형으로 사용하는 것은 영원한 진리를 말씀할 때 사용하는 방법이다.

또 다른 시제 문제는 미래형으로 말씀한 경우도 있다. 예를 들면 심판의 날에 대한 표현들이다. 예컨대 막13장, 마24~25장과 눅 21:5~36이다. 거기에 기록된 전쟁, 지진, 기근, 핍박, 거짓 선지자와 거짓 예언자 등이 그리스도가 나타나기 전에 일어난다는 점이다. 이런 사건들이 언제 일어나는가? 예수님의 재림 직전인가 아니면 언제인가? 종말론적인 가르침은 시적이고 목가적인 색채를 가지는 것이 특징이다. 예를 들면 "암소와 곰이 함께 먹으며 그것들의 새끼가 함께 엎드리며, 사자가 소처럼 풀을 먹을 것이며" (사11:7). 특히 다니엘서에 나오는 구절들을 우리는 종말론적으로 해석하지만 유대인들은 기원전 2세기의 사건으로 해석하고 있다.

단7:13~14에 이런 말씀이 나온다.

"또 보니, 인자 같은 이가/ 하늘의 구름을 타고 와서/옛적부터 항상 계신 자에게 나아와/그 앞에 인도되매/그에게 권세와 영광과 / 나라를 주고/ 모든 백성과 나라들과/ 각 방언하는 자로/그를 섬기게 하였으니/그 권세는 영원한 권세라/옮기지 아니할 것이요/그 나라는/폐하지 아니할 것이라"

얼마나 놀라운 시적 표현인가? 그러나 이 구절은 시적으로만 해석되지 않는다. 묵시문학적인 면에서 해석해야 한다. 여기서 우리는 묵시문학과 예언문학이 서로 다르다는 점을 알아야 한다. 다니엘서는 그 장르가 예언서에 속해 있지만 그러나 엄격히 말하면 묵시문학에 속한다. 그러므로 우리는 묵시문학의 특징을 구별해야 한다. 묵시문학이 태동한 배경을 보면 바벨론 포로 시대와 주후 70년 바벨론에게 예루살렘이 멸망했을 때이다. 구약의 에스겔서는 예언서이면서도 묵시문학적인 요소가 가미된 시들이다.

예언문학과 묵시문학

여기서는 예언문학과 묵시문학의 공통점과 차이점을 간단히 언급하려고 한다.

먼저 공통점은 첫째로 하나님의 뜻을 사람들에게 전한다는 점이다. 둘째는 둘 다 박해나 배교의 위기에서 기록된 것이다. 세 번째는 둘 다 시대배경과 방향에 있어서 유사하다. 네 번째는 예언자나 묵시록 저자들은 다 같이 하나님의 영감을 받은 자들이란 점이다.

그러나 차이점은 첫째는 예언자들은 구약의 언약을 성찰하고 해석한 자들인 반면 묵시록 저자들은 구약에 기록된 역사적 사건을 성찰한 해석자들이란 점이다. 둘째로 예언은 단편적인데 반해서 묵시록은 통일성을 가진 사상적 체계를 가지고 있다. 셋째로 예언서는 백성들의 생활 전체에 관한 것이 많은 반면 묵시록 저자는 개인의 생활을 문제 삼고 있다. 넷째로 그 기록된 시대가 다르나. 예언문학은 주로 바벨론 포로 전후이지만 묵시록은 주로 1세기 말에서 2세기 때에 많았다. 그래서 다니엘서를 자유주의 학자들은 1세기 말에서 2세기로 잡고 있으나 필자는 다니엘서는 다른 묵시록과는 달리 예언문학이 주를 이루었던 때로 잡고 있다. 그것은 에스겔서의 일부가 묵시록적 기록이란 점에서 증명해주기 때문이다. 다섯째로 역사관에 가장 큰 차이점이 있다. 예언자들은 하나님이 세상을 주관하고 계시며 역사는 하나님과의 계약의 충실도에 따라 달라진다고 보았다. 그러나 묵시록 저자는 역사는 하나님의 정해준 길을 따라 진행되며 이 세상에서는 일시적으로 악이 이기지만 종말에는 하나님이 승리한다는 낙관론을 가지고 있다는 점이다.

여기서 필자가 내린 예언서의 해석의 일부를 소개한다. 성서해석학에서도 예언서를 해석할 때 문제가 많이 생겼다. 여기서 필자의 '예언의 해석은 일회적이 아닌 경우가 있다'는 점을 지적해왔다. 그래서 예언서의 이중 성취(Double Fulfillment)란 해석 이론을 사용한다.

게다가 원 저자가 말한 것은 한 가지 의미이지만(Meaning) 각 시대에 주는 뜻(Significance)은 다를 수 있다는 말이다. 따라서 Meaning (원저자가 뜻하는 의미)과 Significance(우리들에게 뜻하는 의미)의 두 가지가 있으며 이 둘은 서로 강조점이 다를 수 있다.

끝으로 예수님의 세 가지 칭호인 '하나님의 아들' '인자(Son of

man)’ ‘메시아’란 칭호 중에서 ‘인자’란 용어는 한번을 제외하고는 모두가 예수님께서 자신에게 사용했다(복음서에 84회). 이 칭호들은 은유적 의미를 내포하고 있기 때문에 문자적으로만 해석하면 깊은 의미를 상실하고 만다. 한 때에는 인자란 칭호가 예수님의 인성을 뜻한다고 해석했으나 학자들의 연구에 의해 오히려 예수님의 신성을 나타내는 말로 확인되었다. 에스겔서에 ‘인자’란 말이 70회나 나오는데 그것은 에스겔이 자신을 말할 때 사용된 것으로 단순히 ‘사람’이란 뜻이다. 신약에서는 ‘인자’란 말이 세 가지의 뜻으로 사용되고 있다. 첫째는 묵시적 언급으로 사용되고 있다. 다니엘 7:13~14의 모습을 강하게 띠고 있다. 두 번째는 마지막 때 이 땅에 나타날 메시아의 뜻으로 예수님의 수난에 관한 기록과 함께 인자란 칭호가 많이 사용되었다. 다시 말하면 예수님의 지상 사역을 언급할 때 많이 사용되었다. 세 번째는 예수님의 미래의 영광을 말씀할 때 주로 사용되었다.

이 ‘인자’란 용어는 복음서 외에서는 세 번만 사용되었고 대부분은 복음서에서 사용되고 있다. 복음서 외의 경우 사도행전 7:56절에서는 스데반은 승천하셔서 하나님의 보좌 옆에 앉아 계신 인자께서 자신을 받으시려고 서 계신 분으로 기록하고 있다. 계시록에서는 1:13; 14:14~16절에서 미래에 오실 재판관으로 기록하고 있다. 다음은 히브리서 2:6절인데 시편 8:4절에서처럼 인간을 대표하는 것으로 기록되고 있다. 인자란 말은 육신이 되신 말씀의 참된 인간성, 구원을 위한 그분의 죽음의 필요성, 영원한 왕국을 다스리시는 그분의 영광, 의인과 불의한 자를 심판하시는 분으로 언급하고 있다.

제2장
구약성서에 나오는 장르들

구약성서는 분량으로 볼 때에 성서 전체의 75퍼센트나 된다. 그 중에 어떤 것은 아주 재미있고 놀라운 내용이다. 그 이야기들은 잊을 수 없도록 되어 있다.

설화의 장르

중요한 것은 구약의 40퍼센트 이상이 설화(narratives)란 장르로 되어 있다. 구약의 설화는 여러 가지의 형태의 설화로 구성되어 있는 것이 특징이다. 이 밖에도 부속 장르들이 있다. 유행속담(Popular Proverb), 수수께끼(Riddle), 우화(Fable). 노래(Song), 목록(List) 등이 있다.

제일 먼저 창세기를 보면 우주의 시작에서 출발한다. 창세기는 전체가 주전 1600년 동안의 이야기를 다루고 있다. 내용을 보면 1:1~11:9절까지는 창조에서 바벨탑까지의 기록이고 다음은 아브라함에서 이삭, 야곱, 요셉 등 족장들의 이야기이다(11:10~50:26). 서론인 1:1~11:9절까지를 자유주의자들은 하나의 신화적 기록으로 본다. 그러나 이 서론에서는 인류가 가지고 있는 여러 가지의 질문을 기록하고 있다. 이 지구는 어떻게 시작되었는가? 이 지구에 인류의 시작은 어떻게 이루어졌는가? 인간의 본질은 무엇인가? 인간이 가진 여러 가지의 문제들은 무엇이었는가? 인종은 언제 나누어졌으며 언어의 차이점은 어디서 왔는가? 등등에 대해 언급하고 있다. 이 서론에서는 단순히 히브리인들의 문제를 다룬 것이 아니라 인류 전체에 대한 문제를 다루고 있다는 점이 특징이다.

11장 마지막에 가서야 비로소 족장인 아브라함의 이야기가 시작된다. 여기서 우리는 창세기 저자의 의도가 과학적 기록이 아님을 알 수 있다. 그러므로 창세기를 역사적 과학적 관점에서 본다면 저자의 의도와는 전혀 다르게 된다. 저자는 "의미의 역사"를 다루면서 야훼 하나님을 경배하게 하려는데 목적이 있기 때문이다. 그래서 저자는 '히브리인은 누구인가?' 라는 정체성의 문제를 다루고 있다. 따라서 창세기 1~11장까지는 구조적으로 볼 때에 성경 전체의 서론임과 동시에 창세기의 서론이라고 할 수 있다. 그리고 창세기 12장부터 시작되는 아브라함과 이삭, 야곱과 그의 12아들로 이어지는 역사는 히브리인들의 정체성을 기록한 것으로 하나님의 목적과 섭리를 세밀하게 기록한 것이기 때문에 유대인들에게는 그들의 고대 역사책이기도 하다.

그러면 어떤 독자들은 히브리인들의 고대역사를 왜 이방인인 우리가 읽어야 하는가? 하고 물을 것이다. 그것은 아브라함의 정체성은 유대인들에게는 조상의 문제이지만 이방인인 우리들에게는 믿음의 조상에 대한 정체성이기 때문에 우리가 꼭 알지 않고는 우리들의 영적 정체성을 이해할 수 없기 때문이다. 고로 창세기의 고대 역사는 우리 자신의 정체성을 보여주는 가장 중요한 열쇠가 된다.

여기서 창조의 이야기가 두 가지(1:1~2:3과 2:4~26)로 기록되어 나오는 것은 초신자라도 금방 알 수 있다. 많은 자유주의 학자들은 이 문제를 편집 과정에 J, E, D, P, H와 같은 문서들의 차이점에서 왔다고 주장한다. 이 5대 문서 설은 율리우스 벨하우젠에게서 체계화되었다. 벨하우젠은 오경에 나오는 하나님의 칭호가 야훼(Yahweh)와 엘로힘(Elohim)으로 나누어진 것에 착안해서 제사장법(엘로힘)과 D문서(신명기)의 네 가지 문서를 가지고 기록했다고 보았다. 이것은 성서의 무오류설을 정면으로 부인한 것이다. 물론 1장과 2장은 같은 내용을 반복한 것처럼 보이지만 그 내용을 좀 더 세밀히 살펴보면 1장은 연대기적으로 기록하고 있고, 2장은 주제별로 기록하고 있음을 볼 수 있다. 너무도 중요한 문제이기 때문에 두 가지 관점에서 세밀하게 기록한 것일 뿐이다.

창조의 이야기는 첫째 날에서 셋째 날까지는 배경을 만드셨고, 넷째 날부터 여섯째 날까지는 그 배경 안에서 살 내용물들을 창조한 것으로 되어 있다. 물론 이 기록은 과학적 생물학적 기록과는 다르다. 우리는 학교에서 찰스 다윈(Charles Darwin, 1731~1802)의 진화론을 배웠다. 이 진화론은 종의 기원(the Origins of Species)에서 온 것이다. 그러나 최근에는 과학계에서도 창조설을 많이 믿고 있다. 이유는 1978년에 펜지아스와 윌슨이 노벨상을 받은 빅뱅이론(Big Bang Theory)이 창조설을 뒷받침하여 주기 때문이다. 그러나 우리는 과학이 무엇이라고 하던 성서는 과학적 기록이 아니라 인간이 하나님과의 관계를 어떻게 가져야 할 것인가를 가르쳐주는 의미의 역사임을 기억해야 한다. 즉 영적 진리를 보여주는 데 근본 목적이 있다는 것을 기억해야 한다는 말이다.

3장에 보면 인간의 타락과정을 기록하고 있다. 아담이 하나님께서 금하신 유일한 율법인 선악과를 뱀의 유혹을 받아 따먹었다는 것이다. 하나님께서는 이 선악과를 따 먹으면 "반드시 죽으리라" (surely die)고 했다. 그러나 뱀의 유혹은 달랐다. 죽지 않을 뿐 아니라 더 현명해질 것이라고 꼬였다. 하와는 자신뿐 아니라 남편인 아담에게도 먹게 했다. 여기서 우리가 말하는 인간의 원죄가 시작된다.

그러나 여기서 우리는 이런 질문을 할 수 있다. '하나님께서는 전능하신데 그렇다면 선악과를 아담과 하와가 따먹을 것을 알았을텐데 그럼에도 불구하고 왜 선악과를 만들었는가?' 라는 질문이다. 중요한 것은 왜 하나님께서 선악과를 만드셨는가의 이유이다. 하나님께서 원하시는 것은 하나님께 대한 인간의 전적 의존과 사랑이 목적인데 그 사랑은 자발적인 것이라야 진정한 사랑이 된다. 그것을 위해 선악과를 만드신 것이다. 인간에게 선택의 자유의지를 주신 것은 하나님의 전적인 사랑의 표현이다. 중요한 것은 이 선악과를 따먹은 후에 하나님께서 더 좋은 것을 주셨다는 점이다. 첫째는 에덴동산 보다 더 좋은 천국을 주셨고, 둘째는 인간의 타락에도 불구하고, 계속해서 인간에게 인격의 핵심인 '자유의지'를 주신 점이다. 그러므로 우리는 합력하여 선을 이루시는 하나님께 전적으로 의존하고 사랑해야 한다.

성서의 장르 중 가장 많은 것은 위에서 언급한 대로 설화이다. 특히 구약 설화 중 많은 부분이 아주 단순한 보고(reports)형식으로 된 장르이다. 흔히 삼인칭으로 되어 있으며 과거에 일어난 단순한 사건의 보고로 기록되어 있다. 예를 들면 가나안에서의 지파들의 정착에 대한 보고(삿1:16-17), 왕가의 건축 계획(왕상7:2-8: 12:25), 군사출정(왕상 14:25-26: 왕하 24:20하-2:7) 등이다. 때때로 이 보고는 인과관계의 목적을 가지는 것도 있다(창35:8, 출15:23).

구약에는 여러 가지의 설화가 있는데 많은 부분이 보고 형태로 된 장르이다. 보고란 아주 단순한 설화이다. 생애에 체험한 일화(anecdote)도 있고 일반 역사보다는 개인 일대기인 경우도 있다. 예를 들면 솔로몬 왕이 두로(Tyre)의 히람 왕에게 준 도시 이름도 나온다(왕상9:10~14). 또 엘리사가 엘리야의 제자가 되는 삽화(episode)도 있다. 또 적과의 전쟁 보고에서 승리한 기록과 패전한 기록도 있다. 성서의 많은 전쟁 기록 중에는 아모리족(민21:21~24)과 모압족(삿3:26~30), 아람족을 격퇴하고(삼하10:15~19) 두 미디안 왕을 물리쳤으며(삿8:10~12), 가나안의 아이성을 정복한(수 7:2~5) 일들을 볼 수 있다.

또한 건축 보고로는 중요한 건축에 대한 자세한 이야기가 나온다. 건물의 크기, 재료, 장식 등을 아주 세밀하게 기록하고 있다. 가장 잘 알려진 기록으로는 광야에서의 장막에 관한 보고(출 36:8~37:16)와 예루살렘 성전에 대한 보고(왕상6~7)이다. 또 다른 보고로는 특별한 체험을 기록한 점이다. 1인칭 혹은 3인칭으로 꿈 이야기가 나온다. 이 장르를 설명해주는 것으로는 "꿈을 꾸었다"는 동사가 반복해서 나오고, 꿈의 제목을 말할 때에는 "볼지어다"(behold)라는 말이 나온다.

장과 절의 구분

창세기 장(章)의 구분은 저자의 의도와는 전혀 다르게 되어 있다. 그러면 이 장과 절의 구분은 언제, 누구에 의해 이루어졌는가? 성서의 장과 절의 구분은 중세 때부터 서서히 이루어진 것으로 알려져 있다. 처음에는 터투리아누스에 의해 신약의 일부가 나누어지기 시작했고 그 후 복음서들이 나누어졌다. 성서의 구분은 회중 앞에서 성서를 낭독하던 이스라엘의 오랜 관습에서 유래된 것이다. 에스라가 예루살렘 수문 앞 광장에서 모세의 율법 책을 낭독한 사건이 그 시조라고 할 수 있다(느8:1-8). 먼저 히브리어로 된 율법을 낭독하면 당시의 일상 언어인 아람어로 통역을 하였는데 통역을 위해 말씀을 끊어 읽어야 했다. 당시 유대인들에게는 성서는 눈으로 읽는 말씀이 아니라 귀로 듣는 말씀이었던 것이다.

기독교에서 사복음서를 나누는 체계는 13세기에는 장(章)들이, 16세기에는 절(節)들이 나누어진 것이다. 좀 더 구체적으로는 1205년에 나온 라틴어역 구약성서(Vulgate)에서 시작된 것이다. 당시 캔터베리의 대주교인 스테펜 랑톤이 성서에 장을 구별한 것이 그 시작이었다. 그러다가 16세기에 와서 인쇄업자 겸 학자인 로베르 에스티엔이 장 번호뿐 아니라 절 번호까지 통일된 체계가 있다면 매우 유익할 것이라고 생각하여 절까지 만들어 사용하였다. 그래서 1551년 제네바에서 출판된 신약성서에 장과 절을 구분하였다. 그것이 1553년 오늘날의 것과 거의 동일한 장과 절로 된 성서사전(프랑스어 판)을 최초로 발행한 것이다. 우리 말 성서의 장과 절은 라틴어 성서인 벌 게이트를 따른 것이다.

그러면 장과 절을 만들 때 사용한 아라비아 숫자는 언제부터 사용되었는가? 분명한 것은 굽타시대의 인도 수학자들에 의해 발명되어 아라비아 상인들에 의해 널리 사용되면서 퍼져나가 유럽과 중국에서 사용되었다. 아라비아인들이 발명한 것이 아니라 그들이 사용하면서 번지게 된 것이다. 여기서 중요한 것은 0(영)을 없음이란 개념으로 만들어낸 점이다.

장과 절의 구분에서 오는 장단점

필자는 성서의 장과 절이 성서공부에 유용하고, 또 특정 성구가 어디에 있는지 금방 찾을 수 있는 편리함은 인정하지만 그러나 때로는 성서연구에 큰 피해를 주고 있는 것도 사실이다. 다시 말해서 성서의 저자들의 의도대로 각 성서가 구분되어 있지 않기 때문에 우리가 원저자의 플롯(plot)을 바로 보지 못하고 있다는 말이다. 그것을 창세기를 통해서 증명하려고 한다.

우리가 창세기의 인위적인 장과 절의 구분으로 인해 원저자가 생각한 구분을 따르지 않아 원저자의 의도와 줄거리를 전혀 이해하지 못하고 있다. 다시 말해 장의 구분이 인위적으로 잘못 됨으로 인해서 창세기의 문학적 아름다움이 가려져 있고 원저자가 말하려고 하는 문장의 일반적 구조를 보지 못하고 있다는 점이다.

그러면 모세의 창세기의 구분은 어떻게 보아야 하는가? 창세기는 크게 나누면 다섯 단(Cycle)으로 되어 있다. 다시 말해서 족보(toledoth)란 말을 중심으로 분류되어 있다.

첫째 단은 아담의 계보(1:1-6:8절)이고,

둘째 단은 노아의 계보(6:9-11:26절)이고,

셋째 단은 아브라함의 계보(11:27-25:18절)이고,

넷째 단은 야곱의 계보(25:19-36:43절)이고,

다섯째 단은 요셉의 계보(37장-50장)로 되어 있다.

또 다른 구분방법은 서론 부분(제1장에서 11장까지)을 유대인의 완전수인 7 부분으로 나누고 본론인 12장에서 50장까지를 다섯 부분으로 나누면 유대인들의 12지파의 숫자인 12 부분으로 나누어진다. 서론 부분의 7 부분은 다음과 같이 나눌 수 있다.

첫째 부분은 1장 1절에서 2장 3절까지로 나눈다. 유대인들은 서론 부분에는 특별한 언급이 없는 것이 특징이다.

둘째 부분은 2장 4절에 "이것이 천지가 창조될 때에 하늘과 땅의 내력이니"라는 말로 시작하여 창4장 26절에서 끝난다.

셋째 부분은 5장 1절의 "이것은 아담의 계보를 적은 책이니라"는 말에서 시작하여 6장 8절에서 끝난다.

넷째 부분은 6장 9절의 "이것이 노아의 족보이니라"는 말에서 시작하여 9장 29절에서 끝난다.

다섯째 부분은 10장 1절의 "노아의 아들 셈과 함과 야벳의 족보는 이러하니라"로 시작하여 11장 9절에서 끝난다.

여섯째 부분은 11장 10절의 "셈의 족보는 이러하니라"에서 시작하여 11장 26절에서 끝난다.

일곱째 부분은 11장 27절의 "데라의 족보는 이러하니라"에서 시작하여 32절에서 끝난다.

유대인들에게 있어서 3이란 숫자는 '하늘과 땅과 바다'를 뜻하기도 하고 기독교인들에게는 '성부, 성자, 성령'의 숫자, 즉 하나님의 숫자이고, 4란 숫자는 낙원중심의 4개의 강인 비손, 기혼, 힛데겔, 유브라데를 의미하고 때로는 동서남북의 땅을 의미하여 둘을 합쳐서 7이란 완전 숫자로 보고 있다. 따라서 3+4=7 즉 완전수이기 때문에 창세기의 저자는 창세기 서론의 이야기를 7구분으로 나누어 기록한 것으로 보인다.

다음은 창세기 본론인 12장에서 50장까지인데 지금의 장과 절로는 위에서 말한대로 편리한 점은 있지만 저자가 강조하는 줄거리나 주제가 어떻게 변하는지 알기가 어렵다. 그러나 창세기의 본론의 내용은 아브라함의 후손들인 12지파의 이야기를 다섯으로 구분하여 연구하면 창세기 전체의 내용을 쉽게 이해할 수가 있다.

본론의 구분은 여덟째 부분의 "여호와께서 아브람에게 이르시되"란 말로 시작하여 25장 11절에서 아브라함의 죽음까지 기록하고 있다.

아홉 번째 부분은 25장 12절에서 "이스마엘의 족보는 이러하고"란 말에서 시작하여 18절에서 끝난다. 왜 이렇게 짧게 기록했을까? 그것은 그들의 족보가 그렇게 중요한 것은 아니기 때문일 것이다.

열 번째 부분은 25장 19절에서 "아브라함의 아들 이삭의 족보는 이러하니라"란 말로 시작하여 25장 34절에서 끝난다.

열한 번째 부분은 26장 1절에서 "아브라함 때에 첫 흉년이 들었더니"란 말에서 시작하여 50장 26절에서 끝난다. 이 마지막 부분에서는 이스라엘의 12지파의 족보가 자세히 나온다. 이렇게 주제 중심으로 창세기를 읽으면 저자가 강조하려는 것이 무엇이며 주제가 무엇인가를 쉽게 구분하여 알 수가 있다. 그러나 지금의 장과 절의 구분은 원저자의 뜻을 선명하게 보여주지 못하는 단점이 있어 안타깝다. 그냥 의미 없이 난도질을 한 기분이다. 따라서 필자가 말한 저자의 줄거리와 주제를 중심으로 성서를 분석하면 쉽고도 재미가 있고 중요한 것은 기억하기가 쉽다.

창세기 설화의 핵심

창세기의 족장들의 설화는 문학의 중요한 장르로서 아브라함과의 언약이 중심을 이룬다. 그래서 여러 번 그 이야기가 반복된다. 성서에서 반복되는 것은 '잊지 말고 꼭 기억하라'는 중요한 의미가 담겨있다. 성서에는 아브라함의 후손들을 '히브리인들' '이스라엘인들' '이스라엘의 자녀들'이라고 부르고 있다. 주전 6세기 이후에는 야곱의 넷째 아들인 유다의 이름을 따서 '유대인들'이라고 부르기도 한다. 창세기란 말의 본래의 뜻은 '시작들(beginnings)'이란 뜻이다. 구약의 모든 책의 시작은 찬송가처럼 첫 번째 단어로 되어 있다.

그 이후 네 권의 책들은 창세기를 포함해서 오경이라고 부르고, 또 때로는 그냥 율법이란 뜻의 토라(Torah)라고 부르기도 한다. 족장들의 설화들은 주전 2000년에서 1800년에 이르는 사건들이다. 출애굽부터는 주전 1500년에서 1400년에 이르는 책들인데 출애굽이란 말은 헬라어로 Exodus(나간다)란 뜻이다. 구약의 율법, 예언서, 지혜문학, 시편들과 사랑이야기 등은 다 중동 문화의 산물임을 기억할 필요가 있다. 놀라운 것은 서사시 같은 것이 설화에 녹아져 있다는 점이다. 특히 여러 영웅적인 인물들의 묘사에 서사시가 많이 나온다는 점이 특색이다. 창세기의 설화들은 대체로 드라마적인 특색을 가지고 있으며 긴장감을 주는 플로트(plot)로 되어 있어서 누구나 재미있게 읽을 수 있다.

창세기의 1장과 2장에는 창조에 관한 두 가지 기록이 나온다. 그래서 벨하우젠(J. Wellhausen) 이후의 문서설을 주장하는 자유주의 학자들은 J, E, D, P, H에 의한 다섯 문서를 편집한 것으로 본다. 그러나 필자는 하나님의 칭호가 다른 것은 사실이지만 그것이 반드시 5문서로 되어 있다고 하는 주장은 잘못된 것이라고 본다. 1장은 지구를 중심으로 기록하고 있고 2장은 사람을 중심으로 기록하고 있기 때문에 설명이 달라서 하나님의 칭호도 다를 뿐이다. 창조할 때도 첫째 날에서 셋째 날까지는 배경을 창조하셨고, 넷째 날에서 여섯째 날에는 그 배경에 살 내용물을 중심으로 기록하여 첫째 날과 넷째 날이 서로 연결되고, 둘째 날과 다섯째 날이 서로 연결되며 셋째 날과 여섯째 날이 서로 연결되도록 기록한 것이다.

중요한 것은 1장에서 11장까지의 서론을 보면 세 가지 주제가 반복되어 있다는 점이 특징이다. 즉 '범죄-심판-은혜'가 반복되고 있다. 구체적으로 말하면 11장까지는 (1)범죄(3:6)-심판(3:15)-은혜(3:21), (2)범죄(4:8)-심판(4:12)-은혜(4:15). (3)범죄(6:2)-심판(6:7)-은혜(6:8, 18), (4)범죄(11:4)-심판(11:7, 9)-은혜(12:2)로 되어 있다. 모세의 창조시대에 대한 플롯이 잘 짜여있는 것을 볼 수 있다.

다음에 창세기의 본론을 보면 족장들의 삶을 이야기식으로 기록하고 있다. (1)아브라함(12장-20장) (2)이삭(21장-26장) (3)야곱(27장-33장) (4)요셉(37장-50장). 여기서 우리는 모세가 창세기를 기록한 목적을 분명히 알 수 있다. 첫째는 히브리인들의 조상을 기록함으로써 그들의 정체성을 알게 하고, 둘째는 하나님이 그들을 선택한 목적이 무엇인지를 잊지 않게 하려는 데 있다. 끝으로 족장도 아닌 요셉에 대해 많은 지면을 할애한 점이다. 이것은 왜 유대인들이 이집트에 가서 살게 되었는지의 역사적 배경을 가르쳐주고, 출애굽기의 배경사를 알게 하려는데 그 목적이 있다.

다음은 출애굽기 이후의 모세, 사울, 다윗, 솔로몬 같은 인물들의 기록이다. 그들은 뛰어난 영웅들은 아니었다. 고난을 당하기도 하고, 때로는 모순된 성품을 가지기도 했다. 요컨대 그들은 실제했던 인물들이고 그 내용은 사실주의적 기록들이다. 그래서 독자들에게 마치 자신의 한 모습을 보는 것 같은 느낌을 준다. 그래서 학자들은 성서의 설화들이 설화 장르의 능숙한 예를 보여준다고 말한다.

구약설화의 특징

그러면 성서의 설화들의 특징은 무엇인가?

첫째는 설명이 길거나 지루하지 않다.

둘째는 아주 극적인 묘사를 하고 있다.

셋째는 수사학적 장치가 많이 있다.

예를 들면 중심적 사상의 반복, 직유, 은유, 암시, 풍자, 모형 등을 많이 사용하고 있다.

넷째는 원형론적 표현들(Archetypes)이 많이 나온다는 점이다. 모형론(Typos)에 대한 연구는 L. 고펠트(Goppelt)의 『Typos』(1982)란 책이 잘 연구되었다.

다섯째는 효과적인 배경을 사용하고 있다는 점이다. 본래 유명한 이야기꾼들을 보면 그가 얼마나 효과적으로 긴장감을 주고 있느냐에 따라 독자층을 확보하고 있다.

여섯 번째는 나오는 인물들이 헬라의 신화에 나오는 인물과는 대조적으로 우리가 믿을 수 있는 등장인물들이 나온다는 점이다.

다음으로 출애굽기의 구조를 보면 지리를 중심으로 크게 세 부분으로 나누어진다.

첫째 1-15장은 애굽에서의 이스라엘의 기록이고,

둘째 16-18장은 광야에서의 이스라엘의 기록이고,

셋째 19-40장까지는 시내산에서의 이스라엘의 생활을 기록하고 있다. 장소를 중심으로 기록한 것이다.

출애굽기의 핵심은 4:22-23절이다. "이스라엘은 내 아들 내 장자라…… 내 아들을 보내주어 나를 섬기게 하라"는 내용을 중심으로 기록한 것이다.

이어서 출애굽기에 기록된 사무엘까지의 역사서를 살펴보자. 그 중에서도 출애굽기 20장 이후를 보면 도덕적 율법에 대해 상세하게 설명하고 있다. 특히 레위기에선 이스라엘의 제사장들을 위한 안내서와 같은 느낌을 준다. 그리고 이스라엘의 광야 40년간의 생활과 종교의식들을 세밀하게 기록하고 있다. 그 중에서도 가장 중요한 날인 속죄일(Yom Kipper)을 언급하고 있다.

민수기란 책은 시내 광야 40년간의 생활 중 인구조사를 중심으로 기록한 것이다. 가나안을 침공한 내용으로 끝나는데 현대 유대인들의 삼분의 이가 바로 이곳 가나안 출신이란 점은 아주 아이로니컬한 점이다.

다음 신명기는 '제2의 율법'이란 뜻인데 모세가 그의 생애 마지막에 설교한 내용이 중심을 이루고 있다. 사실 신명기는 구약 가운데 가장 중요한 책의 하나라고 할 수 있다.

여호수아서는 가나안을 정복한 이야기이다. 여호수아는 모세의 후계자로 때로는 속임수를 쓰기도 하고 때로는 그곳 주민들을 진멸시키기도 한 사람이다. 여호수아서의 끝에는 12지파에 따라 땅을 분배하는 내용으로 되어 있다.

사사기는 이스라엘의 초기에 일어난 비극적인 이야기이기도 하다. 야훼 신앙보다는 우상들을 섬기기도 하고, 가나안 사람들과의 군사적 충돌이 기록되어 있고 마지막에는 시민전쟁의 이야기도 나온다. 이때의 가장 유명한 사사는 삼손이다. 그는 때로는 국민들을 위한 군사적 지도자로 국민들의 연합을 위해 봉사하기도 했으나 마지막은 비극으로 끝난다. 사사기의 기록자는 당시를 이렇게 묘사하며 끝난다. "그 때에 이스라엘에 왕이 없으므로 사람들이 각기 자기의 소견에 옳은 대로 행하였더라"(삿21:25). 사사기의 내용을 가장 잘 요약한 구절이다.

신명기를 보면 모세의 세 편의 설교로 되어 있다. "뒤를 돌아보라"(1-4:43), "위를 쳐다보라"=4:44-26장, "앞을 보라"(27-34장)는 세 가지의 설교가 주제를 이룬다. 두 개의 시들(32:4절과 10절)이 있다. "그는 반석이시니/ 그가 하신 일이 완전하고/ 그의 모든 길이/ 정의롭고 진실하고 거짓이 없으신 하나님이시니/ 공의로우시고 바르시도다" "여호와께서/ 그를 황무지에서 짐승이 부르짖는/ 광야에서 만나시고/ 눈동자 같이 지키셨도다" 신명기의 마지막 33장은 모세의 축복을 기록한 것인데 이 시들은 야곱의 축복을 연상케(창49:2-27)해준다.

여기서 주목할 부분은 5장에 십계명이 나오고 12-26장에는 소위 열개의 신명기 법전(Deuteronomic Code)이 나온다는 점이다(신 12:1-28/13:1-14:21/14:22-16:17/ 16:18-18:22/19:1-21:23/ 22:13-23:14/ 23:19-24:14/ 24:17-18/ 25:5-12/ 25:13-16).

다음에 나오는 여호수아(본래의 이름은 호세아였는데(민13:8, 16절) 여

호수아란 새 이름의 뜻은 "구원"이란 뜻으로 모세가 준 이름이다)서는 육경
(Hexateuch)에 속할 만큼 중요한 역사적 기록이다. 그래서 여호수
아서를 오경의 부록이라고 부르기도 한다. 이스라엘의 가나안에서
의 투쟁과 정복을 기록하고 있다. 크게 두 가지 내용으로 되어 있
다. 1-12장에는 가나안 정복의 내용이 나오고 13-24장에는 가나
안 땅의 분할을 기록하고 있다. 여호수아란 이름은 "하나님께서
구원하신다"는 뜻인데 여호수아의 주제라고 할 수 있다. 이 여호
수아서는 구약의 에베소서라고 할 수 있다. 왜냐하면 에베소서가
'하늘에 속한 것'(1:3; 6:12)이라면 여호수아가 추구한 것은 '땅에
속한 것' 즉 가나안 땅을 가지는 내용으로 되어 있기 때문이다.

룻기의 문학적 특징

다음은 룻기이다. 성서에 여자이름으로 된 두 권의 책 가운데 하
나이다. 더욱 놀라운 것은 예수님의 족보 가운데 여자가 다섯 명이
나 등장한다는 점이다. 그러나 당시에 여자는 숫자를 셀 때도 포함
되지 않았다. 그 중에 두 사람의 이방여인이 나온다. 이스라엘에
왕이 있기 전의 사사시대에 대한 5장이나 되는 짧지 않은 이야기
이다. 문학적으로 보면 룻기만큼 놀라운 이야기도 찾아보기 힘들
것이다. 야훼 하나님께 대한 충성과 가족애, 사랑 이야기는 성서의
어디서도 찾아볼 수 없는 내용이다. 놀라운 것은 룻기를 역사서에
배열한 점이다. 스테판 바트만은 룻기를 히브리 시문의 대구법과
유사한 원리를 따라서 1장, 4장이 2장, 3장과의 대칭 구조로 분석
했다. 즉 A-B-C-C-B-A로 구분했다. 다음은 양지웅 박사의 연구
이다. 1장을 설정(1-5절, 모압에서 잃어버리다)-전개(6-8절, 과부들이 선

택하다)-평가(19-22절, 사람들이 슬퍼하다). 2장을 설정(1-3절, 보아스의
밭에서)-전개(4-18절, 보아스에게서 룻이 은혜를 입다)-평가(19-23절, 음식
이 해결되다). 3장을 설정(1-7절), 전개(8-15절, 보아스에게 룻이 약속을 받
다)-평가(16-18절, 계획이 해결되다). 4장을 설정(4;1) 과부들의 화려
한 변신, 전개(1-12절, 남자들이 선택하다)-평가(13-17절, 사람들이 기뻐
함)로 구성된 것이 다른데서 볼 수 없는 특징이다. 다음에는 서기
관의 편집(4:18-22절)과 족보(보아스-오베드-이새-다윗)로 되어 있다.
이처럼 룻기는 드라마로서도 손색이 없는 놀라운 구조로 된 것으
로 마치 셰익스피어의 작품을 읽는 느낌이다. 유대인들은 룻기를
오순절(Feast of Pentecost) 때에 반드시 읽는다. 다윗의 후손을 기록
하면서 이방여인의 이름을 기록한 것이 룻기의 특이한 점이다.

재미있는 사실은 유대인들의 경전에는 룻기가 사사기와 사무엘
서 사이에 나오지 않고 성문서의 끝에 나온다는 점이다. 그들은 룻
기를 프림절(Purim)에 낭독한다. 룻이 결혼한 보아스는 그리스도
의 예표(Type)로 해석한다는 점이 특징이다. 룻4:21=마1:1/ 룻
2:1=딤전1:12,엡6:10/ 룻2:20=히2:14/ 룻3:13=갈3:13/ 룻
3:9=마23:37/ 룻2:14; 3:15=마26:26이 대조를 이룬다.

사무엘서와 열왕기서의 문학적 특징

다음으로 사무엘 전후서와 열왕기 전후서는 이스라엘의 왕권에
이르는 이야기를 전해준다. 다윗과 솔로몬의 황금시대 이후에 나
라는 북이스라엘과 남유다로 분열되었다. 여기서 역사상 가장 중
요한 인물은 두 말할 필요도 없이 다윗이다. 다윗은 그의 선임자인
사울왕의 비극적 내용과는 아주 대조적으로 뛰어난 인물이다. 그

도 어떤 점에서는 왕이 되기까지 비극적인 체험을 한 사람이다. 그러나 예수님의 족보를 아브라함과 다윗에서 시작할 만큼 다윗은 이스라엘 역사상 가장 위대한 신앙의 영웅으로 보고 있다. 사무엘상은 사무엘 자신의 이야기로부터 시작해서 그가 사사(평우할 때는 정치적 지도자, 전쟁 때는 장군으로 싸움)와 예언자(하나님의 대변자)의 역할을 감당한 내용을 기록하고 있다. 사무엘은 이스라엘 백성들이 하나님께 온전히 헌신하기를 원했지만 백성들은 주변의 다른 나라와 같이 왕을 가지기를 원했다. 그래서 사무엘은 마지못해 사울에게 기름을 붓고(상징적 의미로 감람유를 부었다) 왕으로 추대했다. 결국 사울왕은 초창기와는 달리 다윗에 대한 시기와 질투로 결국 아들과 함께 블레셋과의 전투에서 죽고 만다.

이스라엘 역사에서 가장 위대한 왕은 다윗이다. 그러나 그가 더 중요한 것은 예수 그리스도의 족보의 시작이 아브라함과 다윗이란 인물에서 시작한다는 점이다. 왕으로서의 다윗은 군사적 승리로 인해 국토를 넓혔고, 특히 솔로몬이 예루살렘 성전을 지을 수 있도록 모든 준비를 다 해주었다. 다윗은 그가 전쟁에서 너무 많은 피를 흘렸기 때문에 성전 짓는 일을 아들 솔로몬에게 맡긴 것이다. 놀라운 것은 열왕기서와 역대기서이다. 같은 시대의 역사를 기록하고 있기 때문이다. 왜 같은 내용을 구별해서 두 권에 기록했는가? 그것은 역사관이 다르기 때문이다. 두 권의 책을 좀 더 세밀하게 보면 열왕기서는 '예언자적 안목'으로 역사를 기록한 것이고, 역대기서는 '제사장적 안목'으로 역사를 기록한 것을 볼 수 있다. 그래서 열왕기 저자는 첫째로 모세의 율법을 기준으로 왕들을 평가하고 있고 둘째는 순종과 불순종의 결과를 선지자적으로 보여주고 있다. 열왕기서 저자는 다윗의 죽음(주전965)에서 예루살렘이 멸망(주전586)까지 4세기 동안의 혼돈과 우상 숭배에 관한 것을 기록하고 있다. 또한 이스라엘의 멸망은 하나님의 심판이며 우상숭배에서 왔다고 결론짓고 있다. 여기서 중요한 것은 유대인들은 항상 두 관점인 제사장적 관점과 예언자적 관점에서 모든 것을 보고 평가한다는 점이다.

끝으로 솔로몬으로부터 구약의 마지막까지의 역사를 살펴본다. 놀라운 것은 성서가 미국의 뉴햄프셔, 한국의 강원도 정도의 작은 땅에 불과한 이스라엘을 중심으로 많은 지면을 할애하고 있다는 점이다. 이스라엘의 크기는 남북의 길이가 144마일에 불과하고, 동서의 길이는 지중해에서 요단강까지 75마일밖에 안 되는 작은 땅이다. 여기서 가장 비옥한 땅은 지중해를 따라 서부 연안의 평원 지역이다. 그러나 이 땅은 이스라엘이 점령하지 못하고 거의 가나안족속과 불래셋족속에 의해 점령되어 있었다. 이스라엘은 남쪽에 있는 예루살렘을 포함한 중앙 언덕 지역을 차지하고 있었다. 이 지역은 해발 3000피트나 되는 고지대로서 비가 조금밖에 오지 않는 지역이었다. 이스라엘 지역에는 갈릴리 바다와 사해의 두 곳에 물이 있고 두 지역은 요단강으로 연결되어 있다. 갈릴리 바다는 해발보다 600피트나 낮고 그 지역은 대단히 비옥한 땅이다. 사해바다는 해발보다 1200피트나 낮은 곳으로 사람들이 거의 살지 못하는 태양으로 구워진 돌들이 있는 버려진 땅이다.

최근까지만 보면 왜 이런 자원빈국에 하나님께서 나라를 세우게 했는가, 의아스럽다. 그러나 2010년에 원전과 석유가 사우디 다음 가는 그야말로 젖과 꿀이 흐르는 곳임이 밝혀져 신명기 33:19,

24절의 예언이 글자 그대로 성취된 것을 보여준다.

열왕기서의 문학적 구조는 삼부(tripartite)로 나누어져 있다. 제1부와 제3부에는 다윗의 한 후손인 솔로몬에 의해 예루살렘에서 통치한 것을 기록하고 있고(왕상1-11장, 왕하18-25장). 제2부는 두 왕국으로 분열된 것을 기록하고 있다. 놀라운 것은 히브리어 성경에는 역사서가 예언서에 끼여 있다는 점이다. 다시 말하면 열왕기서를 예언서에 속한 것으로 언급한 점이다. 예언의 기록과 성취를 13번이나 언급한 점이다.

그 예를 살펴보면 왕상11:29-39절에 아히야의 예언＝왕상12:15절에서 성취/ 왕상11:39절 아히야의 예언＝왕하25:27-30절에서 성취/ 왕상13:1-3절 무명의 예언자＝왕하 23:15-20절에서 성취/ 왕상14:7-11절 아히야의 예언＝왕상15:29절에서 성취/ 왕상16:1-4절 예후의 예언＝왕상16:12절에서 성취/왕상22:17절 미가야의 예언＝왕상22:35-38절에서 성취/왕하19:20-34절, 이사야의 예언＝ 왕하 24:13절에서 성취/ 왕하20:10-15절 무명의 예언자의 예언＝왕하24:2절에서 성취/왕하22:15-17절, 훌다의 예언＝왕하24:20절에서 성취/왕하22:18-20절 훌다의 예언＝왕하23:30절에서 성취로 되어 있다.

당시의 예언자인 엘리야와 엘리사의 이적들이 그리스도에 의해서 반복되었다는 점을 주목할 필요가 있다. 크게 다섯 가지의 경우이다. (1)음식을 증가케 함(엘리야의 경우, 왕상 17:13-16; 엘리사의 경우, 왕하4:1-7; 42-44; 왕하7:1-16＝예수님의 경우 마14:19; 15:36; 막6:41, 8:6; 눅9:16; 요2:7-8; 6:11). (2)죽은 자를 살림(엘리야＝왕상17:17-24; 엘리사＝왕하4:32-37＝예수님의 경우, 야이로의 딸을 살림. 눅8:41-42), 나사로를 살리심(요11:1-460, 과부의 아들을 살리심. 눅7:11-27). (3)문둥병자를 고침(엘리야, 소경의 눈을 뜨게 함. 왕하 5:1-19=예수님의 경우, 마8:3, 막1:41, 눅17:11-19). (4)소경을 보게 함(엘리사: 왕하6:17,20=예수님의 경우, 마9:29, 12:22, 막8:25: 눅11:14: 18:42: 요9:7). (5)일기를 변화시킴(엘리야=왕상 17:1; 18:1-2; 41:46=예수님의 경우, 마8:26; 막4:39; 눅8:24).

다음은 역대상하인데 주목할 점은 역대상 1장에서 9장까지에는 아담에게서 시작하여 지루할 만큼의 족보장이 나온다는 점이다. 여기서 강조하는 것은 유다와 레위와 베냐민의 족보를 자세하게 기록한 점이다. 물론 다른 사람들의 이름을 잊은 것은 아니지만 그러나 저자의 의도는 위의 세 사람들에게 집중된 것을 볼 수 있다. 특히 이스라엘의 통일 왕국과 유다에 집중하고 있다. 다윗을 가장 이상적인 왕으로 묘사하고 있고(대상 10-20장), 솔로몬을 거의 다윗에 버금가는 인물로 묘사하고 있다(대하 1-9장). 유다왕국의 왕들의 이름은 열왕기서보다 더 길다. 가장 긴 것은 의로운 히스기야 왕에 관한 설명이다. 그러나 르호보암, 아사, 여호사밧, 요시아 등은 균형이 맞지 않을 정도로 짧게 기록하고 있다. 역대기 기자의 공헌은 다윗을 예배의식을 개혁한 사람으로 묘사한 점인데 이것은 신학적으로도 주목할 공헌이라고 할 수 있다.

그러면 역대기의 중요한 공헌은 무엇인가? 첫째는 이스라엘의 12지파의 중요성을 강조한 점이다. 둘째는 다윗의 왕국을 하나님의 왕국으로 묘사한 점이다. 셋째로 이스라엘의 회복을 위한 희망을 주었다는 점이다.

작은 이스라엘이 역사적 중추적 역할을 한 이유

왜 그러면 그런 작은 땅, 사람들이 별로 살지 않는 이스라엘이 인류역사상 가장 중추적인 곳이 되었는가?

첫째로 지리적으로 팔레스타인 길은 이집트와 동북에 있는 여러 대제국들을 연결시켜주는 길이었고, 둘째로 이스라엘 땅은 세 대륙, 즉 아시아, 아프리카, 유럽을 연결시켜주는 교량역할을 하기 때문이다. 글자 그대로 이곳이 세계의 문화를 연결시켜주는 고리 역할을 한 것이다.

놀라운 것은 성서는 한 사람, 아브라함이 어떻게 이 약속의 땅에 거주하게 되었는가에 초점을 두고 기록하고 있다. 처음에는 아브라함의 천막에서 시작하여 나중에는 예루살렘의 도시가 생겨진 것이다. 오늘날 세계인구의 거의 반이란 숫자가 이 주변에 살고 있으며 가장 중요한 것은 세계의 삼대 종교인 유대교, 기독교, 이슬람교가 바로 여기서 일어나게 된 점이다. 유대인들은 오랜 세월동안 그들의 고향에서 쫓겨나 방황하면서도 이 '약속의 땅'을 바라보면서 살았기 때문에 나라 없이 2000여 년이 지난 뒤에도 나라를 다시 세울 수 있게 된 것이다.

아브라함과 그의 후손들은 약 1800년 동안 팔레스타인에서 살았다. 그들이 이곳을 떠난 것은 기근이 그들을 더 풍요로운 이집트로 몰아갔기 때문이었다. 이집트가 풍요로운 것은 항상 물이 풍성한 나일강 계곡 때문이다. 다윗과 솔로몬 시대는 주전 1000-900년으로 북쪽에는 앗수르, 남쪽에는 이집트였는데 분열왕국시대에 와서 북왕국 이스라엘은 주전 722년에 앗수르에게 멸망하고, 남왕국 유다는 587년에 바벨론에 멸망하고 만다. 그 후 주전 6세기에 바벨론을 이어받은 페르시아제국이 세계를 지배하게 된다. 가장 중요한 것은 페르시아의 고레스(Cyrus) 황제가 바벨론 포로로 잡혀가 있던 유대인들에게 자유를 주어 고국으로 돌아가게 하고, 심지어 무너진 제2의 성전을 짓도록 허락한 점이다. 물론 페르시아에게 공물을 바치는 조건이었다. 여기서 우리는 바벨론은 유다를 멸망시키고 사회적 많은 인사들을 포로로 잡아갔는데 왜 페르시아의 고레스는 포로로 잡혀간 유대인들에게 고국으로 돌아갈 수 있도록 했는가에 주목해야 한다. 그것은 한 마디로 말하면 이민정책의 차이점이었다. 바벨론은 적들이 다시는 일어나지 못하도록 중요한 사람들을 포로로 잡아가서 직접 눈으로 감시했지만 페르시아의 고레스 왕은 공물(세금)만 받고 피정복 민들에게 어느 정도의 자유를 주어 독립적으로 살게 한 점이다. 그래서 성서에 보면 고레스를 "기름 부은 자"(사45:1)라고까지 언급한 것은 참으로 놀라운 일이다. 왜냐하면 기름 부은 자란 말은 그리스도라는 뜻이기 때문이다. 사44:28절에는 고레스에 대해 이렇게 언급하고 있다. "고레스에 대하여는 이르기를 내 목자라 그가 나의 모든 기쁨을 성취하리라 하며 예루살렘에 대하여는 이르기를 중건되리라 하며 성전에 대하여는 네 기초가 세움이 되리라"고 기록하고 있다. 고레스를 기름부음을 받은 자라고 한 것은 하나님께서 고레스를 당신의 지팡이로 삼아 하나님의 백성들을 해방시켰기 때문이다. 이처럼 하나님께서는 선민 이스라엘뿐만 아니라 세계의 역사에도 깊이 관여하며 섭리하고 있음을 성서는 기록하고 있다.

마침내 주전 450년 다리우스(Darius) 때에 에스라와 느헤미야의 지도하에 고국으로 돌아와 예루살렘 성벽을 쌓고, 성전을 건축하게 한 것이다. 물론 유대교는 모세가 뿌리를 내렸지만 소위 오늘날의 유대교를 완성하게 된 것은 에스라와 느헤미야를 통해서이다.

역사적 설화와 언행록의 장르

구약의 유명한 꿈의 이야기로는 가장 대표적인 것이 요셉(창 37:5-11)을 들 수 있다. 그의 두 죄수 친구(40:9-11, 16-17), 이집트의 바로 왕 (41:1-8), 미디안 병사(삿7:13-14) 등의 이야기가 나온다. 다음에는 하나님께서 나타나셨다는 이야기(창12:7; 17:1-21; 18:1-33)도 있다. 이삭의 경우(창26:2-5,24), 모세의 경우(출3:2-12), 삼손 부모의 경우(삿13장)가 있고, 솔로몬 왕의 경우(왕상 3:3-15; 9:1-9)에서는 꿈속에 하나님께서 현현하셨다고 기록했다. 야곱의 경우와 에서의 경우도 꿈속에 하나님께서 나타났다고 했기 때문에 현현(法法)으로 볼 수 있다(창28:12-16; 참고 48:3-4; 마2:19-20).

여기서 역사적 설화의 장르는 일반 보고보다 더 문학적 역작들이다. 거기에는 기본적 플롯이 나온다. 긴장에서 해결로 나아가는 대화들과 각 사람들의 연설들이 나온다. 가장 중요한 예가 사울 왕의 경우(삼상11:1-11), 아합 왕의 미가야 선지자와의 대결(왕상22:1-37; 참고 삿9:1-21; 왕상12:1-20; 20:1-43) 등이다.

끝으로 역사에 속한 언행록(memoir)의 장르가 있다. 일인칭으로 쓰인 언행록은 개인의 생활을 기록하고 있다. 예를 들면 에스라의 언행록(스7:27-9:15), 느헤미야의 언행록(느1:1-7:73상; 12:27-31)을 들 수 있다. 많지는 않지만 성경에는 고별연설이 있는데 이것은 대단히 중요한 역할을 한다. 대표적인 것으로는 신명기에 나오는 모세의 고별연설(신29:2-30:20; 31:1-8)이나 야곱의 경우(창49:29-

20:30), 여호수아(수23:1-16), 사무엘(삼상12장), 다윗(왕상2:1-9), 바울(행20:18-35), 예수님의 경우(요13:-17:26) 등을 들 수 있다.

중요한 것은 이 성경에 나오는 이야기들을 어떻게 해석해야 하느냐이다.

네 가지를 살펴보는 것이 좋을 것 같다.

첫째는 단순한 보고의 경우에는 초점을 주제와 전체의 문맥의 주제에 집중한다.

둘째는 사실적인데 강조점을 둔다. 무엇이 일어났으며 누가 했는가, 등에 역점을 두어야 한다.

셋째로 보고는 간접적인 것이므로 설화의 특징들을 살피는 것이 중요하다. 이 본문은 무엇을 말하고 있는가? 저자가 메시지를 전하기 위해 사용된 난해한 것은 무엇인가? 그러기 위해서는 보고보다 역사의 내용에서 보다 중요한 실마리를 찾는 것이 도움이 된다.

넷째로 역사란 오케스트라의 음악과 같아서 개개인의 음성과 공동의 주제가 연결되어 있다. 예를 들면 왕들의 경우에는 역대기서가 유대 나라에 대해 집중적으로 가지는 관심은 무엇인가? 성전의 중요성과 다윗이 이스라엘의 예배에 대해 애용하는 것은 무엇인가? 왕들이 이스라엘의 영적 재난을 어떻게 평가하고 있으며 역대기서가 영적인 면에서 긍정적으로 공헌한 것은 무엇인가? 등이다.

다음은 역사적 장르의 하나인 영웅적 설화의 장르이다. 구약의 장르 중에 가장 많은 경우는 영웅적 설화이다. 그 설화는 출생, 결혼, 생애의 업적, 죽음 등으로 되어 있다. 강조되는 것은 그 영웅의 덕목과 비범한 영웅적 행위를 보여준다. 여기에 나타나는 것은 긍정적 면과 부정적 면을 보여준다는 점이다. 가장 대표적인 경우가 모세의 생애이다(출애굽기와 신명기). 아주 세밀하게 그의 출생, 결혼, 생업, 지도자와 입법자로서의 성장, 죽음을 기록하고 있다. 분명하게 모세의 투쟁 과정과 하나님께 대한 충성을 잘 보여준다.

다음은 사사기에 나오는 여러 사사들의 영웅적 설화들을 모아놓은 것을 볼 수 있다 특별히 드보라의 이야기(삿4-5장)와 기드온의 이야기(6-8장), 삼손 이야기(13-16장) 들이 이 장르에 속한다.

서사시의 장르

설화 다음으로 많이 나오는 것이 서사시(epic)의 장르인데 서사시는 영웅적 이야기에 속한 장르이다. 차이점이 있다면 그 길이와 배율이 다르다는 점이다. 서사시는 초자연적 설정과 사건과 인물들로 되어 있다. 여기에 해당하는 것으로는 창세기 1-11장에 나오는 우주적 서사시이다. 우주와 인간의 창조를 기록하고 있다. 거기에는 초자연적 요소들이 많이 있고 하나님께서 에덴동산에 아담과 하와를 창조하신 내용과 노아 시대의 대홍수 심판(6-9장)이 나온다. 다음에는 아담(5장)과 노아의 족보(10장)가 나온다.

역사적인 암시는 많이 나온다. 인간의 직업의 시작(창4:20-22), 네피림이라는 거인들의 이야기(창6:4; 참조, 민13:32-33), 고대 도시들의 창설(창10:10-12), 창조(창11:2-3). 그 후에는 이 서사시는 끝나고, 셈족인 히브리의 조상으로 좁혀간다.

창12장-36장은 조상 서사시(ancestral epic)라고 할 수 있다. 이 부분은 이스라엘의 운명과 가나안 땅의 소유권을 다루고 있다. 그러나 창14:1-16절에 기록된 아브라함이 그돌라오멜의 연합군을 쳐부순 이야기는 역사를 하나님의 뜻에 따라 기록한 것이다.

예언자들의 이야기 장르

다음은 예언자들의 이야기로 된 장르이다. 거기에는 예언자들의 생애와 특히 경쟁의 내용들을 다루고 있다. 저자의 목적은 예언자를 모델로 교훈하려는 것과 국가적 종교적 심판의 표준을 말하려는 데 있다. 예를 들면 엘리야와 엘리사(왕상17-왕하9장; 왕하13-14-21), 다니엘(1-6장)의 이야기는 예언자의 대표적 경우이다.

그러면 이런 영웅적, 예언적 이야기를 어떻게 해석해야 하는가? 크게 네 가지 방법으로 하면 좋을 것 같다.

첫째는 주된 인물의 생애에 초점을 맞추는 것이 좋다. 그것이 개인이든 가족이든 국가에 관한 것이든 말이다. 살펴야 할 질문은 그 영웅이 하나님과 사람들과의 관계에서 모범이 되는 것은 무엇인가이다.

둘째로 그 영웅에게서 배워야할 가치관은 무엇인가? 예컨대 아브라함의 끈질긴 믿음(창15:6; 22:12)은 무엇이었나? 아브라함은 고대 이스라엘에 대해 하나님을 어떻게 믿었는가? 현대의 우리는 어떻게 믿어야 하는가?

셋째로 해석자의 주안점은 큰 주제를 발견하는 작업이다. 예컨대 선택, 정복, 배교 같은 것들이다. 엘리사에게서는 바알을 위해 이스라엘이 야훼 신앙을 거절한 것을 찾아보는 것이다.

넷째로 이스라엘과 교회를 비교하여 그 상황들을 살펴보는 것이다.

아모스서는 여러 개의 신탁들(Oracles)로 되어 있는데 문학의 장르가 하나가 아니다. 1-2장은 서정적 예언으로 되어 있는데 자유로운 리듬과 서창(敍唱), 시와 산문으로 되어 있다. 6:14에는 여러 편의 설교가 있고 7:1-9:10절에는 여러 개의 환상들이 나오고 9:11-15절에는 이스라엘의 미래에 대한 회복으로 되어 있다.

호세아서는 호세아 선지자가 기록한 것인데 그 이름인 호세아란 말은 여호수아와 예수처럼 꼭 같은 어원인 구원이란 뜻이다. 아모스서와는 달리 언어나 스타일이 어렵고 급하게 기록되었다. 호세아서의 주제는 일반 문학과 다르다. 대부분의 문학에서는 남편이 외도하는 내용이 대부분이지만 호세아서는 정반대이다. 비슷한 것이 있다면 알프레드 테니슨(Tennyson)의 시 가운데 아더가 구이네베레를 용서한 것을 들 수 있을 것이다. '오 나는 당신을 영원하신 하나님처럼 용서하오. 당신의 영혼이 쉬도록 하시오' 호세아서는 두 부분으로 구분된다. 1-3장은 개인적인 서술, 4-14장은 국가적인 해석으로 되어 있다.

코미디의 장르

다음은 코미디의 장르이다. 현대 독자들에게는 코미디라고 하면 텔레비전 쇼를 통해서 본 것을 상상한다. 그러나 문학에서 말하는 코미디는 그런 뜻이 아니었다. 문학에서는 해피엔딩으로 끝나는 이야기를 다 코미디라고 밀한다. 그 목적이 즐거움을 주기 때문이다. 놀라운 것은 단테의 『신곡』을 하나님의 코미디(La Divina Commedia)라고 한 점이다. 이 장르 분야의 연구로는 넬빈 보스(Nelvin Vos)의 『코미디의 종교적 의미』(The Religious Meaning of Comedy)가 있다.

그는 두 가지 형태의 코미디가 있다고 했다.

첫째는 U자형의 코미디인데 그 구성은 번영하던 사람이 다음 단계에는 비극으로 가다가 마지막에는 행복으로 끝나는 구성으로 되어 있는데 가장 흔한 구성은 결혼, 연회, 연합의 형태라고 했다.

두 번째는 유머 형태의 구성이라고 했다. 영국의 신학자인 휴(Hugh) 추기경은 인류의 역사는 사랑 이야기인데 인간이 하나님을 위해 창조되었으나 인간이 불충하게 되고 버림받았다가 하나님의 사랑으로 다시 돌아오게 되는 것을 코미디로 보았다. 그러고 보면 구약의 성서는 전체적으로 볼 때에 하나님의 코미디라고 할 수 있다. 일반적으로 코미디에 나오는 역할은 변장, 혼동된 주체, 오해된 정체성, 천우의 일치, 놀라운 반전, 참화에서의 탈출, 장애물의 극복 등을 내포한다. 코미디는 흔히 결혼, 축제, 적과의 화해, 적에 대한 승리 등으로 끝난다. 성서의 예를 들면 에스더서가 가장 대표적인 코미디 책이다. 그 다음으로 꼽을 수 있는 코미디 책은 요셉의 이야기(창37-50장)를 들 수 있다.

끝으로 룻기는 코미디 중에 코미디 책이다. 룻기는 4장의 짧은 책이지만 내용이 극적이면서도 섬세하여 마치 한 편의 단편소설과 같은 느낌을 준다. 룻기서는 성서중에서도 뛰어난 문학성을 지닌 책이다. 처음 시작은 비극에서 시작한다. 나오미의 남편 엘리멜렉은 베들레헴의 흉년을 피하여 아내 나오미와 두 아들을 데리고 모압땅으로 갔다. 그 땅에서 엘리멜렉과 두 아들이 죽었다. 나오미는 빈손으로 며느리 룻과 함께 고향 베들레헴으로 돌아왔다. 바로 이때부터 하나님의 개입하심을 느낄 수 있다. 며느리 룻이 이삭을 주어 생계를 유지했는데 그 밭 임자인 보아스가 엘리멜렉의 친척으로 기업 무를 자의 자격이 있는 사람이었다. 성실한 룻에게 보아스는 자연스럽게 가까워졌다. 보아스는 엘리멜렉의 가족들에게 기업 무를 자가 되기를 원했다. 그런데 그 당시 엘리멜렉의 친척 중 보아스보다 더 가까운 친족이 있었다. 보아스가 기업 무를 자가 되기 위해서는 먼저 더 가까운 친족인 그가 고엘로서의 자격을 거절해야 한다. 보아스는 4:1절에서 그 친족을 "아무개 여(여보게) 이리로 와서 앉으라"고만 기록하고 이름은 부르지 않았다. 무엇 때문인가? 그것은 고엘로서의 책임을 감당치 못할 경우에 그의 명예를 지켜주기 위해서라고 본다. 고엘이 되려면 먼저 죽은 자와 가까운 친족이어야 하고 다음은 기업 무를 능력이 있어야 하며 끝으로 기업 무를 분명한 의사가 있어야 했다. 그러나 그는 어떤 이유에서인지 고엘의 자격을 거절했다. 마침내 보아스와 룻이 결혼을 하고 예수님의 조상이 된다. 이것은 이방인인 우리가 고엘이 되신 예수님과 결혼하여 한 몸이 되는 과정과 꼭 같아 영적으로도 큰 은혜가 되지만 아무튼 코미디 중에 코미디다.

그러면 이런 코미디는 어떻게 해석하는 게 좋은가? 다섯 가지 방법이 좋다.

첫째로 설정의 비극이 승리로 끝나는 코미디로 가기 때문에 해석자는 그 과정을 추정하는 것이 좋다. 이야기의 위기, 전환점, 마지막 절정을 따라 간다.

둘째는 인물의 좋은 점을 찾아본다. 그 인물의 장단점을 살펴보는 것도 좋다. 에스더의 경우는 처음에는 주저했지만 나중에는 용기 있는 지도자의 모습을 가지게 되는 것을 볼 수 있다(스4:7).

셋째는 그 이야기에서 하나님의 역할을 분별하는 것이다. 직접

적이었는가 아니면 간접적으로이었는가 하고. 또 하만의 경우 그렇게 자신감이 있던 사람이 어떻게 아이같이 유치한 사람으로 타락하였는가?

넷째로 코미디의 주제를 정의해본다. 요셉의 경우는 몇 가지 단계로 인도한 것을 볼 수 있다. 에스더의 경우는 좀 어지럽지만 하나님께서 그의 백성을 포악한 자들 앞에서 어떻게 보호하셨는가를 찾아보는 것이다.

다섯째로 코미디의 주된 주제가 무엇인가를 찾아본다. 요셉과 에스더의 경우 하나님께서는 그의 백성들을 보살피시며, 어떤 역경에서도 함께 하심을 찾아보면 큰 은혜가 된다.

고별연설의 장르

다음에는 고별연설(farewell speech)의 장르이다. 고별연설은 구약의 설화 문학에서 중심이 되는 중요한 장르이다. 고별연설은 죽기 전에 하는 것으로 일인칭으로 된 연설이다. 이 고별연설은 중요한 지도자의 경우에 나온다. 가장 대표적인 것이 구약에는(신명기) 모세이고, 신약에서는 예수님의 경우(마28:16-20)이다.

그러면 이 고별연설은 어떻게 해석해야 하는가?

첫째로 고별연설은 역사적으로 중요한 경우에 하는 것이 일반적 경우이다. 그러므로 왜 이 연설을 했는가를 아는 것, 즉 삶의 정황(Sitz-im-Leben)이 중요하다. 다시 말해 어떤 중요한 배경이 있는가를 찾아내는 것이다.

둘째로 역사적 배경 속에서 요점이 무엇인가? 연설자가 청중들에게 주장하는 요점은 무엇인가?

셋째로 넓은 문맥 속에서 주제는 무엇인가?를 찾아보는 일이다. 사무엘의 경우(삼상12장)는 사무엘상의 주제를 어떻게 전개하고 있는가?

넷째로 중요한 역사적 배경으로부터 적용할 내용은 무엇인가? 오늘의 우리들에게 주는 교훈은 무엇인가이다.

율법의 장르

구약의 장르 중에 두 번째로 많은 것은 율법이란 장르이다. 많은 사람들은 구약하면 일반적으로 율법을 생각한다. 사실 모세 오경은 흔히 모세의 율법(토라, Torah)이라고 불렀다. 율법은 좁은 의미로 볼 때에는 네 가지 종류가 있다.

첫째는 계약 법전(the Covenant Code:출 20:22-23:33)이 있고, 둘째는 신명기 법전(the Deuteronomic Code:신12-26장)이 있고, 셋째는 성결 법전(the Holiness Code: 레17-26장)이 있고, 넷째는 제사장 법전(the Priestly Code:출25-31장, 34:29-레16장, 민수기의 일부)이 있다.

구약의 율법들은 가르치는데 유익할 뿐 아니라 책망과 교정, 및 의의 교육에 유익함을 인정해야 한다(딤후3:16). 그러나 가장 중요한 점은 이 율법들은 그리스도 안에서 성취되었다는 점을 기억해야 한다. 예수님께서 십자가 위에서 "다 이루었다"고 하셨을 때 이미 구약의 율법은 다 성취된 것이다. 신약성서는 희생제의 율법은 양과 염소를 성전에 가져와서 죽임으로써 성취된 것이 아니라 단번에 그리스도의 십자가로 말미암아 성취된 것이라고 말한다(히 9:1-10:25). 출23:19하; 34:26절에 보면 "너는 염소 새끼를 그 어미의 젖으로 삶지 말지니라"고 했는데 이런 음식 규례(코셔,

Kosher)는 신약 시대에는 더 이상 적용되지 않고 있다. 왜냐하면 이런 법은 모든 음식은 다 정결하다는 말씀에서 성취되고 응하였기 때문이다. 또 레19:27-28절에 "머릿가를 둥글게 깎지 말며 수염 끝을 손상하지 말며 죽은 자 때문에 너희 살에 문신을 하지 말라 나는 여호와니라"는 구절은 당시 이방 종교에서 행하였던 실례였기 때문에 철저하게 금지하였다. 요약하면 구약의 율법은 신약의 빛 가운데서 보아야 한다. 어떤 율법들은 신약의 성도들에게도 그대로 유용하다. 예를 들면 마5:21-48; 22:40; 참조, 신6:5; 레19:18절은 신약시대에도 변함없이 그대로 지켜져야 한다. 바울도 딤전5:19절(참조 신17:6; 19:15; 고후 13:1)에서 구약의 율법 중에 어떤 것은 그대로 지킬 것을 명하고 있다. 심지어 어떤 경우에는 구약보다 더 엄격하게 말 한 것도 있다. 예수님이 언급한 결혼의 경우나 제7계명의 경우나 이혼의 경우는 구약보다 신약이 더 엄격하다. 구약과는 달리 신약에서는 이혼과 재혼의 경우는 간음과 같다고 했다(마19:9). 또 어떤 경우, 예를 들면 히10:1-10절에서 말한 대로 그리스도로 말미암아 성취되었기 때문에 더 이상 행하여야 할 필요가 없다고 했다.

예를 들면 제사제도나 혹은 음식에 관한 규례나(막7:19), 할례 제도(갈5:2-6)는 그리스도로 말미암아 성취되었다는 말이다. 이렇게 구약성서에서 말한 것 중에는 지금도 그대로 실천해야 할 것이 있고, 또 어떤 것은 이미 성취된 것이기 때문에 지나간 것인 경우도 있다는 점을 구별하고 기억해야 한다.

따라서 우리는 율법의 종류뿐 아니라 율법에는 세 가지 기능이 있다는 점을 분명하게 구별해야 한다.

율법의 종류는 첫째로 십계명과 같은 도덕법이 있고, 둘째는 사회법이 있다. 예를 들면 성결 법전(레17-26장)과 신명기 21-25장에 많이 나타난다.

셋째는 종교적 의식법이 있다. 예를 들면 성소, 제사장직, 제사 의식, 종교적 절기에 관한 것 등을 들 수 있다.

다음은 율법의 기능이다.

첫째 율법은 우리를 그리스도에게로 인도하는 몽학선생(새 번역에는 '가정교사'로 번역함)의 역할을 한다. 몽학선생이란 말은 파이다고고스(Paidagogos)라는 말인데 그리스에서는 16세 이하의 어린이들을 보호하고 지도하기 위해 고용된 노예가 있었는데 이들을 가리켜 몽학선생(School master)이라고 불렀다.

둘째는 율법은 죄를 깨닫게 해준다. 율법이란 가이드라인(울타리)이 없으면 우리는 자신이 죄인인 것을 깨닫지 못한다.

셋째는 율법은 전체적으로 하나님의 뜻이 무엇인가를 밝혀주어 (시 119:105) 성화의 길로 인도하는 기능과 역할을 한다.

이 법전들을 연구할 때 고대 근동의 법전과 비교해보면 성서의 연구에 많은 도움이 된다.

율법에는 두 가지 유형이 있는데, 첫째는 사례중심의 율법(case law)이 있다. 이 경우의 특징은 '만약……그럴 경우에는'(if……then)식의 삼인칭으로 되어 있다. 예를 들면 출21:18-19절을 들 수 있다. "사람이 서로 싸우다가 하나가 돌이나 주먹으로 그 상대방을 쳤으나 그가 죽지 않고 자리에 누웠다가" "그를 친 자가 형벌은 면하되 그간 손해를 배상하고 그가 완치되게 할 것이니라"(형벌의 내용)고 했다. 이것이 고대 근동의 법의 형태였다.

두 번째는 의심의 여지없는 율법(apodictic law)이 있다. 예를 들면 출20:13절에 "살인하지 말라"와 같은 절대 해서는 안 될 경우이다. 반대로 긍정적인 경우도 있다 "네 부모를 공경하라"(출20:12). 또 다른 경우는 보복법(law of retaliation)이 있다. 출21:12, 23-25의 경우이다. 가장 대표적인 것이 신19:21절이다. "생명에는 생명으로 눈에는 눈으로 이에는 이로 손에는 손으로 발에는 발로이니라"

라이트(Wright) 박사의 연구에 의하면 구약의 율법을 좀 더 세밀하게 다섯 가지 유형의 율법이 있다고 했다.

첫째는 형법(출21:16; 22:18), 둘째는 시민법(이스라엘 시민 간의 법으로 예를 들면 폭행, 사고로 인한 상해, 태만, 노예, 재산의 논쟁 등), 셋째는 가정법(신25:5-10; 21:15-16), 넷째는 예배법, 다섯째는 자선 법(출22:21-27;레14장, 19:9?10; 신14:28-29)이라고 했다.

그러면 이런 율법들은 어떻게 해석해야 하는가? 특별히 현대를 살아가는 우리들에게 어떻게 적용해야 하는가?

첫째 율법에서 먼저 기억할 것은 이 윤리법과 신학적 원리들은 영원한 하나님의 뜻임을 기억해야 한다. 다시 말해서 율법은 당대의 문화적 현상 이상의 것이란 점이다. 특히 사49:6절에 보면 "너를 이방의 빛으로"라고 한 것은 크리스천들이 이방 나라에 살 때에 하나님의 율법을 통해서 모범을 보여주어 빛 된 삶을 살아야 할 것을 말씀한 점이다.

둘째로 율법을 바로 해석할 때 고대 율법의 형태 속에 영원한 진리가 그 안에 있다는 점을 기억해야 할 것이다. 예컨대 "살인하지 말라"나 "도적질하지 말라"(출20:13,15; 신5:17, 19)의 경우이다. 어떤 경우에는 두꺼운 문화적 껍질 속에 감추어진 경우인데 이런 때는 그 속에 있는 영원한 진리를 발견해야 한다. 예를 들면 레 15:19-30에 나오는 여인이 유출할 때에 어떻게 할 것인가를 언급한 점이다. 여성들이 멘스를 할 때의 법이다. 여기서 우리는 영원한 진리를 발견해야 한다. 당시 이스라엘의 여인들은 조혼하는 관습이 있고, 또 어린 나이에 아기를 가져서 대가족을 이루는 경우가 종종 있었다. 그런 경우 어떻게 청결을 유지하느냐가 문제가 되었기 때문에 당시에는 적지 않은 문제가 되었다. 그래서 당시에 이 율법을 주신 것이다. 그러나 거기서 그 율법의 영적 의미를 찾는 것도 큰 유익이 된다.

오늘날의 크리스천들은 이 구약을 읽을 때 예수님의 해석을 주로 참고한다. 그런데 마5:17절에 보면 예수님은 "내가 율법이나 선지자를 폐하러 온 줄로 생각지 말라 폐하러 온 것이 아니요 완전하게 하려 함이라"고 했다. 당시 복음서의 저자들은 구약의 예언이 많이 예수님을 통해서 성취된 것으로 보았다. '성취'(fulfillment)란 말이 마태복음 1장과 2장에 다섯 번이나 나온다. 예수님께서 율법이란 말을 사용했을 때 그는 일반적으로 구약의 도덕법을 의미한 것이다. 그래서 그 다음 18절에서 "진실로 너희에게 이르노니 천지가 없어지기 전에는 율법의 일점일획도 결코 없어지지 아니하고 다 이루리라"고 했다. 또 골2:16-17절에서 말한 여러 가지 희생과 의식 법은 그리스도의 죽음과 부활과 함께 성취된 것이기 때문에 오늘날에는 지킬 필요는 없다. 예수님은 그의 공생애 기간에 때로는 구전과 토라에 대해 근본적인 도전을 하였다. 특히 안식일과 음식 법에 대해서 그랬다. 그러나 주님은 지상에 계신동안 기록된 율법을 결코 어긴 적이 없었다.

요컨대 그리스도의 재림 때까지 도덕법은 완전히 성취되지 않을 것이란 점이다. 따라서 중요한 것은 마5:17절의 말씀대로 구약의 모든 것은 그리스도인들에게 적용되나 그리스도 안에서의 성취를 떠나서는 아무 것도 적용되지 않는다는 점이다. 여기서 우리는 고전적 계약신학에서 말하는 '신약에서 거절한 것을 제외하고는 구약의 모든 율법을 받아들이는' 태도나 또는 세대주의에서 말하는, '신약에서 반복되지 않은 모든 것을 거절하는 태도'는 신학적으로 잘못된 것임을 기억해야 할 것이다.

계약 신학의 경우 현대의 농사법이나 의복의 패션은 그들의 신학대로라면 논리적으로 거절하여야 한다. 반면에 세대주의의 경우는 그들의 논리대로라면 신18:9-13절의 말씀에도 불구하고 주술이나 무당이나 강신술을 받아들여야 하는데 그것은 신학적으로 문제가 된다.

다음은 신명기 법전이다. 어떤 점에서 신명기서는 율법을 모은 법전이다. 신명기서는 모세의 율법을 전체적으로 다시 언급하고 있다. 처음 신1:1-5절에 간단히 언급한 것 외에는 긴 결론(31-34장)을 제외하면 나머지는 이스라엘 백성들이 요단 동쪽에 진치고 있었을 때에 모세의 권면의 설교로 되어 있다(1:6-4:40; 5-26장, 27::11-28, 29:2-30절).

많은 구약 학자들은 이 부분을 권면사라고 말한다. 신명기서의 구조를 보면 주전 2세기 때에 가졌던 히타이트제국과 아시리아제국의 제왕들이 속국에 속한 백성들에게 연설하듯 하는 형태이다. 그래서 구조적으로 보면 신명기서는 서론(1:6-4:43), 규정(5-26장),

증인에 대한 명시("하늘과 땅" 4:26;30:19; 31:28), 축복과 저주(27-28장)로 되어 있다. 그러므로 신명기서를 읽을 때에는 고대 국가 간의 조약의 구조로 된 내용으로 보지 말고, 모세의 권면으로 읽는 것이 옳다.

그러면 신명기서는 어떻게 해석하는 것이 좋은가? 크게 네 가지를 생각할 수 있다.

첫째로 신명기서는 고대의 계약문서로 보는 것이 옳다. 따라서 조약의 배경 안에서 해석하는 것이 좋다.

둘째는 우리는 역사적 배경에서 읽어야 한다. 당시의 바알숭배의 영향이 많았던 배경 속에서 읽으면 내용이 더욱 분명해진다.

셋째로 신명기서는 율법적 교훈이라기보다는 설교의 열정적 권면으로 보는 것이 좋다.

넷째로 신명기서의 문학적 성격은 글을 대필한 것으로 보인다. 왜냐하면 앞의 네 권과 문체와 다르기 때문이다. 아마도 모세의 제자인 여호수아가 대필했을 것이다.

설화 다음으로 많이 나오는 것은 시의 장르이다

시의 장르에 대해서는 위에서 서론적으로 언급했기 때문에 여기서는 좀 더 구체적으로 언급하려고 한다. 서정시로 된 시가 많이 있다. 찬양의 시, 승리의 시, 만가(輓歌) 등 여러 형태가 있다. 예를 들면 라멕의 "검의 노래"(창4:23-24), 드보라의 노래(삿5:2-31), 다윗이 사울과 요나단을 위한 애가(삼하 1:19-27), 전도서에 나오는 "허무의 노래"(1:2-11), 마리아의 찬가(Magnificat, 눅1:46-55), 천사의 예언적 노래(눅1:32-35), 바벨론의 멸망의 노래(계18:21-24) 등은 다 서정시로 된 노래이다. 물론 학자들은 성서에 많은 시가 있다는 말은 했지만 히브리 시의 특징을 연구하기 시작한 것은 놀랍게도 근세에 와서부터이다. 사실 히브리 시에는 운율도 없다.

플라톤은 그의 『공화국』에서 시인이 없다고 시를 증오했지만 시는 가장 두드러진 성서의 내용으로 되어 있다. 우리말 성서에는 시적 표현이 많지 않지만 영어로 된 성서(특히 킹 제임스 버전)에는 그런대로 시적으로 표현하려고 노력한 흔적이 많이 보인다. 그러나 원문을 보면 시편이나 잠언은 물론이고, 구약의 모든 예언서들은 거의 다 히브리 시의 특징을 따르고 있다. 특히 예언자들은 일반적인 용어를 사용하지 않고, 시적 형태로 하나님의 말씀을 증거하고 있다. 더욱 놀라운 것은 하나님께서 말씀하실 때도 때때로 시적으로 표현하고 있다는 점이다.

많은 성서 신학자들이 히브리 시에서 운율(metre)을 찾으려고 했지만 실패했다. 잘 알다시피 히브리어는 처음에는 모음이 없었다. 그러다가 서기관 학파인 마소라 학파(Masoretes)들이 기원전 400-주후 200년까지 구약을 발음하기 쉽게 모음과 악센트를 만들어서 히브리어 성서에 붙여서 사용하기 시작했다. 결국 운율은 마소라 학파 이전에는 없었다는 말이다. 다른 나라의 시에는 이 운율이 있지만 히브리 시에는 없기 때문에 이것이 무슨 시냐고 성서의 시를 비아냥거리며 인정하지 않는 사람도 있으나 그것은 무지의 소치이다. 시에는 반드시 운율이 있어야 하는 것은 아니기 때문이다.

가장 놀라운 것은 성서의 삼분의 일이 시로 되어 있다는 점이다. 그러나 모든 시대에 인류의 문화를 보면 인간은 항상 노래를 불렀다. 인간의 내적 평화나 정의, 이해를 위해 마음 깊은 곳에서 나오는 노래들이 생겨난 것이다. 그것이 바로 성서에 나오는 시이다. 구약의 다른 부분들도 거의가 시로 된 것을 알게 되었다. 특히 예언서들은 거의가 시로 되어 있다. 또 레위기에 있는 율법과 느헤미야서와 에스더서가 사실은 시로 된 것을 발견하게 된 것이다. 신약에서는 18권의 책이 약간씩 시가 있음도 알게 되었다. 창2:23절에는 최초의 인간인 아담이 말한 것이 나온다. "이는 내 뼈 중의 뼈요/ 살 중의 살이라/ 이것을 남자에게서 취하였은즉/ 여자라 부르리라" 이 얼마나 아름다운 시인가? 여기서부터 시작해서 성서의 마지막 책인 계시록 21:1-4절까지가 다 시어로 되어 있다. "또 내가 새 하늘과/ 새 땅을 보니/ 처음 하늘과 처음 땅이 없어졌고/ 바다도 다시 있지 않더라/ 또 내가 보매/ 거룩한 성 새 예루살렘이/ 하나님께로부터/ 하늘에서 내려오니/ 그 준비한 것이/ 신부가 남편을 위하여/ 단장한 것 같더라/ 내가 들으니/ 보좌에서 큰 음성이 나서/ 이르되/ 보라/ 하나님의 장막이/ 사람들과 함께 있으매/ 하나님이 그들과 함께 계시리니/ 그들은 하나님의 백성이 되고/ 하나님은 친히/ 그들과 함께 계셔서/ 모든 눈물을 그 눈에서/ 닦아 주시니/ 다시는 사망이 없고/ 애통하는 것이나/ 곡하는 것이나/ 아픈 것이/ 다시 있지 아니하리니/ 처음 것들이 다 지나갔음 이러라"

문제는 우리말 번역이 원문의 시의 냄새를 바로 표현하지 못하여 시적 영감을 느끼지 못할 뿐이다.

그러면 왜 성서 저자들, 즉 고대 히브리인들은 시로 표현을 한 것인가? 그것은 여러 가지 이유가 있다.

첫째로 시로 표현된 것은 좀 더 기억하기가 쉽고, 둘째는 인간의 깊은 내면의 부르짖음이나 고상한 진리는 논리적인 언어로 표현할 수 없었기 때문이었을 것이다. 시란(흔히 음악에서는) 이성이 아닌 인간의 전인적인 인격을 표현하기에 가장 적합하기 때문이기도 하다. 특히 아시아인들은 시간을 순환기적으로 보는데 반해 히브리인들은 시간이 직선적으로 간다고 보는 데서 히브리인들의 시가 특징을 가진다. 왜 사람들은 위험을 무릅쓰고 히말라야 산 같은 높은 곳에 오르려고 하는가? 그것은 높은 산에 오르게 되면 인간이 얼마나 연약하며 우리가 얼마나 자연 앞에서 아무것도 아님을 느끼게 되고 마침내 정상에 오르게 될 때에는 안도감과 함께 말할 수 없는 희열을 느끼기 때문일 것이다. 히브리인들의 시도 인간들에게 마치 정상에 올라갔을 때의 꿈과 소망을 준다.

우리가 히브리인들의 시를 읽으면 먼저 데자뷰(deja vu)인 기시감이 나타난다. 어디서 본 것 같은 그런 가시적 현상이 일어난다. 그러나 현대의 영어로 된 시나 우리 말 시를 읽어보면 놀라운 이미지와 예기치 않은 언어의 배열들이 독자들을 놀라게 한다. 성서의 시는 보다 높은 가치관과 반복, 이미지의 절제를 통해 독자들에게 쉬면서 생각하게 해준다. 히브리인들의 시는 현대 시처럼 무서운 속도로 인해 길을 잃지도 않게 하고 천천히 걸어가면서 음미할 수 있게 해준다.

지금 우리가 히브리인들의 시를 보면서 가장 큰 문제는 우리의 번역판에서 내용에만 치중한 나머지 히브리인들의 시의 기교를 보지 못하고 있다는 점이 너무나 아쉽다. 여기서는 번역으로 인해 살아서 숨 쉬는 히브리 시만의 특징이 어떻게 살아졌는가를 살펴보려고 한다.

첫째는 운율(rhythm)이다. 운율이란 중심이 되는 음절의 리듬을 말한다. 영어 시에서는 19세기 말까지 오늘날의 음악적 서정시가 남아 있었다. 가장 흔하게는 4내지 5의 박자의 줄들이 있었다. 예를 늘면 셰익스피어나 밀턴괴 프로스트의 시에 나타나고 있었다.

둘째는 두운법(Alliteration)이다. 두운법이란 자음의 반복을 말한다. 현대의 영어 시에 남아 있는 것으로는 "pick your poison", "flags of our fathers" 같은 것이 남아있는데 성서의 예를 들면 이사야 1:18절과 시편 46:9절을 들 수 있다. "너희의 죄가 주홍 같을지라도 눈과 같이 희어질 것이요 진홍 같이 붉을 지라도 양털 같이 희게 되리라" "그가 땅 끝까지 전쟁을 쉬게 하심이여 활을 꺾고 창을 끊으며 수레를 불사르시는 도다" 이 두 번역을 보면 두운법이 전혀 보이지 않는다.

셋째는 유운(assonance)이다. 유운이란 강세가 있는 두 단어의 모음이 동음이나 뒤이은 자음은 같지 않음을 말한다.

넷째는 같은 음으로 하는 익살(paronomasia)이다. 이 말은 헬라어의 '같은 음'이란 말에서 나온 말인데 동음이의 일종의 말장난이다. 예를 들면 암8:1; 시5:9, 렘1:11-12절 등이다. "여름 과일한 광주리"에서 과일이란 단어는 히브리어로 qayits인데 그것은 이스라엘의 끝을 뜻하는 quts와 동음이다. 이것은 멸망을 가져오는 마음(querbam)과 묘지(qeber)란 말을 비교한 시이다. 다음은 렘1:11-12절의 경우인데 여기서 예언자는 살구나무 가지(shaqed)를 하나님께서 보신다는 뜻의 shoqed와 대조하고 있다.

다섯째는 유희 시(acrostic)이다. 히브리어는 22자의 알파벳으로 되어 있는데 각 구절이 이 순서에 따라 모으면 말이 되는 그런 시이다. 대표적인 시가 시편에서 가장 긴 119편이다. 각 절은 히브리어의 알파벳순으로 시작하는 것이 특징이다. 이런 시는 시편 9, 10, 24, 37, 111, 112, 145편과 잠언31:10-31, 예레미야 애가 1-4편과 나훔 1장 등에서도 볼 수 있다.

여섯째는 의성어(onomatopoeia)이다. 영어의 예를 들면 'burp' 'cough' 'spit' 같이 몸의 소리를 포함하는 단어의 경우이다. 예를 들면 시140편의 S발음을 내는 경우와 사5:30절, 24:19-20절에서 볼 수 있다.

그러나 감사한 것은 히브리인들의 시에 나오는 대구법(parallelism)이 우리의 번역판에 남아 있다는 점이다. 대구법이란 반복, 대조, 앞의 줄에서 언급한 것을 뒷줄에서 완성하는 경우를 말한다. 이것은 유명한 서정시를 포함하여 음악에서 흔히 사용하는 방법이다.

이상에서 우리는 히브리 시의 특징을 살펴보았지만 사실 성서에서 시를 찾으려면 구태여 시편을 찾으려고 할 필요는 없다. 많은 산문 속에 많은 시가 있기 때문이다. 예를 들면 라멕의 검의 노래(창4:23-24), 드보라의 노래(삿5:2-31), 다윗의 사울과 나단에 대한 비탄(삼하 1:19-27), 허무의 노래(전1:2-11), 마리아의 송가(눅1:46-55), 천사의 예언적 노래(눅1:32-35), 바벨론의 파멸(계18:21-24)을 비롯해서 구약에 나오는 지혜 문학이 전부 시로 되어 있다.

물론 성서의 시 중에 최고의 시는 시편이다. 성서의 히브리 시의 책명은 테힐림(Tehillim)인데 '찬양들'이란 말에서 유래되었다. 시편이란 말은 70인 역의 프살모이(Psalmoi)에서 기원했다. 이 말은 프살모스(Psalmos)의 복수형이다. '현악에 맞추어 부르는 노래'를 일컫는 말이다. 히브리어 경전은 우리 성서처럼 넷으로 구분되지 않고, 셋으로 구분(Torah, Nebiim, Kethubim)되어 있다. 그러나 70인 역이 나오면서부터는 넷으로 나누게 되었다. 이 구약성서에는 시편의 시집(시편, 잠언, 욥기)이 있다. 또한 메길로트(Megilloth)라고 불리는 다섯 편의 두루마리가 있는데 그것이 바로 아가서, 룻기, 예레미야 애가, 전도서, 에스더서이다. 역사서로는 다니엘(물론 묵시문학이기도 하다), 에스라, 느헤미야, 역대기 등의 역사서가 있다.

시편의 표제들 가운데 8명의 이름이 나온다. 저자나 기고자나 편집자나 음악가들이다. 작곡이나 편집, 거룩한 서정시의 사용과 관련된 사람들이다. 그 이름들은 다윗, 아삽, 고라, 모세, 헤만, 에단, 솔로몬, 여두둔이다. 가장 유명한 사람은 다윗이다. 그는 시편의 중요 작가이기 때문이다(삼상 16:15-23; 삼하23:1; 암6:5). 다윗은 목동으로 있으면서 자연과 친숙해졌고 율법에 관한 지식을 갖고 있는 사람이었다. 그는 역경과 슬픔과 시련이란 인생 대학에서 교육을 받은 이스라엘의 역사상 최고의 왕이었다. 그래서 그의 시는 하나님을 애타게 갈구하며 부르는 내용들이 많다. 150편의 시 가운데 73편이 다윗의 시로 '다윗의'(히브리어로 ledawid)란 표제가 붙어있다. 다윗의 시는 제1권에 37편, 제2권에 18편, 제3권에 1편, 제4권에 2편, 제5권에 15편이 들어있다.

구약신학자 중에 자유주의자들은 '다윗의 시'라는 것을 의심하지만 신약에서 마22:43-45; 막12:36-37; 눅20:42-44; 행2:25, 4:25; 롬4:6-8; 11:9-10; 히4:7절에 근거하여 우리는 다윗이 시인이었던 것을 확인할 수 있다. 시편에는 다윗의 시가 73편, 아삽의 시가 12편(50편, 73-83편) 나온다. 아삽은 선견자요 작곡가였다(대상6:39; 대하 29:30; 느12:46). 다음에는 11편(42편, 44-49편, 84-85

편: 87-88편)의 시가 "고라의 자손의"란 표제가 붙어있다. 히브리어의 레(le)란 말은 저자를 뜻하는 '…의'란 소유개념을 가진 소유격으로 사용되는 말이다. 히브리어에는 소유격이 따로 없기 때문에 레(le)란 말을 붙여서 소유격을 만들어 사용한다. 고라의 자손들은 모세의 권위에 도전함으로 고라가 형벌을 받을 때에 그 처벌에서 벗어났는데(민16:1-35) 그 후손들은 그 후에 성전 예배의 지도자들이 되었다(대상6:22; 9:19).

고라 자손의 시로 지칭된 88편은 '에스라 혜만의 마스길'이란 표제도 갖고 있다. 헤만은 요엘의 아들이며 사무엘의 손자이다. 그는 레위 지파의 고핫 가계에 속한 사람으로 성전 음악의 지도자가 되었다(대상6:33; 15:17; 16:41-42). 3편의 시(39편과 62편, 77편)는 여두둔이 작곡한 가락에 맞추어 부르도록 된 시이다. 모세의 시는 90편 한 편뿐이다. 놀라운 것은 시편의 삼분의 일에 해당하는 시에는 어떤 표제도 없으므로 작가 불명이라고 부른다. 일명 고아(孤兒) 시편이라고 부르기도 한다. 물론 이 시들의 역사적 배경이나 저자는 알려져 있지는 않으나 성령의 감동을 받은 사람들이 하나님께 받아 말한 것임은 틀림이 없다(벧후1:21).

성전 예배의 중요한 부분은 시편을 노래로 부르는 것이었다. 때로는 성가대가 번갈아 부르든지 아니면 성가대와 회중이 서로 응답하며 불렀다. 유대인들의 제2의 경전이라고 할 수 있는 미쉬나와 탈무드에 의하면 주일 중 각 달마다 불러야 할 시편이 정해져 있었다. 큰 절기들을 위해서는 특별히 선정된 시편이 따로 있었다. 유월절에는 시 113-118편, 135편을, 칠칠절, 초막절, 수전 절에는 시 30편과 118편을, 월삭에는 시 81편인데 이 날에는 29편을 함께 불렀다. 초막절에는 첫날밤에 시 120-134편을 읽었다.

성전이 무너지고, 회당에서 제사들일 때에는 매일의 기도로 대체되었다. 성전 예배와 일치되도록 매일 예배가 행해졌다. 율법서와 선지서를 낭독하고 기도로서 시편을 사용했다. 이렇게 함으로 공중 예배에서 하나님과 끊임없이 교통하도록 하였다. 특별한 경우 즉 부림절에는 시 7편, 신년에는 시 12편, 속죄일에는 시 98편과 104편을 사용했다. 백성들은 '할렐'이란 말을 암송했고, 상호 간에 '할렐루야'로 감사를 표시했다(시 104-106편, 115-117편, 135편, 145-150편). 이 할렐루야는 히브리어로 '할렐루야흐'에서 온 말이다. '여호와를 찬양하라'는 뜻이다. '할렐'이란 말은 '찬양하라'는 뜻이고, '야'란 말은 '야훼'를 뜻하는 말이다. 오늘날 유대인들의 회당에서 사용하는 시편들은 의식에 따라 차이가 있지만 모든 의식에서 시편을 가장 중요시하는 것은 변함이 없다.

요컨대 성서에서 가장 위대한 시는 두 말할 필요도 없이 150편으로 된 시편이다. 그 중에서도 시 23편은 걸작 중 걸작이다. 그러나 시편은 시적 문장으로 되어 있지 않고 시적 행(line)으로 되어 있다. 시편에는 하나님이 중심을 이루고 있고 모든 문장은 짝을 이루어 반복하고 있다. 간단히 말하면 시편 23편은 대구법으로 된 시이다. 형태에서 내용으로 나아가면 그 문장이 얼마나 문학적인가를 보게 된다. 놀라운 것은 현대시처럼 추상적이지 않고, 르불박물관의 그림을 보는 것처럼 살아서 숨을 쉰다. 추상화가 아닌 구상화(具象畵)처럼 느껴진다. 그래서 필자는 선한 사마리아인의 비유와 시편 23편의 시를 가장 대표적인 문학적 표현이며 장르라고 본다.

히브리 시의 연구에 가장 기본적인 틀을 제공한 사람은 로버트 로우드(R. Lowth) 감독의 1753년에 쓴 『히브리 시의 대구법』(On the Sacred Poetry of the Hebrews)이란 책이다. 그는 대구법의 발견을 통해 초기 시편 연구에 큰 공헌을 한 학자이다. 그는 대구법을 통해 시편의 케리그마를 발견하는데 공헌을 했다. 그러나 시편 연구의 결정적 이정표를 세운 학자는 헤르만 궁켈(Hermann Gunkel)이다. 그는 19세기에 성서 신학에 '새 전망의 길'을 열어준 학자로 특히 『양식 비평적 시편 연구 서설』에서 문학적 장르가 형성된 과정을 규명하였다. 그의 공로는 "삶의 자리"(Sitz-im-Leben)를 밝히고 역사의 자리에서 시인의 생생한 소리를 듣게 한 공로이다. 그는 시편을 5가지로 분류했다. 찬양시/ 민족 탄원시/ 개인 탄원시/ 개인 감사시/ 기타들이다.

그러나 시편에 나오는 시는 좀 더 세밀하게 7가지로 나눌 수 있다. 찬양시, 탄식시, 감사시, 신뢰의 시, 회상의 시, 지혜시, 제왕의 시 등이다. 사실 시에 대한 종교 개혁자들의 사랑은 대단했다. 루터는 '성서 속의 성서'라고 했고, 칼뱅은 '영혼의 해부학'이라고 불렀다. 필자는 김창인 목사 밑에서 부목사로 있으면서 목회 방법을 배웠는데 가장 놀란 것은 그의 새벽기도회나 심방 설교의 대부분이 시편을 가지고 설교한 점이었다. 그래서 그런지 그의 설교는 언제 들어도 이론적이거나 조직적이거나 추상적이지 않고 우리 성도들의 가슴에 와 닿는 상상력과 놀라운 영감을 주었다. 그는 시감이 넘치는 그런 설교자였다.

히브리 시에는 큰 틀로 나누면 세 가지 유형으로 나눌 수 있다. 첫째는 서정시인데 시편이 여기에 속하며 주로 노래로 불렀다. 성공회 교회에서는 예배 중 시편을 읽거나 음률을 붙여 노래한다. 지금은 그렇지 않지만 과거에는 미국이나 스코틀랜드 개신교회들은 대부분 시편으로 찬양했다. 둘째는 교훈시이다. 삶의 원리를 가르치는 격언으로 된 시인데 잠언과 전도서가 여기에 속한다. 셋째는 극시이다. 이야기에 들어있는 시로서는 욥기와 아가서가 여기에 속한다.

우리가 잘 아는 괴테(1749.9.28.-1832.3.22.)의 대표작인 파우스트도 욥기를 모방한 극시에 속한다.

오늘날 회당에서 사용하는 시편들은 의식에 따라 차이가 있지만 모든 의식에서 가장 중요한 위치에 있는 것은 시편이다. 예수님은 설교할 때 시편, 이사야서에서 가장 많이 인용했다. 시편이 79절/333회, 이사야 66절/348회나 된다. 신약 전체로 보면 이사야서를 제외하고는 시편만큼 많이 인용된 것은 없을 것이다. 초대교회에서는 예배에 시편을 많이 끌어들였다(고전14:26; 엡5:19; 골3:16; 약5:13). 그 이후의 교회들도 이런 풍습을 따랐다. 특히 크리소스톰(Chrysostom: 약347-407)은 모든 형태의 예배에 시편을 많이 사용한 것을 언급하고 있다. 중세교회에서도 성직자들은 매 주일마다 전 시편을 낭송하였다. 성 패트릭(St. Patrik)은 매일 시편을 낭송하였다고 한다. 시편이 이렇게 공감을 주는 이유는 시편은 인간의 각종 가능한 체험을 반영하여 각 사람의 정서를 실제적으로 표현하고 있기 때문이다. 질병과 회복, 죄와 용서, 슬픔과 위로, 연약함과 강성함, 쇠퇴와 부흥, 무의미함과 의미 있음 등에 관해 다루고 있기 때문이다.

히브리 시의 리듬은 강세 있는 음절과 없는 음절이 규칙적으로 나타남으로 이루어지는 것은 아니다. 영시처럼 각운(脚韻:두운의 반대로 행 뒷부분에 반복을 넣어준다)과 요운(腰韻:각운과 두운의 중간, 행의 가운데 부분에 반복을 넣어준다)을 갖고 있을 뿐이다. 불규칙적 강세는 히브리 시의 외적 특징이다. 음운에 있어서는 히브리 시가 영어 시보다 더 융통성이 있는데 이런 시는 근동지방의 시가들이 지닌 공통점이기도 하다. 히브리 시의 특징은 대구법(Parallelism)이라고 하는 '사상의 리듬'이다. 여러 가지의 형태로 문구를 나란히 벌여 격조를 맞추는 점이다. 히브리 시의 구문은 마치 조수의 밀물과 썰물처럼 힘 있게 반복된다.

시편에 나타난 가장 두드러진 특징은 이 대구법이 많다는 점이다. 대구법(혹은 평행법)이란 내용상 혹은 형식상 짝을 맞추는 방법을 말하는데 크게 나누어 6가지가 있다. 첫째는 동의적 대구법(Synonymous Parallelism)이다. 그 경우 동의적 사상이 반복되는 것이 특징이다(시25:16; 18:5; 71:9). 예를 들면 시2:10; 19:1; 38:1절 같은 경우이다.

둘째는 반의적 대구법(Antithetical Parallelism, 시1:6; 71:7; 20:7)이다. 이 경우 첫 구절의 사상이 대립되거나 첫 구절 체는 긍정적으로 말하나 둘째 구절 체는 부정적으로 말하여 서로 대립되는 대구법이다. 예를 들면 시20:7절 같은 경우이다.

셋째는 종합적 대구법(Synthetic Parallelism)이다(18:3; 103:11). 예를 들면 시3:4; 96:1절 같은 경우이다.

넷째는 상징적 대구법(Emblematic Parallelism, 시19:1-2; 잠26:11)이다.

다섯째는 계단식 대구법(Stairlike Parallelism, 시29:1-2)이 있고, 여

섯째는 내성적 대구법(Introverted Parallelism)이 있다(시1:4, 103:13; 잠23:15-16).

시편에는 많은 기도문이 나오는데 그 기도는 가장 많은 부분이 고발조로 되어 있다. 개인적인 기도이든 공회의 대표 기도이든 구원해달라는 내용이 중심을 이룬다. 개인적인 기도는 심한 질병, 불행, 거짓된 고발의 위기에 처했을 때 드린 기도로 되어 있다. 많은 성서학자들은 이 기도들은 예루살렘 성전에서 드린 기도이며 의식의 일부로 드려진 것으로 본다. 공동체를 위한 기도는 가뭄과 역병, 적의 침입이 있었을 때 드린 것들이다.

시편 22편은 가장 대표적인 기도 시이다. 이 기도는 예수님께서 십자가에 달려서 하신 일곱 마디의 말씀 가운데 하나이기도 하다. 그 기도는 하나님의 이름을 부르면서 시작한다. 1-2절은 야훼와의 만남을 위해 하나님의 이름을 부르는데서 시작한다. 3-5절에서는 확신에 찬 내용이 나온다. 6-8절에는 시편에 흔히 나오는 고발의 내용이 나온다. 19-21절에는 문제의 해결을 위한 간구의 내용이다. 특별히 하나님께서 사건에 개입해주시기를 간구한다. 처음에 고발의 내용이 나오고 나중에는 감사로(22-26절) 끝난다. 놀라운 것은 기도가 응답되기 전에 감사한다는 점이다. 그러므로 우리의 기도에 응답된 것만 감사하는 것은 성서적 태도는 아니다. 그래서 막11:24절에서는 "무엇이든지 기도하고 구하는 것은 받은 줄로 믿으라 그리하면 너희에게 그대로 되리라"고 하지 않았는가? 고발의 기도에는 간구의 부분을 내포하고 있다는 것이 특징이다.

시편에서 특별한 것은 음악적 표현이 있다는 점이다. 예를 들면 첫째 '셀라'인데 이 말은 시편의 표제에는 나오지 않는다. 본문 중에서만 등장하는 이 말은 주로 끝에 등장한다. 때로는 중간에 삽입되기도 한다(시9:17). 둘째는 '학가'인데 그 뜻은 '생각하다는' 말이다(시92:4). 이 말은 악기로 연주되는 음악과 관련되는 말이다. 셋째는 '영장'인데 음악적인 말로 된 것이다. 음을 고루 배열하고 정돈하는 지휘자나 합창의 인도자를 일컫는 말이다. 넷째는 '현악'이란 말인데 그것은 현악기를 뜻한다. 시편 4편, 6편, 55편, 61편, 69편, 76편 총 6개가 있다. 다섯째는 '관악'으로란 말인데 시편 5편에 단 한번 나오고 입으로 불어서 소리 내는 관악기의 통칭이다. 여섯째는 '여두둔'이란 말인데 39편, 62편, 77편에 보면 다윗 시대의 음악인으로서 아삽과 헤만의 동료이다(대상25:1; 대하 5:12).

시편의 또 다른 특징은 많은 비유법이 나온다는 점이다. 비유법으로는 크게 다섯 가지가 나온다. 첫째는 직유법으로 시 17:8절의 "나를 눈 동작 같이 지키시고"의 경우이다.

둘째는 은유법인데 시23:1절의 "여호와는 나의 목자시니"의 경우이다.

셋째는 과장법으로 시6:6절의 "내가 밤마다 눈물로 내 침상을 띄우며 내 요를 적시나이다"의 경우이다.

넷째는 수사적 질문이다. 시 106편의 경우이다. "누가 능히 여호와의 권능을 다 말하며 주께서 받으실 찬양을 선포하랴(106:2)."

다섯째는 의인화의 경우이다. 시19:2절에 "날은 날에게 말하고 밤은 밤에게 지식을 전하니"가 여기에 속한다.

시편의 또 다른 형태는 언어유희(Paronomasia)인데 히브리어의 발음이 비슷한 말로 표현하지만 그러나 의미는 통하게 되는 표현 방법이다. 이사야 7:9절의 경우처럼 "만일 너희가 믿지 아니하면 정녕히 굳게 서지 못하리라"가 바로 이 언어유희에 속한다. 또 다른 시편의 특징은 아크로스틱(Acrostic, 각 행의 머릿자 등을 모으면 말이 되는 유희시)이다. 즉 히브리어의 22개의 철자마다 각 철자를 시작으로 해서 시를 표현하는 방법인데 대표적인 것이 시119편에 나오는 장편 시이다.

그러면 우리는 이 시들을 어떻게 해석해야 하는가? 그 중에 하나가 시편을 통체로 다루되 신약적으로 해석하면 좋은 방법이 될 수 있다. 예를 들면 시98:1-9절을 해석할 때 먼저 셋으로 구분한다(1-3절; 4-6절; 7-9절). (1)1-3절에서 핵심단어는 구원, 중심은 구원의 주, 시제는 과거로, 신약적 해석으로는 유월절의 그리스도의 사역을 다룬다. (2)4-6절에서는 핵심 단어는 왕, 주인공은 통치의 주, 시제는 현재, 칠칠절, 오순절을 중심으로 하고, 신약적 해석으로는 성령의 사역을 다룬다. (3)7-9절에서는 핵심 단어는 심판, 주인공은 심판주, 시제는 미래, 신약적 해석으로는 성부의 사역을 다루는 것도 한 방법이 된다. 여기서 우리는 마르틴 루터의 시편 사랑을 잊을 수 없다. 그의 '내주는 강한 성이요'라는 찬송은 시편 46편 1-3절에서 영감을 얻은 찬송가이다.

시편 연구를 끝내면서 김홍전 박사의 이름을 뺄 수가 없다. 필자는 그를 직접 보지도 못했고, 그 밑에서 배우지도 못한 것을 아쉽게 생각한다. 그러나 박영선 목사는 김홍전 박사를 세계 역사의 신학자 중 10인의 한 사람으로 뽑는다. 그는 충남 한산 출신이지만 전주 서문교회에서 성장했으며 성약교회에서 목회를 했다. 그는 일본 동경에서 음악공부를 했고, 미국 리치몬드 유니온 신학교에서 음악 박사와 철학 박사 학위를 받았고, 히브리 대학에서는 신학 박사 학위를 받을 만큼 한국에서는 가장 연구를 많이 한 분들 중에 한 분이시다. 그는 평생 60여 권의 책을 저술하셨지만 그의 제자들은 하나 같이 김홍전 박사를 개혁주의의 위대한 지도자로 꼽는다. 특히 리치몬드 유니온 신학에서 그가 쓴 『The Messiah idea in the Dead Sea Scrolls』란 논문은 역작에 속한다. 그는 한 마디로 어떤 분인가 하고 물었더니 시편으로 지은 찬송가를 많이 부른 분이라고 했다. 그래서 필자의 기억에는 김홍전 박사가 시편만을 부른 외고집 할아버지로 남는다.

여기서 우리는 서정시에 속한 예레미야 애가를 뺄 수가 없다. 애가라는 이름은 첫 단어를 책의 제목으로 삼는 히브리 관례에 따라서 붙여진 것이다. 애가(哀歌)란 말은 "아 슬프다"라는 놀라움과 슬픔을 표현한 감탄사이다. 애가는 룻기, 에스겔, 잠언, 아가와 함께 축제에 따라 읽혀지는 다섯 두루마리 중의 하나로 예루살렘 멸망 기념일에 읽혀진다. 애가는 다섯 개의 노래로 이루어져 있다. 그 내용은 1장은 폐허로 변한 거룩한 도성, 2장은 예루살렘 패망의 원인인 선민의 범죄, 3장은 패망을 목도하는 만감의 교차, 4장은 패망 당시의 회고와 참상, 5장은 회복의 간구로 나누어진다.

예레미야 애가 5장이 모두 구별되면서 독특한 시로 되어 있다. 처음 4장은 히브리어 22자를 시작으로 된 아크로스틱(Acrostic:離合體)시이다. 마지막 5장은 바벨론에 잡혀간 포로들을 위한 탄원이 아니라 예루살렘에 남아있는 유대인들을 위한 탄원 시이다. 내용을 조금 더 살펴보면 1장에서는 예루살렘의 참상을 노래하고 있다. 바벨론에 함락된 예루살렘을 과부로 묘사하여 그 참상과 파멸을 큰 슬픔으로 서술하고 있다. 원수들에게 모든 것을 빼앗겨서 처참한 신세가 되어버린 예루살렘은 위로하는 이 하나 없고 오히려 원수들의 조롱감이 된 슬픔을 노래하고 있다. 2장에서는 여호와께서 내리신 징벌을 노래하고 있다. 예루살렘의 황폐화를 여호와의 징벌로 고백하고 있다. 마침내 실망과 통곡은 여호와이신 이스라엘의 하나님께 대한 신앙의 부르짖음으로 바뀐다. 3장은 고통 속의 소망을 노래한다. 여호와의 자비로우심과 의로우심을 회상하면서 언젠가는 여호와께 부르짖는 소리를 들으시고 구원해주시리라는 소망과 믿음을 이야기한다. 4장은 징벌을 불러온 죄를 노래하고 있다. 예루살렘의 재난은 예언자들과 제사장들의 죄 때문임을 고백하고 그 고통에서 벗어나기 위해 부질없이 외국에 의존했던 어리석음을 회개하고 있다. 마지막 5장은 영원히 다스릴 여호와를 노래한다. 이스라엘이 이방인의 손에 짓밟히고 쑥대밭이 된 처참한 상황을 울부짖으면서 여호와의 사랑과 자비하심으로 당신의 백성들을 다시 일으켜 세워주실 것을 애원하며 그분에게로 돌아가고자 하는 마음으로 호소한다.

예레미야 애가는 성전의 파괴와 약탈, 굶주림, 유배 등 유다 백성에게 내려진 재난을 목격하면서 하나님의 뜻이 무엇인지 일깨우고자 하는 예레미야의 기도라고 할 수 있다. 그러나 애가의 가장 중요한 핵심은 백성들의 처절한 슬픔과 절망을 표현하면서 백성들의 응어리를 풀어주고 신앙과 소망을 깨우쳐주려는데 있다.

그러면 예레미야의 애가는 어떤 구조로 되어 있는가? 1장과 5장은 기도로 되어 있다. 1장은 예루살렘을 인격화한 기도이다. 시온의 슬픔을 노래한 것이다. 이것과 대조가 되는 것이 5장의 예루살렘 인들의 "우리가 당한 것을 기억하시고 우리가 받은 치욕을 살펴보옵소서"(5:1)라는 기도이다. 이 두 사이에는 머릿자를 모아 만든 유희시(Acrostic lament)가 세 개(2장, 3장, 4장)가 나온다. 2장과 4장은 애가로 되어 있고, 3장은 예언자의 불평의 노래로 된 것이다. 1:12절이 가장 잘 저자의 심정을 기록하고 있다. "지나가는 모든 사람들이여/ 너희에게는 관계가 없는가/ 나의 고통과 같은 고통이 있는가/ 볼지어다 여호와께서 그의 진노하신 날에/ 나를 괴롭게 하신 것이로다" 2:19절에는 "초저녁에 일어나/ 부르짖을 지어다/ 네 마음을 주의 얼굴 앞에/ 물 쏟듯 할지어다/ 가 길 어귀에서 주려/ 기진한 네 어린 자녀들의 생명을 위하여/ 주를 향하여/ 손을 들지어다/ 하였도다" 다음은 3:19-24절과 4:9-10절은 읽는 모든 사람에게 눈물을 흘리게 하는 슬픔의 기도이다.

노래의 장르가 발전해 간 형태

먼저 살펴 볼 것은 사사기 4장 14-16절과 5장이다. 사사기는 여호수아의 죽음과 사울의 등극 사이에 일어난 기록이다. 전통적으로는 사무엘을 저자로 보고 있다.

사사기는 성서에서 가장 슬픈 이야기에 속한다. 여호수아서가 천국과 같은 성령의 역사를 기록한 것이라면 사사기는 지상과 같은 육체적 기록이다. 여호수아서가 기쁨과 승리의 기록이라면 사사기는 슬픔과 실패의 기록이다. 여호수아서가 신앙적 기록이라면 사사기는 불 신앙적 기록이요 여호수아서가 자유의 기록이라면 사사기는 굴종의 기록이다. 이렇게 두 책은 서로 대조가 된다.

사사기 4장에서는 드보라가 일어난 배경을 설명한다. "이스라엘 자손이 또 여호와의 목전에 악을 행하매(1절), 야빈의 손에 그들을 팔았으니(2절)" 그때에……드보라가 이스라엘의 사사가 되었는데' 다음에는 드보라가 발락을 부르는 내용이 노래로 되어 있다.

"일어나라 이는 여호와께서 시스라를 네 손에 넘겨주신 날이라. 여호와께서 너에 앞서 나가지 아니하시느냐(14절)."

안타까운 것은 우리 말 성서의 번역이 노래 같은 느낌을 전혀 주지 않는다는 점이다. 그러나 5장의 '드보라와 발락의 노래'에 들어가 보면 2절과 3절에서 '찬송하라', '찬송하리로다'고 하면서 31절까지 노래가 나온다. 사실 드보라는 바락보다 뛰어난 사사였다. 그것은 삿4:7-8절을 보면 금방 알 수 있다. 그런데 히11:32절에 보면 믿음의 영웅에 발락의 이름은 나오는데 드보라의 이름은 나오지 않는다는 점이다. 드보라는 유일한 여자 사사요, 한 남편의 아내이요, 여선지자요, 시인이요, 용기가 출중한 사람이었다.

여기 5장에 나오는 노래는 구약에서 세 번째 나오는 노래이다. 제일 먼저 나오는 것은 홍해 앞에서 부른 모세의 노래(출15:1-19)요, 두 번째가 모세가 이스라엘 총회 앞에서 부른 신명기 32장의 노래이다. 그 다음에는 드보라와 발락의 듀엣 찬양이 세 번째로 나온다.

왜 이 노래를 불렀는가?

첫째는 가나안을 격파하고 승리케 하신 하나님께 감사하기 위해서(5:1-8)이고, 둘째는 하나님을 믿는 믿음을 가지고 자발적으로 헌신했던 몇몇 지파의 사람들과 지도자들의 용기와 열심을 축하하기 위해서(5:9-15, 18-19)였다.

셋째는 하나님의 백성으로서 사명을 망각하고 안일과 무책임에 빠져 수수방관한 몇몇 지파의 불신앙을 책망하기 위해서(5:15-17)이다.

넷째는 지상의 두 세력 사이에 하나님이 초자연적으로 개입하신 것을 높이기 위해서(5:20-22)였다.

다섯째는 전쟁의 승리가 결정된 상황에서도 수수방관하며 망설이며 전리품 취하기를 거절한 자들을 저주하기 위해서(5:23)이고, 여섯째는 적장 시스라를 죽이기 위해 담대하고 용감하게 행동했던 여인을 축복하기 위해서(5:24-27)였다.

일곱째는 적장 시스라 어미의 실망과 고통과 고뇌를 보여주기 위한 찬양이었다(5:28-30).

여덟째는 하나님의 백성에게 축복이, 원수인 대적들에게는 저주가 있을 것을 만천하에 선포하기 위한 목적이었다(5:31).

그밖에도 성서에는 6개의 노래가 더 있다. 이스라엘의 브엘 우물가의 찬양(민21:17-18), 죽음을 앞둔 모세의 마지막 노래(신32:1-43), 기도 응답을 감사하는 한나의 찬양(삼상 2:1-10), 자기의 모든 원수와 사울의 손에서 구원받은 것을 감사한 다윗의 찬양(삼하22:1-51, 시18:1-50), 장차 천국에서 부를 구원받은 성도들의 새 찬양(계15:2-8) 등이 있다. 환난에서 이긴 자들이 천국에서 부르게 될 때의 승리의 찬양이다.

구약에서 가장 아름다운 시는 아가서('노래 중의 노래' 즉, '최고의 노래'란 뜻)라고 할 수 있다. 이 책은 구약의 정경과정에 언제나 포함되는 것은 이 책을 지은 저자가 솔로몬이라고 보기 때문이다. 아가서를 성문집(Hagiograha)에 포함시켜 다섯 개의 두루마리 책 (Megilloth)에 속한다. 다섯 개의 두루마리 책은 아가서와 함께 룻기, 예레미야 애가, 전도서, 에스더를 일컫는 말이다. 대부분의 구약학자들은 아가서를 결혼축가(Epithalamium)에 포함시킨다.

많은 보수적인 구약학자들은 아가서는 역사적 기록이 아니라 우화적(allegorical) 기록으로 보고 있다. 그래서 여호와와 이스라엘의 연합을 묘사한 것이며 그리스도와 교회의 연합으로 해석하기도 한다. 이 책은 결혼 축가(Epithalamium)로 알려져 있으나 해석에 많은 어려움이 있는 노래이다. 왜냐하면 이 아가서에 나오는 목자가 역사적 사실이라면 솔로몬의 저작으로 보기가 어렵기 때문이다. 그러나 일반적인 학설은 아가서는 솔로몬이 바로의 딸과 결혼을 축하하기 위해 기록된 것으로 알려져 있다. 솔직히 아가서는 수록된 내용 그대로를 받아들이는 것이 가장 자연스런 접근법이라고 생각한다. 솔로몬이 레바논 언덕에서 온 한 소박한 여인을 구애하다 마침내 서로 사랑에 빠지는 내용이다.

학자들은 아가서가 23개의 노래로 되어 있다고 분류하고 있다.

내용은 크게 7부분으로 나누어진다. (1)결혼식 날(1:2-2:7), (2)구애의 날들(2:8-3-5), (3)약혼식 날(3:6-5:1), (4)고통스러운 꿈(5:2-6:3), (5)신부에 대한 찬양(6:4-7:10), (6)왕의 초청(7:11-8:4), (7)새로운 사랑(8:5-14)으로 되어 있다.

솔로몬의 아가서는 노래 중의 노래(The song of songs)란 뜻으로 서사시와 서정시와 극적인 문학 형태를 다 가지고 있다. 핵심은 서정시라고 할 수 있다. 한 마디로 말해 아가서는 솔로몬과 술맘미 여인 사이의 사랑의 노래이다.

배경은 목가적이고 1:1절에는 제목이 나오고, 1:2-3:5절에는 솔로몬이 슐람미 여인과 결혼하는 내용이다.

특히 1:9절에서 2:7절에는 솔로몬과 그의 신부가 사랑을 서로 표현하고 받는 내용이 나온다.

2:8-17절에는 봄철의 즐거운 만남을 노래하고, 3:1-5절에서는 신부가 재미있는 꿈 이야기를 한다.

3:6-5:1절에는 약혼과 결혼에 대한 회상이 기록되어 있다.

5:2-6:9절에는 시골의 이미지들로 가득 차 있다. 때는 봄이고 사랑의 열정과 기쁨이 넘쳐나는 서정시가 주를 이루고 있다.

7:10-8:14절은 레바논에 있는 신부의 가정을 방문하는 내용으로 되어 있다.

필자는 G. 로이드 카(Lloyd Carr)의 내용 분석을 좋아한다. 복잡하지 않고 간단하기 때문이다. 그는 다섯 가지로 구분한다. 1:2-2:7절＝기대, 2:8-3:5절＝찾았다 잃어버리고 다시 찾음, 3:6-5:1절＝결혼의 완성, 5:2-8:4절＝잃어버렸다가 다시 찾음, 8:5-14절의 확언으로 구분한다.

필자는 아가서는 있는 그대로 연애 시로 보는 것이 좋다고 생각한다. 아가서는 전 세계에 잘 알려져 있는 장르이다. 고대 근동의 독특한 표현 양식이 그대로 나타난다. 그러나 고대 근동의 다른 연애 시와는 달리 아가서에는 제의식이나 종교와의 연관성이 없고 질투나 변절에 대한 언급도 없는 것이 특징이다.

아가서에서 가장 빛나는 시적 구절은 2:3절과 2:11-12절, 4:9-10절과 8:6-7절을 꼽고 싶다.

남자들 중에/ 나의 사랑하는 자는/ 수풀 가운데/ 사과나무 같구나/ 내가 그늘에 앉아서/ 심히 기뻐하였고/ 그 열매는 내 입에 달 았도다(2:3).

내 누이 내 신부야/ 네가 내 마음을 빼앗았구나/ 내 신부야/ 네 사랑이 어찌 그리 아름다운지/ 네 사랑은/ 포도주보다 진하고/네 기름의 향기는/각양 향품보다 향기롭구나(4:9-10).

겨울도 지나고/ 비도 그쳤고/ 지면에는 꽃이 피고/ 새가 노래할 때가 이르렀는데/ 비둘기의 소리가/ 우리 땅에 들리는 구나(2:11-12).

사랑은 죽음같이 강하고/ 스올같이 잔인하며/ 불길같이 일어나 니/ 그 기세가/ 여호와의 불과 같으니라 많은 물도/ 이 사랑을 끄 지 못하겠고/ 홍수라도/ 삼지지 못하나니(8:6-7)

아가서의 해석방법은 네 가지가 있다.

가장 인기 있는 해석은 알레고리칼하게 해석하는 방법이다. 이 방법은 오리겐(주후 184-254)의 해석방법이다. 그것을 잠간 소개하 면 입맞춤-성육신, 신부의 뺨-표면적인 그리스도인과 선행, 여자 의 금고리-믿음, 나도 기름-구원받은 자, 염소떼 같은 신부의 머리 칼-기독교로 개종한 나라들, 솔로몬의 아내들-이방 나라가 기독교 를 허용함, 술람미 여인의 배꼽-구원을 갈급하는 자들을 새롭게 하는 교회의 잔(盞), 두 가슴-신, 구약성경 등이다. 이 해석은 해석 자에 따라 다르기 때문에 문제가 많다.

둘째는 드라마식(2인극 혹은 3인극)으로 보는 방법이 있고, 셋째는 사랑의 시로 보는 방법이 있고, 넷째는 그냥 하나님의 말씀으로 해 석하는 방법이다. 물론 여기서 문제가 되는 것은 또 다른 솔로몬의 저서로 알려진 전도서와의 관계이다. 필자는 전도서의 내용을 솔로몬의 회개의 고백으로 보고 있으며 아가서는 솔로몬의 젊은 시절에 가졌던 체험을 중심으로 기록한 것으로 본다.

가톨릭교회에서는 다섯 가지 해석으로 보고 있다(A Catholic Introduction to the Bible, 2018).

첫째는 에로틱한 사랑으로 해석하는 방법

둘째는 하나님의 사랑으로 해석하는 방법

셋째는 메시아적인 해석방법

넷째는 신비한 해석방법

다섯째는 성찬식으로 보는 견해

아가 서에 가장 시적으로 된 부분은 2:6-7절, 4:1-5절, 5:10-16절, 8:3절, 8:6-7절, 8:14절 등이다.

그러나 아가서를 알레고리칼 하게 해석하는 것이 지금까지 한국 교단의 경향이었다. 그것은 아가서에 하나님이란 말이 한 구절도 없고 옷을 벗은 남녀 간의 모습이 거룩을 추구하는 성도들에게 맞지 않는다고 보았기 때문이다. 여러해 전에 필자가 결혼 주례에서 신부의 아름다움을 아가서에 나오는 적나라한 표현으로 했다가 설교 후에 음탕한 소리를 했다고 그 교회 장로에게서 꾸중을 들은 적이 있다. 그러나 아담이 하와를 향해 "내 뼈 중의 뼈요 내 살 중의 살이로구나"(창2:23)란 고백처럼 아가서의 표현들은 실제적 서술이라기보다는 육체의 여러 부분에 대한 시적 표현으로 보는 것이 옳다.

필자는 총신대 김지찬 교수의 말처럼 아가서를 한편으로는 신랑과 신부의 사랑을 노래하지만 또 다른 한편으로는 하나님과 인간의 사랑을 노래한 것으로 이해하면 좋다고 생각한다. 중요한 것은 아가서가 성서의 '지혜문학'에 속해있다는 점이다.

끝으로 신약에도 누가복음에 나오는 마리아의 찬가(눅1:46-55)와 사가랴의 예언으로 된 노래(눅1:68-79)가 있다. 이처럼 성서에는 수많은 노래들이 나온다. 이 노래들은 정말 아름다운 시들이다.

노래로 된 전도서(Ecclesiastes)

구약 가운데 가장 신비한 책에 속한다. 전도서는 고대 근동에서 흔히 볼 수 있는 기록 형태이다. 그러나 오늘날의 사람들이 읽으면 좀 이질감을 느낄 수도 있는 책이기도 하다. 이 전도서는 주변의 삶을 관찰한 데서 얻은 논리적 결론을 하나님이 없는 삶으로 모든 것이 헛되고 헛되다고 말한다. 전도서란 말은 스승, 설교자, 철학자라는 뜻을 가진 코헬렛이란 말에서 유래한 것이다(91:1, 2, 12: 7:27: 12:8-10). 가톨릭교회에서는 전도서를 일주일간의 미사 때 읽는다. 1:1-18절은 주일에, 2:1-3, 12b-26절은 월요일에, 3:1-12절은 화요일에, 5:9-6:8절은 수요일에, 6:12-7:28절은 목요일에, 8:5-9:10절은 금요일에, 11:7-12:14절은 토요일에 읽고 해설한다.

전도서는 크게 네 가지 내용으로 되어 있다.

첫째 하나님 없는 모든 삶은 헛되다(1-3장). 핵심구절은 3:1-4절이다.

"범사에 기한이 있고 천하만사가 다 때가 있나니 날 때가 있고 죽을 때가 있으며 심을 때가 있고 심은 것을 뽑을 때가 있으며 죽일 때가 있고 치료할 때가 있으며 헐 때가 있고 세울 때가 있으며 울 때가 있고 웃을 때가 있으며 슬퍼할 때가 있고 춤출 때가 있으며"

둘째 4:1-11:8로 해 아래에서는 삶을 기록하고 있다. 인생에는 너무도 심한 억압이 있으므로 우리는 죽는 편이 낫다고 했다. 차라리 태어나지 않는 편이 낫다(1-3)는 것이다. 그러나 이 말은 결코 비관주의적인 고백이 아니다. 솔로몬이 말한 것은 하나님 없는 삶을 직설적으로 언급한 것이다. 솔로몬은 절대 긍정을 위해 절대 부정의 말을 사용한 것이다. 12:12절도 같은 문맥이다.

"많은 책들을 짓는 것은 끝이 없고 많이 공부하는 것은 몸을 피곤하게 하느니라."

셋째 11:9-12:8절에서는 총체적 결론에 도달한다.

"전도자가 이르되 헛되고 헛되도다 모든 것이 헛되도다"(12:8). 여기에 우리는 솔로몬이 말한 '하나님 없는 삶은 헛되지만'이란 구절을 잊지 말아야 할 것이다.

12:13절은 전도서의 전체 결론이다.

"일의 결국을 다 들었으니 하나님을 경외하고 그의 명령들을 지킬지어다 이것이 모든 사람의 본분이니라"

따라서 넷째 부분인 12:9-14절에서 13-14절은 전도서의 결론이라고 할 수 있다.

"일의 결국을 다 들었으니 하나님을 경외하고 그의 명령을 지킬지어다. 이것이 모든 사람은 본분이니라 하나님은 모든 행위와 모든 은밀한 일을 선악 간에 심판하시리라"

여기서 필자는 W. G. 스크루지(Scroggie)의 견해를 전적으로 지지한다.

첫째로 전도서는 지혜문학에 속한다.

둘째로 주제는 주된 선의 탐구이다.

셋째로 해 아래 모든 것이 헛되다.

넷째는 전도서의 결론은 하나님을 경외하고 순종하는 것만이 인간의 의무나.

우리는 구약의 예언서에 대해 일반적으로 잘못된 생각을 가지고 있다. 그것은 예언서를 미래에 일어날 일을 기록한 책으로만 보는 점이다. 물론 예언서가 미래에 일어날 일을 기록하지 않은 것은 아니지만 더 정확하게는 예언자들은 하나님의 대변자로서 과거와 현재와 미래에 대해 언급한 점이다. 또 분별할 것은 예언서와 묵시문학은 전혀 다르다는 점이다. 예를 들면 구약의 다니엘서와 신약의 계시록은 예언서가 아니라 묵시문학에 속한 책이란 점이다. 묵시문학은 하나님의 섭리에 의해 종말(end times)이 가까이 온 것을 기록하고 있다. 따라서 다니엘서와 계시록은 단순히 예언서의 반열에서 다루면 해석상 큰 함정에 빠질 수 있다.

예언서와 묵시문학은 다음 다섯 가지 점에서 차이가 난다

첫째 예언서에는 전달자를 직접 언급하고 있지만 묵시문학에서는 간접적으로만 언급할 뿐이다.

둘째 저술 목적이 다르다. 예언서에서는 하나님과 화해하고 언약에 충실할 것을 강조한다. 반대로 묵시문학은 종말에 중점을 두고 하나님의 사역을 믿고 참고 기다리라는 격려가 중심이 된다.

셋째 메시지의 내용이 다르다. 예언서에는 허위와 불의를 비판하고 하나님과의 언약을 잘 지킬 것을 언급하면서 정의의 수립을 강조한다. 그러나 묵시문학에서는 역사는 이미 정해진 대로 가고 있으며 이 세상에서는 불의가 일시적으로 승리하나 결국은 하나님께서 승리할 것을 낙관한다.

넷째 전달 방법이 다르다. 예언서는 직접 저자 자신의 이름으로 기록하고 있지만 묵시문학에서는 자신의 이름을 숨기고, 유명한 사람들의 이름을 도용하는 경우가 많다.

다섯째 역사관이 전혀 다르다. 예언서에서는 하나님께서 세상의 주관자이시며 역사는 언약에 얼마나 충실할 것이냐에 따라 변한다고 보았다. 그러나 묵시문학에서는 좌절과 실망에 빠진 백성들을 불러 일으켜 희망과 용기를 주고 하나님께 대한 굳건한 신앙으로 살아갈 것을 언급하고 있다는 점이다.

구약의 예언서에는 예언서란 말은 나오지만 그러나 예언들이 놀랍게도 역사서와 연결되어 있다는 특징을 가진다. 예언서가 역사서와 연결된 것은 여호수아, 사사기, 사무엘서, 열왕기서 등인데 이것은 역사서와 예언서는 서로 밀접한 관계를 갖기 때문이다. 그들이 역사적 인물이지만 예언자들은 또 다른 한편으로 영적 세계에 속해 있기도 한 것이다. 그래서 히브리어 성경은 예언서가 역사서에 속해있다. 예를 들면 암5:21-24절은 역사이면서도 예언인 것이다. 그는 야훼를 대신해서 메시지를 전했다. "내가 너희 절기들을 미워하여 멸시하며 너희 성회들을 기뻐하지 아니하나니 너희가 내게 번제나 소제를 드릴지라도 내가 받지 아니할 것이요 너희의 살진 희생의 화목제도 내가 돌아보지 아니하리라 네 노랫소리를 내 앞에서 그칠지어다 네 비파소리도 내가 듣지 아니하리라 오직 정의를 물 같이 공의를 마르지 않는 강 같이 흐르게 할지어다"

(암5:21-24).

아모스는 주전 850년경 드고아에서 북이스라엘의 수도인 사마리아로 가서 활동했던 인물이다. 당시 북왕국 여러보암 2세는 가난한 자들을 착취하며 번영을 누리던 왕이었다. 남유다에서는 미가 선지자가 비슷한 메시지를 전하고 있었다.

북왕국 이스라엘은 앗수르에게 주전 722년에 멸망했다. 북왕국 이스라엘에서 아모스가 예언대로 행한 자들은 북이스라엘이 배교로 말미암아 멸망당하는 것을 보았을 것이다. 남왕국 이스라엘은 어떠했는가? 이사야의 예언대로 된 것이다. 이사야서를 보면 세 편의 메시지가 각각 다른 강조점을 가지고 있다고 해서 어떤 학자들은 세 명의 이사야가 있었다고 주장한다. 물론 1-39장까지는 멸망당하기 전에 계시 받아 기록된 것이다. 그러나 나머지 부분인 40-55장과 56-66장은 그 후에 일어날 것을 다른 배경 속에서 예언된 것일 뿐 그렇다고 그것이 제2의 이사야나 제3의 이사야가 있었다는 주장은 비약이 너무 심하다. 그것을 입증할 다른 역사적 증거가 없기 때문이다. 따라서 이사야는 바벨론 멸망 후에 일어날 일까지 하나님으로부터 미리 계시를 받았다고 보는 것이 더 자연스러운 추리일 것이다. 필자가 한 사람의 예언자 이사야가 기록했다고 주장하는 것은 중요한 근거가 있기 때문이다. 이사야서의 삼분 설은 1872년 버나드 둠(B. Duhm)의 가설에서 비롯된 것이다.

그럼에도 불구하고 필자가 한 사람의 이사야 설을 주장하는 것은 네 가지 이유가 있기 때문이다.

첫째 이사야서는 처음부터 끝까지 같은 필체로 기록되었다

둘째 66:23절에 보면 서론(1:13-14)에서 예언한 것에 대한 회복

이 나온다.

셋째 고레스 왕에 대한 예언(45장)은 고레스 왕 150년 전에 예언된 것이다

넷째 사64장 10-11절은 주전 515년 전후의 내용일 것이란 점이다. 가장 놀라운 것은 66장에 예루살렘 성과 성전의 존재에 대한 표현이 나오는 것은 그 기록이 성전이 아직 멸망되기 이전이란 증거가 된다.

끝으로 메시지의 차이점을 들어 1-39장과 40-66장의 이분 설(혹은 삼분 설)을 주장하는 데 그러나 메시지도 앞부분에 심판만 있는 것이 아니라 9:1-7; 25장에 보면 이스라엘의 회복에 대한 메시지도 있고, 뒷부분에 회복만 있는 것이 아니라 50장에 보면 심판의 내용도 있고, 57:3-13절에도 심판의 내용이 나오기 때문에 이사야서의 삼분 설은 소설가적인 잘못된 추리다. 다만 강조점의 차이가 있을 뿐이다.

예언자들을 주로 미래 일어날 일을 미리 언급한 사람들이란 개념은 위에서도 지적했듯이 잘못이다. 가장 정확하게는 '하나님을 대신해서 말한 하나님의 대변자들'(spokesmen of God)이라고 해야 정확하다. 물론 그들이 미래에 일어날 일도 예언한 것은 사실이지만 그러나 가장 많게는 당시의 히브리인들이 우상을 섬기며 야훼를 떠난 것을 책망한 내용이 가장 많다. 또 우리는 구약의 예언서에 나온 사람들만 예언자로 생각하는 것도 잘못이다. 예를 들면 모세나 사무엘이나 나단 같이 예언서를 따로 기록한 것은 없지만 예언자의 역할을 한 사람들도 있기 때문이다.

그러면 예언문학의 특징은 무엇인가?

야훼 하나님의 계시(oracle)이다. 그것은 이렇게 시작한다. '주 하나님의 말씀이니'라고. 구약에 보면 이 구절이 300번 이상 나온다. 이 예언들은 크게 심판, 경고, 약속의 형태로 나오다, 세 가지 범주로 정의, 공의와 자비로 나타난다. 구약의 예언서들은 연대순으로 기록된 것이 아니다. 대선지서 소선지서의 구분도 선지자들의 급수를 언급한 것은 절대 아니다. 그것은 그들이 기록한 예언서의 분량에 따라 편의상으로 구분한 것뿐이다. 그러므로 우리가 예언서를 연구하려면 연대순으로 연구하는 것이 그 예언서의 역사적 배경을 이해하는데 큰 도움이 된다. 여기서 역사적 순서와 역사적 배경을 중심으로 구별하면 다음과 같이 나눌 수 있다.

요엘서(약 주전835년경) = 왕하9-12장/요나서(주전760년경) = 왕하14장/아모스(주전760년경)/미가서(주전750년경) = 왕하14-20장/호세아서(주전745년경) = 왕하14장/이사야서(주전738-700년경) = 왕하15-20장/나훔서(주전625-610년경) = 왕하 22-25장/스바냐서(주전625년경) = 왕하 22-25장/예레미야서(주전620-585년경) = 왕하 22-25장/하박국서(주전615년-598년경) = 왕하22-25장/예레미야애가서(주전600년경) = 왕하 22-25장/오바댜서(주전600년경) = 왕하22-25장/에스겔서(주전592-570년경) = 왕하 24-25장/다니엘서(주전590년경) = 왕하24-25장/학개서(520년경) = 왕하24-25장/스가랴서(주전520-518년경) = 왕하 24-25년경/말라기서(주전486-450년경) = 왕하2-25장.

예언서는 생각보다 읽기 대단히 어렵다. 그동안 우리가 히브리 시들을 배우면서 친숙해졌지만 예언서들은 우리들에게 새로운 도

전이 된다. 예언서들은 주제가 갑자기 바뀌고 당시의 정치적 배경
도 다르기 때문에 왜 우리들이 현대에 이런 자료를 읽어야 할 것인
가 의아할 때도 있다.

예언서들이 어떤 책인가?

첫째 예언서들은 당시의 정치적 배경을 이해하지 않고는 예언서
들의 내용을 바로 이해할 수가 없다. 그러므로 먼저 역사서들을 중
심으로 당시에 어떤 사건이 일어났으며 문제가 무엇이었는가를 이
해해야 한다.

둘째 예언서들은 신약이나 아직 성취되지 않은 것이 무엇인가를
연구해야 한다. 심지어 신약시대에 가졌던 미래의 소망이 무엇이
었는가도 이해해야 한다.

셋째 성서적 우선순위가 무엇인지를 먼저 살펴봐야 한다. 이것
은 예언서의 저자가 권면하는 것이 무엇이며 책망하는 것이 무엇
인가를 알아야 한다는 말이다.

넷째 예언서는 문학적 측면에서 저자의 음색까지도 살펴볼 필요
가 있다. 특히 '여호와의 말씀이니라'고 한 것이 무시간적인 것인
지 아니면 당시의 독자들에게만 하신 말씀인지를 구별하는 것이
중요하다.

예언서에서 가장 눈여겨봐야 할 점은 예언자가 말한 사회정의가
무엇이냐를 찾아내는 일이다. 특히 과부와 고아들과 가난한 자들
과 병든 자들과 나그네들에 대해서 하나님을 믿는 자들이 어떻게 대
처해야 할 것인가를 보아야 한다. 특히 애타주의와 갚을 능력이 없
는 자들에게 어떻게 대하여야 할 것인가에 대한 해답을 찾아내는

것도 중요하다. 말3:5에는 과부와 고아와 가난한 자들에 대한 명령이 많은데 특히 모세 오경에 더 많이 있다. 예를 들면 출12:22-25; 신15:4-16:11; 26:12에 세밀하게 언급하고 있다. 더욱이 외국인에 대해서는 출22:21; 신10:19, 렘7:6, 슥7:10, 말3:5절에 언급하고 있다. 특히 너희는 과거에 이집트에서 나그네였다는 점을 강조한 것을 볼 수 있다(출23:9, 신23:7). 이런 태도는 심지어 원수들에게도 친절을 베풀라고 권면한다(출23-4-5, 잠24:17. 25:21, 29:10). 신약에서는 보다 더 보편적으로 원수에 대한 사랑이 강조되고 있다(마5:43-45, 눅6:227, 참고 롬12:12, 20).

위에서도 언급했지만 예언서들은 반드시 그 때의 역사를 기록한 역사서에 근거해서 이해해야 한다. 그러나 오늘날 대부분의 목회자들은 구약의 예언서들을 무시간적으로 해석함으로써 많은 오류를 범하고 있다. 물론 예언서에는 많은 부분이 무시간적 영원한 진리도 있지만 역사 속에서 예언서들을 해석할 때 예언자들의 예언이 좀 더 분명해진다.

초창기의 예언서들은 예언이라기보다는 역사라고 보아야 한다. 애가는 일련의 서정시이다. 다니엘과 요나서는 산문적 설화로 되어 있다. 예언서로 볼 수 있는 것은 아모스, 호세아, 이사야, 미가, 스바냐, 나훔, 하박국, 예레미야, 에스겔, 학개, 스가랴, 오바댜, 말라기, 요엘서의 14권을 들 수 있다. 많은 학자들은 예언서들은 편집된 것으로 보고 있다. 처음에 있었던 내용이 후에 더 합쳐졌다고 보는 것이다. 그러나 필자는 그런 견해는 문제를 더 복잡하게 만들기 때문에 약간의 수정이 가해졌을 가능성은 있을지 모르나 그 핵심은 변함이 없다고 믿고 있다.

예언자들은 초창기의 아모스나 호세아에서 관점, 음색, 시적 능력을 이어받은 것은 사실이다. 그러나 예언자들은 다양한 면을 가지고 있는데 예를 들면 예레미야의 우울한 면이나 이사야서의 서사시적 음영가(rhapsodic)적인 면 등 아주 다양함을 볼 수 있다. 어떤 예언은 산문적으로 쓰인 것도 있으나 또 어떤 예언은 서정시로 된 것도 있다.

위의 14명의 예언자들은 크게 네 그룹으로 나눌 수 있다.

첫째 예루살렘이 함락(주전 721)되기 전 이스라엘 왕국에 전한 것들, 둘째 주전 586년 예루살렘이 멸망하기 전에 유다왕국에서 선포된 것들, 셋째 유다의 유배 기간에 기록된 것들(주전586-538), 넷째 예루살렘으로 귀환한 후에 기록된 것들로 나눌 수 있다.

그러면 먼저 주전 8세기에 활동했던 아모스, 호세아, 이사야, 미가를 살펴보자.

정치적, 경제적으로만 보면 여로보암 2세 때가 북 이스라엘이 가장 왕성한 때였다. 앗수르의 군사적 성공은 수리아로 하여금 이스라엘에서 떠나게 만들었다. 결과적으로 여로보암의 군사들은 승승장구했다. 수리아로 인해 전에 빼앗겼던 영토들을 회복하였고 산업은 국가적으로 흥왕했다. 그러나 부(富)는 소수의 몇 사람들이 차지했고 많은 사람들은 가난과 억압 속에서 살아야만 했다. 오직 소수의 상류층만 부를 누렸다. 문제는 이들이 하나님의 계명을 등한히 했고 성적 부도덕이 만행하였다. 특히 소돔과 고모라에 살고 있던 가나안 족속의 바알 신앙으로 인해 매춘창녀가 널리 퍼져있었다. 따라서 이스라엘 사회는 사치, 탐욕, 부패, 뇌물, 방종과 형식적 종교행위가 널리 퍼져있었다. 그것이 아모스와 호세아가 활동했던 시대상이다.

북왕국 이스라엘은 여로보암 2세의 방종함과 남왕국 웃시야 때도 번영에 번영이었다. 그러나 외적으로는 번영했으나 내적으로는 문둥병처럼 곪아있었다. 마침내 수리아와 이스라엘이 유다를 침범했다. 아하스 왕은 그의 고문인 이사야 선지자의 권면을 무시하고 앗수르에게 구원을 요청했다. 결과는 수리아와 이스라엘 연합군의 궤멸이었다. 결과는 유다가 앗수르에게 조공을 바쳐야만 했다. 그러나 그 조공이 지체되기도 했다. 주전 711년에 앗수르는 유다를 침범하는 형벌을 가하였다. 히스기야 왕의 조공이 늦어지고 바벨론과 이집트와 연합을 하게 되자 산헤립이 예루살렘으로 쳐들어왔다. 결국 히스기야는 항복을 하고 법적 보호를 받는다는 명목으로 많은 돈을 지불해야만 했다. 그래서 삼대(三代)동안 앗수르의 멍에에 갇히게 된다. 이때에 활동한 예언자가 이사야, 미가이다. 이때 이사야가 예언한 것이 사10:3절에 나온다.

"벌하시는 날과 멀리서 오는 환난 때에 너희가 어떻게 하려느냐 누구에게로 도망하여 도움을 구하겠으며 너희의 영화를 어느 곳에 두려느냐"고 하면서 5절에서는 "앗수르 사람은 화 있을진저 그는 내 진노의 막대기요 그 손의 몽둥이는 내 분노라"고 예언했다.

정의의 예언자 아모스

예언자는 크게 문서 예언자와 구술 예언자로 나누어진다. 아모스는 가장 먼저 된 문서 예언자이다. 암1:1절과 7:10-15절에는 "여로보암 시대 지진 전 이년에 드고아 목자 중 아모스가 이스라엘에 대하여 이상으로 받은 말씀이라"고 자신의 신분을 밝히고 있다. 그는 본래 농부요 목동(암7:14)이었다. 그는 예루살렘 남쪽 12마일 되는 드고아 출신이다. 그는 남 유다 사람이지만 북 이스라엘에 양털을 팔기 위해 가곤했다. 그래서 그는 당시의 사회적 경제적 종교적 환경에 대해 잘 알고 있었다. 특히 그가 예언적 공격을 한 남유다와 북이스라엘의 국경지대에 대해 잘 알고 있었다. 아모스의 공격은 그 지역의 제사장인 아마시아를 격노케 했다. 아마시아는 여로보암2세에게 사람을 보내어 유다에서만 예언을 하고 이스라엘에서는 못하도록 엄히 경고했다. 그래서 아모스 선지자는 의의 하나님께서 죄를 범한 이스라엘을 심판하실 것이라고 예언했다. 아모스의 스타일은 준엄하지만 수사학적으로는 효과적이었다. 그의 예언의 특징은 신속하고 균형이 잡힌 어조였다. 아모스는 생생하고 색깔이 있는 많은 장면을 보여주었다. 예를 들면 사슴이 으르렁거린다든지 한 바구니의 여름실과나 곰팡이 낀 과수원 이야기, 새가 그물에 잡히는 내용, 밭을 갉아먹는 메뚜기 이야기, 밀가루를 채로 치는 이야기 등 많은 사람들에게 쉽게 다가가는 표현의 예언이었다.

아모스서는 비교적 단순한 구조로 되어 있다. 내용은 네 부분으로 나누어진다. (1)고발의 계시(1-2장), (2)세 편의 설교(3-6장), (3)다섯 개의 심판환상(7장-9:8상). (4)에필로그(9:8상-15) 등이다.

이스라엘의 주변 원수들에 대한 심판으로는 먼저 블레셋(1:6-8), 두로(1:9-10), 에돔(1:11-12), 암몬(1:13-15), 모압(2:1-3)이 그들의 군사적 침략 때문에 멸절할 것이라고 했다. 이스라엘 또한 그의 죄로 인해 말살될 것이라고 예언했다(2:9-16). 2:14-16절에는 심판의 내용을 시로 묘사하고 있다.

"빨리 달음박질하는 자도/ 도망할 수 없으며/ 강한 자도 자기 힘을 낼 수 없으며/ 용사도 자기 목숨을 구할 수 없으며/ 활을 가진 자도 설 수 없으며/ 발이 빠른 자도 피할 수 없으며/ 말 타는 자도 자기 목숨을 구할 수 없고/ 용사 가운데 그 마음이 굳센 자도/ 그 날에는/ 벌거벗고 도망하리라/ 여호와의 말씀이니라"

2:4-5절의 유다에 대한 예언은 시간적으로 나중에 일어난 것임으로 후에 첨가했을 것으로 보는 학자들이 많다(The Interpreter' s Bible, VI. 784-786). 그러나 우리가 당시의 상황을 보면 학자처럼 논리 정연한 예언을 한다는 것이 불가능하다고 생각한다. 따라서 필자는 그 의견에 동조하지 않는다.

3-6장에 나오는 세 편의 설교는 1-2장에서 언급된 예언을 좀 더 깊이 있게 다룬 것이다. 3:8절은 시적 표현으로 되어 있다.

"사자가 부르짖은 즉/ 누가/ 두려워하지 아니하겠느냐/ 주 여호와께서 말씀하신 즉/ 누가/ 예언하지 아니하겠느냐"

하나님의 심판은 끝났고 아모스는 계속해서 부자들의 타락하고 화려한 생활을 비판하고 있다. 특히 여로보암의 수도인 사마리아에 대해 비판하고 있다. 가난한 자들을 짓밟으며 뇌물을 받고 죄 없는 자들을 심판하고 있다고. 그러면서 5:21-24절에서는 무서운 고발의 예언을 하고 있다.

"내가 너희 절기들을/ 미워하여 멸시하며/ 너희 성회들을/ 기뻐하지 아니하나니/ 너희가 내게/ 번제나 소제를 드릴지라도/ 내가 받지 아니할 것이요/ 너희의 살진 희생의 화목제도/ 내가 돌아보지 아니하리라/ 네 노랫소리를/ 내 앞에서/ 그칠지어다 네 비파 소리도/ 내가 듣지 아니하리라/ 오직 정의를/ 물같이/ 공의를 마르지 않는 강같이/ 흐르게 할지어다"

여기서 암5:24절은 아모스서의 핵심구절이며 예언이다. 야훼 하나님은 이스라엘을 역병과 기근과 무서운 외국의 군대들로 경고하고 있다. 그러나 이스라엘은 회개하기를 거절했다. 그래서 여호와께서는 그 땅을 점령할 적들을 보낼 것이며 궁전을 약탈하고 벧엘과 길갈과 남부 도시인 브엘세바의 성전들을 파괴하고 사람들을 사로잡아 갈 것이라고 경고했다. 그러면 누가 건짐을 받을 것인가? 3;12절에서 다음과 같이 시적으로 대답하고 있다.

"목자가 사자 입에서/ 양의 두 다리나 귀 조각을/ 건져냄과 같이/ 사마리아에서/ 침상 모서리에나/ 걸상의 방석에 앉은/ 이스라엘 자손도/ 건져냄을 입으리라"

7:1-9:8상에서는 다섯 개의 심판에 대한 환상을 언급하고 있다.

첫째 메뚜기 재앙의 환상이요(암7:1-3).

둘째 큰 불의 환상이요(암7:4-6).

셋째 다림줄의 환상이요(암7:7-16).

넷째 여름과일 한 광주리의 환상이요(암8:1-14).

다섯째 제단 위에 계신 여호와께서 죄를 범한 나라를 멸하리라는 환상(암9:1-150).

그러나 이 다섯째의 환상은 긍휼이 풍성하신 하나님의 자비가 나타난다.

"바로 주 여호와의 눈이 죄를 범한 나라를 주목하노니 내가 그것을 지면에서 멸하리라"

주목할 것은 여기서 '그러나' 라는 구절이다. '그러나' 란 말에 이어 "야곱의 집은 온전히 멸하지는 아니하리라. 여호와의 말씀이 니라"

하나님의 사랑과 자비를 선포한 호세아서

내용 때문에 호세아를 구약의 사도 요한이라고까지 부른다. 아모스가 예언한 대로 번영하던 이스라엘이 종막으로 향하여 달리고 있었다. 여로보암 2세 이후에 6왕들이 15년간 밖에 통치하지 못했다. 앗수르의 침공은 임박했다. 이스라엘의 이웃 국가인 시리아가 주전 732년에 침공을 당하였다.

당시 호세아의 활동이 언제부터 언제까지인지는 분명하지 않다. 확실한 것은 그의 예언활동이 여로보암 2세의 말기에 시작한 점과 사마리아가 망하기 직전까지로 짐작된다. 그래서 주전 755년에서 710년으로 본다. 아모스와 호세아의 메시지는 여러 점에서 유사하다. 둘 다 이스라엘의 부패와 사회적 불의, 부도덕, 하나님의 심판의 도구가 앗수르란 점이다. 그러나 가장 큰 차이점은 호세아서는 음색과 하나님의 개념과 구원의 소망에 대해서 차이가 있다. 호세아서는 야훼에 대한 새로운 개념이 더해지고 있다는 점이다. 호세아는 하나님을 사랑으로 강조하고 있다. 아모스는 하나님의 엄격한 정의에 대해서 강조하고 있으나 호세아는 하나님의 사랑과 자비하심, 그리고 그의 백성들이 회개하면 용서하시기를 기뻐하시는 하나님으로 묘사하고 있다. 호세아는 하나님이 언약을 사랑의 약속으로 묘사하고 있다. 호세아는 자신의 체험을 중심으로 하나님과 이스라엘의 관계를 남편과 아내의 관계로 묘사하고 있다. 그래서 호세아와 고멜의 관계를 일반적으로 알레고리칼하게 해석한다. 그러나 여전히 남는 문제는 호세아와 고멜의 관계가 역사적 사실인가 아니면 단순히 알레고리인가이다. 또 아모스는 이스라엘에 아무런 소망이 없는 것으로 보고 있다. 이스라엘 백성들은 끝까지 죄를 지었고 회개의 때는 지났다는 것이다. 그러나 호세아는 아모스와는 반대로 하나님께서는 그의 백성들을 용서하실 것이며 그들과 맺은 언약도 새롭게 할 것으로 예언했다. 여기서 새 언약에 대한 말이 시작된다.

호세아의 메시지는 아모스보다 더 은혜롭고, 더 서정적인 시로 되어 있다. 호세아서는 1장과 3장 그리고 2장의 일부를 제외하고는 전부 서정시로 되어 있다.

호세아서의 1-3장은 하나님의 사랑을 상징적으로 표현하고 있고, 4-14장은 이스라엘인들에 대한 경고로써 구원의 약속과 연결되어 있는 것이 특징이다. 1-3장에 나오는 고멜의 이야기는 해석상에도 여러 가지의 문제가 있다.

첫째 1-3장에 나오는 이야기를 단순히 알레고리로만 해석해야 하느냐이다.

둘째 하나님께서 호세아에게 창녀와 결혼하라고 한 명령을 도덕적으로 받아들일 수 있는가이다.

셋째 1장과 3장의 관계이다. 3장에 나오는 창녀를 고멜로 보아야 할 것인가 아니면 다른 창녀인가이다.

솔직히 호세아서는 설교자들에게는 많은 문제를 제기한다. 하나님께서 모세를 통해 간음하지 말라고 했고(출20:14) 신약에서도 간음을 부도덕한 것으로(고전6:15-18) 정죄했기 때문에 문제가 된다.

그래서 어떤 학자들은 고멜의 이야기는 실제가 아니라 하나님과 이스라엘의 관계를 언급하기 위한 하나의 비유라는 해석이다. 그러나 필자는 이 고멜의 이야기는 실제로 있었던 일로 하나님께서 호세아의 체험을 통해서 이스라엘과의 관계를 깨닫게 한 것으로 본다.

4-14장까지는 이스라엘의 구원에 대한 기록이다. 4:13-14절에서는 이교 예배를 책망한 것이 자세히 나온다.

"그들이 산꼭대기에서 제사를 드리며 작은 산 위에서 분향하되 참나무와 버드나무와 상수리나무 아래에서 하니 이는 그 남은 그늘이 좋았음이라 이러므로 너희 딸들은 음행하며 너희 며느리들은 간음을 행하는 도다. 너희 딸들이 음행하며 너희 며느리들이 간음하여도 내가 벌하지 아니하리니 이는 남자들도 창기와 함께 나가며 음부와 함께 희생을 드림이니라 깨닫지 못하는 백성은 망하리라"

그러나 호세아서의 핵심구절은 13:14절과 14:4-7절에 나온다.

"내가 그들을 스올의 권세에서 속량하며 사망에서 구속하리니 사망아 네 재앙이 어디 있느냐 스올아 네 멸망이 어디 있느냐 뉘우침이 내 눈 앞에서 숨으리라(13:14). 내가 그들의 반역을 고치고 기쁘게 그들을 사랑하리니 나의 진노가 그에게서 떠났음이니라 내가 이스라엘에게 이슬과 같으리니 그가 백합화 같이 피겠고 레바논 백향목 같이 뿌리가 박힐 것이라 그의 가지는 펴지며 그의 아름다움은 감람나무와 같고 그의 향기는 레바논 백향목 같으리니 그 그늘 아래에 거주하는 자가 돌아올지라 그들은 곡식 같이 풍성할 것이며 포도나무 같이 꽃이 필 것이며 그 향기는 레바논의 포도주

같이 되리라(14:4-7)."

여기서 우리가 주목할 것은 수많은 직유와 은유가 사용되고 있고 메시지 하나하나가 다 서정적인 시로 표현되어 있기 때문에 듣는 사람들에게 목마를 때 시원한 물을 마시는 것과 같다는 점이다.

거룩함의 선지자 이사야서

이사야는 주전 8세기 말에 유다의 네 왕들, 즉 웃시야, 요담, 아하스, 히스기야가 통치했을 때 활동했던 예언자이다. 그에 대하여는 왕하19-20장, 대하 29-32장에 기록된 것 외에는 다른 곳에서는 별로 나타난 것이 없다. 그의 예언은 전통적인 모형으로 묘사되고 있다. 6장의 소명에 관한 기록이 대표적인 경우이다. 7:3; 8:1-4; 참조 호2:1-9절에 보면 자녀들의 이름을 상징적으로 지은 것이나 왕궁에 극적으로 나타난 것(7장, 37-39장)이나 상징적 행동을 통한 예언은 다른데서 흔히 볼 수 없는 경우이다. 또 이적을 베푼 일(38:7-8; 왕상18:20-46; 왕하4:32-37), 불의와 억압을 비판한 것(1-5장, 삼하12:1-6; 왕상21:17-29; 암5장) 등의 역사는 이사야의 예언을 해석하는데 큰 도움이 된다. 성서 외에 나오는 전설에 의하면 이사야 선지자는 순교했다고 알려져 있다. 성서에는 히11:37절에 암시적으로 '톱으로 켜는 것'이라고만 기록되어 있다. 아무튼 이사야에 대한 역사는 후에 그의 사상과 태도에 잘 나타나 있다.

이사야서에서 놀라운 구절은 사44:28-45:5절의 구절이다. 150년 후에 일어날 예언인데 심지어 고레스를 '기름부음 받은 자'라고 표현한 점이다. 그리스도라는 말과 같은 뜻이다. 그는 심지어 하나님도 믿지 않은 왕이었는데 기름부음 받은 자라고 부른 것은 무엇 때문인가? 그것은 그가 그리스도의 사역처럼 하나님의 손이 되어 바벨론에 포로로 잡혀간 이스라엘 백성들을 해방시킬 자였기 때문일 것이다. 따라서 고레스의 역사는 하나님의 섭리 속에서 이루어진 아헤이 섭리요 직접적인 간섭이다.

이사야서에 관해 1872년에 버나드 둠(Bernard Duhm)이 이사야서는 세 사람이 기록한 것이라는 소위 3분설을 주장해서 많은 자유주의 신학자들이 따르고 있다. 그의 이론은 세 가지의 가설에 근거한다.

첫째 1-39장과 40-54장과 55-66장의 배경이 다르다.

둘째 문체와 표현법, 스타일, 주제, 구성이 다르다.

셋째 44-45장에 이사야보다 150년 후에 있을 사람의 이름까지 어떻게 기록할 수 있는가 하고 이론(異論)을 제기한 것이다.

그러나 버나드 박사의 이론은 당시의 근동의 문화는 전혀 고려하지 않고 현대적인 눈으로만 보았기 때문이다. 그러나 우리가 그냥 이사야서를 읽어보면 서론과 결론이 같고 주제에 따라 문체나 표현법이 다른 것은 너무도 당연한 것이 아닌가? 물론 사44:28절과 45:1절의 구절은 쉽게 이해가 안 되는 것은 사실이다. 그러나 예언서 중에는 이런 놀라운 기록이 한두 가지가 아니다. 메시아인 예수님께서 오실 것을 아브라함 때에 이미 예언한 것은 어떻게 보아야 하는가? 사실 이사야서에서 가장 놀라운 것은 예수님에 관해 시편을 제외하고는 이사야서에 가장 많이 나온다는 점이다. 필자가 가장 놀란 것은 사14:12-14절에 기록된 루시퍼(Lucifer)에 관한 기록이다.

우리가 위에서 살펴본 대로 성서의 예언서는 반드시 미래에 일어날 일만을 예언한 것은 아니다. 성서에 보면 네 가지 종류의 예언들이 나온다.

첫째 해석적 예언(interpretive prophecy)이다. 현재의 사건에 대한 하나님의 해석과 '주께서 이렇게 말씀하시니라'고 하면서 예언을 하고 있다. 대부분은 거짓된 신에 대한 경배와 사회적 불의와 가난한 자들을 돌볼 것을 언급하고 있다.

둘째 미래에 일어날 것에 대한 예언이다. 이것은 현대적 예언과 미래에 대한 예언으로 나누어진다.

셋째로는 이중적 예언이다. '이미'(already)와 '아직은 아니다'(not yet)라는 식으로 이중구조를 가지고 있다. 이것은 신약에서 분명하게 나타나고 있다. 특히 바울 신학에서 뚜렷하다. 예를 들면 하나님의 나라는 '이미' 왔다. 그러나 '아직은 완성된 것이 아니다' 예수를 믿는 순간 '이미' 구원을 받은 것이다. 그러나 '아직' 완성된 것은 아니다. 그것은 하나님 나라에서 완성될 것이다.

다시 본론으로 돌아가 이사야서에 나타난 문학적 표현이다. 킹제임스 번역이 이런 시적 표현을 가장 잘 나타내고 있다. 새 영어 번역이나 예루살렘 성서에는 이런 시적 표현이 많이 빠져있다. 그러나 히브리 시의 특징인 대구법이 킹 제임스 번역에 가장 잘 나타나있다. 특히 시적 은유가 그렇다. 예언서가 시로 된 것에 대해 문제를 제기할 수 있을 것이다. 고대 예언자들은 다 시인이었는가? 예언을 전달할 때도 이런 시적 표현을 한 것인가? 이런 것에 대해 솔직히 우리가 아는 바는 없다. 예언자들이 일반적인 말로 한 것을 기록할 때에 시적 표현을 한 것일 수도 있으나 그것은 더욱 어려운 가정일 뿐이다. 따라서 예언자들은 전통적으로 히브리적 사고와 표현에 익숙했을 것으로 보는 것이 더 자연스러운 추리이다. 예언의 경우 일회적인 것도 있었겠지만 예언자들의 주된 메시지는 반복적이었을 것이다. 예언서에서는 논리적 배치가 없고 처음이나 중간이나 어디든 우리가 읽을 수 있는 것이 특징이다 이 점에서는 다니엘서와 학개서는 좀 예외적인 경우이다.

예언서는 몇 가지의 기본적인 유형이 있다. 예언자들은 자신에 관해서 살펴보고 잘못을 범한 것이나 나쁜 종교(바알 경배) 같은 것이나 야훼 하나님을 외형으로 믿는 것이나 사회적 부정, 예컨대 가난한 자들을 착취하고 저울을 속이는 등의 일들을 많이 목격했을 것이다. 그래서 회개하지 않으면 국가가 멸망한다는 하나님의 음성을 들었던 것이다. 예언서는 많은 시적 표현으로 인해서 일관성이 좀 부족한 점이 있다. 그래서 창세기나 출애굽기 같은 역사서보다 읽기가 더 어려운 것이 사실이다.

많은 예언서들은 구전으로 혹은 기록으로 모아지고, 편집되는 과정이 있었을 것이라고 짐작된다. 그러나 중요한 것은 예언서가 어떤 과정을 밟았든지 간에 모든 것이 다 하나님의 섭리 속에서 성령의 지시와 인도가 함께 했다는 점이다. 필자가 이 글을 책상에 앉아서 쓰듯이 한 것은 아니란 말이다. 고대 예언자들의 형태는 '여호와께서 말씀하시기를'이란 말에서 시작된다. 아이로니컬한 것은 예언자들의 예언이 성취된 것보다 아직 성취되지 않은 것 즉 앞으로 성취될 것이 더 중시되었다. 이스라엘 백성들이 바벨론 종살이 하는 동안 국가로서의 이스라엘은 존재하지 않았지만 옛 예언자들의 유토피아적인 미래, 즉 이스라엘이 회복되고 다윗의 후손인 메시아가 오실 것을 연구했고 더 귀히 여겼다.

예언서 중에 이미 성취된 예언도 있지만 그러나 그 의미가 끝난 것은 아니다. 그 예언들은 자기 때에도 성취되었지만 또 다른 시대에도 성취될 것을 믿었던 것이다. 특히 다니엘서가 그랬다. 대표적인 구절이 단9:24절이다.

"네 백성과 네 거룩한 성을 위하여 일흔 이레를 기한으로 정하였나니 허물이 그치며 죄가 끝나며 죄악이 용서되며 영원한 의가 드러나며 환상과 예언이 응하며 또 지극히 거룩한 기름 부음을 받으리라"

다니엘서는 예레미야 시대 이후 400년 경에 기록된 것은 아니지만 안티오커스 IV 에피파네스 왕 때에 당할 핍박을 언급하고 있다. 여기서 일흔 이레란 말은 70×7=490년을 의미한다. 그런데 그 예언을 크리스천에게 적용한다면 구약의 많은 부분들이 신약의 그림자로 이해될 수 있을 것이다. 예를 들면 눅24:25-27절에 "이르시되 미련하고 선지자들이 말한 모든 것을 마음에 더디 믿는 자들이여 그리스도가 이런 고난을 받고 자기의 영광에 들어가야 할 것이 아니냐 하시고 이에 모세와 모든 선지자의 글로 시작하여 모든 성경에 쓴 바 자기에 관한 것을 자세히 설명하시니라"는 말씀이 그런 경우를 언급한 것이다. 즉 구약의 예언이 구약시대에도 부분적으로 성취되었지만 신약시대에도 본질적으로 적용된다는 말이다. 초대교회의 성도들은 고대 예언자들의 예언을 자기 시대에 적용한 것이다. 그러므로 역사적 의미가 예언서의 모든 것은 아니다. 물론 예언서의 역사적 의미가 기본이 되어야 하겠지만 그것이 전부가 아니란 말이다. 하지만 구약의 예언을 현대에 적용할 때에 본래의 역사적 배경을 무시하는 것은 위험성이 따른다는 것을 기억하고 조심하여 적용해야 한다. 여기서 필자는 다니엘서를 예언서에 포함시킨 것은 사실은 옳지 않다고 본다. 묵시문학으로 분류를 해야 더 정확하기 때문이다. 그러나 여기서 필자가 다니엘서를 예언서에 포함시킨 것은 편의상 많은 사람들의 예를 따랐을 뿐이다.

예언서의 언어는 상상력이 풍부하고 은유적이고 상징적인 표현으로 되어 있다. 은유(Metaphor)에 대한 책으로는 한신교회의 담임목사인 이윤재의 『성경의 은유』가 평신도들이 볼 수 있도록 쉽게 기록되어 있다. 그는 성서에서 23장의 은유를 설명하고 있다. 그 내용은 길, 산, 물, 식탁, 결혼, 양, 열매, 안식, 친구, 잔치, 품꾼, 떡, 광야, 돌, 별, 희년, 가시, 문, 이름, 무덤, 포도주, 흑암, 몸으로 되어 있다. 이 은유들은 진리의 내용을 방해하고 있지는 않지만 은유란 포장을 열지 않으면 성서의 진리에 이를 수 없다. 그런데 중요한 것은 이 많은 은유들이 이스라엘에서 태어난 것이기 때문에 이스라엘의 문화에 대한 바른 인식이 없이는 바른 해석을 할 수 없다. 은유란 말은 헬라어의 '옮겨 바꾸다'란 말에서 온 것이다. 그래서 성서의 은유들을 우리의 문화 속에서 해석해서는 안 된다.

17세기 초의 르네상스 이후에 사실성과 과학적인데 강조점을 두고 있어서 성서를 과학적으로 옳은가, 또는 역사적인 사실인가에 주안점을 두고 있었던 것이 사실이다. 그러나 성서는 세속적인 견해보다는 종교적인데 더 관심을 두고 있다. 몇 가지 예를 들면 성서는 자신과 세계, 주어와 목적어, 한정된 것과 무한한 것 사이의 관계에 대해서 논하고 있다.

성서가 문학의 전통 속에서 형이상학적으로 어떻게 설명하는가를 예로 들어보면 더욱 확실해질 것이다.

첫째 이집트와 속박, 바벨론과 포로 혹은 귀환 같은 것을 여행에 비교하여 언급하고 있다. 이것은 더 큰 실체를 발견하려는 데 목적이 있다. 예수님을 '하나님의 말씀'과 '하나님의 아들' '하나님의 지혜'로 표현한 기독론적 은유법 같은 것은 참으로 놀라운 표현법이다. '나는……이다'(ego eimi=I am)란 말에 '빛, 길, 진리, 생명, 포도나무, 부활, 문, 선한 목자' 같은 은유적 표현법을 사용한 것도 참으로 시적 발상이 기발한 것이다. 여기서 우리는 성서가 얼마나 놀라운 문학서적인 것을 알 수 있다.

또 신구약에서 다 같이 중요시하는 '하나님의 나라'와 같은 것을 이 땅의 의와 정의가 성취되는 나라로 언급한 것은 참으로 놀랍다. 주기도문에서 말한 '나라이 임하옵시고'(마6:9-13; 눅11:1-4)란 기도나 신약에서 죽음과 부활을 내려감과 올라감으로 표현한 것도 성서만의 시적 특징이다. 성서를 문학으로 읽는 것은 일반문학과의 간격들을 연결시켜주는 도구가 된다. 성서에 나오는 인물은 약 3천 명 가량 된다. 이 중에는 더 중요시되는 인물도 있고, 덜 중요한 인물도 있다. 족장들이나 왕들이나 이스라엘 밖에 있는 파라오(바로), 느부갓네살은 다 역사적으로 실존했던 인물들이다. 또 제사장 아론이나 사독, 구약의 영웅인 모세, 신약의 예수님, 사라나 한나, 마리아 같은 인물들이 나온다. 성서에는 이런 인물들에 대해 풍부한 내용을 내포한 것을 볼 수 있다. 그러려면 성서의 문학적 이해가 큰 도움이 된다. 예를 들면 이야기, 인물들, 암시들, 장르, 상징, 줄거리 등을 문학적으로 고찰하면 더 많은 신학적 영적 깊이와 의미를 발견할 수 있다.

20세기에 와서 미국대학의 커리큘럼에 성서를 넣고 있다. 세 가지 방법으로 접근하고 있다.

첫째 성서의 문학이란 관점에서, 둘째 문학 안에서의 성서란 측면에서, 셋째 필자가 시도하는 문학으로서의 성서 연구 방법이다. 히브리 시는 성서 저자의 언어에 많은 비유적인 사용법에서 찾아볼 수 있다. 요약법이나 첨가법이나 대구법이나 두드러진 묘사의 변화는 문자적인 뜻에 변화를 준다. 말하는 것과 반대되는 경우 그것을 아이러니(irony)라고 말한다. 예를 들면 그리스도를 왕이라고 부르면서 십자가에 못 박는 경우이다. 또는 언어에 이중적인 의미가 있을 때도 있다. 예컨대 문자적인 의미와 비유적인 의미를 가지는 경우이다. 요11:50절의 그 예를 볼 수 있다. '한 사람이 백성을 위하여 죽어서 온 민족이 망하지 않게 되는 것'이란 표현은 큰 것을 작게 보이게 하는 표현법이다. 또 다른 경우는 '베들레헴이 결코 작지 않다'(마2:6)는 것이나 히13:15절의 '입술의 열매'란 표현은 문자적으로만 보면 도무지 말이 되지 않는 경우이다. 그러므로 이런 표현들을 시적 표현으로 보아야 한다.

위에서 살펴본 대로 히브리의 시에는 많은 수사학적 고안이 있다. 예컨대 직유(Simile)나 은유도 그런 경우이다. 이 경우에는 우리들에게 생생하게 감정을 전달하도록 도와주어서 독자들에게 생생한 느낌을 전달해준다. 이런 때 언어의 상징성을 이해하면 그 단어의 보다 풍성한 뜻을 깨닫게 해준다.

직유와 은유는 어떤 차이점이 있는가?

비교할 때 직유는 '……이니'(is)나 '같으니'(like, as)로 비교한다. 예를 들면 벧전 1:24절에 '모든 육체는 풀과 같고 그 모든 영광은 풀의 꽃과 같으니'라고 했을 때 이것은 직유이다. 또 시편1:3절에서 '그는 시냇가에 심은 나무와 같으니'도 직유이다. 은유의 경우는 시84:11절처럼 '여호와 하나님은 해요 방패시라'고 했을 때이다. 따라서 은유의 경우는 두 비교점이 본질적으로 같은 경우이지만 직유의 경우는 단순히 비교하는 것뿐이다. 가장 우리가 잘 아는 비유는 '여호와는 나의 목자시니'(시23:1)의 경우이다. 여기에 보면 두 개의 관련이 없는 두 단어인 '여호와'와 '목자'를 비교한다. 이런 은유의 경우, 예를 들어 성찬식 때 사용하는 구절인 '이것은 내 몸이니'라고 했을 때 이 은유를 어떻게 해석해서 사용하느냐 하는 것은 신학적으로 굉장한 차이가 난다. 여기서 본문은 '……이니'(is)란 말을 사용했는데 로마 가톨릭에서는 본문에 'is'란 말을 사용했으니 문자적으로 해석해야 한다고 하면서 화체설을 주장했고 루터는 실제로 없으니 공존설을 주장했고, 장로교를 비롯한 대부분의 개혁파 교단에서는 문자적으로 해석할 수 없다고 해서 상징설을 주장하고 있다. 다시 말하면 여기서는 은유를 사용했기 때문에 그것(is)을 '의미하다'(signify)란 뜻으로 해석해서 상징설을 주장한 것이다. 이 해석의 근본적인 근거는 요6:63절에서 '살리는 것은 영이니 육은 무익하니라'에 강조점을 둔 것이다. 이런 신학적 견해 차이는 은유와 직유를 바로 구별하지 못한데서 온 것이다. 문학으로서의 성서를 알았다면 그런 실수는 하지 않았을 것이다. 사실 창세기에서 계시록까지에는 이런 비유적인 시적 표현이 많이 있다.

우리가 이사야서를 바로 이해하려면 저자의 관점에서 읽고 해석해야 한다. 이사야서는 세 가지로 히브리 신학에 큰 공헌을 했다.

첫째 야훼 하나님의 거룩하심을 강조했고, 둘째 구원받게 될 남은 자(remnant)에 대한 믿음을 가지고 있었고, 셋째 메시아의 오실 것을 예언한 점이다. 바로 이 점 때문에 이사야를 예언자 중에 가장 위대한 예언자란 말을 듣는다.

이사야의 문체는 구약 중에서도 가장 고결하고 웅장하다. 그래서 이사야를 그리스의 비극 시인인 아이스킬로스(Aeschylus:주전 525-456)나 밀턴(Milton)에 견주기도 한다. 사실 이사야의 예언은 생생한 상상력과 잊을 수 없는 선포로 되어 있다. 불의에 대한 분노(1:21-25)나 교만에 대한 책망(3:16-26), 하나님의 거룩하심(6:1-5), 장차 올 메시아시대의 영광(12:2-6) 등은 다른 예언자와 견줄 수 없는 놀라운 시로 되어 있다. 특히 킹 제임스 성서의 번역은 뛰어나다. 1:18절의 "여호와께서 말씀하시되 오라 우리가 서로 변론하자 너희 죄가 주홍 같을지라도 눈과 같이 희어질 것이요 진홍 같이 붉을지라도 양털같이 되리라"란 표현이나 2:4절의 "그 칼을 쳐서 보습을 만들고 그 창을 쳐서 낫을 만들 것이며"의 표현은 아주 뛰어나다.

특히 9:6절의 장차 오실 메시아에 대한 묘사는 정말 놀랍다.

"이는 한 아기가 우리에게 났고 한 아들을 우리에게 주신 바 되었는데 그 어깨에는 정사를 메었고 그 이름은 기묘자라 전능하신 하나님이라 영존하시는 아버지라 평강의 왕이라 할 것임이라"

이것은 장차 평강의 나라를 세우고 공의로 영원히 다스리실 메시아의 탄생에 대한 예언이다. 또 11:6절의 시적 표현은 어느 누구도 따를 수 없는 상상력을 보여준다.

"그때에 이리가 어린 양과 함께 거하며 표범이 어린 염소와 함께 누우며 송아지와 어린 사자와 살찐 짐승이 함께 있어 어린아이에게 끌리며" 이 구절에서 헨델의 메시아 곡의 가사가 나온 것이다.

그러나 이사야의 예언의 어떤 것은 독자들에게 혼돈을 주는 것도 있다. 그래서 자유주의 신학자들은 11:10-14; 24-27장, 33-35장, 36-39장은 포로 후의 삽입으로 간주하기도 한다. 어쩌면 왕하18:13-20:20절에서 온 것이라고 말하기도 한다. 사실 이런 주장은 너무도 황당한 추리소설 같은 이야기이다. 그러므로 우리는 그저 그런 주장이 있다는 것만 알면 될 것이다.

이사야서는 크게 세 부분으로 되어 있다.

제1부는 예언적 기록으로 1장-12장은 유다와 이스라엘에 관한 심판의 예언으로 되어 있다. 13장-23장은 바벨론을 비롯한 열 개의 이방나라에 대한 예언이 나온다. 24장-35장은 심판과 구원에 대한 예언들로 되어 있다. 여기서 주목할 것은 25장에서 27장에 나오는 노래들과 28장에서 32장에 나오는 저주들은 놀라운 시적 예언들로 되어 있다.

제2부는 36장에서 39장으로 앗수르와 바벨론에 대한 역사적 기록이다.

제3부는 40장에서 66장까지로 이사야서의 중심부이다. 메시아의 예언 시가 주를 이룬다. 그 내용은 하늘의 예루살렘에 관한 서사시로 되어 있다.

좀 더 구체적인 내용을 살펴보자. 이사야서 6장에 기록된 이사야의 소명 장은 하나님의 거룩하심에 대한 극치의 표현이다. 특히 3절과 5절은 더욱 놀랍다. "서로 창화하여 가로되 거룩하다 거룩

하다 거룩하다 만군의 여호와여 그 영광이 온 땅에 충만하도다 그 때에 내가 화로다 나여 망하게 되었도다 나는 입술이 부정한 사람 이요 입술이 부정한 백성 중에 거하면서 만군의 여호와이신 왕을 뵈었음이로다"

이사야의 하나님의 거룩하심에 대한 강조는 유대교와 기독교의 하나님에 대한 개념에 가장 큰 공헌을 한 점이다. 이와 함께 백성 들의 배반과 미래에 있게 될 심판(1-5장 9:8-10:22, 14:28-23:18)의 묘사는 너무도 생동감을 준다. 특히 이스라엘 백성들의 텅 빈 의식 의 묘사는 사진보다도 더 생생하게 다가온다. 1:13절에는 "헛된 제물을 다시 가져오지 말라. 분향은 나의 가증히 여기는 바요 월삭 과 안식일과 대회로 모이는 것도 그러하니 성회와 아울러 악을 행 하는 것을 내가 견디지 못하겠노라"고 했다. 15절에 한 걸음 더 나아가 하나님의 안타까움을 이렇게 표현하고 있다.

"너희가 손을 펼 때에 내가 눈을 가리고 너희가 많이 기도할지 라도 내가 듣지 아이하리니 이는 너희의 손에 피가 가득함이니라"

그러면서 1:5-9, 18, 5:24-30; 9:8-10:4절에 왜 그들이 배우 지 못하는가 하면서 하나님께서 안타까워하시는 내용을 언급하고 있다.

필자는 5장에 나오는 '포도원의 노래'를 이사야서에서 가장 아 름다운 시적 기록으로 보고 싶다. 이사야서에는 하나님께서 단순 히 그의 백성들을 심판 하시는 것이 아니라 바벨론(13장, 21:1-10), 블레셋(14:29-32), 모압(15:1-16:14), 이집트(19:1-17), 에돔(21:11- 12), 아라비아(21:13-17), 페니키아, 두로, 시돈(23:1-14) 등 모든 나 라에 대한 심판이 임할 것이라고 하였다.

10:20-27절에는 구원받을 남은 자(Remnant) 사상이 나온다. 마지막 천국에 대한 묘사는 이사야 선지자가 아니면 아무도 추종할 수 없는 예언이다.

"그 때에 이리가 어린 양과 함께 거하며 표범이 어린 염소와 함께 누우며 송아지와 어린 사자와 살찐 짐승이 함께 있어 어린아이에게 끌리며"(11: 6). 이 남은 자의 사상은 예루살렘의 멸망 후에 살아남은 소수의 이스라엘 백성들이 보존될 것이라는 약속 뿐 아니라 본토로 돌아가서 메시아 시대의 축복을 받게 될 것이라는 약속으로 되어 있다. '남은 자가 돌아오리라' 는 이 사상은 이사야의 아들 중 하나에게 '스알야숩' (7:3, 남는 자가 돌아오리라는 뜻)이란 이름에서도 나타난다. 이 사상은 11:10-16절에 흩어진 자들이 두 번째 귀환할 것을 언급하고 있다. 놀라운 것은 로마서 15:12절에서 이 구절을 인용한 점이다. 이 말씀은 메시아 시대에 이루어질 제2의 귀환으로 신학자들은 해석한다.

가장 놀라운 것은 사40:1절에 '너희는 위로하라. 내 백성을 위로하라'고 하면서 남은 자의 귀환을 예언한 시이다. '외치는 자의 소리여 이르되 너희는 광야에서 여호와의 길을 예비하라 사막에서 우리 하나님의 대로를 평탄하게 하라. 골짜기마다 돋우어지며 산마다, 언덕마다 낮아지며 고르지 아니한 곳이 평탄하게 되며 험한 곳이 평지가 될 것이요.' (사40:3-4). 이 구절은 누가복음 3:4-6절을 비롯해서 모든 공관복음에(막1:2-4; 마3:1-3; 눅3:1-6)에 인용하여 세례요한을 소개한 일이다. 더욱이 40:9-10절에서는 하나님께서 그의 자녀들을 집으로 인도하실 것을 언급하면서 예루살렘에게 기뻐하라고 언급한다. 마치 모세의 때에 출애굽하여 광야를 통하여 귀환케 하신 그 하나님께서 지금은 수리아의 광야를 통하여 그의 백성들을 호송하게 될 것이라고 했다.

49:15절에서는 야훼 하나님을 자녀를 잊지 못하는 어머니에 비유하고 있다.

"여인이 어찌 그 젖 먹는 자식을 잊겠으며 자기 태에서 난 아들을 긍휼히 여기지 않겠느냐 그들은 혹시 잊을지라도 나는 너를 잊지 아니할 것이라"고 하면서 49:26하에서 "모든 육체가 나 여호와는 네 구원자요 네 구속자요 야곱의 전능자인 줄 알리라"고 했다.

"모든 육체가 나 여호와는 네 구원자요 네 구속자요 야곱의 전능자인줄 알리라 이제부터 할례 받지 아니한 자와 부정한 자가 다시는 네게로 들어옴이 없을 것임이라"

"좋은 소식을 전하며 평화를 공포하며 복된 좋은 소식을 가져오며 구원을 공포하며 시온을 향하여 이르기를 네 하나님이 통치하신다 하는 자의 산을 넘는 발이 어찌 그리 아름다운가"

"너 예루살렘의 황폐한 곳들아 기쁜 소리를 내어 함께 노래할지어다 이는 여호와께서 그의 백성을 위로하셨고 예루살렘을 구속하였셨음이라"

바벨론에 대한 심판은 47:1-15; 52:3-6절에 나오고 사47:1, 3, 5절을 인용한다.

"처녀 딸 바벨론이여 내려와서 티끌에 앉으라 딸 갈대아여 보좌가 없어졌으니 땅에 앉으라 네가 다시는 곱고 아리땁다 일컬음을 받지 못할 것임이라"(1절).

"네 속살이 드러나고 네 부끄러운 것이 보일 것이라 내가 보복하되 사람을 아끼지 아니하리라"(3절).

"딸 갈대아여 잠잠히 앉으라 흑암으로 들어가라 네가 다시는 여러 왕국의 여주인이라 일컬음을 받지 못하리라"(5절).

마지막으로 '고난의 종'에 관한 예언을 뺄 수가 없다(42:1-9, 18-25; 43:8-13; 44:1-5, 21-22;48:10-12; 49:107; 52:13-53:12). 가장 숭고한 시적 표현으로 되어 있는데 고난의 종의 개념은 48:10절에 '고난의 풀무불', 49:6절에서 '나의 종이 되어'에서 그 뿌리를 볼 수 있다. 특별히 53:1-12절은 우리가 고난 주간마다 함께 외우며 묵상하는 구절이다. "우리가 전한 것을 누가 믿었느냐 그는 주 앞에서 자라나기를 연한 순 같고 마른 땅에서 나온 뿌리 같아서 고운 모양도 없고 풍채도 없은 즉 우리가 보기에 흠모할 만한 아름다운 것이 없도다 그는 멸시를 받아 사람들에게 버림을 받았으며 간고를 많이 겪었으며 질고를 아는 자라 마치 사람들이 그에게서 얼굴을 가리는 것 같이 멸시를 당하였고 우리도 그를 귀히 여기지 아니하였도다 그는 실로 우리의 질고를 지고 우리의 슬픔을 당하였거늘 우리는 생각하기를 그는 징벌을 받아 하나님께 맞으며 고난을 당한다 하였노라 그가 찔림은 우리의 허물 때문이요 그가 상함은 우리의 죄악 때문이라 그가 징계를 받으므로 우리는 평화를 누리고 그가 채찍에 맞으므로 우리는 나음을 받았도다 우리는 다 양 같아서 그릇 행하여 각기 제 길을 갔거늘 여호와께서는 우리 모두의 죄악을 그에게 담당시키셨도다 그는 곤욕을 당하여 괴로울 때에도 그의 입을 열지 아니하였음이여 마치 도수장으로 끌려가는 어린 양과 털 깎는 자 앞에서 잠잠한 양 같이 그의 입을 열지 아니하였도다 그는 곤욕과 심문을 당하고 끌려갔으나 그 세대 중에 누가 생각하기를 그가 살아 있는 자들의 땅에서 끊어짐은 마땅히 형벌을 받을 내 백성의 허물 때문이라 하였으리요 그는 강포를 행하지 아니하였고 그의 입에 거짓이 없었으나 그의 무덤이 악인들과 함께 있었으며 그가 죽은 후에 부자와 함께 있었도다 여호와께서 그에게 상함을 받게 하시기를 원하사 질고를 당하게 하였은 즉 그의 영혼을 속건 제물로 드리기에 이르면 그가 씨를 보게 되며 그의 날은 길 것이요 또 그의 손으로 여호와께서 기뻐하시는 뜻을 성취하리로다 그가 자기 영혼의 수고한 것을 보고 만족하게 여길 것이라 나의 의로운 종이 자기 지식으로 많은 사람을 의롭게 하며 또 그들의 죄악을 친히 담당하리로다 그러므로 내가 그에게 존귀한 자와 함께 몫을 받게 하며 강한 자와 함께 탈취한 것을 나누게 하리니 이는 그가 자기 영혼을 버려 사망에 이르게 하며 범죄자 중 하나로 헤아림을 받았음이니라 그러나 그가 많은 사람의 죄를 담당하며 범죄자를 위하여 기도하였느니라"

그러면 이 고난의 종은 누구인가? 신약에서는 예수 그리스도라고 해석하고 믿고 있다.

이사야서에서 가장 아름다운 서정시는 사52:1, 7, 9절이라고 필자는 생각한다.

"시온이여 깰지어다/ 깰지어다/ 네 힘을 낼지어다/ 거룩한 성 예루살렘이여/ 네 아름다운 옷을 입을지어다/ 이제 부터/ 할례 받지 아니한 자와/ 부정한 자가 다시는/ 네게로 들어옴이/ 없을 것임이라"

"좋은 소식을 전하며/ 평화를 공포하며/ 복된 좋은 소식을 가져오며/ 구원을 공포하며/ 시온을 향하여 이르기를/ 네 하나님이/

통치하신다 하는 자의/ 산을 넘는 발이/어찌 그리 아름다운가"

"너 예루살렘의 황폐한 곳들아/ 기쁜 소리를 내어/함께 노래할지어다/ 이는 여호와께서/그의 백성을 위로하셨고/ 예루살렘을 구속하셨음이라"

농민 출신의 미가(Micah)

미가란 이름은 세 히브리어가 합쳐진 것으로 '누가 야훼와 같은가'의 병합이다. 아모스나 호세아나 이사야가 다 같이 가난한 자에 대한 착취를 비판했지만 그러나 그들의 주 관심은 예루살렘과 사마리아 같은 도시민들에 대한 것이었다. 그러나 미가는 달랐다. 미가의 주 관심사는 주로 농부와 노동자들에 대한 억압을 다루고 있다. 미가의 활동에 대해서는 별로 알려진 것이 없지만 그러나 그는 블레셋 국경 지대에 있는 남서쪽의 마을인 마레사(Mareshah)에서 살았다. 그의 활동은 요담, 아하스, 히스기야 왕 때였다. 미가는 시인도 아니고 아모스처럼 위대한 웅변가도 아니고, 이사야처럼 위대한 시인도 아니었다. 그저 평범한 작가라고 할 수 있다. 그러나 그의 필체는 대범하고 가슴에 와 닿는 그런 예언이었다. 그는 은유를 많이 사용했다. 1-3장과 6:9-16절은 예루살렘의 심판에 관한 내용이다.

미가는 2:2-4에서 이스라엘 통치자들을 신랄하게 고발하고 있다.

"너희가 선을 미워하고 악을 기뻐하여 내 백성의 가죽을 벗기고 그 뼈에서 살을 뜯어 그들의 살을 먹으며 그 가죽을 벗기며 그 뼈를 꺾어 다지기를 냄비와 솥 가운데서 담을 고기처럼 하는도다. 그

때에 그들이 여호와께 부르짖을지라도 응답하지 아니하시고 그들의 행위가 악했던 만큼 그들 앞에 얼굴을 가리시리라"(3:2-4). 6:1-8절에서는 종교의 본질이 무엇임을 구체적으로 언급하고 있다. 그 중에서도 8절은 미가서의 핵심 구절이다.

"사람아 주께서 선한 것이 무엇임을 네게 보이셨나니 여호와께서 네게 구하시는 것은 오직 정의를 행하며 인자를 사랑하며 겸손하게 네 하나님과 함께 행하는 것이 아니냐?" 이 구절은 필자가 김영삼 장로가 대통령이 되었을 때 인용하면서 권면한 내용이기도 하다.

주전 7-6세기의 예언자인 스바냐, 나훔, 하박국, 예레미야

북왕국 이스라엘이 망한 후 거의 한 세기 반 동안에 활동한 예언자들이다. 위에서도 간단히 언급했지만 지금 우리가 가지고 있는 구약의 예언서들은 시기적으로 기록한 것이 아니라, 먼저 대선지서 후에 소선지서로 이어져있다. 대선지자와 소선지자의 구별은 그들이 쓴 예언서의 부피에 따라 구분한 것일 뿐 시대의 순서도 아니고, 대선지서와 소선지서의 구별도 아니고, 단순히 책의 부피에 따라 구분한 것이기 때문에 여기서는 시대적 순서에 따라 예언서를 연구하고 있는 것이다. 당시 유다는 앗수르에게 조공을 바치고 있었다. 앗수르는 주전 7세기 중엽이 가장 전성기였다. 그 후에는 북방의 미개한 야만족으로부터 침입을 받고 있었고, 스키타이(Scythia)와 크메르족으로부터 침략을 받아 점점 쇠약하고 있었다. 가장 무서운 것은 남동쪽으로부터 바벨론이 일어나고 있었다. 마침내 주전 626년에 앗수르로부터 독립하였고 메데(Medes)와 함께 앗수르의 수도인 니느웨를 점령했다. 더욱이 주전 605년에는 이 집트 군을 멸절시켰다. 주전 597년에는 느브갓네살 왕이 예루살 렘을 점령하고 젊은 여호야긴 왕을 비롯해 많은 지도자들을 포로 로 잡아갔다. 바로 이런 시기에 스바냐, 나훔, 하박국, 예레미야 선지자들이 활동했다. 유다의 예언자들은 이런 군사적 정치적 비 극을 하나님의 심판으로 해석했다. 이사야와 미가의 경고에도 불 구하고 유다의 백성들은 죄악을 끝이지 않았다. 이때에 히스기야 (13대) 같은 선한 왕도 있었지만 므낫세, 암몬 같은 악한 왕들이 통 치하고 있었다.

가장 주목할 점은 바로 주전 621년에 선한 왕인 요시야 왕(16대) 이 종교개혁을 했다는 점이다. 그것을 흔히 '신명기적 개혁'이라 고 부른다. 그렇게 부르는 것은 요시야 왕이 성소를 청소하다가 분 실되었던 신명기서를 발견했고 그것을 중심으로 종교개혁을 했기 때문이다. 요시야는 31년간 통치를 했다. 왕하 23:25절에는 이렇 게 요시야에 대해 기록하고 있다. "요시야와 같이 마음을 다하며 뜻을 다하고 힘을 다하여 모세의 모든 율법을 따라 여호와께로 돌 이킨 왕은 요시야 전에도 없었고 후에도 그와 같은 자가 없었더 라"

요시야의 개혁 업적은 다음과 같다. 이십 세 때에 대규모 개혁사 업을 시작했고(대하34:3), 바알의 모든 신당을 훼파했다(대하 34:4). 그뿐 아니라 이방 제사장들의 뼈를 그들이 섬기던 제단에서 불살 랐다(대하34:5). 요시야 왕은 이십육 세 때에 성전 보수를 시작했고 (대하34:8) 그 때에 발견한 신명기 법전에 따라 대규모 회개를 일으 켰다(왕하23:1-3). 게다가 이전 왕들이 임명했던 이교 제사장들을 죽였다(왕하23:5). 또 성전에서 수치스러운 아세라 목상을 제거했고(왕하23:6) 남창의 집을 헐어버렸다(왕하 23:7). 인간을 희생 제물로 바칠 수 없도록 힌놈의 골짜기에 있던 도벳의 제단을 훼파했다(왕하23:10). 더욱이 여로보암 1세가 만들었던 벧엘의 제단과 산당을 헐어버렸다(왕하23:15). 그뿐 아니라 사마리아 언덕에 있던 산당을 훼파했고(왕후 23:19) 신접한 자와 박수와 우상을 근절했다. 중요한 것은 거대한 유월절 축하 행사를 거행함으로 히스기야 시대 이후에 없어졌던 의식을 다시 시작한 점이다. 그러나 요시야의 가장 중요한 업적은 성전보수 중에 율법 책을 발견하고 그 후에 종교개혁을 했다는 점이다.

여기서는 그들이 기록한 책의 핵심만 나열하는 것으로 대신하려고 한다. 먼저 스바냐 선지자는 이사야나 예레미야나 에스겔 같은 급의 선지자는 아니었다. 그가 쓴 예언서도 3장밖에 안 되는 작은 책이다. 그의 예언의 핵심은 1:14-16절에 나온다.

"여호와의 큰 날이 가깝도다. 가깝고도 빠르도다 여호와의 날의 소리로다 용사가 거기서 심히 슬피 우는 도다 그 날은 분노의 날이요 환난과 고통의 날이요 황폐와 패망의 날이요 캄캄하고 어두운 날이요 구름과 흑암의 날이요 나팔을 불어 경고하며 견고한 성읍들을 치며 높은 망대를 치는 날이로다"

여기서 중요한 것은 '하나님의 날'이란 말이다. 스바냐는 여호와의 날이란 말을 적어도 일곱 번이나 사용하고 있다(1:7, 8, 14, 18, 2:2, 3). 14절에는 두 번이나 사용했다. 이 말은 하나님의 백성들에게는 말할 수 없는 축복의 말씀이다. 왜냐하면 하나님께서 그들의 원수들을 파멸시킨다고 했기 때문이다. 그러나 스바냐의 예언은 그런 통속적인 예언이 아니었다. 아모스가 예언한 것처럼 우상숭배(1:4-6), 폭력, 사기(9절), 안일한 무관심(12절)을 일삼는 자들에게 파멸이 있을 것이라고 했기 때문이다. 2장에서는 하나님의 원수들에 대한 심판을 언급하고 있다.

3장에는 1절에서 "시온의 딸아 노래할지어다 이스라엘아 기쁘게 부를지어다 예루살렘 딸아 진심으로 기뻐하며 즐거워할지어다"라고 선포하며 17절에서는 우리가 복음송가로 좋아하는 구절이 나온다.

"너의 하나님 여호와가 너희 가운데 계시니 그는 구원을 베푸실 전능자이시라 그가 너로 말미암아 기쁨을 이기지 못하시며 너를 잠잠히 사랑하시며 너로 말미암아 즐거이 부르며 기뻐하시리라 하리라"

이 얼마나 놀랍고 은혜로운 예언시인가?

다음은 구약의 마지막 책들인 학개, 스가랴, 말라기서이다. 이 예언서들은 모두 유대인 포로들의 귀환의 때를 배경으로 한다. 학개는 주전 520년에, 스가랴는 주전 520-518년에 활동했다. 포로 귀환은 페르시아의 왕 고레스가 유대인들의 귀환하라는 조서를 반포한 지 16년 후에야 학개와 스가랴가 성전 재건 작업을 독려하기 시작했다(스5:1-2). 그 덕분에 주전 516년에 성전이 완공되었다. 성전 건축이 왜 그처럼 중요했는가? 그것은 성전과 언약은 서로 결부되어 있어(겔37:26) 성전이 황폐된 상태로는 하나님께서 공동체에 임재하신다는 표시가 없다고 보았기 때문이었다. 이처럼 시온산에 건립된 성전은 하나님의 지속적인 목적을 대변한다고 유대인들은 보았다.

학개란 이름은 '축제' 혹은 '즐거운'이란 뜻으로 네 차례 하나님의 메시지를 전달한다(1:2-15; 2:1-9; 2:10-19; 2:20-23). 학개의 메시지는 유다 민족의 양심을 일깨워주어 3주 내에 성전 재건 작업이 재개 된 것이다. 2:20-23절은 스룹바벨을 위한 말씀일 뿐 아니라 다윗의 상속자인 스룹바벨에게 주는 예언이기도 하다. 스룹바벨이 다윗으로부터 그리스도에게 이르는 계보에 들어있다(렘30:9과 스가랴 4장)는 것이 중요한 의미를 가진다.

스가랴란 이름은 '여호와께서 기억하는 자'란 뜻으로 제사장 출신이다(1:1, 7절). 그는 포로 귀환 후에 성전 재건에 학개와 함께 활동했다. 스가랴는 다니엘과 에스겔처럼 이상(異象)을 보는 자였다. 스가랴 1-8장과 9-14장은 서로 대조가 된다. 놀라운 것은 신약의 저자들이 스가랴서의 후반부를 많이 인용하고 있다는 점이다. 1-6장에는 여덟 가지 이상들이 기록되어 있다. 첫 번째는 1:7-17절의 '홍마를 탄 사람들' 두 번째는 1:19-21절의 '네 뿔' 세 번째는 2:1-5절의 '측량줄' 네 번째는 '하늘에서의 대결'(3:1-10) 다섯 번째는 '등대와 두 감람나무'(4장) 여섯째는 '날아가는 두루마리'(5:1-4) 일곱째는 '한 광주리의 사악함'(5:5-11) 여덟 번째는 '네 마리 말이 끄는 병거들'(6:1-8)로 되어 있다.

끝으로 말라기는 '나의 사자'란 뜻으로 그는 선지자 출신이었다. 말라기에 대해서는 별로 알려진 것이 없지만 구약 전체의 요약이라고 할 만큼 선지자들의 메시지 중에 다섯 가지의 핵심적 진리를 담고 있다. 첫째는 '이스라엘의 선택'(1:2; 2:4-6) 둘째는 '하나님을 거역한 이스라엘의 배신'(말1:6, 2:11, 17) 셋째는 '메시아에 대한 선포'(말3:1; 4:2) 넷째는 '국가들에 대한 환난'(말4:1) 다섯째는 '마지막 때에 있게 될 이스라엘의 정화'(말3:2-4, 4:2-6)이다.

다음은 구약에서 부피가 두 번째로 큰 책인 예레미야서를 살펴보려고 한다.

예레미야란 이름은 '여호와께서 임명하신 자'란 뜻으로 많은 사람들은 예레미야를 '눈물의 선지자'라고 흔히 말한다. 아닌 게 아니라 그의 예언을 보면 히브리 민족의 장래에 대해 비관적인 표현이 많이 나온다. 그의 예언은 아모스, 이사야, 미가 선지자와 함께 읽으면 비슷한 점을 많이 보게 될 것이다.

그의 예언은 연대순으로 되어 있지 않고 몇 개의 그룹으로 계획된 것이 특징이다. 1:1절에 보면 예레미야는 제사장 가문에서 태어났다(1:1)고 했다. 그러나 예레미야 자신은 제사장이 된 적이 없다. 그는 예루살렘의 동북쪽에 2마일 떨어진 곳인 아나돗(Anathoth)에서 태어나 거기서 자랐다. 그는 전통적으로 주전 650년에 태어났다고 알려져 있다. 그의 활동은 요시야(주전 640-609), 요호아하스(주전 609), 여호야킨(주전 609-598), 시드기야(유다의 마지막 왕), 느부갓네살(바벨론의 정복자), 그다랴(예루살렘을 점령한 뒤에 임명된 바벨론의 총독), 요하난(암살된 그다랴의 후계자) 때에 이루어졌다. 이것만 보아도 그가 활동한 시대가 얼마나 비참하고 혼란스러운 때였는가를 우리는 짐작할 수 있다.

예레미야가 예언을 한 나라만도 이집트(렘46:1-27), 블레셋(렘 47:1-6), 모압(렘48:1-47), 암몬(렘49:1-6), 에돔(렘49:7-22), 다메섹 (렘49:23-27), 게달과 하솔(렘49:28-35), 엘람(49:34-39), 바벨론 (50:1-51:64) 등 아주 광범위하다.

예레미야의 예언의 핵심은 하나님의 경고에도 불구하고 회개하 지 않아 이스라엘은 바벨론에게 점령당하고 지도층은 모두 포로로 잡혀 바벨론에 끌려갈 것을 기록한 것이다. 좀 더 넓게 말하면 열 여덟 가지로 되어 있다. (1)예루살렘의 몰락(1:14-16; 4:5-9; 5:15_17; 6:1-6; 32:2-3; 38:17-18), (2)성전의 파괴(렘7:11-15; 26:6-9), (3)폐위당한 여호아하스가 이집트에서 죽을 것(렘22:10-12), (4)여호야김이 애도(哀悼)받지 못한 채 죽을 것을 예언(렘36:27-30), (5)여호야김의 왕권이 단절될 것(렘37:1), (6)거짓 선지자들 의 죽음과 바벨론에 거주하는 세 사람의 응징(렘29:20-32), (7)예 루살렘의 거짓 선지자들의 죽음(렘28:13-17), (8)친구인 병참감 스 라야의 체포와 추방(렘51:59), (9)바벨론에 대한 이집트와 유다 간 의 군사동맹의 실패(렘37:5-10), (10)갈그미스 전투에서 바벨론의 이집트에 대한 승리(렘46:1-12), (11)이집트의 바벨론 점령(렘43:9-13), (12)유다의 칠십 년에 걸친 바벨론에서의 포로생활(렘25:11; 29:10), (13)칠십 년 후 바벨론이 패배되고 이스라엘 백성들의 귀 환(렘25:12; 27:7), (14)시드기야의 억류(렘21:3-7; 34:1-5; 37:17), (15)시드기야의 억류(렘21:3-7; 34:1-5), (16)바벨론에 있는 경건 한 포로들에 대한 친절한 대접(렘24:1-7), (17)이스라엘 백성들이 돌아오게 됨(렘30:3,10; 31:8-12), (18)이스라엘 땅의 재건(렘30:18-21; 31:38-39; 33:7-9) 등이다.

예레미야의 예언 중에서 신학적으로 가장 중요한 것은 '새 언약' 대한 예언시(31:31-34)이다. 31절에서는 새 언약을 맺으리라고 했고, 33절에서는 '내가 나의 법을 그들의 속에 두며 그들의 마음에 기록하여 나는 그들의 하나님이 되고, 그들은 내 백성이 될 것이라 여호와의 말씀이니라'고 했다. 이것은 모세와 맺은 옛 언약과는 다른 새 언약이다. 그러면 이 새 언약의 때는 언제인가? 새 언약은 '그 날 후에'(렘31:33) 실시될 것이며 '야곱의 환난의 때'(렘30:7)에 이어질 것이라고 했다. 이 환난의 때는 대환난을 의미하는 것으로 보인다.

그러면 옛 언약(모세)과 새 언약의 차이점은 무엇인가?

옛 언약은 율법의 준수에 근거를 둔 율법적 언약이다. 그러나 그 옛 언약은 이미 이스라엘의 불순종으로 실패한 것이다. 그러나 새 언약은 장차 이스라엘의 내적 거듭남과 하나님의 은총의 토대가 될 하나님의 은혜와 그리스도의 보혈에 근거를 둔다고 F. 웅거(Unger)는 해석했다. 예레미야의 위대성은 그가 옛 언약이 새 언약으로 대체될 것을 내다보았다는 점이다. 하나님께서는 이 새 언약을 통해 주도권을 잡으시고 각 사람의 마음을 직접 움직이시며 긍휼과 사랑의 하나님으로서 자신을 계시할 것이라는 것이다. 이것은 바울이 로마서에서 말한 '생명의 성령의 법'(롬8:2)의 시대에 대한 비전을 말한 것이다. 따라서 이것은 예수님의 십자가에 대한 예언이라고 할 수 있다. 예수님이 "이 잔은 내 피로 세우는 새 언약이니 곧 너희를 위하여 붓는 것이라"(눅22:20)고 하신 말씀에서 예레미야의 예언은 성취되었기 때문이다.

예레미야의 놀라운 시적 감각은 렘1;11-16절에 나오는 살구나무 가지와 끓는 가마의 환상에서 볼 수 있다.

왜 하필이면 예레미야는 '살구나무'를 말했는가?

그것은 살구나무는 히브리어로 '샤케드'이고 본다는 말은 '쇼케드'로서 두 단어의 음이 비슷하게 들리기 때문이다. 또 13절의 끓는 가마는 유다에게 부어질 바벨론의 군대를 비유적으로 말씀한 것이다. 유다의 역사상 이 시기에 환난은 항상 북으로부터 닥쳐왔다. 처음에는 앗수르 군대가, 나중에는 예레미야 당시의 바벨론 군대가 북으로부터 들이닥쳤다.

예레미야는 유다의 죄악을 남편을 가진 아내가 창녀 노릇을 한 것으로 비유하여 비판했다. 남편은 야훼 하나님을, 아내는 창녀가 된 유다를 비유하고 있다. 다섯 구절이 바로 그의 예언이다. 2:1-4:4/ 5:7-24/ 10:1-16/ 11:1-17/ 23: 9-40이다.

예레미야의 탄식은 시어(詩語)로 되어 있다. 온갖 죄를 저지르고 와서 하는 말이 "이것이 여호와의 성전이라 여호와의 성전이라 여호와의 성전이라 하는 거짓말을 믿지 말라"(7:4)고 했고, 7:10절에서는 "내 이름으로 일컬음을 받는 이 집에 들어와서 내 앞에 서서 말하기를 우리가 구원을 얻었나이다 하느냐? 이는 이 모든 가증한 일을 행하려 함이로다"(7:10)고 했다. 11절에서는 "내 이름으로 일컬음을 받는 이 집이 너희 눈에는 도둑의 소굴로 보이느냐? 보라 나 곧 내가 그것을 보았노라 여호와의 말씀이니라"(7:11)고 하면서 예레미야는 반복해서 회개를 촉구하며 그들의 모든 악한 일을 버리라고 했다.

렘 13:1-14절과 18:1-12절에 나오는 세 가지 비유는 참으로 예수님의 비유를 보는 듯하다. 13장에는 두 가지 비유가 나오고 18장에 나오는 비유는 아마도 이사야의 토기장이 비유를 빌린 것일 수도 있다.

이처럼 예레미야는 자신의 메시지를 전하기 위해 예수님의 교수법인 비유를 사용하고 있는 것이다. 이 예레미야가 13:1절에서 사용한 물가에 숨겨서 못쓰게 만든 '베띠'는 허리에 두르는 것, 혁대나 반지 등으로 다양하게 번역된다. 여기서 예레미야는 유다와 예루살렘이 그의 베띠처럼 철저히 황폐될 것임을 선포한 것이다.

17절에서는 왜 예레미야가 눈물의 선지자란 별명을 갖게 되었는지를 보여준다.

"너희가 이를 듣지 아니하면 나의 심령이 너희 교만으로 말미암아 은밀한 곳에서 울 것이며 여호와의 양 떼가 사로잡힘으로 말미암아 눈물을 흘려 통곡하리라"

예레미야가 얼마나 슬퍼하며 울었는가는 8:18-9:11; 11:18-12:6; 14:17-15:21; 17:14-18; 18:18-23; 20:7-18; 22:20-23절에 자세히 나온다. 여기서는 8:21-22절만 소개한다.

"딸 내 백성이 상하였으므로 나도 상하여 슬퍼하며 놀라움에 잡혔도다 길르앗에는 유향이 있지 아니한가? 그곳에는 의사가 있지 아니한가? 딸 내 백성이 치료를 받지 못함은 어찌됨인고?" 여기서 '길르앗의 유향'이란 구절은 속담이 된 유명한 말이기도 하다. 흑인 영가의 제목이 되기도 하고 에드가 앨런 포(Edgar Allan poe)의 '갈 까마귀'(the Raven)란 시에서 위로의 동의어로 사용하기도 했다.

애드가 앨런 포에 대해 조금만 살펴보자. 그는 1809-1849의 짧은 인생을 산 염세주의자였다. 포의 짧은 비극적 생애는 불안으로 가득했다. 그는 어린 나이에 고아가 되었고 1835년에 14살도 채 되지 않은 사촌 버지니아 클렘과 결혼을 했다. 자기에게 결핍한 안정된 가족을 찾으려는 시도였던 것으로 보인다. 그는 단편소설과 시들을 많이 썼다. 포가 쓴 시 가운데 「갈 까마귀」란 시는 음산한 시이다. 죽은 자의 영혼에 사로잡혀 잠 못 이루는 화자(話者)는 자정에 독서하면서 연인 리노어(Lenore)의 죽음을 추모하고 있다가 썩은 고기를 먹는 죽음의 상징인 갈 까마귀의 방문을 받는다. 갈 까마귀의 울음소리를 흉내 낸 '이젠 끝이다(nevermore)'라는 단어를 반복한다. 이 시는 삶 속 죽음을 보여주는 정지된 장면에서 끝난다. 여기에 나오는 유향(balm)은 길르앗 지역의 나무인 때죽나무(styrax)에서 나왔을 것이라고 하는데 의료용으로 사용한다고 한다.

예레미야서의 시적으로 유명한 구절은 8:19-9:1; 14:9; 11:19-20; 30:3; 31:29-30; 31:31-34절 등이다. 예레미야서는 신약성서에도 여러 곳에 인용되고 있다. 예를 들면 히8:8-12; 10:16-17; 눅22:20; 고후3:5-14 등인데 이것만 보아도 예레미야서는 신약성서에서도 중요한 신학적 자료가 되고 있음을 볼 수 있다.

다음은 예레미야 애가(Lamentations)이다.

애가란 명칭은 라틴어 성서인 벌 게이트에서 온 것이다. 엄밀하게 말하면 이 애가서는 누가 썼는지 애가서에 기록되어 있지 않기 때문에 확실하지 않다. 그러나 대하 35:25절에 저자의 신분을 추측할 수 있는 구절이 나올 뿐 아니라 칠십인역(LXX)에서는 애가서의 저자로 예레미야를 거명하고 있다. 물론 애가서의 문체나 내용 면에서는 예레미야의 예언서와는 다른 것이 확실하다. 그렇지만 필자는 칠십인역을 영감을 받은 구약성서로 보기 때문에 애가를 예레미야의 저서로 받아들인다.

그러면 왜 같은 인물이 기록한 두 책의 장르가 이렇게 서로 다른가?

그것은 예레미야서는 역사와 예언으로 되어 있으나 예레미야 애가서는 다섯 곡으로 이루어진 비가(悲歌)이기 때문이다. 그래서 장르가 서로 다르다. 애가서의 문학적 형식은 시편 119편과 유사한 이합체(離合體) 시이다. 제1장과 2장은 히브리어의 알파벳 숫자인 22절로 되어 있다. 3장은 66절로 되어 있는데 3절씩 한 단위로 하는 22개 군(群)으로 되어 있으며 각 군은 다른 철자로 시작한다. 5장도 22절로 구성되어 있지만 나머지 부분과는 전혀 다른 형태이다. 지금도 이 시는 주전 587년의 성전 파괴와 주후 70년이 최종 파멸에 대한 기억을 되새기는 뜻에서 7월 중순에 유대교 회당에서 크게 낭송된다.

전설에 의하면 예레미야는 예루살렘 북쪽 성 밖 골고다라는 언덕(후에 여기서 주님이 십자가를 지셨다) 아래에서 앉아 울었다고 한다. 맥기(McGee)는 예레미야서에 대해 이런 말을 했다. '예레미야 애가는 눈물과 슬픔으로 얼룩져 있다. 그것은 고통의 운문이고 연민의 시이며 슬픔의 시이고 눈물의 교향곡이며……. 성서에 나오는 통곡의 벽이다'(Briefing the Bible에서 인용)라고 했다.

1장은 예루살렘을 위한 애가로 되어 있다. 1:1-11절에서 우리는 시인의 음성을 들을 수 있다. "슬프다 이 성이여/ 전에는 사람이 많더니/ 이제는/ 어찌 그리 적막하게 앉았는고/ 전에는/ 열국 중에 크던 자가/ 이제는/ 과부같이 되었고/ 전에는/ 열방 중에 공주였던 자가/ 이제는/ 강제 노동을 하는 자가 되었도다/ 밤에는/ 슬피 우니/ 눈물이 뺨에 흐름이여/ 사랑하던 자들 중에/ 그에게 위로하는 자가 없고/ 친구들도 다 배반하여/ 원수들이 되었도다"(애 1:1-2).

2장은 예루살렘에 대한 여호와의 진노가 기록되어 있다. 1-12 절에서는 시인은 끔직한 장면을 묘사하고 있다. 모든 파멸과 폐허, 굶주리는 아이들, 하나님의 심판의 살육이 기록되어 있다. 그것을 위해 시인은 하나님께 기도한다(13-19).

3장은 민족의 고뇌를 한 개인의 체험에 초점을 맞추어 표현한다. 놀라운 것은 무서운 태풍 가운데서 한 줄기 확신의 빛이 빛나고 있다(애3:21-27, 31-33). "이는 주께서 영원하도록 버리지 아니하실 것임이며 그가 비록 근심하게 하시나 그의 풍부한 인자하심에 따라 긍휼히 여기실 것임이라 주께서 인생으로 고생하게 하시며 근심하게 하심은 본심이 아니리로다."

4장은 죗값을 치른 시온을 기록하고 있다. 이 애가를 보면 과거의 영광과 포위공격의 두려움이 대조를 이룬다. 굶주리는 아이들의 부르짖음, 쭈글쭈글한 얼굴, 오그라든 몸은 결코 잊히지 않는 모습이다(1-11절). 이런 일이 왜 일어나는가? 시인은 그것은 백성과 선지자와 제사장들의 죄 때문이라고 했다(12-16).

5장은 하나님께 올리는 기도로 끝난다. 시인은 과거를 기억하면서 기도한다.

"여호와여 우리가 당한 것을 기억하시고 우리가 받은 치욕을 살펴보옵소서"(1절). 그리고 이 기도는 회개로 이어진다. "우리의 머리에서는 면류관이 떨어졌사오니 오호라 우리의 범죄 때문이니이다"(16절). "여호와여 주는 영원히 계시오며 주의 보좌는 대대에 이르나이다"(19절)고 하면서 21절에서 새로워질 것을 간구한다. "여호와여 우리를 주께로 돌이키소서 그리하시면 우리가 주께로 돌아가겠사오니 우리의 날들을 다시 새롭게 하사 옛적 같게 하옵소서" 다시 회복시켜 달라는 하나님께 드리는 기도로 끝난다.

다음에는 에스겔서를 살펴보려고 한다.

'에스겔'이란 이름의 뜻은 '하나님께서 힘주신다'는 말이다. 내용을 보면 유대인들의 포로 기간에 관한 유대인들의 한 세기 동안의 생활에 대한 기록은 별로 없다. 있다면 열왕기 하와 역대기 하와 시편에서 볼 수 있다. 예레미야가 바벨론 포로에게 보낸 서신이 29장에 있다. 5절에 보면 이런 말이 나온다. '너희는 집을 짓고 거기에 살며 텃밭을 만들고 그 열매를 먹으라.' 이 편지는 여호야긴 왕과 사로잡혀간 포로들에게 쓴 편지이다. 에스겔도 이들 중에 있었다. 당시 거짓 선지자들은 신속한 귀환이 있을 것을 예언했는데 에스겔은 그것을 믿지 말고 정상적인 삶을 살도록 권한 것이다. 포로 기간은 70년간 지속될 것이므로 집을 짓고 텃밭을 가꾸며 정상적인 생활을 하라는 뜻이다. 심지어 전에 바벨론에 반역했던 여호야긴 왕도 교도소에서 나왔고 일평생 왕 앞에서 살 수 있도록 해준 것이다(왕하25:27-30).

그러나 대부분의 포로로 잡혀간 유대인들은 계속 두려움에 떨었다. 그것이 시편 137편, 그 중에서도 7-9절에 그 심정을 잘 기록하고 있다.

"여호와여 예루살렘이 멸망하던 날을 기억하시고 에돔 자손을 치소서 그들의 말이 헐어 버리라 헐어 버리라 그 기초까지 헐어 버리라 하였나이다 멸망할 딸 바벨론아 네가 우리에게 행한 대로 네게 갚은 자가 복이 있으리로다 네 어린 것들을 바위에 메어치는 자는 복이 있으리로다"

주전 539년에 바벨론이 페르시아(메데 바사)에게 해방된 날을 히브리인들은 그 날을 축하하며 기뻐했다(대하36:22-23; 사45:1-8)고 한다. 이때에 활동한 위대한 예언자는 에스겔이다. 에스겔은 비록 성전이 무너지고 포로로 잡혀갔지만 예루살렘의 회복을 약속한 야훼 하나님께 충실하라고 권면했다.

에스겔은 인내하는 신앙을 강조한 예언자이다.

에스겔은 다윗 때의 제사장인 사독 제사장의 후손이다. 많은 성서학자들은 에스겔이 주전 586년에 바벨론에 포로로 잡혀갔다고 말한다. 이때에 여호야긴 왕과 함께 일만여 명이 포로로 잡혀갔다. 또 에스겔은 주전 593년에 예언자로서의 소명을 받았다고 한다(겔 3:14). 에스겔은 그의 평생을 바벨론에 남아있었다. 그러나 에스겔이 죽은 해와 장소는 알려지지 않았다.

에스겔의 메시지는 여러 면에서 예레미야와 비슷한 점이 많다. 그러나 이 두 예언자는 서로 언급한 적이 없다. 예레미야와 마찬가지로 에스겔도 유대인들의 죄, 특히 음행을 많이 비판했다. 또 야훼 하나님께서 포로로 잡혀한 사람들을 심판하실 것이며 예루살렘이 파괴될 것을 예언했다. 그는 예루살렘에서와 마찬가지로 바벨론에서도 경배해야 한다고 했다. 특히 죄에 대한 개인적 책임을 강조했다. 팔레스타인에 히브리 국가가 회복될 것이라고도 했다. 예레미야와는 달리 공동예배를 강조했고, 계속적인 성서의 강독과 예배의식을 강조했다. 에스겔은 예레미야와 서로 성품이 다르고 사람들에 대한 태도도 달랐다. 예레미야는 따뜻하고 동정적이었으며 주관적인데 반해서 에스겔은 차갑고 엄격했으며 객관적이었다.

에스겔서는 네 부분으로 되어 있다.

에스겔서의 대부분은 산문으로 되어 있고 몇 구절만이 시로 되어 있다. 특히 주목할 것은 에스겔서에 반복되는 '인자' '성전을 더럽히다'는 말과 생생한 상상력과 신비적 환상들, 비유들, 상징들과 알레고리, 드라마적 활동 등이 나온다.

에스겔서는 크게 넷으로 구분된다.

(1)1-24장(유다의 죄와 심판), (2)25-32장(외국 나라들에 대한 예언), (3)33-39장(이스라엘의 회복), (4)40-48장(새 예루살렘에 대한 환상)이다. 여기서 에스겔은 하나님의 구원과 심판, 하나님의 왕국과 영광을 중심으로 예언하고 있다.

에스겔서는 그의 소명(1-3장)에서 시작된다. 에스겔의 소명은 이사야와 마찬가지로 신비적 환상과 유다에게 예언하라는 명령이 나온다. 에스겔의 환상은 그 이전의 어떤 예언자들보다 더 자세하고, 세부적이다. 핵심 구절은 1:24절이다.

"생물들이 갈 때에 내가 그 날개 소리를 들으니 많은 물소리와도 같으며 전능자의 음성과도 같으며 떠드는 소리 곧 군대의 소리와도 같더니 그 생물이 설 때에 그 날개를 내렸더라"

여기서 네 생물은 출25:18절 이하에 나오는 그룹들(10:15)이다. 더욱 놀라운 것은 신약의 사복음서와 연결된다는 점이다. 마태복

음은 유대인들에게 '메시아'로 오신 사자복음, 마가복음은 로마인
들에게 '종'으로 오신 소의 복음, 누가복음은 헬라인에게 '완전한
인간'으로 오신 사람복음, 요한복음은 '전능하신 하나님'으로 오
신 독수리 복음과 서로 연결되어 있다.

예루살렘 포위 공격 상황을 에스겔은 연기(演技)를 통해 예언을
한다. 4장에서는 에스겔은 햇볕에 말린 커다란 벽돌에다 예루살렘
성을 그리고, 떡을 부치는 전철을 가져다가 철성으로 삼는다. 여기
서 백성들이 메시지를 얻는다. 잡곡과 물을 마시는 에스겔을 보면
서 포로로 잡혀간 사람들의 두려움은 더해간다. 백성들은 에스겔
의 쇠약해가는 모습에서 장차 포위 공격을 당하는 예루살렘 거민
들의 처지를 연상한다. 5장에서는 백성들은 예루살렘의 수치를 통
감하는 뜻에서 삭발하는 에스겔을 보여준 것은 일인 연극을 통해
서 보여준 무서운 예언적 교훈이다.

에스겔서에는 다른데서 볼 수 없는 상징적 행위가 12가지나 된
다.

위에서 살펴본 일인 연극(겔4:1-3)으로, (1)먼저 커다란 벽돌 위
에 예루살렘의 지도를 새긴 후 성읍을 에워쌓을 높은 사닥다리를
놓고 성 주위에 적이 진을 치고 공성퇴를 설치할 것을 묘사했다.

(2)390일간을 좌편으로 누워 북왕국 이스라엘의 불의를 상징했
다(4:4-5).

(3)다음에는 40일 간 우편으로 누워 유다의 불의를 상징했다(4:6).

(4)곡식을 갈아 만든 떡을 준비하고 달구어진 마른 쇠똥에 그것
을 구웠다. 이것은 예루살렘에 양식이 부족할 것을 상징한다(4::9-
17).

(5)날카로운 칼을 취하여 삭도를 삼아 머리카락을 자른 후 그것을 똑같이 세 등분으로 나누었다(5:1-4). 그는 1/3을 태우고, 1/3은 칼로 쳤다. 1/3은 바람에 흩었다. 이것은 예루살렘이 포위되었을 때에 1/3은 타죽고, 1/3은 칼에 죽고, 1/3은 바람에 흩어져버릴 것이란 뜻이다.

(6)백성의 주의를 환기시키기 위해 발을 구르고 손뼉을 쳤다(6:11).

(7)그는 자기 집 밖에 행구를 놓았다. 그리고는 날이 저물 때에 성벽을 통과할 구멍을 뚫었다. 행구를 메고 갈 때에 자기의 얼굴을 가렸다. 여기서 행구는 급하게 떠나는 포로들을, 벽을 통과하는 것은 예루살렘을 떠나는 절망적인 상태를 뜻하고, 얼굴을 가리는 것은 마지막 왕인 시드기야를 묘사한 것이다.

(8)그는 음식을 먹을 때 마지막 식사인 것처럼 떨며 놀라면서 물을 마셔야만 했다.

(9)그는 갈아서 번쩍거리는 칼을 공중에 휘두르며 울면서 자기의 넓적다리를 쳤다(21:9-21).

(10)그는 지시 표를 그려 바벨론 왕이 올 두 길을 표시했다. 하나는 예루살렘에 이르는 길이고 다른 하나는 암몬 족속의 랍비에 이르는 길이었다. 에스겔은 어느 성읍이 먼저 파괴될 것인가를 말한 것이다.

(11)그는 물이 끓는 가마에 값비싼 고기를 가득 넣어 뼈에 붙은 살이 무르도록 삶았다. 물론 불은 심판이고 예루살렘의 부자와 귀족들이 소멸될 것을 보여준 것이다.

(12)마지막으로는 그는 아내의 갑작스러운 죽음에 대해 어떤

외적인 슬픔도 내색하지 않았다. 이것은 하나님께서는 예루살렘의 멸망을 애도하지 않는다는 것을 강조한 것이다. 이런 상징적 행위들은 묵시문학적 표현이다.

그뿐 아니라 에스겔서에는 여섯 개의 비유가 나온다. 예수님 다음으로 비유를 많이 사용한 것이다. 그러나 예수님의 비유에 비교가 되지 않을 만큼 시적 감성은 떨어진다.

첫째는 열매 맺지 못하는 포도나무 비유이다(15:1-8). 성서에서 포도나무는 이스라엘에 대한 일반적 상징이었다(신32:32; 시80:8-12; 사5:1-7; 렘2:21; 호10:1; 마21:33절). 포도나무의 용도는 열매를 맺는 일 뿐이다. 가구를 만들 수도 없고, 연료로도 부적당하다.

둘째는 창기가 된 양녀(16:1-63)의 비유이다. 에스겔서에서 가장 긴 장이다. 이스라엘의 죄에 대한 하나님의 저주를 보여준다. 그 내용은 더럽고 메스꺼운 내용이 자세히 기록되었기 때문에 랍비인 벤 힐카누스는 에스겔 16장은 일반 사람들 가운데 읽혀지거나 번역되어서는 안 될 것이라고 경고했다.

셋째는 독수리 두 마리의 비유이다(17:1-21). 이 비유 안에 기록된 내용들은 주전 597년과 588년 사이의 유다와 바벨론과 이집트의 국제 문제를 설명해준다.

넷째는 아름다운 백향목 비유이다(17:22-24). 백향목은 열매를 맺고 그늘을 만듦으로 모든 사람이 가까이에 오는 귀한 나무이다. 이 비유는 메시아의 예언을 소개하고 있다(사11:1; 53:2; 계22:16).

다섯째는 어미 암사자와 그 새끼들의 비유이다(19:1-9). 어미 사자에게는 새끼 몇 마리가 있었는데 그 중에 하나가 자라 사람을 잡아먹는 법을 배웠다. 이로 인해 그는 함정에 걸려 이집트로 끌려갔다(겔19:1-4). 암사자의 또 다른 새끼도 같은 일을 범했다. 역시 잡혀서 바벨론으로 끌려갔다(겔19:5-9)는 내용이다. 이스라엘과 유다의 운명을 예언한 내용이다.

여섯째는 음부인 두 자매의 비유이다(23:1-49). 두 자매의 이름은 오홀라('그녀의 장막'이란 뜻으로 사마리아를 상징)와 오홀리바('나의 장막이 그녀 안에 있다'는 뜻)으로 유다의 죄에도 불구하고 하나님께서는 여전히 예루살렘 성전에 거하신다는 뜻으로서 각각 사마리아와 예루살렘을 상징한다.

에스겔서에는 네 가지 유명한 구절들이 나온다.

첫 번째 유명한 구절은 1장에 나오는 하나님에 대한 네 생물의 이상이다. 10절에 보면 첫째는 사람의 얼굴이고 둘째는 사자의 얼굴이고, 셋째는 소의 얼굴이고 넷째는 독수리의 얼굴이라고 했다. 재미있는 사실은 네 가지의 얼굴이 사복음서의 내용과 통한다는 점이다. 위에서도 말한 대로 마태복음은 사자복음이고, 마가복음은 소의 복음이고, 누가복음은 사람복음이고, 요한복음은 독수리 복음으로 불리기 때문이다.

두 번째 유명한 구절은 33장 1-20절의 파수꾼 이야기다. 이 구절은 3:17-21과 18:5-29절의 내용이 서로 반복되는 구절이다. 여기서 하나님께서는 에스겔을 파수꾼으로 삼겠다고 하면서 사람들이 나팔소리를 듣고도 정신 차리지 아니하면 그 피는 자기의 머리로 돌아갈 것이라고 경고했다(4절). 그러나 파수꾼이 보고도 나팔을 불지 아니하면 그 죄를 파수꾼의 손에서 찾으리라는 것이다.

세 번째 유명한 구절은 37장에 나오는 마른 뼈의 환상이다. 에스겔은 사방에 흩어진 오래 전에 말라버린 인간의 뼈로 가득한 골짜기에 대해 예언하라는 명령을 받았다(37:1-6). 이 뼈들에게 예언을 하자 골짜기의 이편저편에서 덜거덕거리는 소리가 나며 각 뼈들이 옛날 모습으로 서로 붙었다는 것이다(7절). 다음에는 이 뼈에 힘줄이 생기고 살이 오르며 그 위에 가죽이 덮였다는 것이다(8절) 몸은 완전하지만 그러나 그 안에 생기는 없었다. 그 때에 에스겔은 다음과 같은 명령을 받았다(9-10). '너는 생기를 향하여 대언하라' 그래서 에스겔이 대언하자 '생기가 그들에게 들어가매 그들이 곧 살아나서 일어나 서는데 극히 큰 군대더라'고 했다.

네 번째 유명한 구절은 40-48장에 나오는 하나님의 영광의 구현체(具現體)인 성전이다. 그러면 성서에 나오는 성전에는 어떤 것이 있는가? 일곱 가지가 있다.

첫째는 모세의 장막(출40)

둘째는 솔로몬의 성전(왕상 5-8장)

셋째는 스룹바벨의 성전(스6장)

넷째는 예수님의 몸인 성전(요2:21)

다섯째는 영적인 성전인 교회(행2장 살전4장)

여섯째는 고난 받는 교회(계11장: 휴거에서 아마겟돈까지)

일곱째는 천년 왕국의 성전(겔 40-48장. 욜3:18; 사2:3)이다.

이상에서 우리는 에스겔서에 대한 간단한 내용을 살펴보았다. 그러나 우리의 주목적인 에스겔서의 문학적 면은 깊이 있게 살펴보지 못했다. 여기서 가장 중요한 것은 에스겔서에는 많은 부분들이 묵시문학적으로 기록되었다는 점이다. 사실 에스겔서에는 많은 상징들이 나오는데 그것이 묵시문학의 특징의 하나이다. 에스겔서는 엄격히 말하면 종말을 말하고 있지는 않다. 다만 그의 미적 생동적 묘사와 환상에 대한 표현은 묵시문학적으로 되어 있다는 점이다. 이미 우상숭배로 굳어진 이스라엘 백성들의 절박함과 앞으로 이루어질 것에 대해서는 묵시문학적 표현으로 인해 강한 인상을 준다. 더욱 중요한 것은 에스겔서에 나오는 많은 알레고리들은 해석상 어려움이 있지만 다른 알레고리와 함께 연구하면 큰 도움이 될 것이다.

다음은 묵시문학의 하나인 다니엘서를 살펴보자.

다니엘은 주전 605년에 예루살렘이 처음 포위되었을 때 느부갓네살에 의해 포로로 잡혀간 십대의 젊은이였다. 그는 귀족출신이었고 포로 생활 중에서도 변함없이 세 왕 느부갓네살, 벨 사살, 다리오의 통치 하에서 신실하게 봉사한 믿음의 영웅이었다. 재미있는 사실은 에스겔이 다니엘에 대해 언급하였고(겔14:14) 또 그의 지혜에 대해서 말하고 있다(겔28:3)는 점이다.

다니엘서의 문제점은 11장의 내용이 주전 2세기인 안티오커스 4세의 시대에 관한 내용인데 그렇다면 400년 전에 예언된 것으로 간주해야 하는데 이것이 과연 가능한가이다. 사실 다니엘서는 우리의 경험과 이성으로만 생각한다면 어느 한 구절도 이해할 수 없다. 그러나 하나님께서 개입하셨다면 이런 예언은 얼마든지 가능하다고 믿는다. 위에서도 언급하였지만 다니엘서는 두 가지 언어로 기록되었다. 2:4-7절은 아람어로 되어 있고 나머지는 히브리어로 기록된 책이다. 구약에서는 유일하게 '묵시'로 기록된 책이다. 신약의 계시록과 짝을 이루기 때문에 종말론에 관한 연구를 하는 사람들은 다니엘서와 요한계시록을 함께 연구하는 것이 일반적 관례이다. 다니엘서의 메시지는 아주 단순하다. 이스라엘의 하나님은 온 세상을 다스리시는 주권적 통치자이시다. 그러므로 하나님의 백성은 그에게 철저하게 순종해야 한다. 적대세력이 아무리 강해도 하나님의 때에 모두 멸하신다는 내용으로 되어 있다.

다니엘서의 내용은 크게 다섯 가지이다.

첫째는 2장에 나오는 느부갓네살의 꿈 이야기이다. 꿈속의 형상은 네 제국들을 나타낸다. 즉 바벨론, 메데-바사(페르시아), 헬라, 그리고 로마이다. 다니엘은 꿈의 내용과 해석까지 했다.

둘째는 3장에 나오는 풀무불 이야기이다. 느부갓네살은 한때 다니엘의 하나님이 최고라고 했던 때를 잊어버리고 27미터에 달하는 금신상을 세우고 모든 사람들을 경배하게 했다. 그러나 다니엘의 세 친구들은 타협하지 않았다. 그들은 하나님께서 구원해주실 것을 믿었다. 결국 풀무불은 그들을 밀어 넣은 자들까지 태워죽였다. 그러나 세 친구들은 불탄 냄새도 나지 않았다. 왕은 또 다시 하나님께 경배하지 않을 수 없게 되었다.

셋째는 5장에 나오는 벨 사살의 잔치 이야기이다. 잔치에 참여한 모든 사람들이 돌로 만든 신들을 찬양할 때에 사람의 손가락이 나타나서 왕궁 촛대 맞은 편 석회 벽에 글자를 썼다. 그 글자는 하나님께서 벨 사살에게 내려주신 메시지를 함축한 것이다.

'메네 메네 데겔 우바르신'(베레스의 복수형). '메네 메네'란 말은 왕의 나라의 시대를 세어서 그것을 끝나게 하셨다는 뜻이었다. '데겔'이란 말은 왕이 저울에 달아보니 부족함이 나타났다는 뜻이다. '우바르신'은 왕의 나라가 나뉘어서 메대와 페르시아 사람들에게 준비 되었다는 뜻이다. 벽에 기록된 세 단어들은 요약하면

'세다' '달다' '나누다' 란 말이다.

넷째 6장에는 사자굴 속의 다니엘 이야기이다. 그 때에 다니엘의 나이는 80정도였을 것이다. 그는 어떤 허물도 찾을 수 없는 의인이었다. 그래서 대적자들은 한 법률(삼십 일 동안에 왕 외의 어떤 신에게나 사람에게 무엇을 구하면 사자 굴에 던져 넣기로 한 것)을 세우게 한 것이다. 물론 다니엘은 몰래 숨어서 기도할 수도 있었지만 그러나 다니엘은 그렇게 하지 않고 평소에 하던 대로 공공연히 하루에 세 번씩 기도를 한 것이다. 그래서 다니엘은 결국 그들의 함정에 빠져 사자굴에 갇혔으나 하나님께서는 천사들을 보내어 사자들의 입을 봉하여 다니엘을 구해준 것이다.

다섯째는 9장에 나오는 다니엘의 기도(9:3-19절) 이야기이다. 다니엘은 오직 하나님의 자비에 근거하여 간청을 올렸다(18절). 이제 하나님께서는 다니엘에게 어떤 일을 보여준다. 여기서 24-27절은 난해하여 여러 가지 해석이 제시되고 있다. 아마도 예루살렘 중건을 명하는 조서가 발표된 때부터 예수님의 사역이 시작될 때까지(25절)의 기한이 7×62이레(483일)이라고 한 것은 하루를 일 년으로 계산하여 483년을 나타낸다. 26절은 그리스도의 죽으심과 그리고 주후 70년에 발생한 성전 파괴 사건을 의미하는 것으로 보인다. 그러나 27절의 주제는 분명치 않으나 필자는 다음과 같이 생각한다. 이 예언은 이스라엘에 대한 것으로 '70이레' 란 말에서 '이레' 란 말은 칠일을 뜻하기도 하지만 칠년을 뜻하기도 한다(레 25:3-4, 8-10).

그러면 '70이레' 의 뜻은 무엇인가?

세 시기를 뜻한다고 보인다.

(1)제1시기는 주전 445년부터 주전 396년(7이레) 즉 $7 \times 7 = 49$년이다. 이때가 느2-6장을 보면 고난의 시기였지만 예루살렘의 거리와 성벽이 축조되는 시기였다. 역사를 보면(느2-6장) 이 예언은 이루어졌다.

(2)제2시기는 주전 396년부터 주후 30년까지의 '62이레'(62×7=434년)에는 예수님께서 십자가에 못 박힌 때이다. 놀라운 것은 주전 550년에 기록된 다니엘서에 그리스도의 등장과 배척의 시기를 너무도 정확하게 예언한 점이다.

(3)끝으로 제3시기이다. 그것은 휴거로부터 천년왕국 때까지로서 '한 이레'(7년)가 된다. 한 가지 확실한 것은 주님께서 나팔을 불면 마지막 활동할 '이레'가 지상에 펼쳐질 것이란 점이다. 그러나 이상의 70이레에 대한 글은 필자가 추리해본 것임으로 좀 더 많은 증거가 요구될 것이다.

예언서를 마치면서 흥미로운 점은 히브리인들의 경전에는 예언서들을 역사서와 함께 묶어 놓은 점이다. 그것은 역사서들이 단순한 역사책이 아니라 예언자의 눈으로 본 역사라는 점에서 그렇게 했을 것으로 필자는 해석한다.

제3장
문학으로서의 시편

위에서도 시편에 관한 시적 연구는 요약적으로 언급했지만 여기서는 시편 94-95,100, 103, 106-107, 111장에 관한 연구를 좀 더 확장해서 언급하려고 한다. 많은 사람들에게 성서에서 가장 많이 읽히는 책은 복음서와 시편이다. 마르틴 루터는 시편은 '성서의 축소형'이라고 했고 요한 칼뱅은 '인간의 가슴에 있는 영원한 노래 책'이라고 했다. 본래 시편(psalmoi)이란 말은 라틴어의 psalmi란 말에서 온 것으로 헬라어의 psalmoi에서 온 말이다. 본래의 뜻은 악기에서 나는 '줄들의 소리'란 뜻이다. 70인 역에서는 히브리어의 제목이 Tehillim인데 그 뜻은 '찬양들'이란 말이다. 사실 시편은 대표가 다윗으로 되어 있으나 여러 시인들이 쓴 시들을 다윗이 대표이기 때문에 그의 이름으로 모은 것이다. 고라의 시가 42, 44-49편, 84-85편, 87편이고, 아삽의 시가 50, 73-83편이고, 헤만의 시가 88편, 에단의 시가 89편이고 솔로몬의 시가 72, 127편이고, 모세의 시가 90편이고, 히스기야의 시가 120-121, 123, 125-126 128-130, 132, 134편이며 작자 불명인 시가 1-2; 10, 33, 66, 91-100, 102, 103, 106-107, 111-119, 135-137, 146-150편이나 된다.

다윗의 시는 크게 네 가지 종류의 시로 구분할 수 있다.

(1)목자의 시: 8, 19, 23, 29, 144편이고

(2)회개의 시: 32, 38, 51편이며

(3)고난의 시: 3-7, 11-14, 17 22, 25-28, 31, 34, 39-41, 53-59, 61-64, 69-70, 86, 109, 140-143편이나 된다.

(4)기쁨의 시: 9, 15-16, 18, 20-21, 24, 30, 36-37, 52, 60, 68편, 101, 103, 105, 108,110, 122, 124, 131, 133, 138-139, 145편 등이다.

주제별로 보면

(1)헌신의 시가 가장 많다. 1, 4, 9, 12-14, 16-19, 22-24, 27, 30-31, 33-34, 40, 42-43, 46, 50, 55-56, 61-63, 66, 71, 73, 75-77, 80-81, 85, 88, 90-91, 94-95, 100, 103, 106-107, 111, 115-116, 118-119, 122-123, 126, 133, 136, 138-139, 141-142, 144, 147-150편이나 된다.

(2)참회의 시로는 6, 32, 38, 51, 102, 130, 143편이다,

(3)저주의 시는 35, 55, 59, 69, 83, 109, 137, 140편이다.

(4)성전에 올라가는 노래는 120-134편이다.

(5)할렐루야 노래는 113-118편이다.

(6)역사 시는 78, 105-106편이다.

(7)이합체(Acrostic)시는 9-10, 25, 34, 111-112, 119, 145편이다.

(8)끝으로 메시아 예언 시는 2, 8, 16, 22-24, 31, 34, 40-41, 45, 55, 68-69, 72, 89, 102, 109, 110, 118, 129편 등이다.

(1)헌신의 시에서는 저자들의 불평, 의심, 부르짖음이 있고 다

른 저서에서는 볼 수 없는 인간의 적나라한 영혼의 소리가 있다. 4:3절과 8절에 보면 "여호와께서 자기를 위하여 경건한 자를 택하신 줄 너희가 알지어다 내가 그를 부를 때에 여호와께서 들으시리로다" "내가 평안히 눕고 자기도 하리니 나를 안전히 살게 하시는 이는 오직 여호와이시니이다"

(2)참회의 시는 7편 중에 다윗의 시가 5편이나 된다. 대표적인 것은 51:4절과 7절이다. "내가 주께만 죄를 범하여" "우슬초로 나를 정결하게 하소서 내가 정하리이다 나의 죄를 씻어 주소서 내가 눈보다 희리이다"

(3)저주의 시는 9편이 있다. 이 시는 예수님의 가르치심과는 대조가 되기 때문에 해석하는 데는 신학적 이해가 필요하다. "나는 너희에게 이르노니 너희 원수를 사랑하며 너희를 핍박하는 자를 위하여 기도하라"(마5:44)고 했기 때문이다.

(4)성전에 올라가는 시는 히스기야의 시 10편(120-121, 123, 125-126, 128-130, 132, 134)이 있고, 솔로몬의 시는 두 편으로 72, 127편이며 다윗의 시는 4편이다(122, 124, 131, 133).

(5)할렐루야의 시는 113-118편이다. 이 여덟 편의 시는 유월절 밤에 주로 불렀다.

(6)역사 시는 78, 105-106편이다. 이 역사 시는 이스라엘의 범죄와 하나님의 은총을 간구하는 것으로 되어 있다.

(7)이합체(acrotic) 시는 일반적으로 '알파벳 시편'(Alphabetical Psalms)으로 알려져 있다. 히브리어 22개 문자의 순서대로 시작되기 때문이다. 그 중에서 가장 유명한 시는 가장 긴 시인 119편이다. 이 시는 22연으로 되어 있고, 각 연에는 8개의 절이 있어 총

176절이나 된다. 그러나 이합체 시편 전부가 완전한 배열을 갖춘 것은 아니다. 어떤 시편에는 한 자나 혹은 그 이상이 빠져 있기 때문이다. 예를 들면 시편 9, 10, 25편에는 여러 문자가 빠져 있고, 시편 34, 45편에는 한 문자가 빠져 있다. 또 시편 37, 111, 112, 119편에는 완전한 배열을 갖추고 있다.

(8)메시아 예언 시는 그리스도께서 오셔서 성취하신 것들이다. 예를 들면 시40:6-10에 나온 시는 '그리스도의 순종'을 언급하고 있고 시69:9절은 '그리스도의 열심'을 예언한 것이고, 시118:22절은 '그리스도의 버림당하심'을 예언한 것이다. 또 시편 41:9절은 '그리스도께서 배신당하실 것'을 예언한 것이고, 시편 22:1, 6-8, 16, 18절은 '그리스도의 고난' 당하실 것을 예언한 것이다. 시편 109:2-3절은 '그리스도에 대한 거짓증거'가 있을 것을 예언한 것이다. 109:4절은 '적들을 위한 그리스도의 기도'를 예언한 것이고 또 시편 16:10절은 '그리스도의 부활'을 예언한 것이다. 시68:18절은 '그리스도의 승천'을 예언한 것이고, 시24:7-8절은 '그리스도의 천국입성'을 예언한 시이다. 시110:4절은 '그리스도의 대제사장적 사역'을 언급하고 있고 시편 45:2, 6, 8, 13, 15절은 '그리스도와 교회의 결혼'을 예언한 시이다. 또 시편 110;1절과 2편은 '그리스도께서 이방을 멸하실 것'을 예언한 것이다. 끝으로 시89:27절과 102:16-21절은 '그리스도의 천년왕국의 통치'를 언급한 것이다. 이처럼 시편의 일부는 예언서에 속한다.

시편을 연구하면서 주목할 것은 시편을 5부분으로 분류하고 있다는 점이다. 그것은 모세오경을 모델로 삼았기 때문이다.

즉 1-41편은 창세기에 해당하고, 42-72년은 출애굽기에 해당하고, 73-89편은 레위기에 해당하고, 90-106편은 민수기에 해당하고 107-150편은 신명기에 해당된다.

시편 연구는 단순히 시로서만 이해하는 것은 잘못된 것이다. 왜냐하면 예언서로서의 면이 많이 있기 때문이다. 몇 가지의 예만 들어보겠다. 시편 2:2절과 7절을 보면 "세상의 군왕들이 나서며 관원들이 서로 꾀하여 여호와와 그의 기름 부음 받은 자를 대적하며" "내가 여호와의 명령을 전하노라 여호와께서 내게 이르시되 너는 내 아들이라 오늘 내가 너를 낳았도다" 이 구절은 행4:26절과 13:33절에서 인용되고 있는 예언이기도 하다. 또 시편 8:6절은 행13:33절에서 인용된 예언의 말씀이다. 시16:10절은 주님의 죽음과 부활을 예언하고 있다. "이는 주께서 내 영혼을 스올에 버리지 아니하시며 주의 거룩한 자를 멸망시키지 않으실 것임이니이다"는 말씀은 그리스도와 죽으심과 부활을 예언한 것이다. 또 시편 22편은 그리스도의 고난을 예언하고 있다. 1-21절은 십자가에 달려 고난당할 것을 예언하고 있고, 22-31절은 영화롭게 될 그리스도를 예언하고 있다(벧전 1:10-11절). 특히 1절의 "내 하나님이여 내 하나님이여 어찌 나를 버리셨나이까 어찌 나를 멀리 하여 돕지 아니하시오며 내 신음 소리를 듣지 아니하시나이까"란 구절은 예수님께서 마27:46절에서 인용하신 구절이다. 8절은 주님이 십자가에 달릴 때 이스라엘의 악한 통치자들이 인용한 구절이기도 하다. 16절 "악한 무리가 나를 둘러 내 수족을 찔렀나이다"는 십자가에 달릴 때 로마 병정들에 의해 행해진 사건이고 18절은 "내 겉옷을 나누며 속옷을 제비뽑나이다" 십자가에 달릴 때 로마 병정들에 의해 성취된 구절이다.

다음 시편 23편은 신약에 그대로 인용된 구절은 없지만 요10:1-18절에 이러한 내용을 언급하고 있다. 필자는 시편 150편이 다 정금 같은 아름다운 시이지만 그 중에서도 23편은 진주와 같이 가장 빛나는 부분이라고 생각한나.

시편 23편의 6절은 두절씩 나눌 수 있다.

1-2절은 주님과 우리의 관계를 양과 목자의 관계로 표현하면서 하나님의 예비하심을 강조하고 있다.

3-4절은 그리스도와 우리의 관계를 안내자와 나그네로 표현하면서 그의 인도하심을 강조하고 있다.

5-6절은 주인과 손님의 관계로 표현하면서 영적 교제를 강조하고 있다. 여기에도 예언적 요소가 나타나 있다. 이처럼 시편에는 많은 예언들이 있기 때문에 신약성경에는 이사야서와 함께 가장 많이 인용되고 있다.

시편 24편은 다윗이 새로 점령한 예루살렘 입성을 축하하기 위해 기록한 것이지만 놀라운 것은 이 시가 예수님께서 구속사업을 완성하시고 감람산에서 승천하실 것을 예언했다는 점에서 주목이 된다. "문들아 너희 머리를 들지어다 영원한 문들아 들릴지어다 영광의 왕이 들어 가시리로다"고 하면서 기록한 7-10절의 말씀은 행32-33절에 나온다. 그래서 유대인들은 성전이 무너지기 전에 1-3절은 성가대의 일부가 부르고, 4-6절은 나머지 다른 성가대원들이 서로 번갈아 가면서 불러 화답했다고 한다. 또 7-10절도 예루살렘 성문 앞에서 성가대원들이 번갈아가면서 불렀다고 한다. 어떤 시편들은 한 주간의 각 요일마다 성전 앞에서 불렀다고 전해진다. 월요일에는 시편 48편을 부르고 82편은 화요일에 부르고,

94편은 수요일에 부르고, 81편은 목요일에 부르고 93편은 금요일에 부르고, 토요일에는 92편을 부르고 주일에는 24편을 불렀다니 시편은 유대인들에게나 크리스천들에게는 예배에서 뗄 수 없는 관계를 가지고 있다.

시편 31편은 십자가상의 주님께서 인용한 구절이다. 5절에 "내가 나의 영을 주의 손에 부탁하나이다" 라고 한 것은 주님께서 운명하시기 전에 인용한 구절이다(눅23:46). 또 시편 41편은 유다가 주님을 배신할 것을 예언한 구절이기도 하다. 9절에 "내가 신뢰하여 내 떡을 나눠 먹던 나의 가까운 친구도 나를 대적하여 그의 발꿈치를 들었나이다"라고 한 구절은 요13:18절에서 성취된 것이다. 또 시편 68편은 그리스도의 승리와 천국 입성을 노래한 구절이다. 이 구절은 엡4:8절에서 인용되고 있다. 여기서 갈보리 이전에 죽은 자들이 어디로 가는가를 구약에서는 스올(sheol)로 간다고 했다. 본래 음부에는 두 구역이 있는데 한 구역은 구원받은 자들이 들어가는 곳으로 때로는 낙원이라고 하고(눅23:43) 때로는 아브라함의 품(눅16:22절)이라고 하는 곳이 있다. 다른 한 곳은 구원받지 못한 자들이 가는 음부가 있다고 했다. 여기서 기억할 것은 엡4장 8절의 구절이다. 이 구절은 예수님의 부활 이전과 이후가 변했다고 말한다. 즉 주님이 승천하실 때에 '사로잡혔던 자들'을 구원하여 주셨다는 점이다. 그래서 반하우스(Barnhouse)는 그의 계시록 주석에서 '그분이 위로 올라가실 때에 지옥을 비우시고 거기 있던 자들을 하나님 앞으로 직접 데리고 가셨다'고 해석하고 있다. 이 해석을 글자 그대로 받아들여야 할지에 대해서는 필자는 좀 주저하고 있다. 아무튼 구약시대에는 구원받지 못한 자가 가는 곳인 음부가 따로 있다고 보았다. 즉 구약시대에는 음부란 모든 사람들이 가는 곳으로 기록하고 있다. 그러나 신약시대에는 불신자들이 지옥에 가기 전에 거할 음부가 있고, 신자들이 거할 낙원이 있다고 기록하고 있다.

다음 시편 69편 9절에 '주의 집을 위하는 열성이 나를 삼키고' 란 구절은 요2:17절에서 인용하고 있다. 또 72편 8절의 '저가 바다에서부터 바다까지와 강에서부터 땅 끝까지 다스리리니' 란 구절은 계11:15절에서 천년왕국의 통치로 예언하고 있다. 또 시102편 25-27절의 구절은 히1:10-12절에서 그리스도의 영원함을 예언한 것으로 인용하고 있다. 시편 109편 8절은 '그 연수를 단축케 하시며 그 직분을 타인이 취하게 하시며' 라는 구절은 행1:20절에서 베드로가 언급함으로 성취가 된 것이다.

시편 110:1절의 '내가 네 원수들로 네 발판이 되게 하기까지 너는 내 오른쪽에 앉아 있으라 하셨도다'의 말씀은 신약에 여러 구절에 인용되고 있다(마22:41-46; 행2:34-35; 히1:13; 히10:12-13) 끝으로 시118:22절에 있는 말씀인 '건축자의 버린 돌이 집 모퉁이의 머릿돌이 되었나니'는 신약에 적어도 다섯 번이나 인용되었다(마21:42; 행4:11; 고전 10:4; 벧전2:4-7; 벧전 2:4-7절).

끝으로 필자가 가장 좋아하는 시편은 1편과 23편과 139:7-10절이다. 여기서는 시편 139편에 있는 구절만 인용하면서 끝내려고 한다.

"내가 주의 영을 떠나 어디로 가며 주의 앞에서 어디로 피하리이까 내가 하늘에 올라갈지라도 거기 계시며 스올에 내 자리를 펼지라도 거기 계시나이다 내가 새벽 날개를 치며 바다 끝에 가서 거주할지라도 거기서도 주의 손이 나를 인도하시며 주의 오른손이 나를 붙드시리이다"

여기서 스올이란 말은 두 가지 의미로 사용되고 있다.

첫째로 문자적 의미로는 죽은 사람들이 거하는 지하의 깊은 곳을 가리킨다(신32:22: 사14:9, 15).

둘째는 비유적 의미로는 위험함이나 고통을 가리킨다(시116:3: 욘2:2). 신약에의 하데스(Hades)는 지하의 세계로 사용된다. 다시 말해서 구약에서는 스올은 도덕에 관계없이 의인과 악인이 거하는 중간상태로 기록되어 있다. 음부도 같은 뜻이다.

끝으로 시편의 특징을 언급하려고 한다. 시편은 크리스천 모두에게 찬송가라는 것이 가장 정확한 표현일 것이다. 시편은 반복이 많고, 때로는 중복되기도 하고, 수취인의 주소가 나오기도 한다. 어떤 때는 야훼(Yahweh)란 말을 쓰다가 또 어떤 때는 엘로힘(Elohim)이란 단어를 쓰기도 한다. 또 어떤 시는 제2성전의 찬송가이기도 했다.

시편의 문학적 우수성은 비유적 표현이 구체적이고 어법이 구체적이며 자연스럽다는데 있다. 또 시편 기자의 확신에 진실함이 보이고 많은 표현의 감성이 일관성이 있는 것이 특징이다. 시편 기자는 다른 시인들보다 그의 감성이 독자의 마음에 떠오르게 한다. 가장 대표적인 시가 30편 11절이다.

"주께서 나의 슬픔이 변하여 내게 춤이 되게 하시며 나의 베옷을 벗기고 기쁨으로 띠 띠우셨나이다"

하나님을 표현할 때 단순히 창조주로만 표현하지 않고 목자, 피난처, 요새, 태양, 방패, 반석, 탑, 모든 세대에 거할 처소로 표현함으로 하나님을 추상적으로 표현하지 않고 은유적으로 즉 보고 느낄 수 있는 대상으로 표현한 점은 다른데서 볼 수 없는 현상이나. 그 언어들은 아름다움과 본래 히브리어가 가지고 있는 힘을 보여주고 있다.

시편의 두 가지 장점은 첫째는 단순성에 있다. 둘째는 진실성에 있다.

극한 위기 속에서 태어나 가슴에서 나와 상상의 절정을 이룬다. 많은 서정시처럼 강한 느낌의 순간적 유출이 있다. 영혼의 거울과도 같다. 우리는 시편 안에서 종교적 체험과 영적 감성을 느낄 수 있다. 하나님께 대한 신뢰, 감사, 죄에 대한 후회, 간절한 용서와 정결함의 간구 등을 볼 수 있다,

이런 표현 속에서 시편 기자의 신관(神觀)이 잘 나타난다.

첫째로 하나님은 유일하신 분이시요 하늘과 땅과 인간을 창조하신 분으로 보고 있다. 시편 기자의 이런 유일 신관에도 불구하고 82:1; 86:8; 89:6; 95:3; 138:1절에서는 다신론적 표현이 나온다는 것은 무슨 이유인가? 그것은 95:3절에서 그 해답을 얻을 수 있을 것이다. "여호와는 크신 하나님이시요 모든 신들보다 크신 왕이시기 때문이로다" 다른 신과 비교함으로써 하나님의 위대하심을 표현하려고 한 것이다.

둘째로 인간은 하나님의 위대한 창조물이라고 보았다. 하나님께서는 인간에게 이성과 양심, 그리고 자유의지를 주셨기 때문이다. 인간을 표현할 때 시편 기자가 개인을 언급한 것인지, 인류를 언급한 것인지, 히브리 민족을 언급한 것인지는 분명치 않다.

셋째로 인간은 이 땅에서 상급과 심판을 행함에 따라 주어진다.
넷째로 의가 종국에는 승리할 것이다.

위에서도 언급했지만 시편을 다섯 부분으로 나눈 것은 모세 오
경과 대조를 이루기 위해서이다. 다섯 항목이 끝날 때마다 송영이
나온다. 시편들의 내용은 위에서도 언급했지만 다른 각도로 보면
9가지 그룹으로 나눌 수도 있다.

첫째는 공동체의 찬양과 감사와 신뢰의 노래이다.

둘째는 찬양과 감사와 신뢰의 독창들(monodies)이다.

셋째는 공동체의 애도이다.

넷째는 개인의 애도이다.

다섯째는 왕의 시편들이다.

여섯째는 축복과 저주의 시이다.

일곱째는 순례자의 시들이다.

여덟째는 전설들이

아홉 번째는 지혜의 시들이다.

그러나 여기서 기억할 것은 많은 시들이 여러 구룹에 속할 수 있
기 때문에 그 구분이 분명치가 않다는 점이다. 예를 들면 시편
137편은 애도의 시이면서 저주의 시이기도 하다. 또 시134편은
찬양의 시이면서도 필그림의 노래에 속한다.

시편 가운데 대표적인 것은 시편 8편과 24편이다. 특히 46편은
루터의 시로 잘 알려져 있다. 여기서 루터의 종교개혁의 힘이 되었
던 찬송가 585장의 '내 주는 강한 성이요'가 있다. 46편 가운데 1
절과 10절이 그 중심을 이룬다.

"하나님은 우리의 피난처시요 힘이시니 환난 중에 만날 큰 도움이시라"(1절).

"너희는 가만히 있어 내가 하나님 됨을 알지어다 내가 뭇 나라 중에서 높임을 받으리라 내가 세계 중에서 높임을 받으리라 하시도다"(10절).

시편 100편은 23편에 버금가는 기쁨의 시이다. "온 땅이여 여호와께 즐거운 찬송을 부를지어다 기쁨으로 여호와를 섬기며 노래하면서 그의 앞에 나아갈지어다"(1-2절).

다음은 시편 19편이다. 이 시는 하나님이 창조하신 우주와 그의 율법의 위대함을 찬양한 것인데 그 시가 유명해진 것은 1712년에 조셉 에디슨(Joshep Addison)이 관객(The Spectator)이란 잡지에 기고한 것이 찬송가로 만들어져(78장) 나온 후이다. 물론 그의 시는 개인의 묵상과 신앙고백이 좀 더 담겨있다. 이 찬송가 78장과 시편 19:1-6절을 비교하면 더 큰 은혜가 된다.

'하늘이 하나님의 영광을 선포하고 궁창이 그의 손으로 하신 일을 나타내는 도다. 날은 날에게 말하고 밤은 밤에게 지식을 전하니……'와 78장의 '저 높고 푸른 하늘과'를 비교하면 그 공통점과 차이점을 알 수 있다. '저 높고 푸른 하늘과 수없는 빛난 별들을 지으신 이는 창조주 그 솜씨 크고 크셔라'로 이어진다. 그러나 조셉 에디슨의 시는 성서의 서정시인 19편과 비교하면 훨씬 급이 떨어진다는 평을 받고 있다.

113-118편은 흔히 할렐(Hallel)시로 알려져 있다. 그 중에서도 114편은 이집트에서 해방되어 기뻐한 노래이다. "바다가 보고 도망하며 요단은 물러갔으니 산들은 숫양들 같이 뛰놀며 작은 산들

은 어린 양들 같이 뛰었도다"(3-4).

성서 가운데서 가장 짧은 시는 두 말할 필요도 없이 117편이다. 하나님께서 이스라엘을 어떻게 구원하셨는가를 노래한 것이다. 2절밖에 안 되며 33단어로 된 짧은 시이다.

136편도 위대한 할렐루야 시이다. 가장 특징적인 것은 각 절의 끝에 '영원함이로다'란 말이 26절의 모든 끝에 이 '영원함이로다'란 후렴이 26번이나 반복되어 따라 온다는 점이다. 시편 150편은 6절밖에 안 되지만 '네 하나님을 찬양하라'는 Hallelujah로 시작한다. 가장 즐거운 시의 하나이다. 1절에서 '할렐루야 그의 성소에서 하나님을 찬양하며 그의 권능의 궁창에서 그를 찬양할지어다'로 시작하여 6절의 '호흡이 있는 자마다 여호와를 찬양할지어다 할렐루야'로 끝난다.

시편과 비교되고 대조도 되는 것은 예레미야 애가라고 할 수 있다. 애가는 예루살렘에 대한 슬픔의 노래이다. 지금도 매년 9월 9일이 되면 세계의 모든 유대인들이 예루살렘이 무너지고 성전이 타버린 것을 기념하기 위해 모인다. 특히 예루살렘에 있는 유대인들은 지금도 통곡의 벽에까지 걸어가서 예레미야 애가를 낭송한다. 이 책은 70인 역에는 애가들이라고 불렀다. 애가는 1-2절에서 이렇게 시작한다.

"슬프다 이 성이여 전에는 사람들이 많더니 이제는 그리 적막하게 앉았는고 전에는 열국 중에 크던 자가 이제는 과부 같이 되었고 전에는 열방 중에 공주였던 자가 이제는 강제 노동을 하는 자가 되었도다 밤에는 슬피 우니 눈물이 뺨에 흐름이여 사랑하던 자들 중에 그에게 위로하는 자가 없고 친구들도 다 배반하여 원수들이 되었도다"

　기독교에서는 역대기 하 35:25절에 근거하여 애가를 예레미야의 작품으로 받아들인다. 그 내용은 다섯 장으로 나누었으나 내용을 보면 서로 다른 배경으로 되어 있다. 그래서 어떤 비평가들은 2장과 4장은 같은 저자가 쓴 것이 분명하나 1장과 3장은 다른 저자가 썼을 것이라고 주장한다. 왜냐하면 시의 배경이 2장과 4장은 주전 570에서 540년경에 기록했으며 3장은 그 후에 주전 570년에서 325년에 기록했을 것이라고 보기 때문이다. 끝으로 제5장은 주전 540년경에 기록했을 것으로 추산한다. 5장으로 된 애가는 22 히브리어의 이합체(acrostic)로 된 시이다. 이 애가는 리듬(혹은 운율)으로 되어 있다.

　그러면 왜 5장의 짧은 시를 서로 다른 저자에 의한 작품으로 보는가? 그것은 시의 내용이 다른 배경 속에서 썼을 것으로 보기 때문이다. 그러나 필자는 좀 다르게 본다. 이 5장의 애가는 예레미야가 한 자리에서 쓴 것이 아니라 여러 번에 걸쳐 쓴 것을 후에 함께 모았다고 본다. 바로 이런 배경 때문에 서로 다른 사람의 시처럼 보일 수도 있다고 본다. 따라서 필자의 결론은 예레미야의 애가는 한 사람의 작품으로 본다.

제4장
문학으로서의 지혜문학

지혜문학이란 말은 욥기와 잠언과 전도서를 두고 하는 말이다. 경외전에는 시락서(Sirach)와 솔로몬의 지혜서가 여기에 속한다. 지혜문학은 형식상으로 보면 성서적인 형태가 아니다.

그러면 먼저 욥기에서 시작하자.

욥기는 저자가 분명치 않다는 것이 일반적 견해이다. 그러나 필자는 욥기는 욥 자신의 기록으로 보고 있다. 왜냐하면 욥기는 욥 자신의 간증으로 보이기 때문이다. 욥이 살았던 때는 아마도 아브라함 이전으로 보인다. 욥기의 역사적 언급들이 여러 곳에 나온다는 점에서 그렇게 생각할 수 있다. 3:14절(바벨탑: '자기를 위하여 거친 터를 수축한 세상 임금들'), 18:15절(평원의 도시들: '그에게 속하지 않은 자가 그 장막에 거하리니'), 22:16절(홍수심판: '그 터는 하수로 인하여 함몰되었느니라') 이 언급되고 있으나 출애굽이나 홍해를 건넌 사건이나 가나안 정복이나 사사들과 이스라엘 왕국에 대한 언급이 전혀 없다는 점에서 욥이 살았던 때를 짐작할 수 있다.

이 욥기는 로라 H, 와일드(Wild) 교수에 의하면 드라마 문학에 속한다고 했다. 그러나 좀 더 정확하게는 '드라마 시'이다. 욥기는 세계의 문학 중에 최고라 하는 일리아드(Iliad), 신곡(Divine Drama),

실낙원(Paradise Lost), 파우스트(Faust) 보다 문학성이 더 뛰어나다고 필자는 보고 있다. 1:1-2:13절은 서사시로 되어 있고 3:1-42:6절은 서정시로 되어 있으며 42:7-17절 다시 서사시로 되어 있다.

욥기의 내용은 하나님과 사탄 사이에 우연히 내기를 하는 데서 이야기가 시작된다. 욥기의 서론(1-2장)은 욥이 받는 고난을 서술하고 결론(42:7-17절) 부분에서는 고난을 극복하는 내용으로 되어 있다. 욥이 고난을 당하는 것은 어떤 특별한 죄가 있어서가 아니었다. 하나님과 사탄 간의 천상 회의에서 사탄이 말한다. 욥이 까닭 없이 하나님을 경외하지는 않는다고 하나님께 기소하자 하나님은 신앙의 진정성을 확인하기 위해 사탄에게 욥을 붙인다. 그 결과 욥은 한 번은 소유물로 고난을 당하고 다음에는 육체의 고난을 당한다. 이 고난에 대한 욥의 반응이 놀랍다. "주신 이도 여호와시오 거두신 이도 여호와시오니 여호와의 이름이 찬송을 받으실지니이다"(1:21).

욥을 위로하기 위해 친구들이 찾아와서 놀라는 데서 서론은 끝난다. 이 부분을 서막으로 본다.

드라마의 시작인 제2막은 욥이 자신의 출생을 저주하는 데서 시작한다(3:1-9). 그는 진심으로 죽음을 고대했다(10-26절). 계속된 논쟁에서 욥은 아홉 번 말하고 엘리바스가 세 번, 빌닷이 세 번, 엘리후는 한 번, 하나님께서 한 번 말한 것으로 욥기서의 구조가 짜여 있다.

다음은 엘리바스의 첫 번째 논쟁이 나온다(4-5장). 그는 욥을 비난했다(4:1-6). 그러면서 정의는 살아지지 않는다고 했다(7-11절). 그의 경외심을 고취시키는 환상(12-21절)은 그에게 적합한 권고라고 생각했다(5:1-6). 그러면서 하나님께 징계받는 자는 복이 있다고 했다(17-27절). 이에 대해 욥의 답변이 나온다(6-7장).

다음은 빌닷의 논쟁이 시작된다(8장). 그는 다른 위로자들의 논리를 따른다. 하나님께서는 죄 때문에 욥을 벌하시며(1-7절) 악인은 번성할 수 없으며 하나님께서는 결단코 정의를 버리지 않는다고 호소한다(11-22절). 그러자 욥이 빌닷에게 답한다(9-10장). 하나님의 능력과 권세(9:1-10) 앞에서 어떻게 하나님을 만날 수 있을까(11-24), 욥은 자신의 나약함을 고백하고 생명을 거두어 가실 것을 갈망했다(25-35절). 욥은 불평했고(10:1-17), 죽음을 기다렸다(18-22절). 다음은 욥이 빌닷에게 답하는 내용이 나온다(9-10장). 11장에는 소발의 첫 번째 논쟁이 시작된다. 그는 욥의 말 많음을 비난하고(1-6절), 그리고 하나님의 위대하심과 전능하심을 믿고 회개하면 구원을 받고 축복을 받을 것이라고 권고를 한다(13:20). 다음은 욥이 소발에게 응답한 내용(12-14장)이다.

제3막인 두 번째 논쟁은 15장-21장에 나온다. 먼저 엘리바스가 두 번째 논쟁을 시작한다(15장). 엘리바스는 욥의 죄를 주장했고, 욥의 위선과 자만심을 비난하고 나무랐다(7-16절). 17-35절에는 사악한 자들과 그들의 종말을 언급한다. 엘리바스에 대해 욥이 답변한다(16-17장). 욥은 친구들을 가련한 위로자(2절)라고 하면서 "어찌 도움이 되지 아니하는 이야기 무익한 말로 변론하겠느냐"고 반박한다. 18장에는 빌닷이 두 번째 비난을 한다. 그는 욥에게 혹독하게 비난(1-4절)을 하면서 악한 자의 최후를 묘사함으로 그를 두렵게 하려고 했다(5-21절). 19장은 빌닷에 대한 욥의 답변이다. 빌닷의 말에 욥은 화가 났고(1-6절) 하나님을 비난하면서 혼란에 빠진다(7-12절). 그리고 자신의 불쌍한 상태에 대한 슬픔에 빠진다(13-24절).

그러나 욥은 놀라운 신앙고백을 한다. "내가 알기에는 나의 대속자가 살아계시니 마침내 그가 땅 위에 서실 것이라 내 가죽이 벗김을 당한 뒤에도 내가 육체 밖에서 하나님을 보리라"(19:25-26절). 이 보다 더 놀라운 신앙 간증이 이 세상 어디에 있는가? 아주 놀라운 신앙고백이다.

제4막인 22-31장에는 세 번째 논쟁이 기록되어 있다. 데만의 엘리바스는 욥이 큰 죄인이라고 결론지었다(22:1-5절). 욥은 허욕에 차 있으며 잔인하다고 비난했다(6-11절). 위선적으로 하나님의 전능하심과 인간의 사악함을 강조한다고 하면서(12-20) 욥에게 하나님의 의를 얻으라고 권고한다(21-30절). 이에 대해 욥이 답변한다(23-24장).

25장에는 빌닷의 논쟁이 나온다. 그는 논쟁에서 그쳤지만 하나님의 본성(1-3절)과 인간의 본성에 대해서 강력한 묘사로 제시한다(4-6절). 26장은 욥의 답변이다. 그는 빈정대며 빌닷의 주장을 일축시켰고(1-4절) 하나님의 위대성을 감동적으로 묘사한다(5-14절). 다음에는 욥의 자기변명에 가까운 말들을 한다(27-31장). 여기서 욥은 자신이 행한 치적을 말하면서(29장11-25절) 자신의 순결함과 의로움(31:1-12), 자신의 자선(13-23절), 관대함(24-34절)을 통해 자신만만하게 주장하면서 그의 연설을 마무리한다.

제5막인 32장-37장에는 엘리후의 논쟁이 계속된다. 이 논쟁은 하나님 자신의 중재를 위한 길을 마련해주는 역할을 한다(38-41장).

다음 제6막인 38:1-42:6절은 하나님께서 욥에게 말씀하신 내용이다. 하나님이 욥에게 하신 첫 말씀(38:1-40:5)이 나온다. 하나님은 '회오리바람 가운데서' 말씀하신다. 그는 바다의 창조주시며 (8-11절) 시간의 창조주시요(12-15절), 깊음과 빛, 어두움과 눈과 우박, 번개, 별들의 자리를 비롯해, 안개의 창조주시라고 하면서(16-38절) 동물의 창조주시요 보호자라고 했다(38:39-39:30절). 여기서 욥은 비로소 하나님께 회개한다(40:1-5). "트집 잡는 자가 전능자와 다투겠느냐"(2절)고 하자 4절에서 회개한다. "보소서 나는 비천하오니 무엇이라 주께 대답하리이까 손으로 내 입을 가릴 뿐이로소이다"(4절). 이것은 욥의 철저한 회개요 자아발견인 것이다.

종막인 40:6-42:6절에는 욥에 대한 하나님의 두 번째 말씀이 나온다. 여기에는 하나님의 권능과 인간의 나약함이 대조를 이룬다. "네가 내 공의를 부인하려느냐 네 의를 세우려고 나를 악하다 하겠느냐 네가 하나님처럼 능력이 있느냐 하나님처럼 천둥소리를 내겠느냐"(8-9절). 42장 2-6절에는 욥의 철저한 회개가 나온다. "주께서는 못 하실 일이 없사오며 무슨 계획이든지 못 이루실 것이 없는 줄 아오니 무지한 말로 이치를 가리는 자가 누구니이까 나는 깨닫지도 못한 일을 말하였고 헤아리기도 어려운 일을 말하였나이다 내가 말하겠사오니 주는 들으시고 내가 주께 묻겠사오니 주여 내게 알게 하소서 내가 주께 대하여 귀로 듣기만 하였사오니 이제는 눈으로 주를 뵈옵나이다 그러므로 내가 스스로 거두어들이고 티끌과 재 가운데서 회개하나이다" 여기서 드라마의 끝(42:6)이 나온다.

42:7-17절에는 욥기서의 결론이다. 하나님께서는 욥의 친구를 책망하고 욥을 회복시키는 내용으로 되어 있다. 하나님의 은혜는

욥의 죄를 사하셨고 욥은 잘못을 저지른 친구들을 위해서 기도한다. 10-17절에는 욥의 축복이 회복되는 내용이다. 욥의 마지막은 평화로웠다.

그러면 욥기 28장에서 말한 지혜와 명철은 무엇인가? 요컨대 지혜문학의 내용을 말해준다. 욥기서는 선한 사람과 경건한 사람의 불행과 고난이 왜 오는가의 문제를 다루고 있다. 필자는 욥기는 구약 가운데서 창세기의 앞부분과 시편을 제외하고는 욥기서 보다 더 놀라운 시는 없을 것이라고 본다. 구태여 욥기를 분류한다면 극시(劇詩)라고 할 수 있다. 11:7절은 '네가 하나님의 오묘함을 어찌 능히 측량하며 전능자를 어찌 능히 완전히 알겠느냐'는 구절은 욥기의 주제 가운데 하나이다. 이 시와 유사한 것이 시편 37:25절이다. '내가 어려서부터 늙기까지 의인이 버림을 당하거나 그의 자손이 결식함을 보지 못하였도다' 시편 기자의 이런 표현은 하나님의 심판 가운데 하나님으로부터 잊힘을 당하는 것보다 더 큰 것은 없다고 본 것이다. 이것은 예언자들에게서 자주 볼 수 있는 표현법이다.

욥기는 인간의 고난의 문제를 다룬 매우 예민하고 종교성이 심오한 세계 문학 중에서도 걸작 중의 걸작으로 평가받고 있다.

욥기서에는 여러 가지의 장르가 나온다. 잠언, 수수께끼, 찬양, 애가, 저주, 서사시와 서정시 등으로 되어 있어서 해석에 어려움이 있다. 욥기의 주제가 '시련'의 문제를 하나님께서 인간에게 행하시는 모든 것이 다 옳다는 신정론(神正論=theodicy)은 아니다. 욥기서를 연구할 때 우리는 통시적인 관점에서 읽어야 이해가 빠르다.

일반적으로 우리는 이런 고난이 자신에게 올 때에는 '왜 하필이면 나에게 이런 고난이 오는가?' 하고 접근한다. 그러나 욥기서는 하나님의 마음으로 읽어야 저자의 뜻이 바로 이해가 된다. 욥기는 대구법으로는 동의적 대구법(同議的 對句法)이 욥3:11-12; 4:17절에 있다. 반의적 대구법(反意的 對句法)으로는 욥 42:5절을 들 수 있다. 종합적 대구법으로는 욥4:19-21절이 있다.

23:10절은 우리말 성서에는 말로 할 수 없는 절망 중에서도 하나님을 신뢰하겠다는 고백처럼 보이나 그것이 아니다. 반대로 그 말은 욥의 교만의 말이다. 그래서 공동번역에서는 '털고 또 털어도 나는 순금처럼 깨끗하다'라고 했고 표준 새번역에는 '나를 시험해보시면 내게 흠이 없다는 것을 아실 수 있으련만'으로 번역했다. 더욱이 11-12절을 보면 10절의 뜻을 아주 분명히 알 수 있다. 11-12절의 내용은 나는 오직 그분의 발자취만을 따랐다. 정하신 길로만 성실하게 걸었다, 그 길을 벗어나서 방황하지 않았다, 계명을 어긴 일이 없다, 하나님의 말씀을 늘 간직했다는 내용으로 되어 있다. 따라서 필자는 위의 본문(23:10)은 앞뒤의 맥락과 상충하지 않는 번역을 하는 것이 옳다고 본다.

욥기는 구약 중에서도 가장 난해한 책이다. 신비한 하늘의 궁전, 이름 없는 고발자, 의인의 생애에 알 수 없는 고난의 연속, 그리고 끝에는 기대치 않았던 결론이 욥기서의 독자들을 당황케 한다. 따라서 많은 독자들이 욥기서를 수수께끼와 같이 어려운 책으로 취급한다. 그래서 욥기를 연구하는 많은 랍비들이 욥기에 대해 많은 논쟁을 하여왔다. 욥기는 지혜문학에 속하면서도 다른 지혜문학과는 다른 색깔을 가지고 있다.

그러면 욥기서의 특징은 무엇인가?

첫째로 욥기서는 히브리적인 특색이 없다는 데 있다. 사건도 이 스라엘 동편 우스(Uz)에서 일어났다. 그곳은 아마도 요단강 남쪽 에돔과 오늘날의 이라크의 남쪽 중앙에 있는 바벨론이었을 것이 다.

둘째로 욥기서의 단어들이 아람어의 영향을 많이 받고 있다.

셋째는 욥에 대해서는 다른 성경의 인용에서 완곡한 표현이 있 을 뿐이란 점이다.

욥에 대해서는 야고보서 5:11절의 '너희가 욥의 인내를 들었 고'가 가장 오래된 증거이다. 또한 욥기서는 70인역인 셉투아진트 (LXX)에도 나온다. 욥기의 경전성은 주전 400년경에 시편이 오늘 의 150편이 작성되었을 때였다. 욥기의 장르는 긴 설화로 되어 있 다. 흔히 설화가 그러하듯이 욥기는 서막, 다툼, 절정, 해결, 주역 과 적대자 등등이 나온다. 그러나 욥기서의 특징은 거의가 시로 되 어 있다는 점이다. 1:1-3:1절 까지는 산문조의 설화이고, 3:2-42:6절은 시적 대화이고, 42:7-17절은 산문설화로 되어 있다.

28장에서는 욥기의 유명한 지혜의 시가 나온다. 욥기에서 가장 아름다운 지혜의 시로 지혜와 명철을 언급하고 있다. 다음에 나오 는 29-41장은 욥과 엘리후와 하나님과 욥의 독백으로 되어 있다. 끝으로 42:7-17절에 종막이 나온다.

그러면 욥기서의 핵심 메시지는 무엇인가?

모든 고난을 하나님의 심판으로 보는 것은 옳지 않다는 점이다. 그러면 왜 욥기서에는 이런 문제를 시로 표현하고 있는 것인가?

먼저 알아야 할 것은 고대 근동에서는 지혜를 구하는 자들이 시의 형식을 취하고 있었기 때문이다. 사물을 논리적으로 보기보다는 인간의 도량을 뛰어넘는 밀도 높은 시적 언어가 더 적합했기 때문이었다. 그것은 잠언을 보면 더욱 확실해진다. 이 욥기서가 현대에 와서 유명해진 것은 괴테의 대표적 희곡인 파우스트(Faust) 때문이다. 파우스트란 희곡은 시로 된 극시이다.

욥기서에 대해 토마스 칼라일은 이렇게 말했다.

'나는 이 책을 모든 이론을 떠나서 펜으로 기록된 가장 위대한 작품이라고 본다. 그런 고상한 보편성은 애국주의나 분파주의가 아니다. 모든 인류가 기록한 최고의 책이다. 우리 인간의 아직도 끝나지 않은 문제를 다루고 있다. 인간의 운명과 지상에서의 하나님의 방법을 다루고 있는 책'이라고 했다(요약번역).

재미있는 사실은 로마 가톨릭교회에서는 욥기서를 미사 때에 한 주 동안 중요한 요점을 택해서 읽는다는 점이다. 월요일에 1:6-22절, 화요일에 3:1-3, 11-17, 20-23절, 수요일에 9:1-12, 14-16절, 목요일에 19:21-27절, 금요일에 38:1, 12-21; 40:3-5절, 토요일에 42:1-3, 5-6, 12-17절을 읽는다. 필자가 이것을 여기에 언급하는 이유는 성서 전체를 요약적으로나마 교인들에게 읽혀주는 것이 너무도 아름답기 때문이다.

제5장
문학으로서의 잠언

잠언 문학은 네 가지 종류가 있다. 그것은 제사장과 시인들과 선지자들과 철학자들에 의한 작품들이다(렘18:18 참고). R. 몰톤(Moulton) 교수는 이 지혜문학이 발생하게 된 과정을 이렇게 설명한다. 선지자들이 그들의 가르침을 방어하기 위해서, 또는 노래하는 자들이 성전을 섬기는 가운데 생기는 영감을 통해서, 역사가들이 왕들의 사료들을 편집하는 가운데서 생겨진 것들이라고 했다. 이런 것들은 구약 안에서도 삿14:14절의 수수께끼나, 삿9:8, 15절의 우화나, 전4:9-12절의 격언이나, 잠23:1-2절의 경구나, 잠1:20-23절의 14行詩(Sonnet=短時)나, 잠1:20-33절의 드라마적 독백이나, 잠22:1절의 잠언이나, 그 밖의 여러 전도서의 글들의 형태에서 볼 수 있다.

잠언은 히브리어로 마샬(Mashal)이라고 하는데 두 가지 뜻이 있다. 하나는 '비유'란 뜻이고, 다른 하나는 '통치'란 뜻이다. 잠언은 갈고 닦여진 글로서 히브리 시의 특징을 그대로 따르고 있다. 대구법과 반복을 하고 있다. 말하는 자는 마치 아버지가 아들에게 말하듯하는 어조이다. 지혜자는 바보(원문의 뜻은 '뚱뚱한 자'란 뜻)와 대조되고, 의인은 악인과 대조되고 있다. 지혜와 어리석음의 선택은 각

개인의 몫이라고 했다(잠5:28).

잠언의 흥미로운 점의 하나는 여인에 대한 이야기가 많다(7장). 가장 뚜렷한 것은 잠언의 결론인 31:10-31절의 현숙한 아내에 관한 말씀이다. 이합체(離合體)의 시로 된 형태로 히브리어의 알파벳 순으로 되어 있다. 압축, 추상, 대조, 두운(頭韻, 첫 음을 일치시키는 방법) 등이 섞여있어 잠언을 위트 있게 만들고 있다. 잠언서에는 시적 인식의 번쩍거림(flashes)이 비교적 적다. 대부분이 일반언어로 되어 있다.

잠언은 크게 다섯 가지로 구분된다. 둘은 지혜자의 말씀으로 또 다른 둘은 솔로몬의 잠언으로, 끝에 나오는 31:10-31절은 현숙한 아내에 대한 시로 되어 있다. 고대의 근동사람들은 잠언을 사회 교류의 근간으로 삼았다. 서양의 문화를 보면 베이컨, 몽테뉴, 파스칼, 스위프트 등이 잠언류의 글을 썼다.

어느 시대나 어느 사회나 지혜로운 삶을 살도록 교훈하는 격언들은 다 있다. 고대 이스라엘도 예외는 아니었다. 우리 시대에도 가장 흔히 듣는 말은 '정의실현'이니 '적폐청산'이니 하는 말을 많이 듣는데 이런 분위기 속에서 잠언 같은 것이 필요할 것이다. 잠언은 솔로몬을 비롯해서 이스라엘의 신앙적 현인들(wise men)이 쓴 것이다.

먼저 잠언의 저자와 기록 연대를 살펴보자. 잠언에는 7개의 표제들이 있다(1:1, 10:1, 22:17, 24:23, 25:1, 30:1, 31:1). 이 표제들은 저자와 기록 연대에 대한 정보를 제공해 준다. 솔로몬이 직접 쓴 것도 있지만 그의 책임 아래서 기록된 것이 대부분이기 때문에 솔로몬을 저자로 본다. 이 7개의 표제 중 3개는 솔로몬의 잠언이라고 했고(1:1, 10:1, 25:1). 다른 넷은 다른 사람으로 되어 있다. 저자로는 솔로몬 외에도 잠25:1절을 보면 유다왕 히스기야의 신하들에 의해 편집된 것이라고 밝히고 있다. "이것도 솔로몬의 잠언이요 유다 왕 히스기야의 신하들이 편집한 것이니라"(잠25:1). 30:1절에는 "아굴의 잠언"이라고 했고, 31:1절에는 "르무엘 왕의 잠언"이라고 했다. 22:17절에서는 "지혜 있는 자의 말씀"이라고 했고 24:23절에도 "이것도 지혜로운 자들의 말씀이라"고 밝히고 있다. 이들은 소위 현인적 전통에 속한 인물들일 것이다. 그래서 솔로몬의 책으로 자연스럽게 간주된 것이다. 주전 700년 히스기야왕 이전에는 잠언이 지금의 형태로 완성되지는 못했을 것이다.

잠언 1-9장은 10-31장의 간결한 지혜 어록에 비해 상대적으로 길고 잘 배열된 교훈조로 된 가르침이다. 그것을 보면 1-9장이 잠언들 중에서 가장 늦게 편집된 부분이었을 것으로 보인다. 즉 포로 후기나 페르시아 시대인 주전 6-5세기에 형성된 자료라고 학자들은 말한다. 잠언의 후반부(10장 이후)의 기록은 지혜문학의 전승에 있어서 길고 교훈적이며 세련된 가르침보다 체험적이고, 관찰을 통해 얻은 깨달음을 짤막한 어조로 전한다. 이런 점으로 보아 시대적으로 보다 오래된 것으로 보인다. 또 역사를 보면 지혜를 이스라엘 신앙 전승에 통합시키려는 노력은 주전 2세기 초, 벤 시락의 지혜서 이전에는 발견되지 않고 있다. 잠언에 나오는 지혜를 인격화시켜서 말하는 문학 기법은 페르시아 시대, 헬레니즘 시대에 보편적으로 행하고 있었다. 끝으로 잠언서의 가르침과 평행되는 가르침은 주전 6-5세기의 작품에서 많이 발견된다(임형모의 『잠언에 대한 문학적 연구』 참조).

그러면 이 잠언의 목적은 무엇인가? 이것은 잠언 안에서 찾는 것이 가장 바른 방법일 것이다. 그러나 성서 중에는 목적을 명시한 것은 많지 않다. 다행히 1:2-6절에 두 가지로 언급하고 있다.

"이는 지혜와 훈계를 알게 하며 명철의 말씀을 깨닫게 하며 지혜롭게 공의롭게 정의롭게 정직하게 행할 일에 대하여 훈계를 받게 하며 어리석은 자를 슬기롭게 하며 젊은 자에게 지식과 근신함을 주기 위한 것이니 지혜 있는 자는 듣고 학식이 더할 것이요 명철한 자는 지략을 얻을 것이라 잠언과 비유와 지혜 있는 자의 말과 그 오묘한 말을 깨달으리라"(잠1:2-6). 즉 도덕적 통찰과 분별력을 주고, 지적 명철과 지식을 개발하게 만든다는 것이다. 여기서 지혜와 훈계는 서로 보완해주는 역할을 한다. 지혜란 말은 기술이란 말이며 훈계란 훈련을 의미한다. 따라서 잠언은 첫째는 지혜를 주고 둘째는 훈련시키려는 데 목적이 있다.

그러면 잠언에서 말하는 지혜란 무엇인가?

첫째로 야훼 하나님을 경외하는 데 근거한다.

둘째는 여호와께서 창조하신 질서를 분별하는 데 있다.

셋째는 특정한 상황에서 하나님의 방법을 분별하는 데 있다.

넷째는 전통 속에 뿌리내리는 지혜를 주는 데 있다.

놀라운 사실은 잠언에 그리스도의 모형론적 예표(typology)가 나온다는 점이다. 예를 들면 성육신한 그리스도를 예표한 잠 8:12,22절(참조, 고전1:30, 골2:3)에 하나님의 지혜로 언급한 점이다. 또 형제보다 더욱 친밀한 친구(잠18:24)는 요15:13-14절에 나온다.

그러면 잠언의 내용을 좀 더 깊이 순서적으로 살펴보자. 히브리인들의 경전이 그러하듯이 잠언 1:1절에서도 "다윗의 아들 이스라엘 왕 솔로몬의 잠언이라"고 저자의 이름을 밝히고 있다. 복음서에서도 솔로몬을 지혜를 가진 사람으로 기록하고 있다. 마12:42; 눅11:31; 행7:47절에 보면 솔로몬을 지혜를 가진 자로 언급하고 있다. "심판 때에 남방 여왕이 일어나 이 세대 사람을 정죄하리니 이는 그가 솔로몬의 지혜로운 말을 들으려고 땅끝에서 왔음이거니와 솔로몬보다 더 큰 이가 여기 있느니라"(마12:42).

왕상 2-11장에 보면 솔로몬이 지혜를 가진 사람으로 기록되어 있다. 그러면 솔로몬은 잠언을 어떻게 기록했는가? 물론 성령의 영감을 받은 것은 두말할 필요도 없으나 그렇다고 아무런 자료도 없이 그냥 기록한 것은 아니다. 누가복음 서론(1:1-4)에도 보면 단편적으로 여러 많은 자료들이 있었음을 말해주고 있다. 특히 잠22:17-24과 30:1-31:31절에 보면 솔로몬에게도 자료가 있었음을 알 수 있다. "이 말씀은 야게의 아들 아굴의 잠언이니"(잠30:1)란 말이나 31:1절에 "르무엘 왕이 말씀한 바 곧 그의 어머니가 그를 훈계한 잠언이라"고 암시한 것은 솔로몬에게도 자료가 있었음을 말해준다. 특별히 잠25:1절에 "이것도 솔로몬의 잠언이요 유다 왕 히스기야의 신하들이 편집한 것이니라"고 한 것은 솔로몬이 잠언을 기록한 과정을 소상하게 알려준다.

잠1:2-6절을 보면 아주 길게 지혜의 유익을 언급하고 있다. 특히 1:4절에 "어리석은 자를 슬기롭게 하며 젊은 자에게 지식과 근신함을 주기 위한 것이니"라고 잠언의 목적을 언급했다. 가장 핵심적인 구절은 1:7절이다. "여호와를 경외하는 것이 지식의 근본이거늘 미련한 자는 지혜(1:2; 4:1-9)와 훈계를 멸시하느니라" 따라서 잠언에서 말하는 지혜의 핵심은 여호와를 경외하는 데 있다는 말이다. 잠언의 첫 번째 구분은 1-9장으로 두 가지 중요한 그룹으로 되어 있다. 첫째는 부모가 자녀에게 주는 교훈으로 되어 있고, 두 번째는 비슷한 용어로 되어 있으나 신학적 시 즉 막간으로 되어 있는데 주된 관심은 상징적, 혹은 은유적으로 여인과 집들, 길들과 창조에 관한 내용으로 되어 있다.

부모가 자식에게 한 교훈으로는 아홉 개의 세트로 되어 있다. 잠 1:8-19; 2:1-22; 3:1-12, 21-35; 4:1-9, 10-27; 5:1-23;6:20-35; 7:1-12절들이다. 특별힌 예는 4:1-9절이다. 긴박한 소리가 우리들에게 도움을 준다. 1절에 "아들들아 아비의 훈계를 들으며/ 명철을 얻기에 주의하라"고 했고 2절에서는 "내가 선한 도리를 너희에게 전하노니"라고 하면서 "내 법을 떠나지 말라"고 반복해서 강조한다.

여기서 시적 대구법의 사용은 설득력 있는 음성으로 들린다. 1절에 "들으며"와 "주의하라"는 동의적 대구법으로 되어 있다. 다음 2절은 "내가 선한 도리를 너희에게 전하노니"와 "내 법을 떠나지 말라(원문의 뜻은 "잊지 말라"가 더 가깝다)도 동의적 대구법이다. 한편 잠1:20-33; 3:13-20; 6:1-19; 7:1-27; 8:1-36; 9:1-18절의 여섯 곳에서는 더 우주적이고, 거의 신비주의에 가까운 지혜에 대한 언급이 나온다. 여기서 지혜는 두 가지 방법, 즉 두 집과 두 여인으로 표현하고 있다. 잠 3:18절에는 지혜를 여인으로 비유하면서 "생명나무"라고 표현하고 있는 것은 지혜가 단순한 지식이나 일반 지혜와 다름을 강조하고 있다. 잠10-29절은 가장 잘 알고 있는 일반적 지혜, 즉 개인적 지혜를 내포하고 있다. 앞서 살펴본 1-9 장에서는 지혜의 유익, 동기부여, 창조의 디자인으로 역사한 것을 언급하고 있다.

잠언의 내용을 구체적으로 요약하면 먼저 저자들에 관해 언급하고 있다. 1-24장은 솔로몬이 쓴 것이고, 25-29장은 히스기야의 신하들이 쓴 것이고, 30장은 아굴이 기록한 것이고, 31장은 르무엘이 기록했다고 한다. 잠언의 중심이 되는 말은 바로 "지혜"이다.

잠언의 주제는 크게 열 가지로 나눌 수 있다. 의인의 이름(10:7; 22:1), 젊음과 훈계(13:24; 19:18; 22:6; 23:13), 사업에 관한 일(6:1-5/11:1/ 10:4, 26), 결혼(5:15, 18; 11:22, 29; 31:10), 부덕한 생활(5:3-5; 6:24-32), 지혜(3:13-18; 8:35), 자세(16:32; 25:28), 과음(20:1; 23:29-32), 우정(17:17; 18:24; 26:6), 말과 혀(15:1, 23, 28; 16:24; 17:27; 18:21; 25:11; 26:17, 20, 22)이다.

필자에게 가장 큰 감명을 준 구절은 "때에 맞는 말이 얼마나 아름다운고!"란 말이다. 잠언에 나오는 말씀 중에서 현대에 사용되는 비슷한 말을 보면 잠언의 지혜는 시간을 초월한 것임을 부인할 수 없다.

잠언의 문학적 구조를 보면 전통적인 맛소라 사본(Masoretic Text: 고대 구약성서는 자음만으로 썼다. 그러다가 히브리어가 사어가 되면서 주전 7세기부터 모음을 만들어 사본을 만들었는데 그것을 맛소라 사본이라고 부른다)에 일곱 구조로 되어 있다. (1)솔로몬의 잠언1(1장-9장), (2)솔로몬의 잠언2(10장-22:16), (3)지혜자의 말씀 1(22:17-24:22), (4)지혜자의 말씀 2(24:23-34), (5)솔로몬의 잠언 3(25장-29장), (6)아굴의 말씀(30장), (7)르무엘의 말씀(31장).

전체를 일곱 부분으로 나눈 것은 결코 우연이 아니라 7이란 숫자가 유대인들에 있어서는 완전수이기 때문이다. 놀라운 것은 잠언을 도덕적 삶의 안내서(Handbook)로 사용하고 있다는 점이다. 구체적으로 말하면 (1)교만(21:24; 29:23)과 겸손(1:7; 3:5, 7; 15:33), (2)분노(15:18; 19:19; 27:4)와 인내와 온순(1216; 16:32; 19:11; 29:8, 11), (3)질투(24:19-20; 27:4)와 다른 사람들의 선행을 기뻐함(24:17-18), (4)탐욕(11:1; 15:27; 20:10, 23; 17:8, 23; 19:6; 25:14; 28:21)과 관대함(18:16; 19:17; 21:14; 28:27), (5)정욕(6:24-29)과 순결(5:15-20), (6)폭음(20:1; 21:17; 23:19-21; 23:13-16)과 절제(23:1-3, 6-8), (7)나태(6:9-11; 10:4; 13:4; 24:30-34; 26:13-16)와 근면(6:6-8; 10:5; 13:5; 28:19; 31:27) 등이다. 사실 현대인들에게는 잠언은 그렇게 많이 읽히지 않고 있지만 그러나 과거에 교부들은 많이 사용한 것을 볼 수 있다. 필자는 잠언이야 말로 현대인들에게 날마다의 삶을 위한 구체적 교훈을 주는 중요한 책이라고 본다.

제2편

문학으로서의 신약성서

제1장
신약성서의 배경

신약성서는 예수님의 생애에서 시작된다. 예수님의 생애와 그의 가르치심은 주로 사복음서와 사도행전 그리고 21권의 서신들과 끝에 나오는 요한계시록에서 온 것이다. 신약이라고 할 때 그 뜻은 헬라어의 디아데케(diatheke)란 말에서 유래한 것이다. 이 말은 새로운 계약, 혹은 새로운 언약이란 뜻이다. 사실 새 계약이란 말이 신약성서란 말보다 더 정확한 말이다. 구약이란 하나님께서 유대인들과 맺은 언약을 뜻하지만 신약이란 그리스도인들과 맺은 새로운 언약을 의미한다. 이 새 언약은 하나님께서 그리스도를 믿고 마음과 뜻과 성품을 다해서 하나님을 사랑하며 이웃을 내 몸처럼 사랑하는 자들에게 주시는 약속이다. 따라서 신약(새로운 언약)이란 하나님과 인간과의 새로운 관계의 약속을 말한다. 구약이 뿌리요 줄기라면 신약은 거기에서 나온 열매라고 할 수 있다. 따라서 이 둘은 엄밀한 의미에서 뗄 수 없는 관계이다. 여기서 필자의 주장은 구약학과 신약학은 오늘날처럼 완전히 구분하여 가르치는 것은 잘못된 것이라고 본다. 왜냐하면 성서의 뿌리인 구약을 모르고는 신약을 알 수 없고 또 신약의 열매를 모르고는 구약을 바로 볼 수 없다고 보기 때문이다.

그런 점에서 필자는 현재 구약신학이니 신약신학이니 하고 구별하는 것이 대단히 위험한 구분이라고 생각한다. 이런 분업화는 20세기 미국의 존 듀이(J. Dewey)의 교육이론에서 보편화되어 모든 학문에서 적용되고 있지만 필자는 신약학, 그 중에서도 바울신학을 전공으로 공부했지만 지금 와서 보면 그 전문화란 것의 피해가 너무도 큰 것을 발견한다. 그래서 신약 전체는 물론 심지어 구약학을 읽고 연구하면서 필자의 신약학에 대한 깊이가 많이 광범위해졌음을 고백하지 않을 수 없다. 필자가 여기서 보듯이 『문학으로서의 성서』를 쓸 수 있는 것도 그런 덕택이다. 물론 의학에서는 너무 많은 분야이기 때문에 그것을 나누어 내과, 외과, 안과, 치과 등 여러 과로 나누겠지만 그러나 인간의 몸은 여러 분야가 서로 연결되어 있기 때문에 기본적인 것들은 함께 기초적으로 배워야 한다고 본다(물론 기초적으로 그렇게 하고 있지만).

　필자는 실용주의자인 존 듀이가 오늘날의 미국 교육의 기초를 세웠지만 그러나 그것으로 인해 너무도 많은 교육학적 잘못을 저질렀다고 본다. 그의 교육이론은 간단히 말해서 첫째로 모든 것은 전문가에게 맡기라. 둘째로 아동중심으로 가르치라는 것이다. 그래서 오늘날 생명 없는 교육을 하게 된 것이 아닐까. 한국은 그것이 세계적인 추세고 가장 좋은 방법인줄 알고 미국에서 배우고 한국에 돌아와서 모방하다가 한국교육을 미국의 교육처럼 병들게 만들었다고 본다. 그러면 대안이 무엇인가? 유대인들의 교육방법인 쉐마(shema)교육, 즉 어머니 중심의 교육방법이다. 유대인들이 노벨상만 100명이 넘고 미국의 유명 대학의 교수들의 30%가 유대인이란 사실만으로도 그들의 교육방법이 최고라는 것을 입증해주고 있다.

그래서 필자는 오늘날의 철학인 분업화의 철학부터 수정해야 한다고 믿는다. 물론 분업화의 장점이 없는 것은 아니다. 예를 들면 단계별로 기술을 숙달시키고, 작업시간을 줄어들게 했다. 그러나 흥미와 창의성을 상실시키고 자기 분야 외에는 다른 것은 못하여 결국 실업자는 늘고 직업병이 생길뿐 아니라 협동심도 줄고 있다. 분업화로 인해 사업체를 죽이는 노조가 생기고 산교육을 시킨다는 구실로 전교조가 생겨 오히려 혹을 단 셈이 되었다.

엄격히 말하면 구약이 유대민족의 문학적 집합체라면 신약은 예수님을 따르는 소수의 작은 그룹의 작품들로 이루어진 것이다. 또 구약은 일천 년이 넘는 세월동안 기록된 것이라면 신약은 주후 50년에서 100년에 이르는 아주 짧은 기간 동안에 기록된 책들이다. 그러나 신약에는 구약에서 볼 수 없는 영적 분위기가 있다. 그것은 오랫동안 기다리던 메시아가 왔다는 그런 확신이 있었기 때문이다. 따라서 신약에는 기쁨과 소망이 넘쳐있고 예수 그리스도의 복음을 빨리 전해야 한다는 지상명령의 분위기가 있다.

신약성서의 배경은 필자가 쓴 『성경의 배경사』와 『신약역사新約歷史』, 그리고 『신약총론』의 제1장 '신약성경의 배경'이 큰 도움이 될 것이기에 그것을 읽어주면 좋겠고 여기서는 생략하려고 한다. 신약연구에 가장 필수적인 중간사, 그 중에서도 하스모니안의 독립시대(주전167-63)와 로마의 통치시대(주전 63년부터)는 아주 중요하다. 왜냐하면 신약이 그냥 하늘에서 뚝 떨어진 책이 아니라 당시의 문화권 속에서 기록된 것이기 때문에 당시에 살았던 사람들의 상황을 모르고는 신약성서를 전혀 이해할 수 없기 때문이다. 다시 말해 중간사의 연구는 구약과 신약을 연결시켜주는 중요한 연결점이기 때문이다.

사실 신약의 배경은 크게 세 가지이다. 첫째는 유대교이고, 둘째는 헬레니즘이고, 셋째는 로마의 제국주의이다. 유대교로부터 물려받은 문화적 유산은 바리새파, 사두개파, 엣세네파와 열심당의 종파적 분위기가 신약의 배경으로 깔려있다. 헬레니즘으로부터는 플라톤의 철학, 영지주의, 신플라톤주의, 스토아철학, 회의주의의 철학적 유산이 신약의 배경이 된다. 다음 로마의 제국주의로부터는 그들의 법률과 제도, 특히 코이네 헬라어(koine: 신약성서를 기록한 헬라어)의 영향은 기독교를 세계적 종교로 만드는 데 큰 공헌을 했다.

이 배경사를 모르기 때문에 우리는 가룟 유다가 왜 예수를 배신했는지, 또 예수가 십자가에 달릴 때 좌우편의 두 강도가 단순한 강도가 아닌 것을 모른다. 간단히 말하면 그들은 열심당원이었다. 가룟 유다는 본래 열심당원 출신이었기 때문에 예수가 로마로부터 이스라엘을 구원할 정치적 메시아로 보고 따랐는데 예수의 나라는 지상의 나라가 아니라는 것을 알고 실망한 나머지 배신하게 된 것이다. 또 오른편 강도도 열심당의 배경을 가지고 있는 디스마스(Dismas)란 사람이었다. 그는 로마 가톨릭에서 성인 반열에 올라 있어 3월 25일(주님과 함께 십자가에서 죽은 날)에는 디스마스의 이름으로 기도를 드린다.

신약을 쓰게 된 배경과 수집, 그리고 그것들이 어떻게 정경화되었는지 그 역사를 간단하게 언급하려고 한다. 신약성서를 쓰게 된 배경은 역사가인 누가의 복음서를 보면 쉽게 알 수 있다. 누가복음의 초두(1:1-4절)를 보면 주후 1세기에 예수에 관한 많은 자료들이 이미 존재하고 있었던 것을 알 수 있다. "우리 중에 이루어진 사실에 대하여 처음부터 목격자와 말씀의 일꾼 된 자들이 전하여 준 그대로 내력을 저술하려고 붓을 든 사람이 많은지라 그 모든 일을 근원부터 자세히 미루어 살핀 나도 데오빌로 각하에게 차례대로 써 보내는 것이 좋은 줄 알았노니 이는 각하가 알고 있는 바를 더 확실하게 하려 함이로라"

그러면 누가는 어떤 사람인가? 물론 누가는 12사도 중 하나는 아니다. 그러나 그의 기록을 보면 의학적 전문용어가 나온다. 누가는 바울의 동료였다. 저자인 누가의 이름은 직접적으로는 나오지 않지만 그는 바울과 함께 로마에 있었다(행27:1-28:16; 딤후4:11). 사도행전에 "우리"란 기록(16:10-28:31)에 누가가 목격자였음을 분명하게 보여준다.

여기서 왜 누가가 그의 복음서를 기록했는지 그 이유와 어떤 과정을 통해서 복음서를 기록했는지를 알게 된다. 당시 누가는 데오빌로(Theophilus)에게 누가복음서와 사도행전을 헌정하였다. 데오빌로란 말은 헬라어인 데오 즉 '하나님'이란 말과 '빌로' 즉 "사랑받는"이란 두 단어의 합성어이다. 실명이 아니다. 그러면 데오빌로는 누구이며 역사가인 누가는 어떤 사람인가? 전설에 의하면 누가는 데오빌로의 의사직을 감당한 종이었다고 한다. 데오빌로가 죽게 되었을 때 그것을 치유해주어 살린 대가로 자유를 주었다는 것이다. 누가복음에 보면 데오빌로는 누가의 후원자였음을 짐작할 수 있다. 그래서 그에게 두 권의 책을 증정한 것이다. 물론 데오빌로 한 사람에게만 준 것은 아니다. 누가복음에 기록된 대로 복음이

온 세상에 전파되게 하려고 기록한 것이다.

누가복음을 기록한 누가의 의도는 눅1:4절과 눅24:46-47절에 분명하게 기록하고 있다. "이는 각하로 알고 있는 바를 더 확실하게 하려 함이로라(눅1:4)." "이같이 그리스도가 고난을 받고 제삼일에 죽은 자 가운데서 살아날 것과 또 그의 이름으로 죄 사함을 받게 하는 회개가 예루살렘에서 시작하여 모든 족속에게 전파될 것이 기록되었으니(눅24:46-47)." 그러므로 누가의 기록 목적은 첫째는 자신에게 자유를 주었을 뿐 아니라 두 책을 출판하는 도움을 준 은혜를 갚고, 둘째는 모든 사람들이 믿게 하여 예수님의 지상명령을 감당하려는 데 목적이 있었다.

그러면 누가는 어떤 사람이었는가? 확실한 것은 그가 유대인이 아니라 이방인이었다는 점이다. 그는 바울의 벗이자 그의 선교에 동참했던 의사이다(골1:14; 사도행전). 누가는 마가와 함께 사역했고 그를 잘 알고 있었다(골4:10, 14; 몬 24절). 그래서 그런지 누가복음의 내용을 보면 마가복음의 자료의 약 65%가 나온다. 어떤 것은 글자 하나도 틀리지 않는다. 따라서 누가복음은 마가복음이 기록된 이후 기록하였음을 알 수 있다. 누가는 자기가 직접 본 것과 들은 것과 또 이미 그리스도에 대해 기록된 자료들을 비교하고 확증하여 성령의 영감 속에 기록한 것이다. 여러 자료들 가운데 가장 중심적인 것은 소위 말하는 Q(Quelle:자료란 뜻을 가진 독일어)를 사용했을 것으로 사료된다. 많은 성서학자들은 누가를 수리아의 안디옥이나 헬라의 빌립보 출신으로 보고 있다. 누가복음의 내용을 보면 저자는 폭 넓은 어휘력과 자료선택, 편집 능력을 가진 학식 있는 문학가로서의 기질을 가진 사람이었음이 분명하다. 누가복음을 보면 그의 헬라어가 능통한 것을 볼 수 있다. 그의 단어들은 광범위하고 풍성하며 그의 헬라어는 고전의 어떤 것보다 뛰어나다. 다행히 필자가 신학교에서 오랫동안 코이네 헬라어를 가르쳤기 때문에 금방 알 수 있다. 그러나 누가는 유대 배경에 대해서도 익숙한 것을 볼 수 있다.

성서의 배경을 살피는 가운데 신약성서가 기록된 배경 연구를 위해 누가복음의 일부를 언급 안 할 수 없어 했지만 다시 처음으로 돌아가 마가, 마태, 누가, 요한복음의 순으로 문학적 면을 살펴보자.

제2장
사복음서의 장르

신약성서 27권은 처음에는 권별로 회전되다가 사도들이 한 사람씩 순교하면서 점차적으로 경전화해야 할 필요성이 생기게 되었다. 그것은 사도들만으로는 급성장하는 교회에 복음을 다 전할 수 없고, 게다가 여기저기서 회전되는 것 중에는 교회에 해를 끼치는 이단적 요소가 포함되고 있기 때문에 정경화의 필요성이 생기게 된 것이다. 구체적으로는 367년 알렉산드리아의 주교요 감독인 아다나시우스(Athanasius)의 권면으로 현재 우리가 가지고 있는 27권의 신약성서를 정경(正經)으로 결정했다. 382년에는 로마의 종교회의(Synod)에서 제롬(Jerome)의 영향 속에서 27권의 신약성서를 정경으로 받아들였다. 그 후에 아다나시우스의 제의로 공적으로 정경화를 결정한 것이다. 이 결정은 북아프리카와 동유럽에서도 받아들여졌다.

신약성서의 순서는 가톨릭의 번역판인 벌게이트(Vulgate)를 따랐다. 그러나 지금 순서의 확정은 397년 아우구스티누스에 의해서였다(『교리에 관하여』의 II, 8). 현존하고 있는 신약의 사본들은 수천 개가 되며 그 중에 가장 오래된 사본은 바티칸 사본(codices Vaticanus), 시내 사본(Sinaticus), 알렉산드리아 사본(Alexandrinus) 등이 있다.

놀라운 것은 벌게이트 번역에 27권의 신약성서가 다 들어있다는 점이다. 그러나 나중에 문제가 된 것은 벌게이트 성서의 번역자인 제롬(Jerome)이 경건서적으로 참고가 될 것(外經이라고 부름)이라고 해서 포함시켜 번역하여 넣었는데 그것이 지금에 와서는 제롬의 본래의 취지와는 다르게 로마 가톨릭 성서에 포함되어 있어서 개신교와 마찰이 되고 있는 점은 참으로 불행한 일이다 .

그러면 왜 비슷한 내용의 사복음서가 있는가? 그것을 알려면 먼저 사복음서의 비슷한 점과 차이점을 아는 것이 중요하다. 사실 다 같이 예수의 생애를 기록했기 때문에 자연히 비슷한 내용이 나올 수밖에 없었다. 사복음서에 보면 다 같이 세례요한의 활동에서(요한복음을 제외하고) 시작하고 있다. 예수님께서 백부장의 하인을 치유한 것이나 오천 명을 먹인 일이나 예수님께서 바다 위를 걸으신 일이나 성전을 정결케하신 일이나 예수님께서 예루살렘에 입성한 일이나 부활에 대해서는 다 같이 기록하고 있다. 예수님께서는 만나는 대부분의 사람들에게 "이 모든 것을 무리에게 비유로 말씀하시고 비유가 아니면 아무것도 말씀하지 아니하셨으니"(마13:34)라고 까지 비유를 애용해서 말씀했다. 그들의 소박한 정서에 알맞은 비유를 통해서 가르치시기를 원했기 때문이다. 어떤 때는 청중들이 스스로 진리를 깨닫게 하기 위해서 선한 사마리아인의 비유를 들려주시며, "네 생각에는 이 세 사람 중에 누가 강도 만난 자의 이웃이 되겠느냐?"고 질문을 이끌어내기도 했다.

그러면 비유란 무엇이며 왜 예수님께서는 비유를 많이 사용하신 것인가? 성서에는 약 250여 개의 비유가 나오는데 예수님의 말씀 중에서 약 삼분의 일 이상이 비유로 되어 있다. 그러면 비유란 무엇인가? 비유란 말은 마샬(mashal), 헬라어로는 파라볼레(parabole)라고 하는데 거의 짧은 이야기 형식으로 된 것이 대부분이다. 비유는 간단히 말해서 '하늘의 의미를 가진 지상의 이야기'라고 할 수 있다. 비유에는 여러 가지의 종류가 있는데 직유, 은유, 잠언, 유사(similitude), 예화, 예증, 우화 등이 있다. 구약에서 가장 잘 알려진 비유는 삼하 12:1-4절에 나오는 나단 선지자의 유명한 비유이다. 이 밖에도 요압의 비유(삼하14:6), 부상당한 선지자의 비유(왕상 20:39), 여호와의 포도원 비유(사28:24-28), 요담의 비유(삿9:7-15)를 비롯해서 에스겔 18:2-3절, 삼상24:13절, 사14:3-4, 합2:6, 시78:2절, 겔17:2, 24:2-5 등에서도 비유를 찾아 볼 수 있다.

비유 사용의 이유로는 크게 세 가지가 있었다.

첫째 일반적으로는 쉽게 이해시키려고 비유를 사용했다.

둘째는 외부 사람들에게는 은폐의 수단으로 비유를 사용했다(막 4:10-12). 이것은 첫 번째 이유와 정반대가 되기 때문에 잘 납득이 가지 않을 것이다. 그러나 사6:9-10절의 말씀이 그 이유를 설명해준다.

"너희가 듣기는 들어도 깨닫지 못할 것이요 보기는 보아도 알지 못하리라 하여 이 백성의 마음을 둔하게 하며 그 들의 귀가 막히고 그들의 눈이 감기게 하라 염려컨대 그들이 눈으로 보고 귀로 듣고 마음으로 깨닫고 다시 돌아와서 고침을 받을까 하노라"

셋째는 듣는 사람들의 마음의 무장을 해제시키려고 비유를 사용했다(삼하12:1-4).

여기서 놀라운 것은 꼭 같은 비유인데 복음서끼리 다르게 기록한 이유가 무엇인가이다. 예를 들면 막 11:12-14, 20-21절과 눅

13:6-9절이다. 마가복음에는 예수님께서 열매 없는 무화과나무를 보시면서 "이는 무화과의 때가 아님이라"고 설명까지 했다. 그러면서도 14절에 "이제부터 영원토록 사람이 네게서 열매를 따먹지 못하리라"고 저주하신 것으로 기록되어 있다. 그러나 눅13:6-9절에는 8-9절에 다른 말씀이 덧붙여 있다. "대답하되 주인이여 금년에도 그대로 두소서 내가 두루 파고 거름을 주리니 이 후에 만일 열매가 열면 좋거니와 그렇지 않으면 찍어버리소서 하였다 하시니라"

이에 대해서 신학자들은 두 가지 다른 해석을 한다. 첫째로 이 두 사건은 비슷하지만 실제는 서로 다른 사건을 기록한 것이라는 주장이 있고, 둘째는 기록한 저자들이 같은 사건을 다르게 기록한 것이란 주장이 있다. 필자는 두 번째 견해는 성서의 무오류성을 해치기 때문에 첫 번째 견해를 따른다.

사실 성서에는 이런 케이스가 하나 둘이 아니다. 예를 들면 공관복음에는 예수님께서 성전을 정결케 하신 사건이 요한복음에는 예수님의 공생애 초기에 일어난 것으로 언급하고 있으나(요2:13-22) 공관복음서에는(마21:12-17절, 막11:15-19; 눅19:45-48) 예수님의 공생애 끝 무렵으로 기록하고 있다. 이런 비슷한 경우가 적지 않게 있다. 가장 큰 차이점은 예수님의 산상설교가 마태복음에는 5-7장에 세밀하게 기록되어 있으며 3장이나 길게 기록되었는데 누가복음에 보면 6:20-23절에 짧게 기록되어 있다. 내용도 다르다. 예를 들면 마태복음에는 "심령이 가난한 자는 복이 있나니"라고 했는데 누가복음에는 6:20절에서는 "너희 가난한 자는 복이 있나니"라고 했다. 마태복음에는 '심령' 즉 마음의 가난을 중심으로 언급하고 있으나 누가복음6:20절에서는 심령이란 말 없이 그냥 '가난한 자는 복이 있나니'라고 했다. 이 경우 필자는 예수님께서 두 가지의 경우를 다 말씀했다고 본다. 마태복음의 청중은 주로 비교적 부유한 층들에게 말씀하신 것이고, 누가복음의 경우는 가난한 자들과 또 예수님을 따름으로 인해 직장을 잃고 경제적으로 가난하게 된 자들을 중심으로 말씀하신 것으로 해석한다.

재미있는 사실은 공관복음에는 41개의 비유가 기록된 반면 요한복음에는 비유라고 부를 만한 것이 하나도 없다. 이런 등등의 이유로 마태, 마가, 누가복음을 보는 관점이 같다는 이유로 공관복음(共觀福音)이라고 부르고, 요한복음은 보는 관점이 다르기 때문에 그냥 제4복음서라고 부른다.

다음은 사복음서의 차이점에 대해 언급하려고 한다. 중요한 것은 사복음서는 그것을 기록한 대상에 따라 다르다는 점이다. 마가복음은 로마에 살고 있는 이방인들을 위해서 기록했다. 그래서 예수님은 메시아이시며 로마 당국으로부터 핍박 받고 있는 신도들을 위로하기 위해 기록한 것이다. 마태복음은 유대인 계열의 신자들과 소아시아에 있는 이방인들에게 예수님의 생애를 자세히 기록하여 믿게 하려는데 목적이 있었다. 그래서 마가복음보다 더 세밀하게 기록한 것이다. 마태는 기독교와 예수님의 가르침은 유대인들의 율법을 반대하는 집단이 아니라 완성케 하는 데 있다고 기록한 것이다. 다음은 누가복음인데 사실은 사도행전과 함께 기록했고 같은 사람인 데오빌로에게 증정한 것이기 때문에 엄밀하게는 누가전서와 누가후서라고 언급해야 정확하다. 목적은 로마의 한 관리인(총독 정도의 높은 계급)인 데오빌로에게 기독교는 로마의 정권을 반대하거나 전복시키는 세력이 아님을 알리고 다른 많은 사람들에게도 알리기 위해 기록한 것이다. 끝으로 요한복음인데 좀 더 신학적이고 철학적인 사람들에게 기독교의 본질을 설명한다. 한때에는 요한복음이 그리스의 신비주의로 오인하기도 했으나 나중에 요한복음은 헬라적인 사고를 가진 사람들이 아니라 히브리적 전통을 가진 사람들을 위해 기록한 것으로 보게 되었다.

여기서 우리는 신학적인 문제이지만 문학적 이해를 위해서도 필요하기 때문에 조금만 더 살펴보려고 한다. 소위 말하는 공관복음서 문제(the Synoptic Problem)이다. 잘 알다시피 신약성서는 세 부분의 책들이 있다. 첫째는 공관복음서라고 하는 마태, 마가, 누가복음이고, 둘째는 요한복음이다. 셋째는 사도행전이다. 누가복음과 사도행전은 저자가 같은 사람인 데오빌로에게 헌정한 책이기 때문에 사복음서 연구에도 관계가 된다. 그래서 위에서도 언급한 대로 누가전서, 누가후서라고 불러야 정확하지만 사복음서가 다 기록된 후부터는 복음서끼리 함께 전달되면서 사도행전은 누가복음과는 별개의 책으로 구분된 것이다. 그러면 이제 복음서의 내용을 문학에 주안점을 두고 살펴보자.

공관복음서의 가장 큰 문학적 특징은 모형론(Typology)을 이용해서 예수님의 예언자 되심(막1:11과 사42:1비교)과 많은 사람들을 위한 배상금을 지불하신 하나님의 종 되심(막10:45)과 새로 오신 모세(the new Moses)로 묘사한 모형론적인 산상수훈을 들 수 있다. 특별히 놀라운 것은 공관복음 저자들이 예수님께서 고난을 당하시고 죽으신 것을 놀라지 않고 있다는 점이다(막8:31; 9:31; 10:32). 그 모형을 요나의 표적(눅11:30)에서 찾고 있는 것이다. 특별히 예수님의 칭호 가운데 하나인 인자(the Son of Man)란 칭호를 70번이나 공관복음에서 사용하고 있다는 점이다. 한때는 인자란 칭호가 예수님의 인성을 뜻하는 말로 오해하기도 했지만 이 칭호는 구약의 다니엘 7:13절에서 사용된 것이기도 하다. 모형론으로서 예수님에 대해 자주 사용하는 것 중에 하나는 '제2 아담'으로(눅3:23-38) 묘사한 점이다. 마태복음의 족보는 예수님께서 새 창조를 가져오신 "제2 아담"되심을 증거 해주는 것이기도 하다.

1. 마가복음

먼저 사복음서는 어떤 순서로 어떤 관계를 가지고 기록된 것인가? 제일 먼저 기록된 것은 두말할 필요도 없이 마가복음이다. 마태와 누가는 마가복음의 661절의 자료 중에서 610절 정도를 마태와 누가가 그들의 복음서를 위한 자료로 사용된 것으로 보인다. 나머지 자료 즉 마태와 누가는 마가복음에 없는 자료 중에 일명 Q(Quelle: '자료'란 뜻) 자료를 사용했다고 가정함으로 그 차이점을 설명한다. 이런 가설은 다른데서도 이미 언급했기 때문에 여기서는 더 이상 언급을 하지 않으려고 한다.

그러면 각 복음서의 특징은 무엇인가? 먼저 마가복음은 예수를 '행동의 사람'으로 하나님의 아들로서 기록하고 있으며 문체는 직설적이고 간단하게 기록했다. 그래서 예수의 탄생은 생략하고 있으며 예수의 세례(1:1-13)와 제자들의 부르심(1:14-20)은 간단하게 기록하고 있다. 다음에는 귀신을 쫓아내고 각색 질병과 죄를 용서하는 것을 기록함으로써 예수의 신적 권위를 언급하고 있다(2:18-

27). 예수를 풍랑을 잔잔케 하셨다고 기록함으로써 예수가 단순히 사람이 아니라 바로 하나님의 아들이심을 보여준다고 마가는 기록했다. 6-8장에는 5000명을 먹이신 이적을 보고 억지로 예수를 왕으로 삼으려고 했다(요6:14-15). 마가복음 8:31-10:52절에서는 제자들을 가르친 내용이 나오고 11-13장에는 마가복음의 핵심인 마지막 주간에 일어난 일과 14-16장에는 예수의 죽으심과 부활을 기록하고 있다. 가상칠언은 각 복음서마다 일부를 기록했기 때문에 그 순서를 정하기가 쉽지 않다. 그러나 일반적인 견해는 (1)눅 23:34 (2)눅 23:43 (3)19:26-27 (4)마27:46; 막15:34 (5)요 19:28 (6)요19:30 (7)눅23:46절의 순서로 본다.

마가복음의 헬라어를 보면 조금 거친 것이 특징이다. 예를 들면 '즉시' '그리고'란 말이 자주 나온다. '즉시' '곧'이란 말이 42번이나 나온다. 마가는 문어체가 아닌 구어체를 쓰고 있고 문장이 단순할 뿐 아니라 색체가 분명하여 이해하기가 쉽다. 그래서 필자는 신학교에서 헬라어를 가르칠 때에 마가복음을 먼저 교제로 가르쳤다. 마가복음을 읽어보면 마가가 얼마나 이야기꾼의 기질이 많은지를 볼 수 있다. 마가가 사용한 헬라어를 보면 직접적인 화술을 주로 사용하고 있고 당시 유대인들이 일상생활에서 사용하는 아람어가 자주 나온다.

마가복음에 나오는 아람어는 일반 언어가 12번(Talitha kum, ephphatha, Raga, Mammon, Rabbuni, Maranatha, Eli Eli lema Sabachthani, Tota, Mia Keraia, Korban, Sikera, Hosanna) 나오고, 이름으로 4번(Boanerges, Cephas, Thomas, Tabitha) 나오고 그리고 지역 이름에 5번(Gethsemane, Golgotha, Akeldama, Bethesda), 도합 21번

이나 나온다.

그러면 마가는 어떤 사람이었는가? 아마도 그는 로마 태생으로 서 베드로를 통해서 유대교에서 기독교로 개종했을 것으로 보인 다. 마가는 훗날 알렉산드리아에서 순교했으며 로마 가톨릭으로부 터 그곳의 첫 주교로 추대되고 있다.

마가복음의 내용을 보면 간결하고 선교적이며 행적 중심으로 기 록한 것을 볼 수 있다. 예수의 출생이나 어린 시절에 대해 전혀 언 급이 없고 세례요한의 이야기, 즉 예수가 오셔서 세례 받는 데서 시작한다. 마가복음 1:1절을 보면 동사가 없다. 그냥 "하나님의 아들 예수 그리스도의 시작"이란 말로 끝난다. 그래서 번역자들이 완전한 문장으로 만들기 위해 "이라"는 말을 첨가한 것이다. 더욱 중요한 것은 "하나님의 아들"이란 말이 오래된 사본에는 없다. 여 기서 마가의 1절의 원문이 제목일 가능성이 있기 때문에 번역할 때 다른 것보다 작은 글자로 "이라"고 기록하는 것이 옳다고 본다.

마가복음의 특징은 아주 회화적이고 가장 단순하며 직접적이란 점이다. 마가가 마가복음서를 기록한 목적은 1:1절에 언급되어 있다. "하나님의 아들 예수 그리스도 복음의 시작"을 알려주는 데 있다. 놀라운 것은 세례요한에 대해서 기록할 때에 마가는 이사야 선지자의 예언을 마태복음보다도 한 절 더 길게 인용한 점이다.

마가는 세례요한의 세례 베푸는 것을 기록하면서 "나는 너희에 게 물로 세례를 베풀었거니와 그는 너희에게 성령으로 세례를 베 푸시리라"고 함으로써 자신의 세례와 예수께서 베푸시는 세례의 차이점을 분명히 했다. 여기서 중요한 것은 세례요한이 예수님께 세례를 배푸실 때에 하나님께서 예수를 직접 소개한 점이다.

"너는 내 사랑하는 아들이라 내가 너를 기뻐하노라(막1:11)." 이 말씀은 첫째는 예수에게 직접 말씀한 것이고, 둘째는 이 복음을 듣고 읽는 모든 사람들에게 하신 말씀이다.

세례요한이 잡힌 후에 마가는 더 이상 지체치 않고 예수께서 갈릴리로 가서 복음을 전하라고 한 것으로 기록하고 있다. 여기서 마가는 세례요한이 예수의 준비자요 선구자로서 마치 400m 선수가 뒤에 있는 선수에게 바톤을 넘겨주듯이 자신의 사명의 한계를 엄격히 구분하여 기록하고 있다. 놀라운 것은 예수의 복음의 내용이 세례요한과 같은 것 같으면서도 다르다는 점이다. 세례요한은 단순히 "회개하라 천국이 가까이 왔느니라(마3:2)"고만 했으나 예수는 "때가 찼고 하나님의 나라가 가까이 왔으니 회개하고 복음을 믿으라"(막1:15)고 좀 더 구체적인 목적을 밝히고 있다. 다시 말하면 세례요한은 자신의 세례는 물세례로서 단순히 '회개'가 목적이라고 했다. 그러면서 예수의 경우는 단순한 물세례가 아니라 성령의 세례이며 복음을 믿고 하나님 나라의 백성이 되라는 구원의 메시지였다. 여기서 마태는 '하늘나라(天國)'이란 말을 사용했으나 마가는 '하나님의 나라'라고 한 점은 메시지의 대상이 서로 다르기 때문이다. 마태는 유대인들을 대상으로 했기 때문에(제3계명을 지키려고) '하나님'이란 용어 대신 '하늘'이란 단어를 썼고, 마가는 대상이 로마인들과 이방인들이기 때문에 용어 사용이 자유로웠던 것이다.

마가는 주제인 "하나님의 아들 예수 그리스도의 복음"임을 언급하고 곧 바로 예수의 다음 사역이 네 명의 제자들을 부르신 것으로 기록하고 있다. 이들의 특징은 다 어부 출신으로서 베드로가 중심이 되어 고기를 잡는 동업자들이다. 배의 주인은 베드로였다. 왜 예수는 이런 배우지 못한 어부들을 제자로 부르셨는가? "나를 따라오라 내가 너희로 사람을 낚는 어부가 되게 하리라(막1:17)." 그것은 그들이 당시에 심령이 가난했을 뿐 아니라 세례요한을 따르고 있던 '열심과 겸손'함이 있었기 때문이었을 것이다. 어부들은 시간에 구애됨이 없이 고기들이 있는 곳에는 언제고 가야 하고, 또 고기를 잡을 때를 기다릴 줄도 아는 사람들이며 교만하지 않고 순박한 사람들이기 때문에 사람을 낚는 제자들로서 가장 적합한 사람들이었다.

그 후 다른 8명을 더 제자로 불렀다. 빌립, 바돌로매, 마태, 도마, 야고보(알패오의 아들), 다대오, 가나안인 시몬, 가룟 유다였다. 여기서 우리는 가룟 유다에 대한 주님의 선택에 대해 의아해할 것이다. 도대체 가룟 유다는 어떤 사람이었는가? 그는 다른 11제자가 다 북방의 갈릴리 출신인데 반하여 혼자만 헤브론 남쪽 가룟 지방 사람이었다. 그러나 가장 중요한 것은 그는 열심당원 출신이란 점이다. 그는 본래 로마를 전복하고 이 땅에 메시아 왕국을 세우는 것을 갈망했던 자였다. 게다가 그는 다른 제자들보다는 항상 계산이 빠른 인텔리 계층이었다. 그가 예수를 따랐던 이유는 그의 지도자로서의 언변과 기적을 일으키는 것을 보면서 메시아 왕국을 세울 것이라고 생각했던 것이다. 그러나 점차로 예수는 그가 바라던 그런 정치적 메시아가 아닌 것이 밝혀지면서 흔들리기 시작한 것이다. 요18:36에서 밝혔듯이 "내 나라는 이 세상에 속한 것이 아니니라 만일 내 나라가 이 세상에 속한 것이었더라면 내 종들이 싸워 나로 유대인들에게 넘겨지지 않게 하였으리라 이제 내 나라는 여기서 속한 것이 아니니라"고 주님은 분명히 언급한 것이다.

가룟 유다의 예수에 대한 좌절감이 결정적 이유였을 것이다. 그뿐 아니라 주님께서 모든 제자들이 보는 앞에서 가룟 유다 자신에게 망신을 주신 것이다(막14:4). 예컨대 베다니 시몬의 집에서 식사 때 한 여자(막달라 마리아로 사료됨)가 향유를 예수의 머리에 붓는 것을 삼백 데나리온에 팔면 그 돈으로 주님이 하시는 전도 사업에 얼마나 요긴하게 쓸 텐데 왜 이렇게 허비하느냐고 가룟 유다가 비판한 것을 주님은 오히려 마리아를 옹호하고 칭찬한 것에 대한 반감도 없지 않았을 것이다.

그럼에도 불구하고 우리는 주님이 성자로서 전지전능하시다면 왜 이렇게 배신할 자를 12제자의 한 사람으로 등용했는가 하는 의문을 가질 것이다. 그래서 필자는 여기서 몇 가지 해답을 찾아보려고 한다. 물론 이것이 절대적 확신을 줄 수는 없을 것이다. 첫째로 주님은 남쪽의 가룟 지역에서 올 만큼 열심이 있는 유다를 가능성이 있다고 보셨기 때문에 그에게 제자가 될 기회를 주신 것이다. 둘째로 가룟 유다를 택하는 것이 하나님의 뜻이었기 때문에 주님은 따랐을 것이다. 다시 말해서 가룟 유다의 선택은 구약예언의 성취이기 때문이었다(시41:9; 슥11:12-13). 셋째로 우리가 불신자들을 어떻게 전도해야 할지를 보여주기 위해서였을 것이다. 넷째는 가룟 유다에게 나중에 회개할 기회를 주기 위해서이다(마27:4). 다섯째는 예수의 사랑의 크기와 도덕적 우월성을 보여주기 위해서였을 것이다.

마가복음에는 마태복음과는 달리 예수의 말씀은 많지 않다. 주로 그의 놀라운 행적들을 기록하고 있다. 이 기적들의 기록은 제자들과 사람들에게 예수는 하나님으로부터 놀라운 능력을 받으신 분으로 보기에 충분한 것이었다. 마가복음에는 마태복음처럼 예수의 말씀을 많이 기록하지는 않았지만 예수께서는 회당에서 가르치실 때 정치적 논쟁에 많은 지면을 할애하고 있다. 마가가 예수의 행적들에 대해서는 비교적 생생하게 그리고 자세하게 기록한 것이 특징이다. 예를 들면 4:38절에 "예수께서는 고물에서 베개를 하고 주무시더니"라고 했다. 5:41절에서는 "달리다굼" 7:34절에서는 "에바다"란 아람어를 예수께서 사용했다고 기록하고 있다. 가장 놀라운 것은 마가가 세례요한의 죽음에 관해 자세히 언급한 점이다(6:14-29). 아마도 세례요한이 가진 예수의 선구자로서의 중요성 때문이었을 것이다. 또 6:39절에 무리를 푸른 잔디 위에 앉히신 세밀한 기록이나 간질병 걸린 어린아이를 치료하신 내용을 자세히 (9:14-29) 기록한 점이다. 14:30절에는 베드로가 어떻게 예수를 부인할 것을 세밀하게 언급한 것은 마가의 특징을 잘 말해준다.

더욱 놀라운 것은 마가복음이 얇은 책이지만 예수의 이적이 20개나 나온다는 점이다. 그것은 예수의 권능에 대한 증거로 기록하고 있다. 마가복음에는 여러 번 예수께서 귀신 혹은 "더러운 영들"을 쫓아내는 내용이 나온다(1:23-26, 34, 39; 3:11, 22; 5:1-20; 7:24-30; 9:14-29). 예수께서 베드로의 장모의 열병을 고치시기도 했고 (1:30-31), 문둥병자를 고치시기도 했고(1:40-45) 중풍병 환자를 고치시기도 했고(2:1-12) 손 마른 자를 고치시기도 했다(3:1-5). 소경을 고치신 것은 두 번 나온다(8:22-26, 10:46-52). 또 벙어리를 듣고 말하게도 하시고(7:31-37). 회당장의 어린 딸이 죽게 된 것을 고치시기도 했고, 열두 해를 혈루증으로 고생하는 여인이 예수의 옷을 만지자 고침을 받았다고 했다(5:25-34).

특히 마가의 세 가지 이적들(5:1-20: 7:24-30: 7:33-35)은 마가의
설화와 필체를 설명하는 데 큰 도움이 될 것이다. 첫 번째 이적
(5:1-20)은 무덤 사이에 거처하는 거라사의 광인을 고치신 이야기
이다. 그 광인은 예수를 보자마자 예수께 경배하며 "지극히 높으
신 하나님의 아들(5:7)"이라고 고백을 했다. 그러자 예수께서는 광
인에게 "더러운 귀신아 그 사람에게서 나오라"고 했다. 그때 예수
께서는 광인에게 네 이름이 무엇이냐고 묻자 "내 이름은 군대
(Legion)니 우리가 많음이니이다"라고 대답했다. 당시 로마의 군대
는 한 "레기온"이 6000명으로 구성되어 있었다. 광인은 자기를 그
지방에서 내보내지 말고 산 곁의 돼지 떼에 들어가게 해달라고 간
구했다. 그때 돼지 떼는 약 2000마리 정도였다고 마가는 기록하
고 있다. 여기서 주목할 점은 당시 유대인들은 돼지를 기르는 것을
부정한 직업으로 보았다는 점이다(눅15:15).

두 번째 이적(막7:24-30)은 갈릴리 밖, 두로와 시돈 부근에서 일
어난 사건이다. 수로보니게 여인이 예수를 보자 그의 딸에게서 귀
신을 쫓아내 달라고 간구한다. 처음에는 예수께서 거절하는 것처
럼 말씀했다. "자녀로 먼저 배불리 먹게 할지니 자녀의 떡을 취하
여 개들에게 던짐이 마땅치 아니하니라"(27절). 어찌 보면 예수의
모욕적인 말씀 같은데도 그 여인은 구애치 않고 간구했다. "주여
옳소이다마는 상 아래 개들도 아이들이 먹던 부스러기를 먹나이
다"(28절). 그때 예수는 그 여인의 신앙을 보고 말씀했다. "이 말을
하였으니 돌아가라 귀신이 네 딸에게서 나갔느니라" 수로보니게
여인에게서 가장 놀라운 것은 예수의 말씀만을 믿고 집으로 돌아

갔다는 점이다. 그것은 절대적 신앙의 결과였다. 집에 와보니 아이는 침상에 누웠고 귀신은 나갔다고 마가는 기록하고 있다.

이 사건에서 우리는 왜 예수께서 이방 여인을 "개"(qunariois)라고 불렀는가 하는 점이다. 물론 이 구절이 예수께서도 당시 유대인들이 이방인들을 개처럼 취급한 것을(레11:26) 인정하고 따랐는가 하는 의문이 생길 수 있다. 여기서 중요한 것은 "쿠나리오이스"(개)란 말이 일반 개가 아니란 점이다. 그것은 개의 위치에 따라 알 수 있다. 집 밖이나 마당에 있었는가? 아니면 집안 거실에 있었는가?. 그런데 27절에 보면 "주인의 상" 밑에 있는 개라고 했다. 애완용 개이거나 강아지임에 틀림없다. 따라서 예수의 "개"란 이 표현은 아이들이 먹다가 떨어지는 부스러기를 먹는 강아지를 뜻하는 말로 봐야 한다. 결코 상처를 주는 모욕적인 표현이 아니다.

여기서 예수께서 "나는 이스라엘 집의 잃어버린 양 외에는 다른 데로 보내심을 받지 아니하였노라"고 하신 말씀의 상황이 중요하다. 지금 예수는 구속사에 대한 이스라엘의 우선순위를 말씀한 것이다. 그러기 때문에 가나안 여자도 예수의 말씀에 동의를 표하였다(27절). 그러자 예수는 이 여인에 대해 "여자여 네 믿음이 크도다 네 소원대로 되리라"고 한 것이다. 그러면 예수께서 여인을 칭찬한 이유는 무엇인가? 첫째 겸손함이 있었고 둘째 주님의 구원계획에 대한 이해가 있었다. 셋째 가장 중요한 것은 가나안 여인이 예수의 풍성한 은혜와 전능하신 능력을 믿었다는 점이다.

세 번째 중요한 이적(7:31-37)은 예수께서 귀먹고 말 더듬는 사람을 고치신 일이다. 여기서 중요한 것은 마가가 아주 세밀하게 표현한 점과 마가가 자주 사용하는 카이(kai: '그리고')란 말(29절부터

37절까지 매 절마다 나옴)과 유투스(Euthus='즉시')라고 표현한 점이다. 이것은 마가만이 가지는 특징적인 표현법이다.

다음으로 주목할 것은 오천 명을 먹이신 이적(6:30-44)과 사천 명을 먹이신 이적(8:1-10)의 기록이다. 많은 학자들은 이것은 한 사건인데 구약의 엘리야와 엘리사의 예를 들어(왕상17:8-16; 왕하 4:42-44) 두 번 일어난 것으로 보도한 것이라고 말한다. 그러나 필자는 그 견해를 받아들이지 않는다. 왜냐하면 일어난 사건의 배경도 다르고 사건도 다르기 때문이다. 자유주의 신학자들은 이 사건이 구약의 엘리야의 기적과 엘리사의 기적을 모방한 것으로 보지만(왕상 17:8-16; 왕하 4:42-44) 그것을 증명하지 못하고 있다. 그러므로 두 비유가 비슷한 것은 맞지만 비슷한 것이 같은 것은 아니다.

다음은 비유들의 기록이다. 예수께서 자연의 예를 들어서 시적으로 표현한 비유들은 아무도 흉내 낼 수 없는 예수만의 가장 독창적인 점이다. 공관복음에는 41가지의 많은 비유가 기록되어 있는데 마가복음에는 오직 8가지만 기록하고 있다. 그 중에서 가장 특징적인 것은 자라나는 씨 비유(4:26-29)이다. 제일 앞부분에 나오는 것이 마가복음 2장 21절과 22절에 나오는 두 개의 비유들이다. 이것은 그야말로 혁명적인 표현 방법이다. 그 깊고 풍부한 내용을 어떻게 그렇게 짧게 표현했는지 모르겠다. "생베조각을 낡은 옷에 붙이는 자가 없나니 만일 그렇게 하면 기운 새것이 낡은 그것을 당기어 헤어짐이 더하게 되느니라"(22절). "새 포도주를 낡은 가죽 부대에 넣는 자가 없나니 만일 그렇게 하면 새 포도주가 부대를 터뜨려 포도주와 부대를 버리게 되리라 오직 새 포도주는 새 부대에 넣느니라" 다음에 나오는 것이 예수의 가장 유명한 비유의 하나인 '씨뿌리는 자의 비유'이다. 다른 비유와는 달리 예수께서 직접 해석까지 해주신 것이 특징이다.

필자가 쓴 『예수님의 비유와 이적』이란 책에서 지적한대로 비유 해석의 방법은 '삶의 정황'(Sitz-im-Leben) 속에서 단 하나만의 진리를 찾는 것이 일반적 해석 법칙이지만 그러나 놀라운 것은 이 씨뿌리는 자의 비유의 경우는 다르다. 예수 자신이 알레고리칼 해석을 하고 있기 때문이다. 그러므로 삶의 정황 속에서 단 하나의 진리를 찾는 것이 절대적인 것이 아님을 알 수 있다. 왜냐하면 예수께서 알레고리칼하게 해석을 했기 때문이다. 그러므로 필자의 생각은 다른 것과는 다르게 해석해야 한다고 본다.

다음은 막4장에 나오는 '하나님 나라의 비유들'이다. 4:26-29절에 하나 있고 30-32절에 또 다른 하나님 나라의 비유를 기록하고 있다. 여기서 중요한 것은 하나님의 나라를 인간의 도움 없이 자생적으로 '자라나는 씨'에 비유했다는 점이다. 두 번째 비유는 하나님의 나라가 처음에는 겨자씨처럼 작아서 잘 눈에 보이지도 않지만 그러나 그것이 성장하면 3미터가 넘는 그래서 새들이 깃들일 수 있을 정도로 성장한다고 말씀한 것이다. 사실 예수의 가르침의 핵심은 처음부터 마지막 십자가를 지실 때까지 항상 '하나님의 나라'였다. 예수의 첫 번째 설교(막1:15)도 "때가 찼고 하나님의 나라가 가까이 왔으니 회개하고 복음을 믿으라"였고 마지막 설교도 "사십일 동안 그들에게 보이시며 하나님 나라의 일을 말씀하시니라"(행1:3)였다. 그리고 그 많은 비유 가운데 가장 많은 가르치심이 하나님의 나라였던 것이다(마13:34).

마가복음의 마지막 가르침도 재림에 관한 것이었다. 막13:28-

29에서는 무화과 나의 비유를 배우라고 하시면서 그의 재림의 임박함을 가르치셨다. 또 막13:34-37에서는 종들에게 권한을 주고 타국으로 떠난 주인이 언제 귀국할는지 모르기 때문에 종들은 항상 계산할 준비를 하고 "깨어있으라"고 권면했다.

그러면 예수께서 비유로 말씀하신 이유는 무엇인가?

위에서도 언급했지만 첫째는 쉽게 메시지를 전달할 수 있고, 오래도록 기억할 수 있는 이점이 있었기 때문이었다. 둘째는 은폐의 수단으로 사용하기 위해서였다. 막4:12절에 이렇게 기록하고 있다. "이는 그들로 보기는 보아도 알지 못하며 듣기는 들어도 깨닫지 못하게 하여 돌이켜 죄 사함을 얻지 못하게 하려 함이라" 이것은 이사야 6:9-10절의 말씀을 인용한 말씀이다. 이는 막12:13-17에 잘 나타난다. 바리새파와 헤롯당에서 예수에게 책잡으려고 질문을 했다. "가이사에게 세금을 바치는 것이 옳으니이까 옳지 아니하니이까?" 이것은 세금을 바치지 말라고 하면 반로마주의자로서 정치적으로 몰릴 것이고, 세금을 바치라고 하면 유대인들의 미움을 살 것이기 때문에 예수께서는 은폐의 수단으로 이 비유를 사용한 것이다.

다음은 마가가 기록한 예수의 교리적 가르치심은 무엇이었는가? 먼저 재물에 관한 가르치심이 두 곳에 기록되어 있다. 첫째는 부에 대한 재평가를 말씀했다. 막10:17-27절에는 "내가 무엇을 하여야 영생을 얻으리이까?"하고 질문했다. 이 청년은 예수께 오기 전에 영생이란 공로가 있어야 한다고 결론짓고 온 것이다. 이 관리 청년(눅18:18절에서는 '관리'라고 했다)에게 주님은 이렇게 대답했다. "가서 네게 있는 것을 다 팔아 가난한 자들에게 주라. 그리하면 하늘에서 보화가 네게 있으리라 그리고 와서 나를 따르라" 여기서 우리를 당황케 하는 것은 영생의 방법을 질문한 청년에게 가진 것을 다 팔아 가난한 자에게 주라는 주님의 명령이다. 그렇다면 과연 우리 중에 누가 영생을 얻을 것인가? 그러나 여기서 주님의 요점은 부자 청년에게 행함이 구원의 방법이 아님을 가르치신 것이다. 다시 말해서 공로에 의한 것이 아님을 가르치신 것이다. 이 사건에서의 핵심은 이 부자 청년이 실망을 하고 돌아간 점이다. 무엇이 잘못되었는가? 그것은 부자 청년의 질문부터가 잘못된 것이다. "내가 무엇을 하여야"란 말은 자신의 공로로만 구원받는다고 결론을 내리고 주님께 어느 정도의 공로면 되느냐고 질문한 것이 잘못된 것이다.

주님은 여기서 끝난 것이 아니라 이 사건을 통해서 제자들을 가르치신 것이다. 소위 실물교육을 하신 것이다. 부한 사람이 천국에 들어가는 것이 낙타가 바늘귀로 나가는 것만큼 어렵다고 말씀한 것이다. 그래서 제자들은 그렇다면 누가 구원을 얻을 수 있느냐고 재차 질문했다. 주님의 답변은 간단했다. 인간으로서는 할 수 없지만 하나님으로서는 할 수 있다고 말씀하신 것이다. 이것은 구원이란 전적으로 하나님의 은혜로 되는 것을 가르치신 것이다. 다시 말하면 하나님의 은혜를 떠나서는 인간의 어떤 방법으로도 구원받을 수 없다는 말씀이다. 이것이 바울 신학의 핵심이다. 즉 구원은 오직 하나님의 은혜라는 말씀이다(엡2:8).

다음 재물에 관한 가르치심은 과부의 헌금에 대한 주님의 말씀이다. 한 과부가 헌금함에 두 렙돈(최소 단위의 헬라 동전) 낸 것을 보시고 주님께서 제자들을 가르친 점이다. 결코 잊을 수 없는 실물 교육방법이다. 여기서 주님이 말씀한 것은 과부의 헌금할 때의 마음의 자세를 언급한 것이다. 헌금의 양이 아니라 헌금의 자세를 언급한 것이다.

다음은 어린아이들과 가난한 자들에 대한 주님의 가르치심이다 (9:36-37,42; 10:13-16). 길 가는 중에 제자들 가운데서 앞으로 하나님의 나라가 임하면 누가 높은 자리에 앉을 것인가를 논쟁했다. 이것을 보면 제자들은 그때까지만 해도 하나님 나라를 열심당원들처럼 지상에 이룩되는 나라로 오해했던 것을 볼 수 있다. 그래서 주님은 길거리에서 말씀하지 않고 집에 들어갔을 때 무슨 일이 있었느냐고 물었다. 여기서 예수의 천국에 대한 본질적 가르치심이 나온다. "누구든지 첫째가 되고자 하면 뭇 사람의 끝이 되며 뭇 사람을 섬기는 자가 되어야 하리라"(9:35).

이 얼마나 주님을 따르는 자들이 가져야 할 본질적인 말씀인가? 그러나 주님의 가르치심은 여기서 끝나지 않았다. "누구든지 내 이름으로 이런 어린 아이 하나를 영접하면 나를 영접함이 아니요 나를 보내신 이를 영접함이니라" 주님의 제자들은 '섬기는 자의 정신'을 잊지 말아야 한다는 것이다. 이런 자세를 가진다면 지금 이 땅에서 일어나는 갑질은 없어질 것이다.

그러면 주님의 제자도란 무엇인가(8:34-38; 9:33-35; 10:13-16)? 사실 주님이 말씀한 남을 섬기는 희생정신을 따르는 것이 얼마나 어려운가를 여기서 우리는 보게 된다. 제자들에게 개인적 명예를 추구하는 것을 여러 번 책망하신 것을 볼 수 있다. 주님은 자신을 따르려는 자는 자기를 부인하고 고난을 받아야 한다고 했다. 여기서 주님은 "누구든지 자기 목숨을 구원하고자 하면 잃을 것이요 누구든지 나와 복음을 위하여 자기 목숨을 잃으면 구원하리라 (8:35)"고 했다. 이것을 보면 예수의 제자들은 아직도 누가 크냐는 논쟁이 끝나지 않았음을 알 수 있다. 그것은 막10:35-37에서 더욱 분명해진다. 요한과 야고보가 주님께 요구했다. "주의 영광 중에서 우리를 하나는 주의 우편에, 하나는 좌편에 앉게 하여 주옵소서"(37절). 그때 주님은 그들을 책망하지 않고 조용히 말씀했다. "너희 중에 누구든지 으뜸이 되고자 하는 자는 모든 사람의 종이 되어야 하리라"고 하시면서 결론적인 말씀을 하셨다. "인자의 온 것은 섬김을 받으려 함이 아니라 도리어 섬기려 하고 자기 목숨을 많은 사람의 대속물로 주려 함이니라" 여기서 필자를 포함해서 한국의 모든 목회자들이 이 말씀을 자신에게 적용해야 한국이 산다고 믿는다. 그것은 '섬기는 자'란 말이 영어로 minister란 말인데 그것은 '목사'란 뜻도 있지만 또 다른 한편으로는 '종'이란 뜻이다. 노예가 된다는 말이다. 한국에서는 '종'이란 말이 하나님의 종이란 좋은 칭호로만 사용한다. 아니다. 이 말은 하나님의 종도 되지만 또한 사람들을 섬기는 종이란 뜻도 있다는 것을 잊지 말아야 한다.

예수 당시에 유대교에는 바리새파, 사두개파, 서기관들과 헤롯당이 있었다. 바리새파는 초자연주의자였으나 사두개파는 자연주의자들이었다. 이들은 네 가지 면에서 차이가 있었다. 첫째는 역사관이 다르다. 바리새파는 하나님의 예정을 믿었으나 사두개파는 인간의 자유의지를 주장했다. 둘째로 종말론이 다르다. 바리새파는 영혼의 불멸과 육체의 부활을 믿었으나 사두개파는 부활을 부인했다(행23:8). 셋째로 영적 존재에 대한 견해가 달랐다. 바리새파는 천사와 악마의 존재를 믿었으나 사두개파는 천사와 악마의 존재를 부인했다(행23:8). 넷째로 종교의 권위가 달랐다. 바리새파는 구약과 미쉬나(Mishina)를 믿었고 사두개파는 모세의 오경(五經)만 인정했다.

서기관들은 일반적으로 랍비(선생이란 뜻)라고 불렀으며 성서를 많이 연구하는 사람들이었다. 이들 간에는 서로 대립하였으나 예수에 대하여는 하나같이 반대의 입장에 있었다. 그래서 예수를 반대하고 죽이는 데는 항상 같이 행동을 취하였다. 그래서 예수와는 많은 마찰이 있었다(막2:3-3:6; 3:22-27; 7:1-23; 8:11-15; 10:2-9).

마가복음서의 구조를 보면 간결체로 되어 있고 사건에 대한 시간도 연이어 계속된 것처럼 지나가는 것을 볼 수 있다. 그러나 그 내용을 보면 세심하게 정돈된 것을 알 수 있다. 예를 들면 내용이 마치 샌드위치식 양식을 취하고 있다(막3:20-35; 5:21-43; 6:6-30; 11:12-20; 14:1-11; 14:54-72)는 말이다. 이 패턴은 독자들에게 호기심을 유발하기에 충분한 내용으로 전개되고 있다. 특히 마가복음 2:1-3:6의 다섯 개의 이야기를 보면 좀 더 복잡한 변이를 볼 수 있다. A=2:1-12(치유); B=2:13-17(식사); C=2:18-22(금식); B'=2:23-28(식사); A'=3:1-6(치유). 여기서 C의 금식 문제로 갈등이 생겼다. 바리새인들과 세례요한의 제자들은 금식하는데 예수의 제자들은 어찌하여 금식하지 않는가 하는 문제를 거론한 것은 마가의 문학적 지평이 얼마나 넓은가를 잘 보여준다. 즉 예수의 지상 사역의 특징인 육체적 회복(치유:A, A')과 식사(B, B')의 사건의 앞과 뒤가 금식(2:18-22)사건으로 둘러싸여 있는데 이런 문학적 구조는 앞으로 있게 될 십자가의 수수께끼를 통하여 예수를 죽이려는 음모를 사전에 암시해준다(막3:6)는 점에서 마가의 문학적 천재성을 잘 보여준다.

마가복음에서 놀라운 것은 삼분의 일 정도가 예수의 마지막 한 주간을 중심으로 기록했다는 점이다. 예수의 수난(14-15장)은 대제사장과 서기관들이 예수를 죽일 방도를 찾는데서 시작된다. 그런데 막14:3절 하에 보면 예수께 향유를 부은 사건을 기록하고 있다. 공관복음에 보면 두 번 향유를 부은 사건이 기록되어 있는데 하나는 베다니 마리아가 예수께 향유를 부은 사건(막14:3)이고 다른 하나는 막달라 마리아가 예수께 향유를 부은 사건이다(눅7:37). 그렇다면 요11장 초두에 나오는 향유 사건은 또 다른 것인가? 아니면 같은 것인가? 필자의 생각은 마가복음과 요한복음의 기록은 같은 사건에 대한 기록이지 결코 다른 것이 아니라고 생각한다. 그렇다면 향유사건은 두 번에 걸쳐서 일어났다고 봐야 할 것이다.

마가는 예수의 사역을 설명하는 가운데 중요한 전환점을 8:27-30절에서 언급하고 있다. 그것은 그가 메시아라는 것을 밝힌 점이다. 중요한 것은 가이사랴 빌립보의 사건이다. 여기서 예수는 먼저 사람들이 자신을 어떻게 말하느냐고 제자들에게 물었다. 그러자 제자들은 어떤 사람들은 예수를 세례요한이라고 하기도 하고, 또 어떤 사람들은 다시 온 메시아라고 대답했다. 그때 주님은 제자들에게 그러면 너희들은 나를 누구라고 생각하느냐고 물었다. 이번에도 성격이 급한 베드로가 대답했다. "당신은 그리스도(메시아란 뜻)십니다"라고. 그러나 예수는 아무에게도 이것을 말하지 말라고 당부했다. 이것을 신학적으로 흔히 '메시아의 비밀'이라고 말한다 (1:25,34,44; 3:12; 5:43; 7:36; 8:30; 9:9). 이 말은 20세기 초에 윌리엄 브르데(William Wrede)의 『복음서에서의 메시아의 비밀』이란 책에서 시작된 말이다. 그는 그동안 주장되어 온(마가의 복음이 예수의 생애의 원형을 제공한 최초의 사람이란) 이론에 반기를 든 독일 학자이다. 간단히 말하면 마가의 기록은 결코 역사적 사실 보도가 아니라는 주장이다. 그는 예수는 그의 생전에 메시아로 고백되지도 않았고 또 자신도 메시아로 간주하지 않았다는 것이다. 그러다가 부활 후에 초대 신도들이 메시아라고 주장하게 되면서 초대교회가 왜 예수가 부활 이전에는 메시아로 받아들여지지 않는가를 설명하기 위해 신학적으로 고안해낸 것이 메시아의 비밀이라고 했다. 다시 말해 부활 후에 메시아 고백 이전의 생애까지 적용시킨 데서 나온 것이라고 했다.

여기서 필자는 긴 신학적 논쟁에 개입할 마음도 시간도 없기 때문에 단순히 간단한 결론만 언급하려고 한다. 먼저 마가복음에는 메시아 칭호가 7번이나 나온다(1:1; 8:29; 9:41; 12:35; 13:21; 14:61; 15:32)는 점에서 소위 말하는 마가의 "메시아의 비밀"은 마가의 의도가 아님을 알 수 있다. 중요한 것은 마가복음에는 13개의 이적 기록이 나오는데 그중에서 오직 3개에만 예수께서 침묵하라고 하셨다. 소경 바디메오를 고친 후에도 침묵을 명하지 않았다. 그러면 왜 예수께서는 침묵하라고 했는가? 그것은 예수는 자신이 '이적 행사자'로 고백되는 것을 원치 않았던 것이다. 따라서 예수는 결코 메시아인 것을 고백하는 것을 금한 것은 아니었다는 말이다.

9:2-8절에는 변화산에서의 놀라운 변화가 기록되어 있다. 여기서 마가는 베드로가 예수께서 그리스도이심을 고백한 지 "엿새 후에"라고 날짜를 밝히고 있다. 예수께서는 베드로와 야고보와 요한만을 데리고 높은 산에 올라가셨다고 했다. 그러면 이 산은 어떤 산인가? 학자들은 다볼산(Mount Tobor)이라고 하는데 이 산은 나사렛에서 9km되는 거리에 높이는 613m로 알려져 있다. 중요한 것은 왜 하필이면 이 세 사람을 택했을까? 필자는 거기에는 분명한 이유가 있었다고 본다. 첫째로 베드로는 주님을 가장 사랑한 제자였다(요21:15)는 것, 둘째로 요한은 예수의 사랑을 누구보다 많이 받은 제자일 뿐 아니라 어머니인 마리아를 부양할 자이기 때문이다. 야고보는 제일 먼저 순교할 자이기 때문에 이런 특별한 체험이 필요했기 때문이라고 본다. 놀라운 것은 율법의 대표자인 모세와 예언의 대표자인 엘리야와 복음의 대표자인 예수, 이 세 사람이 만나 대화를 한 것이다.

여기서 놀라운 것은 베드로는 그 체험에 너무도 두렵고 놀란 나머지 자기도 모르게 소리질렀다. 초막 셋을 지어 모세, 엘리야, 주님이 함께 거할 수 있게 하겠다는 제안이다. 이것에 대해 주님은 아무런 대답도 하지 않았다. 다만 세키나 구름 속으로부터 소리가 들려왔다. 두 가지 내용이었다. 예수는 하나님의 사랑하는 아들이란 것, 다음은 그의 말을 들으라고 한 것이다. 그러면 왜 이런 음성을 들려주신 것인가? 그것은 아마도 일주일 안에 주님이 십자가를 지시고 죽으시고 부활하는 놀라운 일들이 일어날 것을 대비해서 미리 마음의 준비를 하라는 뜻이었을 것이다.

마가복음 13장은 흔히 "소 묵시록"이란 말을 듣는다. 그래서 해석상 어려운 문제를 안고 있다. 여기 보면 감람산에서 예수는 다섯 가지를 말씀했다. (1)예루살렘이 파괴되어 돌 하나도 돌 위에 남지 않고 다 무너뜨려진다. (2)다음은 경고의 말씀이다. 속이는 자들이 많이 일어날 것이고 세상의 마지막 징조들이 있을 것이다. (3)인자(人子)가 오리라. (4)무화과 나무의 교훈을 배우라. (5)깨어 있으라고 하시면서 재림하실 주님을 위해 준비하라고 했다.

예수는 제자들과 함께 마지막 성만찬(14:12-26)을 가졌다. 유월절 때 무교병을 먹으며 지키는 이 절기는 유대인들에게는 아주 중요한 의미를 가진다. 이날은 이집트로부터 해방된 날을 기념하는 날이었기 때문이다. 제자들은 주님의 지시에 따라 큰 다락방을 준비했다. 여기서 주님은 제자 중에 하나가 예수를 팔 것을 예언했다. 그러나 그 이름을 밝히지는 않았다. 그러면서 떡을 떼어주시며 "이것은 내 몸이라"고 하시고, 잔을 나누시면서 "이것은 많은 사람을 위하여 흘리는 나의 피 곧 언약의 피니라"고 했다. 여기에서 성찬식을 거행한 것이다.

그러나 불행하게도 여기서 하신 예수의 성찬식에 대한 말씀에 대해 서로 다른 해석을 하여 교파가 나누어지는 계기가 된 것은 참으로 안타깝다. 그러면 22절에서 이것은 내 몸이니, 라고 했을 때 '이니'(is)란 말은 무슨 뜻인가? 원문에 보면 영어의 'is'란 뜻의 'estin'이란 헬라어를 사용했는데 가톨릭교회는 그것은 '이니'라고 했으니 문자적으로 해석해야 한다고 하면서 화체설(化體說)을 주장했다. 루터교에서는 공존설(共存說)을 주장했다. 그러나 츠빙글리는 기념설을 주장했고 칼뱅은 영적임재설을 주장했다. 여기서 핵심은 'is'란 단어가 'signify'(의미하다)로 해석하는 것은 가장 타당한데 그 말을 문자적으로 해석한 점이다. 예수는 제자들과 함께 찬양한 후에 다락방을 떠나 예루살렘에서 가까운 감람산으로 갔다. 다락방에서 예수가 '떡'(빵)과 '포도주'란 은유(Metaphor)로 말씀한 것은 시적 표현으로서 깊은 의미를 가진다.

감람산에서 예수는 베드로가 닭 울기 전에 세 번 부인할 것을 예언했다(14:27-31). 그리고는 겟세마네에 가서서 기도했다(14:32-42). 여기서 예수께서 기도한 내용은 우리들이 어떻게 기도해야하는 것이 옳은가를 보여주는 모범적 기도이다. "아빠(abba:아이들이 아버지를 부를 때의 애칭) 아버지여 아버지께는 모든 것이 가능하오니 이 잔을 내게서 옳기 시옵소서 그러나 나의 원대로 마시옵고 아버지의 원대로 하옵소서"(36절). 기도의 목적은 원하는 것을 얻기 위해 간구하는 것이 아니라 아버지의 뜻이 이루어지는 데 있기 때문이다.

그 후에 주님은 겟세마네 동산에서 체포되어(14:27-52) 산헤드린(회의하기 위해 '함께 앉는다'는 뜻) 공회에서 재판을 받으셨다. 당시 유대인들은 어느 정도의 자율성이 있었기 때문에 사형이나 반란 같은 큰 죄가 아니면 유대인만으로 구성된 산헤드린 공회에서 재판을 받았다. 당시의 산헤드린 공회는 두 가지가 있었다. 대(大)산헤드린 공회는 71명으로 구성되었고 작은 것은 23명의 회원으로 구성되었다. 의장은 대제사장이 맡는다. 그런데 놀라운 것은 당시의 예수의 재판을 한 산헤드린은 두 가지로 법을 어겼다. 첫째는 당시의 법으로는 밤에 재판을 할 수 없었는데 예수의 경우는 가야바의 법정에서 밤에 열었다. 밤에 재판하는 것은 공정성을 잃을 가능성이 많기 때문이었다. 당시 재판이 진행되는 동안 베드로는 바깥뜰에 앉아있다가 한 여종에게 발각되자 세 번이나 예수를 모른다고 부인했고 그때 닭이 두 번째 울었다고 했다(막14:72). 둘째는 탈무드에는 만장일치의 결정은 무효라는 규정이 있었다. 더구나 사형을 시킬 때는 더욱 그랬다. 따라서 예수의 재판은 원천 무효이다.

끝으로 마가복음 16장은 예수의 부활로 끝난다. 여기서 중요한 것은 막16:9-20절까지가 마가복음의 본류의 기록에 있었는가이다. 다시 말하면 마가복음의 원본이 실제로 8절에서 끝났는가 아니면 20절까지 있었는데 어떤 이유로 결손되었는가이다. 본문비평(Textual Criticism)이 도입되면서 자유주의 신학자들은 8절로 끝난다고 주장하고 있는데 이유는 첫째로 고대 사본에 빠졌다는 것, 둘째는 8절의 "무서워하여 아무에게 아무 말도 못하더라"는 말과 9절 이하, 특히 11-12절과의 사이에 모순이 있기 때문이라고 주장한다.

필자가 사본학을 공부했지만 고대 사본에는 막16:9-20절이 빠져있다는 점은 확실하다. 고대사본이란 (1)바티칸 사본(1457년부터 바티칸 도서관에 보관되어 있으며 4세기경의 것)과 (2)시내사본(4세기경에 기록되었으며 1627년부터 라이프치히 도서관에 보관됨)과 (3)알렉산드리아 사본(5세기경의 사본으로 대영박물관에 보관됨)을 두고 하는 말이다. 이 사본들을 보면 송아지 가죽으로 만든 양피지에 기록된 것은 오래 보관되었지만 그러나 파피루스 종이에 기록된 것은 거의가 다 마모되어서 남아있지 않고 있다.

그러나 여기서 중요한 것은 다른 어떤 사람이 가필할 수 있는 가능성은 0.1퍼센트도 없다는 점이다. 그 이유는 성경 복사 전문가들(Talmudists)은 오류, 중복, 누락을 방지하기 위해 19가지의 규칙이 있었는데 그 중에 중요한 것은 마음과 태도가 변치 말라고 검은색 옷만 입었고 글자는 언셜 자체(Uncial:대문자)로 쓰는데 머리카락 하나도 중간에 들어갈 수 없도록 좁게 썼다. 쓸 때는 큰소리로 읽으면서 기록을 하고 한 개의 오자라도 생기면 그 사본 전체를 폐기처분했다. 사본을 기록할 때는 반드시 원본을 보고 기록했다고 한다.

그럼에도 불구하고 고대 사본에도 없는 16:9-20절이 반드시 마가복음서에 있어야 한다고 필자가 주장하는 이유는 16:7절에 "거기서 뵈오리라 하라" 라고 기록한 점을 미루어 볼 때 기록이 중간에서 끊긴 것이 분명하기 때문에 9-20절이 더 있어야 그 말과 서로 짝이 맞는다고 보기 때문이다.

새로운 시각의 마가복음

여기서는 새로운 각도에서 마가복음을 살펴보려고 한다. 그것은 마가복음이 신약성서 가운데 구조적으로 가장 짜임새 있게 꾸며져 있기 때문이다. 솔직히 필자도 그 사실을 전에는 잘 몰랐다가 이번에 성서를 문학적으로 다루면서 R.V. 피스(Peace)의 책『신약에 나타난 회심(Conversion in the N.T)』에서 새롭게 발견했다. 놀라운 것은 마가가 그리스의 드라마에 능통했다는 사실이다. 왜냐하면 마가복음의 구조가 그리스의 드라마처럼 아주 치밀하고 조직적으로 되어 있기 때문이다. 아마도 마가는 구전으로 내려오는 자료(소위 Q자료)를 베드로의 통역으로서 얻은 지식을 그냥 기록한 것이 아니라 그것을 그리스의 드라마처럼 조직적으로 기록하여 로마인들과 이방인들에게 쉽게 다가가려고 했기 때문일 것이다.

마가복음서를 문학적인 구조로 보면 먼저 그리스의 드라마처럼 연극의 개막사에 해당하는 서론을 기록하고 다음에는 주된 내용을 연극의 두 막처럼 제1막과 제2막으로 본론을 나누어 언급한 다음 맨 나중에 연극의 끝맺음처럼 결론 부분을 기록하고 있는 것이 특징이다.

그러면 마가복음의 내용을 그리스의 연극과 비교하여 살펴보자. 다음의 내용은 R. V. 피스의 분석을 대부분 인용한 것이다.

개막사(開幕辭=1:1-15)는 4가지 내용으로 되어 있다.

(A) 복음의 초점(1:1): "하나님의 아들 예수 그리스도의 복음의 시작이라"

(B) 선구자: 세례요한(1:2-8)

(C) 예수의 세례와 시험(1:9-13)

(D) 예수의 사역의 내용(1:14-15): "때가 찼고 하나님의 나라가 가까이 왔으니 회개하고 복음을 믿으라"

제1막(1:16-8:30): 예수는 메시아

제1단원(1:16-4:34): 예수는 랍비이시다

(A) 1:16-45: 예수를 따르는 제자들

(B) 2:1-3:6: 예수를 반대하는 종교적 지도자들

(C) 3:7-35: 예수를 따르는 제자들과 반대하는 사람들

(D) 4:1-34: 4종류의 밭을 통해 설교의 반응을 설명하다

제2단원(4:35-6:30): 예수는 선지자이시다

(A) 4:35-41: 예수의 자연을 지배하는 권능

(B) 5:1-20: 예수의 악을 지배하는 권능

(C) 5:21-43: 예수의 질병과 죽음에 대한 권능

(D) 6:1-13: 예수의 권능에 대한 부정적 반응(6:1-6)과 긍정적 반응(67-13, 30)

(E) 6:14-29: 세례요한의 죽음

제3단원(6:31-8:30): 예수는 메시아이시다

(A) 6:31-7:37: 첫 번째 사이클 귀먹고 벙어리 된 자를 고치심

(B) 8:1-26: 두 번째 사이클 소경을 고치심

(C) 8:27-30: 메시아 되심을 고백

제2막(8:31-15:39): 예수는 하나님의 아들

제4단원(8:31-10:45): 예수는 인자이시다

(A) 8:31-9:1(첫 번째 예언)

(B) 9:2-29(두 번째 예언)

(C) 9:30-10:31(세 번째 예언)

(D) 10:32-45(네 번째 예언)

제5단원(10:46-13:37): 예수는 다윗의 자손이시다

(A) 10:46-11:26(다윗의 후손이 예루살렘에 오심)

(a) 10:46-52(바디메오를 고치심으로 예수의 신분이 밝혀짐)

(b) 11:1-11(예수께서 예루살렘에 승리의 입성)

(c) 예수께서 심판을 선언(성전을 청결케 하심)

(B) 11:27-33(종교적 지도자들의 예수에 대한 반응)

(C) 12:35-44(예수의 반응)

(D) 13: 1-37(다가오는 심판)

제6단원(14:1-15:39): 예수는 하나님의 아들이시다

(A) 14:1-11(베다니에서 기름부음을 받으심)

(B) 14:12-31(마지막 성만찬)

(C) 14:32-42(겟세마네 동산)

(D) 14:43-52(예수의 체포)

(E) 14:53-15:20(예수의 재판)

(F) 15:21-39(십자가 처형)

끝맺음의 말(15:40-16:8): 예수의 사역의 완성(클라이맥스climax)인 십자가에서의 죽으심과 부활(16:6)로 끝난다.

놀라운 것은 개막사에서(1:2절) "보라 내가 내 사자를 네 앞에 보내노니……"라고 했고 끝맺음의 말에서도 16:7절에서 "예수께서 너희보다 먼저 갈릴리로 가시나니……" 라고 화답하면서 시작과 결론이 완전한 순환을 하고 있다는 점이다.

독자들에게는 위의 내용이 좀 지루하겠지만 그러나 이것은 마가복음이 얼마나 그리스의 드라마적으로 기록되었는가를 보여준다는 점에서 문학적으로도 그 가치가 인정됨을 말해준다.

2. 마태복음

르낭(Ernest Renan)이 마태복음을 지금까지 기록된 책 가운데 가

장 중요한 책이라고 말할 정도로 예수에 관한 가장 많은 정보를 가지고 있다. 스코트(E. F. Scot)는 마태복음은 기독교의 가장 근본적인 문서이며 그리스도의 생애에 관한 가장 권위있는 책이라고 했다.

그것은 4가지 이유가 있기 때문이라고 했다.

첫째로 교훈의 핸드북으로 가장 적합하고, 둘째는 예수의 생애와 교훈에 대해 가장 많은 정보를 가지고 있으며, 셋째는 교회의 여러 단체를 위한 교훈들이 기록되어 있고, 넷째는 교회생활에 가장 중요한 자료들이 내포되어 있기 때문이라고 했다.

초대교회의 성도들에게는 그들이 따르는 기독교가 어떤 종교인지, 좀 더 구체적으로 유대교와는 어떤 관계를 가지고 있는 것인지가 가장 큰 문제였다. 마태는 자신이 저자임을 밝히지는 않았지만 마태복음은 일찍부터 마태의 기록으로 알려졌다. 마태는 기독교의 뿌리는 유대교에 두고 있으나 그럼에도 불구하고 기독교는 새로운 신앙을 가진 종교임을 밝혀준다. 그것을 밝혀주기 위해 마태는 구약을 많이 인용하면서 구약과 신약의 "다리" 역할을 해주고 있다. 그래서 마태는 예수가 구약에 예언되어진 메시아임을 밝히려고 마태복음을 기록했다. 마태복음서는 이적과 교훈을 번갈아가면서 자료들을 주의 깊게 언급하고 있다. 그중에서도 예수의 가장 중요한 교훈을 다섯 개의 주요 부분으로 배열했는데 그것은 모세가 오경을 기록한 것처럼 제2의 모세인 예수께서도 다섯 개의 교훈으로 말씀하셨음을 강조하기 위해서였다.

그 다섯 개의 교훈은 첫째는 5-7장의 제자도 즉 산상수훈이고, 둘째는 10장의 열두 제자를 뽑아 사명을 주신 내용이고, 셋째는

13장에 기록한 예수의 비유들이다. 넷째는 18장에 제자들 간의 관계에 대한 교훈을 기록했고, 다섯째는 24-25장의 장래일(종말론)에 대한 말씀을 기록하여 구약의 모세오경과 대조하여 예수께서도 5개의 중요한 교훈을 한 것으로 언급하려고 한 점이 마태의 의도였다.

그러면 마태의 문학적 스타일은 무엇인가?

A. 패러(Farrar)는 두 가지의 특징이 있다고 했다. 하나는 고전적 단순성이고 다른 하나는 기념비적인 웅장함이라고 했다. 천대받던 갈릴리의 세리(마태)가 햄릿(Hamlet)이나 신곡과 실낙원을 합친 것과 같은 복음서를 기록했다는 것은 성령의 영감 없이는 결코 이루어질 수 없다고 언급하였다. 복음서에서 마태의 주목적은 율법과 복음의 관계와 차이점, 그리고 구약세대와 신약세대의 관계, 즉 그 연결성과 차이점을 보여주고 있다.

마태의 본래 이름은 '레위'로서 그 뜻은 '연합하다'란 뜻이다. 마태란 이름은 '하나님의 선물'이란 뜻이다. 그의 직업은 세리로서 당시에 가장 멸시를 받는 직업을 가지고 있었다. 그러나 주님께서 '나를 따르라'(마9:9)고 명하자 주님의 제자가 되었다. 마태는 이름 그대로 하나님의 선물을 받아 주님의 제자가 되어 마태복음서를 기록한 하나님의 축복을 받은 사람이 된 셈이다.

여기서 주목할 것은 사복음서 중에서 마태복음에만 나오는 이야기와 사건들이다. 비유로는 열 가지를 기록하고 있다. 가라지 비유(13:25), 감춰진 보화 비유(13:44), 진주 비유(13:45), 그물 비유(13:47), 완악한 종 비유(13:34), 포도원 일꾼 비유(20:1), 두 아들 비유(21:28-31), 왕의 아들의 혼인 잔치 비유(22:2), 열 처녀 비유

(25:1), 달란트 비유(25:14-30) 등이다.

또 마태복음에만 기록된 이적으로는 두 소경(20:30)을 고치신 이야기, 벙어리 귀신들린 사람(9:32-33)을 고치신 이야기, 물고기 입에서 나온 동전(17:27) 이야기 등 세 가지가 있다.

마태복음에만 나오는 사건으로는 아홉 가지가 있다. 요셉의 꿈(1:20), 동방 박사들의 방문(2:1-12), 이집트로의 피신(2:13-18), 헤롯의 대량 학살(2:16), 빌라도 아내의 꿈(27:19), 가룟 유다의 죽음(27:3-10), 예루살렘에서 부활한 성도들(27:53) 이야기, 파수꾼의 매수(28:12-13), 지상명령(28:18-20) 등이다.

마태복음의 자료 중 대부분은 마가복음과 거의 동일하다. 마가는 베드로의 통역관으로 있으면서 그에게서 들은 많은 증언들을 활용했다. 그래서 오늘날의 대부분의 학자들은 마태가 마가의 자료에 많이 의존했다고 보고 있다. 기록연대는 주후 80년경으로 본다.

마태복음의 중요한 주제들은 크게 네 가지이다. 첫째는 구약성서는 예수가 오실 것을 예언하고 있으며 그 예수 안에서 하나님의 모든 구원사역이 성취되었다는 것이다. 둘째는 예수는 메시아이시며 하나님의 아들이요 인자요 약속된 왕이시다. 셋째로 예수는 하나님께서 모세를 통해 이스라엘에게 주신 모든 율법을 다 완성했다. 넷째로 이제 하나님의 백성은 예수의 메시지에 응답하는 자들이다.

필자는 예수를 믿고 마태복음을 읽으면서 재미도 없는 족보를 왜 그렇게 길게 기록했는가? 의아해한 적이 있었다. 하기는 한국에서도 족보는 아주 중요했다. 역사적으로 보면 그 족보를 갖기 위해 많은 다툼이 있었고 심지어는 살인까지 했다. 이런 문화는 중국과 필리핀 심지어 아프리카인들도 족보를 중요시했다. 그러나 그중에서도 유대인들은 더욱 심했다. 왜냐하면 구약에 메시아의 오심에 대한 예언이 기록되었고 또 그것을 믿고 기다렸기 때문이다. 그래서 유대인들을 위한 복음서인 마태복음서에서는 다윗의 후손인 예수의 족보를 강조하여 그의 족보에서 시작한 것이다.

우리가 잘 아는 대로 예수의 족보는 마태복음과 누가복음 두 곳에 기록되어 있다. 그런데 그 족보의 내용이 서로 다르다. 왜냐하면 마태는 장자 중심의 생물학적 계보를 열거하고 있고 누가는 요셉의 개인적인 족보를 기록했기 때문이다. 그런데 마태복음에는 명단을 일정한 틀에 맞추느라 세 인물들(아하시야, 요아스, 아마샤)을 생략하고 있다(대상3:11-12). 아브라함부터 다윗까지 14대요, 다윗부터 여고냐까지 14대요, 여고냐에서 요셉까지 14대로 기록하려고 세 인물을 의도적으로 뺀 것이다. 왜냐하면 14란 숫자는 7(완전수)×2(증인수)=14를 의미하기 때문이다. 그것은 14란 숫자가 다윗(DAVID)이란 이름을 자음만으로 14가 되기 때문이다. 마태는 예수가 다윗의 후손이란 것을 강조하기 위해서 14대씩 짝을 지어 기록하다가 세 사람의 이름을 뺀 것인데 이런 방법은 유대인들의 족보 기록에서 흔히 있는 일이라고 클라크(William S. Clark: 1826-1886) 박사는 말한다. 히브리어는 본래는 자음만으로 구성되어 있기 때문에 잘못 발음할 가능성이 많아 7-10세기경에 마소라(Masoretic Text: '전통'이란 뜻) 학파가 구약을 집중적으로 연구하면서 오늘날의 히브리어의 모음을 만든 사람들이다. 편집 책임자는 야곱 벤 하임이다. 이 마소라 학파에서 모음을 새롭게 만들어 성서에 붙여 쓰면서 오늘날에 이르게 된 것이다. 그것은 모음이 없으면 글자를 잘못 이해할 수 있기 때문이었다. 그러므로 다윗이란 글자는 본래는 달렛, 와우, 달렛의 3자음만으로 되어져 있어 14를 의미한다. 역사를 보면 아라비아 숫자가 사용되기까지 대부분의 나라에서는 글자로 숫자를 표시했다. 그래서 히브리어의 알파벳은 저마다 고유의 숫자를 지니고 있다. 다윗이란 이름은 히브리어로 3개의 자음으로 되어 있는데 다윗에 해당하는 '달렛'은 네 번째 자음이기 때문에 4를 뜻하고, 다윗의 두 번째 글자인 '와우'는 히브리어의 6번째 글자이기 때문에 6을 의미한다. 그런데 다윗이란 이름의 마지막 글자가 또 '와우'이기 때문에 합쳐서 14가 된다. 그래서 마태는 14대씩 족보의 이름을 기록한 것이다.

그러면 왜 14대씩 3번을 나눈 것인가? 위에서 언급한대로 14는 완전수(7)에 증인수(2)를 곱한 수이기 때문이다. 첫 번의 14는 다윗에서 시작하는데 그것은 왕조의 시작이고, 두 번째 14대는 포로기 즉 왕조의 종국을 뜻한다. 그래서 마태는 다윗의 후손인 예수 안에서 구약의 예언이 완성되었다는 것을 좀 더 강조하려고 이 방법으로 족보를 기록한 것이다. 다시 말하면 마태는 여섯 번째 7이 지나고 이제는 일곱 번째의 일곱이 시작되려고 한다고 보았던 것 같다. 아마 많은 사람들은 이 수비학(數秘學=Numerology)에 대해 당황해할 것이다. 감사한 것은 필자가 미국에서 공부할 때에 수비학에 대한 것을 조금 배운 적이 있어서 성서에 나오는 숫자들의 의미를 이해하는데 큰 도움이 되었다.

지면을 많이 할애할 수 없기 때문에 몇 숫자에 대한 성서의 의미만을 간단히 언급하려고 한다. 1=일치, 연합을 상징(요17:21: 마

19:6)/ 2=분리, 상호 보완을 상징(신17:6; 창44:32; 단8:20-21)/ 3=
부활, 확증, 강조를 상징(겔 21:27; 행10:9-16; 계4:8; 8:13)/ 4=온전
함을 상징: 그래서 공간 측정을 할 때 길이와 넓이와 깊이와 높이
로 함(계7:1;21:16; 사11:12)/ 5=하나님의 은혜를 상징: 그래서 모
세는 오경을 기록했다(삼상 17:40; 출33:12-17; 삼상16:13-22)/ 6=불
완전의 상징(대상 20:6; 단33:1; 계13:18)/ 7=하나님의 완전수의 상
징: 7음계, 무지개의 7가지 색(왕하8:1-3; 수6:3-5; 왕하5:1-7; 계
16:1; 마18:21-22)/ 8=새로운 탄생, 새 창조의 상징(창12:7=난지 8
일 만에 할례 받음(요3:3-8; 골3:9-11; 벧후1:4-7=하나님의 8가지 성품)/
9=성령의 9가지 열매(갈5:22-23)/ 10=율법, 가르침의 상징, 그
래서 십계명을 주심(출20:3-17)/ 11=심판의 상징: 출14:2=애급
의 11가지 재앙; 창36:40-43=아담의 11대손의 홍수심판/ 12=
하나님께서 만드신 온전함의 상징: 마19:28=열두 보좌; 마
15:35-38=12 광주리; 민33:9-12=12 생물/ 13=죄, 반역을 상
징: 막7:20-22=사람을 더럽게 하는 13가지 죄; 창14:4/ 미국에
서는 13이란 숫자 때문에 매년 10억 달러 이상의 경제적 손실이
있다고 하는데 그 날에는 직장에 결근하는 사람들이 많아 직장의
손실이 크다고 한다. 왜 미국인들은 13이란 숫자를 싫어하는 것인
가? 그것은 13이 가룟 유다의 숫자라고 믿기 때문이다. 이것은 한
국과 중국이 4란 숫자를 '죽을 사' (死)로 생각하는 것과 비슷하다.
14=구원, 해방의 상징(출12:25-27)/ (40)은 심판의 기간(창7:4; 겔
29:11-12)을 상징한다.

그러면 마태복음서를 기록한 목적은 무엇인가? 제일 먼저 기록
된 마가복음은 로마에 있는 이방인들을 위해서 예수의 행하심을

중심으로 기록했다. 그러나 마태의 대상은 유대인들과 소아시아에 있는 이방인들이었다. 그래서 마태는 좀 더 특별한 목적을 가지고 있었다. 첫째로 마태는 예수의 생애를 좀 더 세밀하게 기록하기 위헤서 예수의 족보로부터 시작하여 예수가 부활하여 제자들에게 다시 나타난 것까지 기록을 했다. 둘째로 마가에게는 없는 예수의 가르치심을 세밀하게 기록했다. 셋째로 마태는 예수는 구약에 예언되어진 다윗의 후손인 메시아임을 확인시키고 구약의 율법을 성취하신 분임을 강조하려고 기록했다. 넷째로 마태는 이방인들에게 예수는 온 인류를 위해 오신 메시아임을 설득하기 위해서 복음서를 기록한 것이다. 마태는 유대인들에게 예수는 '이스라엘 집의 잃어버린 양'(마15:24)을 위해서 왔으며 그의 제자들에게도 '잃어버린 양'들에게로 가서 치유하고 설교할 것을 지시하였다. 그러나 어떤 구절에서는 예수의 메시지는 유대인들보다는 이방인들을 위한 것임을 암시하고 있다(8:11-12; 24:14; 28:19). 언뜻 보아도 마태복음은 마가복음보다 더 조직적이고, 문학적임을 알 수 있다. 마가복음은 급하게 시작해서 급하게 끝난 복음서로 보일 것이다. 그러나 마태복음은 예수의 족보로 시작할 만큼 적극적으로 시작하여 조직적으로 결론을 향하여 기록하고 있다. 물론 마태복음은 마가복음의 순서를 따르고 있지만 그러나 시간적인 순서나 토픽의 조직력에 있어서 뛰어난 솜씨를 보여주고 있다. Q자료에서 가져온 가르침도 모세오경처럼 예수의 가르치심을 다섯 가지의 가르치심으로 조직화하고 있다. 먼저 마태는 1-2장에서 서론을 언급하고 (1)3-7장, (2)8-10장, (3)11-13장, (4)14-18장, (5)19-25장, 그리고 결론(26-28장)으로 분류를 했다. 이 구조 안에 예수의 재판,

십자가에서의 죽으심, 부활과 갈릴리에서의 나타나심을 포함하고 있다.

작가로서의 마태는 언어선택이 탁월하고 균형있게 기록했을 뿐 아니라 비유나 비교나 반복을 적절하게 하고 있다. 마태는 많은 대화를 기록했고 때로는 예수께서 혼자서 하신 대사(臺詞)도 기록하고 있다.

마태의 기교로서의 독특한 점을 들어보자.

(1)3, 7이란 숫자를 많이 사용하고 있다는 점이다. 요셉에게 천사가 세 번 나타난 점, 베드로가 예수님을 세 번 부인 한 것, 예수의 가르치심을 다섯으로 구분한 것, 보리떡 5개, 23장에 나오는 일곱 번에 걸친 '화 있을진저' 등이다.

(2) '천국은 이와 같으니' 라는 공식이나 '이루려 하심이라' (1:22: 2:15, 23, 13:35, 21:4)는 표어 같은 용어는 성서를 기록한 다른 저자들에게서는 발견할 수 없는 마태만의 특징이다.

(3)강한 묵시문학적 표현을 한 열 처녀 비유와 달란트 비유 같은 것도 독특하다.

(4)다른 어떤 복음서 저자도 사용치 아니한 '교회' 란 용어를 사용한 점(16:18: 18:17(두 번)은 마태의 작가로서의 뛰어난 점을 보여준다. 마태는 전체가 1071절(단어로서는 31,102개)인데 다른 어떤 복음서에도 없는 436의 단어가 그의 복음서에 나온다.

마태복음에만 나오는 설화들은 다음과 같다.

첫째로 예수의 탄생에 관해, 동방박사들의 방문, 이집트로 예수의 부모님들이 피난 간 것, 헤롯이 베들레헴에 있는 두 살 이하의 모든 아이들을 죽인 사건, 나사렛으로 돌아온 것 등이다.

둘째로 예수의 세례 때 세례요한의 주저한 것, 베드로가 물 위로 걸어간 것, 물고기 입에서 동전을 끄집어낸 것이다.

셋째로 예수의 재판과 십자가형과 부활에 대해 가룻 유다가 은 30을 취한 것, 유다의 죽음, 빌라도 아내의 꿈, 빌라도가 재판 후에 손을 씻은 것, 지진이 일어나고 무덤들이 열리며 자던 성도들의 몸이 많이 일어난 것(27:52-53), 경비병들에게 예수의 무덤을 지키게 한 것(27:64), 천사들이 무덤의 돌을 옮긴 것(28:2), 무덤을 지키던 병정들에게 뇌물을 준 것(28:12) 등이다.

마태복음은 예수의 가르치심을 위에서 언급한대로 모세 오경처럼 다섯 부분으로 되어 있다. (1)산상 설교(마5-7장), (2)10장의 전도여행을 보내면서 가르친 교훈, (3)13장에 모은 천국비유, (4)공동체의 용서에 대한 가르침 (5)23-25장의 종말 장으로 되어 있다. 놀라운 것은 마가복음에 강조된 것 중에 마태복음에는 없는 것은 크게 두 가지이다. 가난한 과부의 헌금(막12:41-44절)과 예수께서 승천하신 일(막16:19-20절)이다.

다음은 마태복음의 내용을 구체적으로 살펴보자.

(1)서론: 족보와 탄생 및 어린 시절(1-2:23)

마태는 예수의 족보를 아브라함으로부터 42대를 기록하고 있다. 이 족보 중에서 좀 더 기억해야 할 사람들은 이삭, 야곱, 유다, 보아스와 룻, 다윗, 솔로몬, 히스기야, 요시야이다. 마태의 특징은 마리아의 남편인 요셉에 이르는 왕족의 피가 흐르고 있다는 것을 강조한 점이다. 그러나 마태 자신은 물론 누가나 다른 기독교 전승은 예수는 성령으로 말미암아 처녀인 마리아를 통해서 잉태되었다고 기록하고 있다. 그러나 요셉의 혈맥의 아무 것도 연결된 것은 없다. 그러므로 마태의 족보는 생물학적인 것이 아닌 법적인 것일 뿐이다. 복음서는 요셉이 마리아가 잉태된 것을 알고 조용히 파혼하려고 했다고 기록하고 있다. 그러나 천사가 나타나 마리아는 처녀이고 성령으로 말미암아 한 아들을 낳게 될 것이니 그 이름을 예수라고 하라고 했다. 왜냐하면 예수는 사람들의 죄로부터 그들을 구원할 자이기 때문이라고 했다(1:20-24).

그 다음에 마태는 동방박사들의 이야기를 들려준다(2:1-12). 큰 별이 나타나자 예루살렘에 '유대인의 왕'을 찾으러 간다. 그 때 헤롯 대왕은 동방박사들의 이야기를 듣고 마음이 심히 혼란해졌다. 그래서 동방박사들이 그 아기를 찾으면 자기에게도 알려달라고 했다. 자기도 경배하기를 원한다고 핑계를 댄 것이다. 동방박사들은 베들레헴에서 아기 예수를 발견하고 황금(왕에게 주는 선물)과 유향(제사장에게 필요한 선물)과 몰약(죽은 자에게 뿌리는 선물)을 바쳤다. 여기서부터 크리스마스 때 선물을 주는 관습이 시작된 것이다. 그러나 헤롯에게로 돌아가지 말라는 천사의 경고를 듣고 동방박사들은 그냥 떠났다(2:12). 요셉도 천사의 경고를 듣고 이집트로 아기 예수와 마리아를 데리고 피난을 간다.

자기의 보좌를 빼앗길까봐 두려운 헤롯은 그 지역에 있는 두 살 이하의 모든 사내아이들을 죽이라고 명했다. 이것은 무죄한 살육이었다. 이 헤롯 대왕이 죽은 후에 요셉은 예수와 그의 아내를 데리고 이집트에서 돌아온다. 그래서 베들레헴에서 멀리 떨어져 있는 갈릴리의 나사렛에 거주한다. 그것은 요셉이 헤롯의 후세사인 아켈라오를 두려워했기 때문이었다.

여기서 우리는 헤롯의 족보를 잠간 언급할 필요가 있다. 안티파터의 아들인 헤롯은 주전 37년에 로마 황제의 도움으로 유다 왕위에 올랐다. 그는 10명의 아내와 10명의 아들을 두고 있었다. 그는 주전 4년에 70세쯤 되어 죽었다. 장남인 아켈라오는 팔레스틴의 남쪽을 9년간 통치하다가 잔인하여 사마리아 대표가 아구스도 황제에게 탄원하여 결국 파면되었다. 헤롯 빌립 2세는 북동쪽을 통치하였으며 가이사랴 빌립보를 황제에게 바치면서 비교적 온건하게 통치하여 예수의 활동의 중심지가 되었다. 다음은 헤롯 안디바인데 아들 중에서는 가장 유능했다. 그는 아내와 이혼하고 빌립의 아내인 헤로디아(이복 조카딸)와 결혼을 했다. 예수는 그를 '여우'(눅 13:32)라고 불렀으며 세례요한을 죽인 자며 예수를 재판한 자이다.

(2)예수의 세례와 시험(3:13-4:11)

마가와 마찬가지로 마태도 예수의 사역의 준비를 세례요한에게서 시작함으로 세례요한을 예수의 선구자로 언급하고 있다. 예수께서 세례요한에게 세례를 받으려하자 요한은 주저한다. "내가 당신에게서 세례를 받아야 할 터인데 당신이 내게로 오시나이까"라고 말한다. 여기서 마태가 표현하려고 한 것은 예수는 죄가 없으신 분이기 때문에 세례를 받아야 할 이유가 없다는 뜻이다. 그러나 예수는 계속 주장해서 결국 요한으로부터 세례를 받는다.

여기서 우리는 왜 죄 없으신 예수께서 세례요한에게 세례를 받앞느냐의 문제에 봉착한다. 이에 대해 로버트 G. 그로마키는 그의 『성령(The Holy Spirit)』이란 책에서 네 가지 이유를 언급했다. 첫째는 예수께서 세례요한에게 알려지기 위해서이고(요1:30-34) 둘째는 이스라엘에게 자신을 나타나게 하기 위해서이고(요1:31) 셋째는 예수는 요한과 회심자들과 동일하다는 것을 나타내기 위해서이고(요1:33-34) 넷째는 성령으로 기름부음을 받기 위해서(요1:29-31)라고 했다. 여기서 필자는 예수의 세례를 기록한 것은 구원사역의 연속성과 하나님 자신이 친히 구원사역을 이루신다는 점을 강조하기 위해서라고 본다.

그 후에 성령께서 예수를 광야로 인도하여 사탄에게 시험을 받으신다. 마가와 달리 마태는 세밀하게 기록하고 있다. 40일을 밤낮으로 금식하셨다고 했다. 사탄은 돌들을 떡(정확하게는 빵)으로 만들라고 했을 때 예수는 "사람이 떡으로만 살 것이 아니요……"라고 했다. 이것은 육체에 관한 일반적인 시험을 상징한다. 두 번째 시험은 성전 꼭대기에 세우고 뛰어내리면 하나님께서 보호할 것이 아니냐고 시험한 것이다. 이 시험은 하나님의 보호하실 수 있는 능력을 의심케 하려는데 있었다. 세 번째 시험은 세상의 모든 영광을 다 보여주고 사탄 자신에게 절하면 이 세상의 모든 것을 다 주겠다는 것이었다. 이것은 세상의 영광과 권력에 대한 시험이었다. 여기서 중요한 것은 사탄은 우리를 시험할 때 성서의 구절을 이용한다는 점이다. 그래서 세상의 모든 이단들도 소위 정통이란 교회보다 더 많이 성서를 가르고 해석한다. 왜냐하면 일반 신도들은 성서를 깊이 있게 읽지를 않기 때문에 성서만 인용하면 무조건 꼼짝 못한다는 것을 알고 있기 때문이다.

또 한 가지 주목할 것은 사탄이 예수를 시험할 때에 두 번 반복해서 물은 것은 "네가 만약 하나님의 아들이어든"(4:3절과 6절)이란 말이었다. 여기서 우리는 사탄이 예수를 시험한 것은 이제 하나님의 아들로서 구원사역을 시작하려고 할 때임으로 예수가 자신이 과연 하나님의 아들인가에 대해 의심 내지는 자신의 구원사역에 대해 회의를 느끼게 만들기를 원했기 때문이었다. 여기서 잠간 언급할 것은 왜 마태와 누가는 다 같이 예수의 삼대시험을 기록하면서 서로의 순서가 다른가이다. 둘째 시험과 셋째 시험이 마태와 누가의 기록에는 바뀌었기 때문이다. 그것은 마태는 시간적 순서로 기록했고, 누가는 예루살렘을 중심으로 구속사적으로 기록했기 때문이다. 마태는 예루살렘을 13번 밖에 언급하지 않았으나 누가는 예루살렘을 31번이나 언급하고 있다. 그것은 누가는 예수의 사역의 중심지를 예루살렘으로 보고 있기 때문이다. 그래서 예수의 사역을 예루살렘의 사가랴에게서 시작하여 예루살렘의 예수를 통해 끝난 것(눅24:52)으로 기록하고 있다.

(3)산상수훈(5-7장)

산상수훈은 "예수께서 무리를 보시고 산에 올라가 앉으시니"란 말로 시작된다. 필자는 예루살렘에 있는 히브리 대학에 초청받아 6개월간 객원교수로 있으면서 이 산 이름이 무엇인가 찾아본 적이 있다. 어떤 학자는 다볼산이라고도 하고 또 어떤 이들은 타부가(Tabgha) 언덕이라고 해서 혼동만 더 해졌다. 로마 가톨릭에서는 타부가에 팔복교회를 짓고 기념교회로 섬기고 있다. 팔복교회는 8각형 구조로 되어 있으며 유리창 위에는 8복의 내용이 라틴어로 하나씩 기록되어 있다. 1938년 이탈리아의 건축가인 바를루치(Barluzzi)가 설계하여 무솔리니의 지원을 받아 세웠다고 한다.

산상수훈은 새 언약의 율법이라고 할 수 있다. 예수께서는 여러 번 "내가 율법이나 선지자를 폐하러 온 줄로 생각하지 말라 폐하러 온 것이 아니요 완전하게 하려 함이라"(마5:17)고 했다. 구약의 율법을 완성케하고 재해석하기 위해서 왔다고 했다. 예를 들면 마 5:27-28절이다. "또 간음하지 말라 하였다는 것을 너희가 들었으나 나는 너희에게 이르노니 음욕을 품고 여자를 보는 자마다 마음에 이미 간음하였느니라" 6장 31절에서는 "그러므로 염려하여 이르기를 무엇을 먹을까 무엇을 마실까 무엇을 입을까 하지 말라"고 하면서 33절에서 "그런즉 너희는 먼저 그의 나라와 그의 의를 구하라 그리하면 이 모든 것을 너희에게 더하시리라"고 했다.

산상수훈 중에서 가장 유명한 구절은 팔복(5:3-12), 주기도(6:9-13), 황금률인 7:12절의 "그러므로 무엇이든지 남에게 대접을 받고자 하는 대로 너희도 남을 대접하라 이것이 율법이요 선지자니라"이다. 이것을 황금률(Golden Rule)이라고 부른다. 이것과 대조가 되는 것이 힐렐(Hillel)의 은률(Silver Rule)이다. "네가 싫은 것은 남에게 시키지 말라"이다.

(4)교회의 기초로서의 베드로 임명(16:16-20)

성서에서 가장 논쟁이 많은 구절이라고 할 수 있다. 베드로가 예수는 그리스도라고 신앙고백을 했을 때(막8:29) 주님께서 베드로를 축복하시면서 하신 말씀이다. "바요나 시몬아 네가 복이 있도다 이를 네게 알게 한 이는 혈육이 아니요 하늘에 계신 내 아버지시니라 또 네게 이르노니 너는 베드로라 내가 이 반석 위에 내 교회를 세우리니 음부의 권세가 이기지 못하리라 내가 천국 열쇠를 네게 주리니 네가 땅에서 무엇이든지 매면 하늘에서도 매일 것이요 네가 땅에서 무엇이든지 풀면 하늘에서도 풀리리라"(16:17-19).

이 구절은 너무도 중요한 문제이기 때문에 잠간 해석을 하고 지나려고 한다. 이 구절에서 가장 중요한 것은 베드로의 신앙고백은 모든 제자들을 대신하여 했다는 점이다. 예수는 베드로가 뼈저린 부인과(26:69-5) 용서를 체험한 후에 반석(베드로)의 사람이 될 것을 내다보시고 하신 말씀이다. 오순절 때 탄생할 교회를 위해서 누구보다도 크게 기여할 인물이며 대변인인 역할을 이미 알고 말씀한 것이다. 여기서 중요한 단어는 '열쇠'란 단어이다. 이 말은 두말할 필요도 없이 은유이다. 열쇠의 개념은 사22:22절에 잘 나타나있다. "내가 또 다윗의 집의 열쇠를 그의 어깨에 두리니 그가 열면 닫을 자가 없겠고 닫으면 열 자가 없으리라" 그러므로 베드로가 말한 것이 하나님께로부터 인정을 받는다는 것은 아니다. 사실 베드로는 교회의 열쇠의 역할을 하였다. 그것이 바로 사도행전 2장에 나오는 오순절 사건이다. 당시 교회의 문은 이방인들에게는 닫혀있었다. 그러나 베드로가 인정했을 때 이방인들에게도 열린 것이다(행10장). 이 열쇠에 대한 구절은 계시록 3:7절에 '다윗의 열쇠'로 나온다. 결론적으로 말하면 이 '열쇠'란 말은 '결정권'을 말하는 것이 아니라 죄가 되는가. 무죄한 것인가를 '선포하는 것'을 말한다. 따라서 로마가톨릭에서 말하는 베드로의 열쇠에 대한 해석은 은유에 대한 무지에서 온 것이며 자신들을 합리화한 욕심일 뿐이다.

(5)비유들

마태복음에는 23개의 비유들이 기록되어 있다. 앞에서도 언급했지만 역사상 예수만큼 비유를 많이 사용한 사람은 없다. 게다가 은유까지 합치면 거의 천문학적 숫자가 될 것이다. 그 중에 13개의 비유는 마가복음이나 누가복음에는 나오지 않는 것이다. 그 내용을 보면,

(1)반석 위에 세운 집과 모래 위에 세운 집 비유(7:24-27)

(2)더러운 귀신 들린 사람 비유(12:43-45)

(3)새 교리에 대한 여섯 가지 비유들(13:24-50)

(4)잃은 양 비유(18:11-14)

(5)무자비한 종의 비유(18:21-25)

(6)포도원의 품꾼 비유(20:1-16)

(7)두 아들 비유(21:28-32)

(8)혼인 잔치 비유(22:1-14)

(9)집주인과 도적 비유(24:42-44)

(10)슬기로운 청지기 비유(25:45-51)

(11)열 처녀 비유(25:1-13)

(12)달란트 비유(25:14-30)

(13)양과 염소 비유(25:31-46)

(6)재판, 십자가, 부활

마태복음은 마가복음의 설화를 많이 의존하고 있으나 그럼에도 불구하고 마가복음에 없는 여러 가지 사건들을 더 기록하고 있다. 아마도 당시에 구전으로 내려오는 것을 자료로 사용했을지도 모른

다. 많은 사람들은 그 구전이 진실인지 아닌지 어떻게 구별하느냐고 하겠지만 마태복음을 기록할 당시에 아직도 살아있는 사람들이 있었기 때문에 그들을 통해서 확인했을 것이고 무엇보다도 성령의 인도하심으로 인해 그 기록과 내용들은 확실하다고 볼 수 있다.

가룟 유다의 배신에 대해서는 마가는 돈 때문이라고 했다(막 14:11). 그러나 마태는 좀 더 세밀하게 기록하고 있다. 대제사장들이 '은 삼십'을 주겠다고 했다. 마가복음에는 마지막 성만찬 때 제자 중 하나가 예수를 팔 것이라고 했으나(막14:21) 이름을 밝히지는 않았다. 그러나 마태복음에는 좀 더 세밀하게 기록하고 있다. 가룟 유다가 '랍비여, 나는 아니지요'라고 묻자 예수는 '네가 말하였도다'라고 하셨다. 예수가 빌라도에게 넘겨지자 가룟 유다는 양심의 가책을 느끼고('스스로 뉘우쳐': 마27:3) 대제사장과 장로들에게 가서 "내가 무죄한 피를 팔고 죄를 범하였도다"(마27:4)라고 하면서 "스스로 목매어 죽었다"고 했다. 돈을 돌려받은 대제사장들은 "이것으로 토기장이의 밭을 사서 나그네의 묘지를 삼았다"(마27:3-10).

마태는 여기에 덧붙여서 빌라도의 아내가 "오늘 내가 그 사람으로 인하여 애를 많이 태웠다"고 하였다. 이것은 아마도 빌라도의 아내는 남편에게 이 사건에 관계하지 말라는 경고였을 것이다. 빌라도는 아내의 말이 꺼림칙했던지 물을 가져다가 손을 씻고 "이 사람의 피에 대하여 나는 무죄하니 너희가 당하라"(27:24-25)고 했다.

여기서 필자는 빌라도가 그의 죄로 인해 어떤 결과를 가져왔는지 세 가지만 언급하려고 한다. 빌라도는 무죄한 예수에게 사형언도를 내린 것 뿐만 아니라 세 가지 중요한 죄로 결국은 황제의 송환 중 면담보고를 앞두고 자살했다고 교회사가인 유세비우스는 기록하고 있다.

빌라도는 무죄한 예수에게 사형언도를 내렸을 뿐 아니라 세 가지 실정을 했다. 첫째로 빌라도는 예루살렘에서 25마일 떨어진 우물에서 예루살렘으로 물을 끌어들이기 위해 송수로를 건설하는데 드는 비용 때문에 성전의 금고에서 돈을 꺼내어 쓰려고 하자 많은 유대인들의 집단적 항의가 일어나자 많은 유대인들을 죽였다. 둘째는 빌라도의 관저에 보관해둔 금방패에 대해 많은 반대가 일어났다. 그러나 빌라도는 거부했고, 마침내는 디베료 황제에게 진정서가 전달되어, 황제는 그것을 옮기도록 명령하여 시정했다. 셋째로 가장 큰 실수는 사마리아인들의 성지인 그리심 산의 회막에 성물들이 감추어져 있다는 소문을 듣고 많은 사마리아인들을 체포하고 주모자 중 몇 명을 처형했다. 그러자 사마리아인들은 수리아에 있는 총독 비텔리우스(Vitellius)에게 진정서를 냈다. 수리아의 총독은 바로 빌라도의 직속상관이었다. 그는 빌라도에게 본인이 직접 황제에게 전말을 보고하도록 명령했다. 그 무렵(주후 37년) 빌라도는 디베료 황제에게 소환되어 로마에 가서 기다리는 중에 황제가 죽자 그의 재판은 연기되었고 빌라도는 오랫동안 로마에 머물게 되자 스트레스로 인해 자살을 하고 말았다.

마태는 유월절 아침에 큰 지진이 있었다고 기록하고 있다(28:2). 마가는 막달라 마리아와 야고보의 어머니 마리아와 살로메가 무덤에 갔을 때 돌은 이미 굴려져 있고 무덤에 들어가 보니 흰 옷을 입은 한 청년이 우편에 앉은 것을 보고 놀랐다고 기록하고 있다. 주의 천사를 본 것이나. 여기서 놀라운 것은 마태는 예수께서 유대에서 제자들에 나타난 것과 심지어 승천하신 사건을 기록하지 않고 있다. 다만 갈릴리에서 열한 제자들에게 나타나 지상명령(至上命令)하신 것을 세밀하게 기록하고 있다.

3. 누가복음과 사도행전

마가복음은 로마인들을 위해 기록했고, 마태복음은 유대인들을 위해서 기록했고, 누가복음은 헬라인들을 위해 기록한 복음서들이다. 르낭(Ernest Renan)은 마태복음은 "지금까지 쓰인 책 가운데 가장 중요한 책"이고 누가복음은 "지금까지 기록된 책 가운데 가장 아름다운 책"이라고 극찬했다. 르낭은 1860년에 기독교의 기원을 밝히기 위해 『기독교 기원사』라고 하는 7권으로 된 책을 발간했다. 그 중에서도 가장 유명한 것은 제1권 『예수전』으로서 예수에게서 초자연적인 요소를 배제하고 하나의 인간으로서 기록한 점이다.

누가복음 연구에서 가장 중요한 부분은 누가복음 서론인 1:1-4절이다.

"우리 중에 이루어진 사실에 대하여 처음부터 목격자와 말씀의 일꾼 된 자들이 전하여 준 그대로 내력을 저술하려고 붓을 든 사람이 많은지라 그 모든 일을 근원부터 자세히 미루어 살핀 나도 데오빌로 각하에게 차례대로 써 보내는 것이 좋은 줄 알았노니 이는 각하가 알고 있는 바를 더 확실하게 하려 함이로라"

그러면 누가복음을 증정 받은 데오빌로(1:3)는 어떤 사람이었는가? 데오빌로란 이름의 뜻은 "하나님을 사랑하는 자"란 말이다. 필자는 데오빌로란 이름은 정식 명칭이 아닌 것으로 본다. 왜냐하면 당시의 사람 가운데 데오빌로란 이름이 기록된 것이 없기 때문이다. 2절의 구절은 당시 예수님에 관해 기록한 것들이 많이 있지만 차례대로 되지 않은 것도 있어서 데오빌로가 혼동할 가능성이 있기 때문에 '차례대로' 써 보냄으로써 예수에 대해 바로 깨닫기를 원하는데 기록의 목적이 있었다. 이것은 데오빌로가 로마의 높은 직분에서 기독교로 개종한 지 얼마 되지 않았던 것 같다. 둘째는 로마 정부로 하여금 기독교인들이 선동적인 사람들이 아니며 로마정권을 전복하려는 종파가 아니라는 점을 확인시키려는 데 목적이 있었다. 셋째는 누가복음서의 목적은 예수께서 온 우주의 구주시며 사랑 많으신 치유자요 하나님의 사랑을 보여주는 선생이란 점을 증명하려는 데 있었다.

따라서 누가복음은 아주 부드럽고 동정적인 문장으로 되어 있다. 누가복음은 가난한 자와 버림받은 자들을 위한 복음서요 용서와 기도와 기쁨을 주는 책이다. 누가복음 서론은 인간적 노력이 반드시 반신앙적이나 성령을 거스르는 것이 아님을 보여준다. 그뿐 아니라 성령의 역사 속에서 일을 해도 인간적인 노력이 따른다는 것을 알 수 있다. 누가복음의 재료는 첫째는 마가복음이다. 마가복음의 661절 가운데 60%가 누가복음과 일치한다. 누가복음은 마태보다도 더 많이 마가복음의 내용을 생략하고 있다. 그러나 마가복음을 따를 때는 마가의 순서를 그대로 따르고 있다. 그러나 두 가지 예외가 있다. 누가는 마가복음의 여섯 내용을 기록하고 있지 않다. 그것은 막6:45-8:26절의 내용을 빼고 있다는 점이다. 누가가 마가복음의 내용을 뺀 이유는 첫째 마가의 거친 스타일을 좀 더 부드럽게 하고 둘째는 필요치 않다고 생각한 부분을 빼고, 셋째는 예수와 그의 제자들과의 관계를 좀 더 부드럽게 표현하려고, 넷째는 누가복음서에는 적합지 않다고 생각한 사건들을 빼고 있다. 예를 들면 막11:12-14; 20-22절이다. 다섯째는 누가가 중요하다고 생각한 다른 내용을 더 기록하기 위해서이다. 이 견해는 버크나 트라위이크(Buckner B. Trawick)의『문학으로서의 성서, 신약』에서 발취한 것이며 이 책의 많은 부분을 필자는 그에게 빚지고 있다.

누가복음의 중요한 자료는 먼저 마가복음이고, 두 번째의 자료는 누가만이 가지고 있는 자료로서 베드로를 통해서 얻게 된 자료일 것이다. 세 번째 자료는 구전으로 얻은 자료이다. 특히 1-2장에 나오는 예수의 탄생과 마리아의 찬가(1:46-55)와 사갸랴의 예언(1:67-79), 시므온의 찬송(2:28-32) 등이다. 이 찬가는 예루살렘 교회에서 사용하고 있는 히브리어나 아니면 아람어로 기록된 것으로 보인다.

누가는 재주가 뛰어난 문필가이다. 그의 언어는 막힘이 없고, 은혜로우며 다듬어진 코이네(Koine) 헬라어로 되어 있다. 그의 단어는 정확하고 다양하다. 누가의 헬라어는 구문(構文)과 문법이 정확하다. 누가복음의 서론은 고전적 헬라어이고, 1:5절에서 2:52절은 셈어 투며 많은 부분이 70인역(Septuagint)과 흡사하다. 누가복음의 자료의 조직은 마가복음과 유사하다. 특히 1-2장의 서론에 나오는 세례요한의 출생과 예수의 탄생과 어린 시절, 예수의 세례와 시험(3:1-4:13절), 4:14-9:50절의 갈릴리에서의 사역, 9:51-

19:28절의 베뢰아의 사역, 19:28-22:38절의 유대에서의 사역, 22:39-24:53절의 체포 십자가, 부활, 승천 등은 마가복음의 자료를 사용하고 있다.

여기서 우리는 성령의 역사는 기록자가 성서를 기록할 때 인간 무지의 실수를 막아주며 섭리하는 역할은 하지만 그러나 기록자 개인의 기질과 문학적 특성은 살려주고 있다는 점을 볼 수 있다. 누가는 구문과 문법의 원칙을 철저하게 지키고 있다. 누가는 현장의 묘사에 탁월하고(2:6-14의 출생에 관한 묘사), 인물 묘사를 생생하고 세밀하게 하고 있다(시므온:2:25; 안나:2:37; 졸음 많은 베드로와 야고보와 요한에 대한 묘사: 9:32); 선한 사마리아인의 비유(10:30-37); 탕자의 비유(15:11-32) 등의 누가의 뛰어난 묘사를 잘 보여준다. 그뿐 아니라 누가는 드라마적인 센스가 뛰어나며 심리학적인 비교를 잘 묘사하고 있다. 예를 들면 7:36-48절에 바리새인들과 죄 많은 여인의 비교나 10:30-37절의 사마리아인과 대제사장, 레위인의 비교, 10:38-42절의 마리아와 마르다의 비교는 누가의 드라마적인 센스가 얼마나 풍부한가를 잘 보여준다. 누가는 시적 날카로움을 가지고 초대 성도들의 찬가를 잘 보존하고 있다. 예를 들면 마리아의 찬가(1:46-55); 사가랴의 '찬송하리로다'로 시작되는 송가(1:68-79); 영광의 찬가(Gloria in Exellsis=2:14); 시므온의 노래(Nunc Dimittis=2:29-32) 등은 어디에서도 볼 수 없는 뛰어난 시들이다. 이처럼 누가복음에는 은혜로운 시적 묘사가 전체에 흐르고 있다. 이런 장점이 누가를 신약성서에서 가장 뛰어난 문학인으로 만들어 주고 있다.

그러나 누가복음의 조직적 자료는 마가복음과 유사하다. 특히 서론이 그렇다. (세례요한의 출생과 예수님의 탄생 및 어린 시절). 그뿐 아니라 1-2장에 나오는 세례와 예수님의 시험(3:1-4:13), 갈릴리에서의 사역(4:14-9:50), 베뢰아에서의 사역(9:51-19:28), 유대지방에서의 사역(19:28-22:38), 체포와 재판, 십자가에서의 죽음, 부활과 승천(23:39-24:53)은 마가복음의 구조를 그대로 따르고 있다.

(1)세례요한의 출생(1:5-25, 39-45, 57-80)

데오빌로에게 보내는 간단한 인사 후에 누가는 그의 복음서를 세례요한에서 시작한다. 이것은 세례요한의 사역을 예수의 선구자로서 강조하기 위해서였을 것이다. 헤롯 때에 가브리엘 천사장이 제사장인 사가랴에게 나타났다. 그는 선하고 의로운 제사장이었다. 애기가 없던 그의 아내 엘리사벳이 곧 아기를 갖게 될 것이라고 예언했다. 태어나기도 전에 성령이 충만한 자 "모태로부터 성령의 충만함을 받아"라고 하였다. 그뿐 아니라 이스라엘 자손을 하나님께로 돌아오게 할 것이며 "그가 또 엘리야의 심령과 능력으로 주 앞에 먼저 와서 아버지의 마음을 자식에게, 거스르는 자를 의인의 슬기에 돌아오게 하고 주를 위하여 세운 백성을 준비하리라"(1:17)고 했다.

그뿐 아니라 사가랴의 아들은 나실인 처럼 술을 가까이 하지 않을 것이라고 했다. 그러나 사가랴는 아브라함처럼 천사의 예언을 믿지 않았다. 이에 대한 심판으로 사가랴는 말을 하지 못하게 될 것이며 아기를 낳기까지 계속될 것이라고 했다. 6개월이 지난 후 엘리사벳이 아기를 배었다는 것을 축하하기 위해서 사촌인 마리아가 방문했다. 엘리사벳은 마리아가 메시아의 어머니가 될 것을 알고 마리아를 축복하며 기뻐하였다. 엘리사벳이 아들을 낳아 8일이 되어 할례를 행할 때 친족들이 아버지의 이름을 따라 사가랴라고 이름을 지으려고 했으나 엘리사벳이 '요한'(하나님은 은혜로우시다'란 뜻)이라고 주장했다. 말을 하지 못하는 아버지인 사가랴는 서판에 '요한'이란 이름을 적자 모두들 두 사람이 똑같음에 놀랐다. 바로 그 순간 사가랴의 입이 열려 말하기 시작했다. 그 다음이 유명한 사가랴의 송가(1:68-79)이다. 한편 세례요한은 성장하기 까지 '빈들'에 있었다고 했다.

여기서 필자는 왜 세례요한이 광야에 있었는지에 대한 이유를 잠간 언급하려고 한다. 성서에는 눅1:80절에 한 절밖에 언급하고 있지 않다. "아이가 자라며 심령이 강하여지며 이스라엘에게 나타나는 날까지 빈들에 있으니라" 우리가 잘 아는 대로 사가랴와 엘리사벳은 나이가 많아서 세례요한을 낳았기 때문에 어린 시절에 부모를 잃고 쿰란 공동체에 양아들로 받아져서 그들의 영향권 안에서 성장했을 것으로 본다. 역사가인 요세푸스는 세례요한이 에센파에서 제사장의 아들인 요한을 자기들의 규칙에 따라 양육했다고 기록했는데 필자는 그 기록이 상당한 근거가 있다고 보고 있다. 당시엔 바리새파와 사두개파와 에센파가 중심을 이루고 있었다. 이 에센파에서 쿰란파가 갈라져 나왔으나 차이점보다는 공통점이 더 많다.

쿰란의 본거지는 남쪽 사해바다가 시작되는 곳에 있었다. 21세기 최대의 고고학적 발굴이 바로 이 쿰란동굴이다. 사해북쪽 서단에 쿰란이란 고대 거주지(유대광야의 높은 언덕이 시작되는 입구)가 발굴된 것이다. 11개의 동굴에서 사해사본(두루마리)이 발견됐다. 이것은 1947년 베드인 족의 양치기 소년이 잃어버린 양을 찾아 헤매다 굴을 발견한 것이다. 그 소년은 돌을 던지면 양이 놀라 나올 것을 기대했다. 이상하게 항아리가 깨지는 소리가 나서 들어가 보니 동굴 안에 여러 개의 질그릇 항아리가 놓여있었다. 보물 항아리가 아닌가 싶어 손을 넣어 보니 양피지로 만든 두루마리가 손에 잡혔다. 이게 바로 이사야서의 필사본이었다. 이 두루마리는 아랍인 골동품상을 통해 헐값에 팔려나갔다.

이것을 만든 쿰란 공동체는 주후 68년 로마군에 의해 파괴되었다. 로마군인이 쳐들어오자 구약과 문헌들을 항아리에 넣어 동굴에 숨겨두었다. 에센파 사람들이 자손들에게 물려주기 위해 율법과 예언서를 필사본 했던 것이다. 주전 2세기의 사해사본이 많이 발견된 곳은 제4동굴(도서관으로 추정됨)이었다. 건조한 기후 덕에 보관된 셈이다. 현재 이 사본은 예루살렘 박물관에 보관되어 있다.

아마도 세례요한은 쿰란 공동체의 선교사 역할을 한 것으로 보인다. 그의 활동무대나 식생활이 거의 쿰란 공동체와 유사하기 때문이다. 다만 활동 영역이 세례요한은 예루살렘에 더 가까이 있었다. 세례요한이 입었던 낙타털옷은 낙타털을 가공하지 않은 채 거칠고 빳빳한 가죽 그대로 해 입은 옷이다. 이 낙타 털옷은 엘리야 선지자를 비롯해서 구약의 여러 선지자들이 입었던 옷과 같았고 메뚜기와 석청은 당시 광야에서 살던 가난한 사람들의 음식이었다.

중요한 것은 세례요한의 세례와 예수의 세례의 공통점과 차이점이 무엇인가이다. 형식상으로는 예수의 세례가 세례요한의 세례에서 받아들인 것처럼 보인다. 그러나 예수의 세례는 전혀 다른 차원의 세례였다. 세례요한의 세례와의 차이점은 세례요한의 세례는 회개의 세례일 뿐이고 삼위일체의 이름으로 준 것이 아니다. 다만 과거의 불의를 회개한다는 의미였다. 그러나 예수의 세례는 삼위일체의 이름으로 준 것이며 예수의 공로로 죄씻음을 받는다는 점을 뜻한다. 또한 예수의 세례는 예수와 함께 죽었다가 예수와 함께 다시 살아났다는 의미를 가진다. 그리고 다음에 있게 될 성령의 세례와 연결되어진다. 따라서 세례요한의 세례의 유효성은 예수의 세례를 받기 위한 준비과정일 뿐이며 예수가 구속사역을 성취할 때까지만 유효한 것이다.

(2)예수의 족보, 출생 및 어린 시절

누가는 예수의 조상과 어린 시절에 관한 가장 완전한 기록을 하고 있다.

먼저 족보에 대해서(3:23-38) 살펴보자. 누가의 족보는 마태복음에 기록된 족보와 여러 가지 면에서 차이가 있다. 먼저 마태는 선택되어진 계보(마1:17)인 요셉의 혈통을 좇아 기록하면서 누가 누구를 '낳고, 낳고' 하면서 족보를 이어갔다. 그러나 누가는 마리아의 계보를 통해 추적하고 있으며 완전한 계보(눅3:23)를 기록하고 있다. 차이점은 첫째로 많은 조상들의 이름이 다르다. 누가는 요셉의 아버지를 야곱이란 이름 대신 '헬리'(3:23절)를 언급하고 있으며 다윗의 아들인 솔로몬 대신 '나단'(3:31절)을 언급하고 있다. 둘째 더욱 중요한 것은 누가는 아브라함까지 추적하지 않고 아담까지 추적하고 있다. 누가는 예수는 단순히 다윗의 후손인 메시아 일 뿐 아니라 온 세상의 그리스도로서 관심을 가지고 족보를 기록하였다.

(3)수태고지(受胎告知＝Annunciation:3월 25일)와 마리아 찬가(Magnificat: 1:26-38, 46-55)

이에 앞서 마리아의 엘리사벳의 방문과 천사 가브리엘이 마리아에게 예수의 나심을 예고한 내용이 나온다. 천사가 마리아에게 한 말은 "마리아여 무서워하지 말라 네가 하나님께 은혜를 입었느니라 보라 네가 잉태하여 아들을 낳으리니 그 이름을 예수라 하라"(1:30-31)는 수태고지였다. 아마도 마리아는 무서웠을 것이다. 심지어 요셉까지도 가만히 끊고자 한 것으로 보아 마리아가 얼마나 두려웠겠는가? 이 일은 이미 삼하 7:13-16절과 사9:6-7절의 예언된 것의 성취이다. 그러나 처녀인 마리아로서는 무섭지 않을 수가 없었다. 가브리엘은 그것을 알고 성령으로 말미암아 한 아기를 낳을 것을 언급한 것이다. "성령이 네게 임하시고 지극히 높으신 이의 능력이 너를 덮으시리니 이러므로 나실 바 거룩한 이는 하나님의 아들이라 일컬어지리라"(1:35). 곧 이어 유명한 '마리아의 찬가'(누1:46-55)가 나온다. "마리아가 이르되/ 내 영혼이 주를 찬양하며/ 내 마음이 하나님 내 구주를 기뻐하였음은/ 그의 여종의 비천함을 돌보셨음이라/ 보라 이제 후로는 만세에 나를 복이 있다 일컬으리로다/ 능하신 이가 큰일을 내게 행하였으니/ 그 이름이 거룩하시며/ 긍휼하심이 두려워하는 자에게 대대로 이르는 도다/ 그의 팔로 힘을 보이사 마음의 생각이/ 교만한 자들을 흩으셨고/ 권세 있는 자를 그 위에서 내리치셨으며/ 비참한 자를 높이셨고/ 주리는 자를 좋은 것으로 배불리셨으며/ 부자는 빈손으로 보내셨

도다/ 그 종 이스라엘을 도우사 긍휼히 여기시고 기억하시되/ 우리 조상에게 말씀하신 것과 같이/아브라함과 그 자손에게 영원히 하시리로다.

(4)예수의 탄생과 어린 시절(2:1-40)

여기서 중요한 것은 사복음서 가운데 오직 누가만이 그리스도의 아름다운 탄생의 이야기를 기록한 점이다. 당시 아우구스투스(Augustus) 황제가 로마에 있는 모든 사람은 자기가 태어난 곳에 가서 세금을 목적으로 하는 등록을 하라는 칙령을 내렸다. 결과적으로 다윗의 계열인 요셉은 나사렛에서 베들레헴으로 갔다. 불행하게도 베들레헴은 작은 마을이었기 때문에 여관은 이미 사람들이 차있었다. 그래서 할 수없이 말구유에서, 그것도 주인의 허락을 받고 아기를 낳을 수밖에 없었다. 가까운 언덕의 중턱에 목자들이 밤에 양을 지키고 있었다. 그 때에 한 천사가 그들 앞에 나타나자 목자들은 두려웠다. 그 때에 천사가 말했다. "무서워하지 말라 내가 온 백성에게 미칠 큰 기쁨의 좋은 소식 너희에게 전하노라 오늘 다윗의 동네에 너희를 위하여 구주가 나셨으니 곧 그리스도 주시니라"(2:10-11).

강보에 싸여 구유에 뉘어있는 아기를 보리니 그것이 표적이 된다고 하자, 갑자기 하늘에서 천군과 천사가 하나님을 찬송했다. "지극히 높은 곳에서는 하나님께 영광이요 땅에서는 하나님이 기뻐하신 사람들 중에서 평화로다" 잠시 후에 목자들은 베들레헴의 말구유에 있는 아기를 발견하자 하나님을 찬송하고 이 기쁜 소식을 전하였다. 팔일이 되었을 때 예수는 유대인의 관습에 따라 할례를 받았고(창17:12) 한 달 후에 하나님께 성물을 바치기 위해서 예루살렘 성전으로 갔다. 그 때에 예루살렘에 거주하는 한 경건한 시므온이란 사람이 있었는데 그는 메시아를 보리라는 성령의 약속을 받은 사람이었다. 그는 성전에서 아기 예수를 보고 그가 그리스도임을 인식하였다. 시므온은 아기 예수를 가슴에 안고 지금은 '시므온의 노래'(Nunc Dimittis)라고 알려진 노래를 불렀다. "주재여 이제는 말씀하신 대로 종을 평안히 놓아 주시는 도다 내 눈이 주의 구원을 보았사오니 이는 만민 앞에 예비하신 것이요 이방을 비추는 빛이요 주의 백성 이스라엘의 영광이니이다"(2:29-32). 솔직히 필자는 지금까지 이보다 더 아름다운 시를 읽어본 적이 없다. 참으로 시인으로서의 누가는 역사에 남는 위대한 작가라고 할 수 있다.

비슷한 시기에 여선지자인 안나도 아기를 보고 "하나님께 감사하며 예루살렘의 속량을 바라는 모든 사람에게 그에 대하여 말하니라"고 했다. 놀라운 것은 누가복음에는 마리아의 찬양(눅1:46-55), 사가랴의 찬양(눅1:68-79), 천사의 찬양(눅2:13-14), 시므온의 찬양(눅2:28-32) 등이 나올 정도로 누가복음은 찬양의 복음으로 되어 있다. 이 찬양들을 보면 누가의 시적 깊이와 회화적인 뛰어난 묘사를 볼 수 있다. 그래서 많은 성가곡들이 누가복음을 배경으로 하고 있다.

(5)성전 안에서의 소년 예수(2:41-52)

사복음서 어디에도 없는 소년 예수에 관한 누가만의 기록이 나온다. 예수의 나이가 12살 되었을 때 부모를 따라 유월절을 지키기 위해 예루살렘에 갔다. 요셉과 마리아는 나사렛으로 오기 시작하였으나 소년 예수는 예루살렘에 남아있었다. 하루가 지난 후에야 부모들은 예루살렘으로 돌아와 박사들 가운데서 듣기도 하고 묻기도 하는 것을 보았다. 옆에 있는 자들이나 선생들 다 같이 소년 예수의 지식과 이해에 대해 놀랐다. 그의 부모는 걱정하고 찾게 한 예수를 나무랐다. 그 때에 예수는 이렇게 대답했다. "어찌하여 나를 찾으셨나이까 내가 내 아버지 집에 있어야 될 줄을 알지 못하셨나이까?"(2:49). 여기서 번역이 "아버지 집에"이라고 했으나 "아버지 일"을 하고 있는 것을 왜 모르셨습니까, 라고 번역하는 것이 원문에 더 가깝다고 필자는 본다. 이 말을 부모들은 깨닫지 못했으나 마리아는 마음에 두었다고 했다. 그 후의 기록은 한 줄로 끝난다. "예수는 지혜와 키가 자라가며 하나님과 사람에게 더욱 사랑스러워 가시더라" 이 구절은 예수는 100% 하나님이셨으나 또한 100% 사람이었다는 것을 잘 말해준다.

(6)누가복음에 기록된 이적들

누가는 20개의 이적들을 기록하고 있다. 그 중에 15개는 마태복음이나 마가복음에 기록된 것들이다. 그러나 고기그물에 관한 이적은 누가복음과 요한복음에만 나오는 이적이다. 누가에 의하면 (5:1-11) 게네사렛 호수에서 어부들이 그 물을 씻고 있는 것을 보시고 예수께서 오르시어 "깊은 데로 가서 그물을 내려 고기를 잡으라"(5:4)고 했다. 시몬은 그 날 내내 고기를 잡으려 했지만 하나도 잡지 못하였기 때문에 예수의 말씀에 의지하여 그물을 내리니 배가 잠길 정도로 많이 잡혔다. 이때에 예수께서 "무서워말라 이제 후로는 네가 사람을 취하리라"고 하자 시몬 베드로는 모든 것을 버려두고 주님을 따르는 제자가 되었다. 동업자인 요한과 야고보도 함께 있다가 함께 주님을 따르게 된다.

여기서 우리는 왜 갈릴리 바다가 때로는 게네사렛 호수라고 불리고 있는지 살펴보려고 한다. 이곳은 돌풍이 불 때와 잔잔할 때의 풍경이 전혀 다르다. 하프(수금) 모양처럼 생겼다고 해서 게네사렛 호수라고 불렀다. 그러나 주후 17년에 갈릴리 호수 쪽에 디베랴라는 새로운 도시가 건설되면서 때로는 디베랴 바다라고 부르게 되었다. 따라서 디베랴 바다란 말은 갈릴리 바다의 별명이다. 중요한 것은 고대 히브리어에는 호수와 바다를 따로 구분하지 않고 그냥 얌(yam)이라고만 불렀다. 지중해를 큰 바다, 다른 작은 바다는 그냥 작은 바다라고만 구별하여 불렀다. 갈릴리는 구약 당시에는 호수의 이름이 아니라 호수 서편을 지칭하는 지역의 이름이었으나 시간이 지나면서 갈릴리는 호수만을 지칭하는 이름으로 변했다.

이 이적 외에도 4이적은 오직 누가복음에만 기록된 이적들이다. 첫째는 나인성 과부의 죽은 아들을 살리신 이적(7:11-17), 둘째는 18년 동안 귀신에 들려 앓으며 꼬부라져 조금도 펴지 못하는 한 여자를 고치신 이적(13:10-17), 셋째는 수종 병든 사람을 고치신 이적(14:1-6), 넷째는 나병환자 10명을 고치신 이적(17:11-19)이다.

(7)누가복음에 기록된 비유들

사복음서 중에서 누가복음이 가장 비유를 문학적으로 묘사하고 있다. 누가복음에는 30개(은유까지 합하여)의 비유가 기록되어 있다. 그 중에 16개는 누가만의 고유한 비유들이다. 위에서도 비유에 대해 그 문학성과 목적에 대해서 언급했거니와 여기서는 같은 비유라도 누가복음은 좀 더 시적이고 문학적인 면이 강한 것이 특징이다. 비유는 표현하고자 하는 대상을 다른 대상에 빗대어 감각화하는 수사법이다. 비유가 성립되려면 원관념과 보조관념 사이에 유사성이 있어야 된다. 유사성은 본질의 유사성과 형태의 유사성을 전달하거나 보다 쉽게 이해시키려는 데 있다. 비유의 종류에는 직유, 은유, 의인화 등이 있다. 은유는 두 사이의 관계가 명시적으로 들어나지 않는 동일성의 비유이다. 의인법은 사람 아닌 것에 인격을 부여하여 비유화하는 방법을 말한다. 환유란 무생물에 생명을 부여하여 비유하는 방법을 말한다. 대유란 어떤 대상의 부분, 특징, 모양 등을 들어 전체를 대신하여 표현하는 방법이다. 풍유는 원관념을 제시하지 않고 보조관념만을 들어내어 풍자와 암시의 효과가 있는 방식이다. 비유 중에서도 은유가 가장 함축성이 강한 형태의 비유이다. 아마 역사상 예수만큼 은유를 많이 사용한 사람은 없을 것이다. 예를 들면 "너희는 세상의 소금이니"(마5:13)라든지 "너희는 세상의 빛이라"(마5:14) 같은 표현법이 바로 예수의 은유들이다.

이제 누가복음의 특징적 비유를 살펴보자. 두 빚진 자의 비유(7:36-50), 선한 사마리아인의 비유(10:25-37), 끈질긴 친구의 비유(11:5-10), 바보 부자 비유(12:16-21), 버릇없는 혼인잔치 손님 비유(14:7-11), 큰 잔치 비유(14:16-24), 비용 계산의 비유(제자도에 관한 두 가지 비유:14:28-33), 잃은 드라크마를 찾은 여인 비유(15:8-10), 탕자의 비유(15:11-32), 부정직한 청지기 비유(16:1-9), 부자와 나사로 비유(16:19-31), 농부와 그의 종 비유(17:7-10), 끈기 있는 과부와 불의한 재판관 비유(18:1-8), 바리새인과 세리 비유(18:9-14) 등이 있다.

(8)여인들의 제자도(7.36-50/ 8:1 3/10:38-12)

가끔 예수와 제자들이 관심을 가진 사람들로부터 환대를 받기도 했지만 예수를 도운 부유한 여인들이 나온다. 누가는 그 중에 세 사람의 이름을 8장에 기록하고 있다. 첫째 여인은 막달라 마리아 이다(8:2). 일곱 귀신에 들렸다가 낳음을 받은 여자이다. 많은 주석가들은 이 여인이 7:37절에 언급된 '죄를 지은 한 여자'라고 해석한다. 그래서 중세기의 전승에 의하면 예수를 만나기 전에는 창녀였다고 말한다. 특히 크래쇼(Crashaw)의 '성 막달라 마리아'라는 그림이 그녀의 직업을 말해준다. 또 다른 여인은 8:3절에 나오는 청지기 구사의 아내 요안나와 수산나이다. 3절에서는 "그들이 함께하여 자기들의 소유로 그들을 섬기더라"고 했다. 끝으로 어떤 마을(아마도 베다니일 것이다)에 사는 마리아와 마르다이다. 마르다는 손님 대접하기 위해 음식을 준비하느라고 분주했고 마리아는 예수의 말씀을 들으면서 주님을 경배한 여자이다. 여기서 우리가 볼 수 있는 것은 누가는 다른 복음서의 어떤 저자보다도 여인들에 대한 지대한 관심을 가지고 있었던 것을 볼 수 있다. 그뿐 아니라 약한 자, 가난한 자, 병든 자, 세리, 창녀, 사마리아인 등에 대해 많은 관심과 애정을 가지고 있었던 것을 보여준다.

(9)누가복음에 나타난 비유들의 특징

다른 복음서에도 많은 비유가 나오지만 누가복음은 다른 복음서와 비교가 되지 않을 만큼 24개로 가장 많고 그 중에서도 18개는 누가 만의 비유들이다. 여기서 필자가 많은 관심을 가지는 것은 세 개의 비유이다.

첫째는 10:25-37절에 나오는 '선한 사마리아인의 비유'이다. 그 내용을 보면 이방인들에 대한 누가의 깊은 관심을 잘 보여준다. 특히 '누가의 회화적인 묘사'가 뛰어난 것을 볼 수 있다.

둘째는 16:19-31절에 나오는 '부자(본 이름은 Lives)와 거지 나사로(Lawarus: '하나님은 나의 도움이시라'는 뜻)'의 비유이다. 그의 본 이름은 엘리에셀로 보고 있다. 필자가 이 비유를 단순한 비유로만 보지 않는 것은 낙원에 관한 구체적 내용을 기록했을 뿐 아니라 거지의 이름을 '나사로'라고 구체적으로 언급한 점이 다른 비유와 전혀 다르기 때문이다. 따라서 필자는 이 기록을 비유적 방식으로 기록은 하였지만 실제로 있었던 사건을 기록한 역사로 본다. 여기에 나오는 나사로는 베다니의 나사로와 이름은 같으나 가톨릭교회에서는 거지 나사로를 성자의 반열에 놓고 6월 21일에 예배를 드리고 있으며 베다니의 나사로는 12월 7일에 예배를 드리기 때문에 동일인이 아닌 것은 확실하다.

세 번째는 탕자의 비유(15:11-32)이다. 기독교 역사상 가장 많은 사랑을 받는 비유이다. 놀라운 것은 이 비유는 당시의 관습이나 법적인 절차를 잘 반영해준다. 많은 사람들은 이 탕자의 비유를 '비유 중의 비유'라고 말한다. 많은 미술이나 문학에도 나타난다. 탕자의 비유는 같은 주제의 두 비유가 앞에 나온 후에, 즉 잃은 양비유(1-7절), 잃은 드라크마 비유(8-10절) 후에 나온다. 그러나 탕자의 비유는 기독교의 본질을 가장 잘 설명해준다는 점에서 영적 감동과 충격을 준다. 죄인을 찾아가는 주의 행보를 보여주며 우리가 하나님의 은혜를 누리기 위해서는 하늘 아버지에게로 돌아와야 한 다는 기독교의 기본 진리를 잘 보여준다. 특히 누가복음의 원문을 보면 다른 복음서보다 헬라어가 가장 아름답고 문학적인 면이 돋 보인다.

(10)헤롯 안디바 앞에서의 재판(23:6-12)

신약성서에는 그냥 헤롯이라고만 기록했기 때문에 어떤 헤롯인 지 알기가 쉽지 않다. 예수를 죽이려고 했던 헤롯 대왕은 죽으면서 그의 나라를 세 아들에게 나누어주었다. 아켈라오는 팔레스틴의 남쪽 부분을, 빌립은 북동쪽을, 헤롯 안디바에게는 갈릴리와 베뢰 아 지방을 다스리게 했다. 이들을 분봉 왕이라고 부르는 것은 나라 의 사분의 일을 다스렸기 때문에 분봉 왕이라고 불렀다. 안디바는 예수가 행하신 많은 이적들에 대한 소문을 많이 들었기 때문에 여 러 가지를 물었지만 예수는 침묵하셨다. 당시에 예루살렘은 안디 바의 영토였기 때문에 그가 재판을 주제할 수 없어 사형언도를 내 릴 수 있는 빌라도에게로 넘겼다.

(11)십자가 위에서 일어난 사건들(23:34, 39-43)

누가는 마가복음에는 없는 자세한 내용을 기록하고 있다. 예수 께는 십자가 위에서 일곱 마디의 말씀을 하셨는데 이것을 흔히 '가상칠언'이라고 부른다(눅23:34/눅23:43/요19:26-27/ 마27:46/요 19:28/요19:30/눅23:46). 누가복음에 나오는 것만 여기서는 다루겠 다. 첫마디의 말씀이 용서였다. "아버지여 저들을 사하여 주옵소

서 자기들이 하는 것을 알지 못함이니이다" 두 번째 말씀이 강도
들과 나눈 말씀이다. 이 강도들은 그냥 일반 강도들이 아니라 열심
당원으로 로마인들을 죽이며 돈을 빼앗고 한 사람들이다. 예수를
비방한 왼쪽의 강도는 게스타스(Gestas)라는 자이고 오른쪽에 달
린 선한 강도는 회개하며 당신의 나라에 임할 때에 나를 기억해달
라고 주님께 간구했다. 그 때에 주님은 "오늘 네가 나와 함께 낙원
에 있으리라"고 약속했다. 이 선한 강도는 디스마스(Dismas)라는
자인데 가톨릭교회에서는 그를 성자로 모시고(정식으로 결정한 것은
아니라고 변명함) 그가 죽은 3월 25일이면 그에게 기도를 드린다. 그
러나 영세(세례를 말함)를 받지 않는 사람들은 구원을 받지 못한다
는 가톨릭교회의 교리는 이 사건과 서로 모순이 된다. 왜냐하면 디
스마스는 세례를 받지 않고 죽었기 때문이다. 46절에는 마지막 주
님의 기도가 기록되어 있다. "아버지여 내 영혼을 아버지 손에 부
탁하나이다" 이 기도는 밤에 잠들기 전에 유대인 아이들이 일반적
으로 드리는 기도이다.

(12)엠마오로 가는 두 제자들(24:13-35)

이 기록은 오직 누가복음에만 기록되어 있다. 엠마오라고 하는
마을은 예루살렘에서 이십오 리 되는 가까운 작은 마을이다. 두 사
람이 고향인 엠마오를 향해 가고 있을 때에 그들은 십자가의 사건
과 그들이 들은 부활에 대해 서로 이야기를 나누고 있었다. 놀랍게
도 예수께서 그들에게 나타나셔서 왜 슬픈 기색을 하고 있느냐고
물었다. 두 제자의 이름은 18절에 나오는 글로바와 마리아(그의 아
내로 추정됨)가 가고 있었다. 지금 그곳에는 금방 눈에 보이는 모스

크가 있고 잘 보이지 않는 작은 엠마오 기념교회가 옆에 있다. 그 두 사람들은 얼마 전까지만 해도 예수를 따르던 제자들(넓은 의미로)이었는데 너무도 슬퍼한 나머지 그들의 선생님이었던 예수를 알아보지 못했던 것이다. 그들은 예루살렘에서 오면서 어떻게 그 곳에서 벌어진 소문을 모르느냐고 오히려 되물은 것이다. 여기서 예수는 그들을 "미련하고 선지자들이 말한 모든 것을 마음에 더디 믿는 자라들"이라고 꾸짖으시면서 성서를 통해서 메시아에 관한 모든 것을 설명해주었다(27절). 엠마오에 가서 예수는 그들과 함께 빵을 찢어주시면서 축복해주셨다. 그제야 그들의 눈이 떠지면서 예수를 알아본 것이다. 그리고 나서 주님은 살아졌다고 했다. 그들은 예루살렘으로 급히 가서 예수의 열한 제자들과 추종자들에게 자기들이 보았던 것들을 보고했다.

사실 지금 우리의 모든 문제들은 엠마오로 가는 두 제자들이 만난 그 예수만 만나면 우리들의 문제도 다 해결되리라 믿는다. 그래서 Amazing Grace('나 같은 죄인 살리신')의 작사자인 유명한 존 뉴턴(1725-1807) 목사는 "성경 한 장 한 장 다 찢어져 없애 버린다 해도 이 말씀만 있으면 상관없다"고까지 언급했다고 한다. 한 장도 안 되는 짧은 기록이지만 우리들의 영의 눈을 뜨게 해주는 놀라운 말씀이 바로 이 구절들이다.

(13) 예수의 부활과 승천(24:36-53)

누가는 더 이상 마가의 기록에 의존하지 않고 예수께서 예루살렘에 다시 나타나신 것과 그의 승천에 대해서 기록하고 있다. 엠마오에서 온 두 사람이 그들의 본 바를 설명하고 있었을 때에 예수께서 그들 가운데 나타났다고 했다. 그곳에 모인 모든 사람들은 예수께서 영으로 그들에게 나타났다고 생각했다. 그래서 주님은 그가 지금 육체적으로 부활하신 것을 입증하기 위해 구운 생선 한 토막을 달라고 하시고 잡수셨다. 그 후에 예수께서는 그들에게 성서를 깨달을 수 있도록 설명해주시면서 선교명령을 주셨다.

누가복음을 끝마치기 전에 우리는 누가의 문학적 장르에 대해서 좀 더 언급해야 할 필요가 있다고 본다. 먼저 기억할 것은 사도행전은 '누가의 후서'라고 해야 정확할 정도로 서로 뗄 수 없는 관계를 가지고 있다. 그러나 복음서가 다 기록된 후에는 사복음서가 함께 유포되면서 사도행전이 누가복음의 연장인 점이 희미해진 것은 참으로 안타깝다. 특히 누가복음서는 교회가 이스라엘의 연장선에 있는 것으로 보고 역사신학적인 면에서 기록하고 있기 때문이다. 누가복음에서는 예수에 대해 구원을 가져오신 분임을 강조하고 있다. 마가와 마태는 '구원'이란 단어를 13회 사용하고 있는데 누가복음서는 17회나 사용하고 있고 복음서 처음부터 예수가 구주이심을 강조하고 있다. "오늘 다윗의 동네에 너희를 위하여 구주가 나셨으니 곧 그리스도 주시니라"(눅2:11).

예루살렘의 시므온의 찬송에서도 예수를 '이방을 비추는 빛'이라고 하고 있고 사도행전에서는 "내가(예수) 너(바울)를 이방인의 빛으로 삼아 너로 땅 끝가지 구원하게 하리라"고 했다. 다시 말해 누가는 예수를 유대인뿐 아니라 이방인의 구원자로 보고 역사를 기록하고 있다는 점은 다른 복음서 저자들과 다른 점이다. 누가복음서가 다른 복음서와 다른 점은 여자들의 역할에 대한 강조점이다. 특히 마리아의 역할이다. 시므온이 마리아에 대해 축복하는 가운데 "칼이 네 마음을 찌르듯 하리니"라고 했는데 이것은 이스라엘이 예수를 거절할 것을 예언한 말이다. 특히 오순절 때에 마리아가 "더불어 마음을 같이하여 오로지 기도에 힘쓰더라"고 한 것은 보혜사 성령의 강림에 중추적 역할을 한 것을 언급한 말이다. 그뿐 아니라 행2:17-18절을 보면 예언까지도 한 것을 볼 수 있다. 눅 1:38절에는 마리아는 자신을 '주의 여종'이라고 했다. 이상은 한 부분만 언급한 것이지만 중요한 것은 기독교 초기에 여자들, 특히 마리아의 역할이 얼마나 중요했는가를 말해준다. 이 여자들의 역할에 대해서 기록한 것은 누가의 남다른 관심을 말해준다.

누가복음 3:2절에 하나님의 말씀이 (세례)요한에게 임하니라고 했는데 그 시점을 시작으로 '하나님의 말씀'이 누가복음과 사도행전의 중심 주제가 되어 있다는 점은 누가의 관심을 잘 말해준다. 누가복음에서 누가는 씨앗의 비유에서 '씨는 하나님의 말씀'이라고 했다. 또한 사도행전은 '하나님의 말씀'을 기독교의 사명과 동의어로 사용하고 있다. 이런 예만 보더라도 누가복음과 사도행전은 분리해서 연구할 수 없음을 잘 보여준다.

예수의 고난주간의 기록을 보면 마태는 마가의 기록을 그대로 따르고 있으나 누가는 좀 다르게 기록하고 있다. 베다니에서 향유를 부은 이야기(7:36-50)는 전혀 다른 자료이기 때문이다. 또 가룟 유다의 죽음(행1:16-20절 참조)과 성전에 대해 예수를 고발한 거짓 증인들의 이야기도 누가 만의 자료이다. 눅22:3절에 보면 사탄이 가룟 유다에게 들어갔다는 기록도 누가 만의 기록이다. 누가의 기록을 보면 고난주간의 기록은 요한복음에 가깝다. 누가복음과 마태복음의 기록의 차이점은 예수의 죽으심에 대한 대중들의 역할에 대한 것에서 잘 나타난다(마27:25절과 행3:14절의 비교).

누가의 특징은 예수의 승천의 동기(눅24:50-51; 행1:9-11)에 대한 기록을 했다는 점이다. 행1:3절에 보면 40일 동안 그들에게 보이신 후에 승천했다고 기록하고 있다. 누가는 예수의 승천을 단순히 하늘로 옮기셨다는 것이 아니라 새로운 형태로 그들 가운데 계심을 상징하고 있다고 본 점이다. 승천의 기록은 예수께서 주님 되심을 증명하기 위해서이고 고난 받으실 것에 대한 구약의 예언이(눅24:6) 성취되었음을 말해준다(눅24:44).

(14)사도행전도 누가복음과 마찬가지로 데오빌로에게 헌정된 책이다

그런 점에서 사도행전은 누가 후서라고 하는 것이 가장 적합한 이름이다. 사도행전은 수준 높은 문학적 역사기록이다. 누가복음에서 보았듯이 부드럽고 광채가 나는 기록들이다. 특히 사도행전의 저자인 누가는 드라마적인 수완이 뛰어난 작가로 보인다. 특히 오순절(Pentecost) 때의 기록(2:1-41), 빌립과 에티오피아 내시의 이야기(8:26-39), 바울의 회심(9:1-9), 바울이 탄 배의 파선(27:14-44) 같은 기록은 너무도 극적인 기록이다. 여기서 우리가 기억할 것은 사도행전은 1세기 때의 기독교에 대한 완전한 역사는 아니란 점이다. 다만 약 33-63년간의 기록일 뿐이며 그것도 바울과 베드로에 대한 기록이 중심을 이루고 있다. 게다가 약 반 정도는 바울에 대한 기록이고 삼분의 일은 베드로의 기록이다.

사도행전은 크게 6부분으로 나누어진다.
(1)예루살렘 교회의 설립(1:1-6:7) (2)스데반이 순교한 후부터

팔레스틴에의 분산 내용(6:8-9:31) (3)팔레스틴과 수리아에 교회의 번성(32-12:25) (4)키프로스(Cyprus)와 소아시아에서의 바울의 첫 번째 선교(13:1-16:5) (5)바울의 마케도니아와 그리스 선교(6:6-21:14) (6)바울에 대한 반대와 로마의 여행(21:15-28:31) 이 구분은 주로 연대기적으로 구분한 것이기 때문에 문학적 연구를 위해서는 편리하지 않다. 사도행전연구는 차라리 다섯 인물을 중심으로 하는 것이 가장 쉽다. 즉 베드로, 스데반, 빌립, 바나바, 바울을 중심한 연구이다.

(15)베드로는 교회의 기초 석을 놓은 사람이다

베드로는 부흥사의 기질을 가진 웅변가였다. 그는 120명의 예수의 제자들을 모아 리더십을 발휘하였고 예수가 약속한 대로 교회의 기초를 놓았다(마16:18). 처음 그는 가룟 유다가 죽은 뒤에 열둘(12)의 숫자를 채우는 것이 중요하다고 여겨 맛디아를 택하게 했다(1:15-26). 오순절 때 설교를 하였으며(2:1-41), 교회를 제도화했다(2:41-47). 베드로는 유대인 당국과의 마찰(3-4장, 5:1-42)이 있었다. 5:1-11절에는 아나니아와 삽비라의 심판이 기록되어 있다(5:1-11). 그 다음에 나오는 것이 집사의 선택이다(6:1-7), 베드로가 마술사 시몬을 책망한 기록이 나온다(8:9-24). 베드로가 애니아의 중풍병을 고치고 도르가를 살린다(9:32-43). 베드로가 백부장 고넬료를 회심케 한 내용(10:1-11:18)과 헤롯 아그립바 1세가 베드로를 핍박한 내용으로 되어 있다(12장).

(16)첫 번째 순교자인 스데반(6:8-8:2)

스데반은 일곱 집사 가운데 한 사람이다. 믿음이 있고 성령이 충만한 사람이었다. 그는 단순한 집사가 아니라 '큰 기사와 표적'을 베푼 뛰어난 사람이었다. 그는 유대인들의 분노를 받아 산헤드린 공회에서 예수와 꼭 같은 과정을 밟았다. 그러나 사전에 돈으로 매수 받은 증인들로 인해 결국 사형선고를 받았다. 그 때 그의 얼굴이 마치 천사의 얼굴과 같았다고 누가는 기록하고 있다. 여기서 놀라운 것은 스데반의 설교가 사도행전의 설교 가운데 가장 길고 직설적인 설교라는 점이다. 아브라함부터 시작하여 요셉, 모세로 이어지는 것이지만 크게 세 가지로 요약할 수 있다.

첫째 하나님은 유대인 땅에서만 역사하시는 분이 아니라는 것, 둘째 유대인들은 지금까지 하나님이 세우신 지도자들을 항상 배척했다는 것, 셋째 하나님은 성전 안에서만 역사하는 분이 아니란 점이다. 결국 스데반은 모세와 하나님을 훼방했다는 죄목으로 죽임을 당한다.

(17)안디옥 선교를 한 바나바(4:36-37; 9:26-27; 11:19-30)

바나바는 초대교회에서 가장 능력이 있고 사랑스러운 사도 중한 사람이다. 구브로 섬 출신으로 이름의 뜻은 '권위자'이다. 마가는 바나바의 조카이다. 바울이 개종한 뒤에도 초대교회 사도들이 그를 두려워 할 때에 안디옥으로 바울을 데려와 함께 사역을 하기도 했다. 특히 제1차 선교를 함께 했으며 마가가 중간에 포기하는 바람에 바울과는 다투고 따로 선교를 했지만 바나바는 자신의 소유지를 팔아 예루살렘 사도들에게 바쳐서 가난한 형제들의 자금으로 사용하게 한 말하자면 '바울을 바울 되게 한 사람'이다.

(18)이방인의 선교사 바울(첫 이름은 사울, 주후 5년에 출생, 다소에서 로마의 시민권을 가짐)

스데반의 죽음에 관여함(7:58-8:1), 다메섹으로 가는 도중에 회심(9:1-22), 다메섹에서의 도피(9:23-31), 구브로와 소아시아의 첫 번째 선교(13-14장), 예루살렘 공회의(15:1-35), 마케도니아와 그리스의 두 번째 선교(15:36-18:28), 에베소와 고린도의 세 번째 선교(19:1-21:15), 바울의 체포와 재판(21:15-23:11), 가이사랴에서의 구금(23:12-26:32), 로마의 항해(27:1-28:15), 로마에서의 바울(28:16-31)로 되어 있다.

여기서 누가의 초대교회의 역사 기록은 끝난다. 바울의 재판의 결과가 어떻게 되었는지, 실제로 바울의 재판이 있었는지 없었는지 전혀 언급이 없다. 아마도 바울은 석방된 것으로 보인다.

그러면 누가는 바울을 어떻게 언급하고 있는가? 물론 바울은 이방인들을 위한 사도임에는 틀림없지만(행9:15; 갈2:7) 그러나 바울이 유대인들에게 복음 전하는 일에 관심이 없었던 것은 아니다(행14:1; 행9:20; 13:5; 13:14; 14:1). 오히려 바울은 "먼저는 유대인에게요"(롬1:16)라고까지 말했다. 여기서 '먼저'란 말은 유대인들이 우선권을 가지고 있음을 인정한 구절이다. 그러나 바울은 베드로와 서로 선교를 나누어서 하도록(베드로는 유대인들에게, 바울은 이방인에게) 결정을 했기 때문에 바울은 이방선교에 전념했던 것뿐이다. 더구나 당시 바울에게는 유대인들로부터 심한 반발과 거부반응이 너무 많아서 유대인들에게 복음을 전하려고 여러 번 시도했지만 못하고, 결국 복음의 문이 열린 이방인들에게 선교를 주력했다. 바울이 유대인들에 대한 애착이 얼마나 큰가는 롬9-11장에서 이스라엘에 대한 하나님의 섭리를 언급할 정도였다. "나에게 큰 근심이 있는 것과 마음에 그치지 않는 고통이 있는 것을 내 양심이 성령 안에서 나와 더불어 증언하노니 나의 형제 곧 골육의 친척을 위하여 내 자신이 저주를 받아 그리스도에게서 끊어질지라도 원하는 바로라"고 고백한 구절에서 우리는 바울의 조국애와 이스라엘 민족에 대한 그의 뜨거운 사랑을 볼 수 있다.

끝으로 사도행전은 설교집이라고 할 정도로 기록된 설교만 14개나 된다. 베드로가 한 설교가 6편, 스데반과 야고보가 각각 1편씩, 바울이 한 설교가 6편이다. 먼저 베드로가 한 설교는 오순절 때(2:14-40: 오순절의 의미), 성전에서(3:12-26: 메시아를 십자가에 못 박은 유대인들의 회개의 촉구), 산헤드린에게(4:5-12: 예수의 능력으로 고침 받음), 이방인들에게(19:28-47: 이방인들도 유대인과 같은 방법으로 구원받을 수 있다), 예루살렘 교회에서(11:4-18: 베드로의 욥바에서의 체험과 이방인들의 목회에 대한 변호), 야고보의 예루살렘 공회에서(15:7-11: 이방인 신자들은 할례를 받을 필요가 없다) 설교했다.

다음은 스데반의 산헤드린에게 한 설교(7:2-53: 유대역사와 메시아를 죽인 것을 고발) 1편과 바울이 한 설교가 6편이나 된다. 안디옥 회당에서(13:16-41: 예수는 구약예언을 성취한 메시아이다), 에베소 장로들에게(20:17-35: 거짓 교사들과 핍박에도 불구하고 믿음을 지키라), 예루살렘에 모인 청중들에게(22:1-21: 바울의 개종과 이방인 선교), 산헤드린에게(23:1-6 바울의 변호), 아그립바 왕에게(26:2-23: 바울이 회개와 복음에 대한 열정), 로마에 있는 유대인 지도자들에게(28:17-20: 바울의 문화유산) 등으로 되어 있다.

4. 요한복음

왜 사복음서 중에 마태, 마가, 누가복음만 묶어서 공관복음(共觀福音)이라고 했는가? 그것은 세 복음서는 보는 관점이 같기(共觀) 때문이다. 그러나 요한복음은 가장 단순하면서도 강력한 힘을 가진 나중에 기록된 복음서이다. 공관복음서와 마찬가지로 예수의 생애와 죽음과 부활에 관한 가르치심과 그의 행하심을 기록한 책이다. 그러나 요한복음은 보는 관점이 전혀 달랐다. 그래서 공관복음과는 구별해서 제4복음서라고 부른다. 초대교회의 지도자였던 알렉산드리아의 클레멘트는 요한복음을 "영적 복음서"라고 불렀다. 가장 간단한 말이지만 요한복음서의 특징을 잘 말해준다. 요한은 단순히 일어난 일만 기록한 것이 아니라 일의 의미에 초점을 두고 기록했다. 공관복음처럼 삽화적이지 않다. 요한은 예수의 행하심 중에 이적들을 기록할 때에 예수의 이적들 중에서 그의 정체성을 가장 보여주는 것만을 골라 "표적"(SIGN)이란 이름으로 일곱 가지를 기록하고 있다.

7가지 표적은 (1)2:1-12절(물을 포도주로 변화시킴)의 핵심은 '예수는 생명의 원천이다' (2)4;46-54(귀족의 아들을 고치심)의 핵심은 '예수는 멀리 있는 것도 지배하신다'는 것을 강조한 표적이다. (3)5:1-17(뱃세다 연못에서 병자를 고치심)의 핵심 메시지는 '예수는 시간을 지배하시는 분이다'는 표적이다. (4)6:1-14(오천 명을 먹이심)는 '예수는 생명의 떡이시다'는 표적이다. (5)6:15-21(물 위를 걸으시며 풍랑을 잔잔케 하심)은 '예수는 자연을 지배하시는 분'임을 말해준다. (6)9:1-41(날 때부터 소경을 고치심)은 '예수는 세상의 빛이시다'는 메시지를 말해준다. (7)11:17-45(죽은 나사로를 살리심)는 '예수는 죽음도 지배하시는 분이다'라는 뜻이다. 여기서 표적이란 말은 '현상의 목적'을 뜻한다.

요한은 예수의 말씀을 전하되 공관복음과는 전혀 다른 스타일로 소개한다. 예를 들면 '나는……이다'(I am……)라는 식으로 권위 있게 기록하고 있다. 공관복음서는 마가가 갈릴리 중심으로 기록한 반면 요한복음은 여러 절기들을 예루살렘에서 또는 그 주변에서 일어난 것을 중심으로 기록하고 있다. 예수는 수도인 예루살렘을 위해 색다른 유형의 교훈을 주고 있다. 요한복음은 에베소에서 기록된 것으로 전해지는데 예수의 제자들을 '유대인들'이라고 표현한 것으로 보아 비유대인들을 독자로 보고 기록 한 것으로 보인다. 그러나 요한 자신도 유대인이었기 때문에 유대인들이 점점 더 많이 믿게 된 것으로 언급하면서도 유대인들의 불신에 대해 안타까워했던 것을 볼 수 있다(12:37-43).

요한복음의 핵심 주제는 '사랑'이다. 요3:16절에 사랑이 가장 잘 나타나고 있다. "하나님이 세상을 이처럼 사랑하사 독생자를 주셨으니 이는 그를 믿는 자마다 멸망하지 않고 영생을 얻게 하려 하심이라" 요한복음에는 예수를 어둠 속에서 비취는 꺼지지 않은 '빛'으로 그리고 '생명을 주시는 분'으로 기록하고 있다. 요한복음의 기록자는 자신을 '예수께서 사랑하시는 그의 제자'(13:23)라고 지칭한다(요21:20, 24). 저자인 요한은 예수의 사랑을 가장 많이 받았던 제자요 베드로와 가까웠던 제자들 중에 하나로 언급하고 있다. 세례요한을 그냥 '요한'이라고만 칭하고 있다. 사도 요한은 세베대의 아들이요 야고보의 형제이며 베드로와 안드레와는 동업자로 기록하고 있다. 이 요한복음은 지금은 터키에 있는 에베소에서 이 복음서를 썼을 것으로 보인다. 요한은 '하나님의 나라'란 말 대신에 '영생'이란 말을 자수 사용하고 있다. 그는 이 복음서를 기록한 목적을 20:31절에서 이렇게 기록하고 있다. "오직 이것을 기록함은 너희로 예수께서 하나님의 아들 그리스도이심을 믿게 하려 함이요 또 너희로 믿고 그 이름을 힘입어 생명을 얻게 하려 함이니라" 요한은 예수와는 인간적으로 사촌 간이었다. 그의 모친인 살로메가 마리아의 자매였기 때문이다. 요한의 가버나움에서의 어부 생활은 인부들을 고용할 만큼 성공적이었다. 요18:15절에 나오는 '다른 제자'는 많은 주경신학자들이 사도 요한으로 보고 있다. 요한이 대제사장 집과 가까왔던 것은('대제사장과 아는 사람이라') 우연히가 아니라 어부로서 사업상 알게 되었을 것으로 보인다. 요한과 야고보는 예수께서 '보아너게'(곧 우뢰의 아들)이란 별명을 주셨다. 아마도 그것은 두 사람 다 같이 성격이 좀 급하고 과격하였기 때문으로 보인다(막3:17; 9:28; 눅9:54-55).

요한복음은 스타일이 아주 단순하지만 그러나 그 의미는 신학적으로나 상징적으로 깊은 뜻을 지니고 있다. 마치 다이아몬드처럼 많은 각을 가지고 있는 보석에 비교할 수 있을 것이다. 다시 말해서 단순한 단어들이지만 영적으로 뜻하는 의미는 아주 깊다. 예를 들면 '말씀' '빛' '생명' '영접' '진리' '영광' '나는……이다'(I am: 스스로 있는 자란 뜻) 등이다.

(1)요한복음 서론(1:1-18절)

요한복음과 창세기는 똑 같은 단어인 '태초에'(in the beginning)

란 말로 시작한다. 요한이 '태초에'란 말과 함께 '말씀'(Logos)이란 말을 사용한 것은 독자들이 로고스란 말을 자주 사용하고 있었기 때문에 그리스도의 신성을 언급하는데 가장 적합한 말로 생각했기 때문이다.

초대교회 당시 철학에서는 이 로고스를 이성(reason)이란 뜻으로 사용하고 있었다. 특히 주전 500년경의 헤라클리투스(Heraclitus)는 로고스를 우주를 지배하는 궁극적 이성적 '원리'라고 했다. 반면에 알렉산드리아의 필로는 인격적 원리와 하나님의 뜻을 결합하려고 했다. 그러나 요한은 판이하게 다르게 '말씀'이란 말을 사용하고 있다. 많은 사람들은 요한이 필로(Philo)의 영향을 받지 않았는가 하고 오인받기도 하지만 그것은 사실과 다르다. 가장 큰 차이점은 필로는 로고스를 그것(it)으로 사용하고 있지만 요한은 로고스를 그분(He)으로 사용하고 있기 때문이다. 요한이 말한 로고스는 하나님의 창조에 있어서 하나님의 대리자였을 뿐 아니라 하나님으로서 성육신하셔서 계시하시고 구속(救贖)하신 분으로 기록하고 있다. 요한의 로고스 개념은 구약의 '지혜의 의인화'에서 비롯된 것으로 보아야 할 것이다.

요한은 왜 이 복음서를 기록했는가? 요한복음은 주제를 1:1-18절의 서론에서 언급하고 있고, 기록한 동기는 20:31절과 21장에 기록하고 있다.

첫째로 요한은 아시아(지금의 소아시아)에 있는 그리스도인들에게 예수의 삶과 그의 활동을 온전히 이해시키고, 둘째는 예수의 말씀과 행하심에 기초한 신앙을 갖도록 하려는데 목적이 있었다(20:31). 공관복음과 다른 점은 공관복음에서는 예수의 익숙한 비유 사용을 중심으로 기록하고 있으나 요한복음은 긴 강화(講話)들을 영적으로 기록하고 있다. 이적들을 7개의 '표적들'이란 다른 용어를 중심으로 기록하고 있다. 요한복음의 또 다른 특징은 'I am'(ego eimi)란 말을 사용하고 있다. 이 용어는 출3:14절에서 모세가 하나님의 이름을 묻자 '나는 스스로 있는 자'라고 말씀한 바로 그 단어이다. 직역하면 '나는……이다'란 말이다. 이 단어는 'I am that I am' 혹은 'I am who I am'이란 뜻으로 번역하고 있는데 정확하게 말하면 자존자(自存者) 즉 야훼(Yaheh)를 일컫는 말이다. 이것은 사도 요한 만이 사용한 특징적인 어법이다.

간단히 말하면 마태와 누가는 예수의 탄생에서 시작하고 있는 반면에 요한은 주님의 사역에서 시작하여 이야기를 전개한다. 요한은 하나님의 신성을 지니시고(1절) 하나님의 창조사역에 함께 하셨던(3절) 그 로고스(말씀)를 소개하면서 시작하고 있다. 그분(주님)의 말씀이 생명을 존재케 했다는 것이다. 이 말씀이 예수 그리스도 안에서 생명을 존재케 하셨다는 것이다. 요한은 그가 '우리 가운데' 거하셨다고 했다. 그뿐 아니라 '우리가 그 영광을 보았다'고 기록했다. 그러나 세상은 그를 알아보지 못했고 그의 백성들은 그를 영접하지 않았다고 했다. 그럼에도 불구하고 그를 영접하는 자들은 죄 사함의 은혜를 받을 뿐 아니라 그의 자녀가 되는 특권을 누린다고 했다. 마지막 18절에서 요한은 하나님의 독생자(예수)가 인생들에게 어떤 분이신지 알려주신다.

요컨대 요한복음의 근본 목적은 독자들에게 나사렛 예수는 성육신하신 로고스란 것을 알려주려는데 있다. 요한의 또 다른 목적은 예수의 십자가형을 가져오게 한 당시의 정통 유대교를 비판하고 당시에 일어나고 있는 영지주의(Gnosticism)를 논박하려는데 그 목적이 있었던 것으로 보인다. 당시의 영지주의는 '육은 악하다'고 보았기 때문에 예수의 성육신은 실제적인 것이 아닌 환상이라고 주장했다. 영이 예수께서 세례를 받을 때에 들어갔다가 십자가 질 때에 떠났다고 하였다. 그뿐 아니라 기독교를 사색적 철학으로 만들려고 했다. 그래서 요한이 강조한 것은 예수는 100% 하나님이시지만 또한 100% 사람이라고 강조한 것이다. 따라서 예수는 나사로의 죽음에서 볼 수 있듯이(11:33-36) 인간이 가지는 육체적 슬픔이나 고통을 실제로 겪으셨다는 것이다. 그래서 십자가에서 죽으셨을 때 창에 찔리셔서 '물과 피'를 흘리셨다고(19:35) 기록한다. 이 구절에서 중요한 것은 첫째는 우리를 의롭게 하는 피(보혈)이지만 이 피와 함께 물을 언급한 점이다. 이 구절은 에스겔 47:1-12에 기록된 성전에서 흘러나오는 '충만한 물'의 예언을 성취했다고 말해준다. 단순한 보혈에 의한 의가 아니라 천국에서 누리게 될 풍성함을 물로 상징한 것이다.

그러면 요한복음의 문체는 어떤가? 요한의 문체는 고상하고 상징적인 강화(講話)로 되어 있다. 전기적(傳記的)인 기록보다는 신학에 더 깊은 관심을 가진다. 마치 강의를 하듯 기록하고 있다. 요한은 가끔 변증법적 방법을 사용하고 있다. 요한복음에 나오는 예수의 대화는 단순하고 일상생활에서 흔히 사용하는 대화법을 사용하고 있다. 그것이 가장 잘 나타난 것이 사마리아 여자와의 대화이다 (4:13-14). 요한복음에는 예수께서 자신에 대해 많은 은유들을 사용한 것을 볼 수 있다. 예를 들면 자신을 "나는……이다"(I am……) 이란 말씀 속에서 사용한 은유들이다. "나는 생명의 떡이다"

(6:35), " "나는 세상의 빛이다"(8:12), "나는 양의 문이다"(10:7), "나는 선한 목자이다"(10:11), "나는 부활이요 생명이다"(11:25), "나는 길이요 진리요 생명이다"(14:6), "나는 참 포도 나무이다" (15:1) 등이다.

요한의 문체를 보면 은유와 함께 자주 사용하는 단어들이 '믿는다'(피스튜오, believe)라는 단어이다(4:21, 4:42, 5:47, 6:29, 10:38, 11:15, 11:48, 12:36, 14:1, 14:11, 16:30, 19:35, 20:31). 그 다음으로 많이 사용하는 단어는 '생명'(조에, life)이란 단어이다(1:4, 3:16, 3:36, 5:24, 5:26, 6:33, 6:48-53, 6:63, 10:10-11, 10:15-17,13:37, 15:13, 17:30, 20:31). 다음은 '빛'(포스, light)이란 단어이다(1:4, 1:6-9, 3:19-21, 5:35, 12:46). 다음은 '사랑'(필리아, love)이란 단어이다 (3:16, 5:42, 8:42, 10:17, 11:5, 11:36, 12:43, 13:1, 14:15, 14:28, 15:9-10, 15:12-19, 16:27, 17:23). 다음은 '진리'(알레테이아, truth)란 단어 이다(1:4, 5:33, 8:32, 8:40, 8:44, 16:13, 17:19, 18:37).

우리가 요한이 사용한 은유를 바로 이해하기 위해서는 공관복음과 비교하면 금방 알 수 있다. 여기서 요한이 공관복음에서 사용한 단어를 어떻게 변경시키고 있고 무슨 단어를 빼고 있고, 무엇을 더 했는지를 살펴보면 요한의 문체에 대한 것을 더 분명하게 볼 수 있다.

요한복음의 특징은 요한복음서 만이 예수의 첫 번째 사역(2장-4장)을 기록하고 있고 요한 만이 '중생' '생명수' '생명의 떡' '선한 목자' '세상의 빛'에 관해 기록하고 있다. 요한은 또한 다락방에서의 설교와 중보기도(13장-17장)를 기록하고 있다. 요한복음에는 예수의 족보나 출생이나 어린 시절과 성장과정, 세례와 시험, 겟세마

네 동산에서의 기록이 없다. 모든 기록이 예수는 하나님이셨다는 점에 집중하고 있다. 요한복음에는 서기관이나 문둥병자나 세리나 귀신들린 자가 나오지 않는다. 요한복음에는 단 하나의 비유도 없다. 여덟 개의 기적 가운데 다섯은 요한복음에 만 나오는 기록이다. 요한복음에는 대구법(Antithesis)이 특징이다. 예를 들면 '빛과 어두움' '생명과 죽음' '영과 육' '하늘과 땅' '진리와 거짓' '사랑과 미움' '그리스도와 마귀' '하나님과 세상' 등이다. 요한복음에는 셋(3)이란 수와 일곱(7)이란 숫자에 많은 의미를 두고 있다. 예를 들면 예수께서 갈릴리에 세 번, 유대지역에 세 번 가신 것으로 나오고, 그의 사역기간에 세 번 축제에 가셨고, 특히 유월절에 세 번 참석했으며 예루살렘에 세 번 가셨고, 갈릴리에서 세 번 이적을 베풀었다고 했다. 셋은 삼위일체의 숫자이기 때문에 사도 요한이 좋아하는 숫자인 것 같다. 또 예수께서는 십자가 위에서 세 번 말씀하신 것을 기록하고 있다. 요한복음에 나오는 특징적 단어는 '빛'(23회) '어두움'(9회) '진리'(25회) '사랑'(18회) '영광'(42회) '영생'(15회) '거하다'(18회) '심판'(30회) '믿다'(98회) '알다'(55회) '사역'(23회) '이름'(25회) '표적'(17회) 등이다 .

요한복음은 공관복음보다 설화가 훨씬 적다. 그래서 클레멘트는 요한은 사실과 사건보다는 교리에 더 관심을 가지고 있다고 언급했다. 그래서 예수의 생애보다는 성육신의 의미에 관해서 더 언급하고 있고 결과적으로 예수의 생애나 가르침이 공관복음보다는 적게 나온다. 예를 들면 예수의 탄생, 어린 시절, 청년시절, 광야에서의 시험, 겟세마네 동산에서의 고뇌에 대한 기록이 요한복음에는 없다. 요한복음에는 하나님 나라와 교훈에 대한 기록이 적게 언급되고 있다. 그보다는 그리스도의 본성이나 하나님과의 관계에 대해 더 많이 기록하고 있다. 공관복음에는 사람들에 대한 동정에 대해 많은 관심을 가지고 있지만 요한복음은 오천 명을 먹인 이적보다는 예수께서 사람들에게 주신 영적 양식으로서의 '표적'(세메이온, sign)을 다루고 있다. 소경의 눈을 뜨게 한 이적도 예수를 세상의 빛이란 '표적'으로서 다루고 있다. 요한복음은 예수께서 그리스도라는 것을 고백한 베드로의 극적 사건을 다루고 있지 않고 예수는 처음부터 신성을 가지고 있었으며 예수의 전 생애가 계속적인 변형(transfiguration)이었다고 기록하고 있다.

공관복음서와 요한복음의 가장 큰 차이점은 다섯 가지이다.

첫째로 공관복음서에는 세례요한의 사역이 예수의 사역 전에 끝난 것으로 기록하고 있지만 요한복음에는 두 사람의 사역이 중복되고 있다.

둘째로 공관복음에는 예수의 사역이 갈릴리와 베뢰아에서 일어난 것으로 되어 있으나 요한복음에는 유대인들의 절기 동안에 주로 예루살렘에서 일어난 것으로 기록하고 있다.

셋째로 공관복음에는 예수의 사역이 약 1년간으로 나오지만 요한복음에는 약 3년간으로 나온다. 이것은 유월절을 중심으로 계산했을 때이다.

넷째로 공관복음에는 예수께서 마지막 성만찬을 유월절에 가지신 것으로 나오지만 요한복음에는 채포되기 바로 전날에 일어난 것으로 되어 있다.

다섯째로 공관복음에는 예수의 성전청결이 죽기 며칠 전으로 나와 있으나 요한복음에는 그의 사역 초기에 일어난 것으로 기록되어 있다.

여기서 두 기록(공관복음과 요한복음) 중에 어느 것이 더 정확한지에 대해 신학자들은 많은 논쟁을 하여왔다. 그것은 사역기간의 표준을 1년에 한번 있는 유월절을 몇 번 방문했는가로 결정하고 있기 때문이다. 그런데 공관복음에는 마21:12-13, 막11:15-17절, 눅19:45-46절에 각각 한 번씩만 기록되어 있기 때문에 예수의 사역을 약 1년으로 추산한 것이고 요한복음에는 2:12-16; 6:4; 11:55절 세 번 유월절이 언급되었기 때문에 예수의 사역을 3년으로 추론하는 것이다. 그러나 이것은 공관복음 저자들이 예수의 사역 중에서 갈릴리를 중심으로 기록하고 있기 때문에 예루살렘에 올라간 것을 한 번만 기록했을 뿐이다. 다시 말해서 공관복음은 예수의 갈릴리 사역을 중심으로 기록하고 있고, 요한은 예수의 사역을 예루살렘 중심으로 기록했기 때문에 3번 유월절을 기록한 것이므로 이것은 무엇에다 초점을 맞추느냐에 따라 강조점이 다른 것뿐이지 유월절에 따라 예수의 사역의 기간을 정하는 것은 저자들의 의도와는 다르기 때문에 옳지 않다고 본다.

다음은 성전청결이 예수의 사역 초기냐 말기냐의 논쟁도 다 의미 없는 논쟁이다. 왜냐하면 성전청결 사건은 두 번 일어났다고 보면 되는 것이다. 다만 공관복음서 기록자들과 요한복음의 기록자가 자신의 관점에 따라 한 번씩만 기록한 것으로 볼 수 있기 때문이다. 왜 그랬을까? 그것은 공관복음서 저자들과 요한복음 저자의 보는 관심의 차이 때문이다. 공관복음서 저자들은 예수의 사역 중에 성전청결이 모든 것의 시작으로 보고 그들의 강조점에 따라 한 번만 기록한 것이고, 요한복음에는 성전청결 사건이 모든 것은 결과 중에 하나요, 결론으로 보았기 때문에 사역의 끝에 일어난 것으로 기록한 것이다. 따라서 필자가 공관복음과 요한복음의 차이점을 기록한 것은 다만 강조점의 차이이지 어느 것이 옳으냐의 문제는 아니라고 본다.

(2)표적에 대한 기록

공관복음에서는 이적(wonder) 혹은 기적(miracle)이란 말을 사용하고 있으나 요한복음에는 8개의 표적(세메이온, sign)을 기록하고 있다. '이적'과 '기적'은 초자연적인 일을 말할 때 일반적으로 사용하지만 표적은 조금 다르다. 표적이란 말은 '표시' 혹은 '징조'란 뜻으로 그것을 행하시는 분의 뜻을 나타내는 도구를 의미한다. 그 중에 네 가지의 표적은 공관복음에는 기록되어 있지 않고 요한만의 기록이다. 요한은 모든 귀신과 악령들의 축신술(exorcism)을 제외하고 있다. 요한은 그 네 가지 이적은 예수의 신적 능력을 언급하는 데는 불필요하다고 생각했기 때문일 것이다. 그러면 요한복음에만 나오는 네 가지 표적들을 살펴보자.

물을 변하여 포도주로 만든 표적(2:1-11)과 베데스다에서의 중풍병 환자를 고치신 표적(5:1-16), 다음은 나면서 소경된 자를 고치신 표적(9:1-38) 그리고 나사로를 살리신 표적(11:1-44)이 중요한 신학적 의미를 지닌다고 요한은 보았다.

첫 번째 표적(2:1-1＝물을 변하여 포도주로 만든 표적)

예수의 첫 번째 표적이 치유하신 사건이 아니라 가나의 즐거운 혼인 잔치에서 물로 포도주를 만드신 일이다. 손님 접대를 하던 중

포도주가 모자라게 되었다. 유대인들에게는 포도주는 결혼식과 안식일에는 없어서는 안 될 중요한 품목이었다. 왜냐하면 포도주는 기쁨의 상징이기 때문이다.

더구나 유대인들의 결혼식은 우리와 다르게 진행한다. 먼저 잔치부터 하는데 보통 사흘간 한다. 먼저 손님들에게 먹고 마시고 춤추면서 즐기게 한 후에 늦은 밤에 결혼 예식을 거행한다. 그러므로 기쁨을 주는 포도주가 떨어지면 그 결혼식은 망치는 것이다. 포도주에는 크게 세 가지 종류가 있다. 레드 포도주, 백포도주, 로제 포도주가 있다. 차이점은 제조 과정과 재료의 차이에서 온다. 씨와 껍질을 그대로 발효하면 레드 포도주가 되고, 레드 포도주 보다 좀 일찍 건져내면 로제 포도주가 된다. 그러나 미리 제거하면 백포도주가 된다.

우리는 요한이 이 표적들을 기록한 것을 세밀하게 보아야 그의 의도를 알 수 있다. 혼인 잔치는 세례요한이 나타난 지(1:19-20), 사흘째 되는 날이었다. 요한은 창세기의 창조와 대조하면서 새 시대의 도래, 즉 새 창조의 주님이심을 강조하고 있는 것이다. 여기서 '여자여' 란 말이 우리말로는 좀 불경스럽게 느껴지겠지만 예수는 십자가 위에서도 어머니에게 '여자여' 라고 불렀다. 영어도 마찬가지이지만 솔직히 이 말은 한국말로는 좀 무례한 말이다. 그래서 '번역이란 반역이다' 란 말이 나온 것이다. 역자의 말이 원저자의 뜻과 다를 수 있기 때문이다. 이 '여자여' 란 말이 그런 오해를 받는 종류 중에 하나이다. 그러나 유대인의 문화에서는 다르다. '여자여' 란 말이 영어로는 'ma'am'(엄마)란 뜻이다. 중요한 것은 이 말씀을 하실 때에 예수님은 가족관계나 혈연관계로서가 아니라 하늘 아버지의 뜻에 따르고 있음을 언급하고 싶었던 것이다. 그래서 '여자여'라고 말씀하신 것이다.

베데스다에서의 중풍병 환자를 고치신 표적(5:1-16)

여기에 기록된 베데스다에서의 중풍병자를 고치신 표적은 마가복음 2:1-12절에도 비슷한 사건이 나온다. 요한이 같은 사건을 4절 정도 더 깊이 있게 다룬 것인지 아니면 다른 사건을 기록한 것인지는 논쟁이 많다. 그러나 분명한 것은 요한복음과 마가복음은 세 가지의 차이점이 있다. 첫째는 오직 요한복음에만 때때로 천사들이 못에 임할 때에 물이 움직이며 그 때에 먼저 들어가는 자가 치유함을 받는다고 언급하고 있다. 둘째는 요한복음에만 그 중풍병 환자가 38년이나 되었다고 기록하고 있다. 셋째는 요한복음에만 중풍병 환자의 치유가 안식일에 일어났으며 '유대인들'을 격노케 하였다고 했다. 물론 손마른자를 치유한 이야기가 마가복음 3:1-5절에 나오지만 그것과는 다른 사건으로 보인다. 필자는 이런 큰 차이점이 있는 것으로 보아 요한이 기록한 것은 비슷하지만 다른 사건을 기록한 것으로 보고 있다.

나면서 소경된 자를 고치신 표적(9:1-38)

이 기록은 마가복음10:46-52절에 맹인인 바디매오를 고치신 이야기의 변형일 가능성이 없지 않다. 그러나 마가가 간단하게 7절에 기록한 것을 요한은 38절이나 길게 그리고 그것이 초막절 때 일어난 것으로 기록하여 설명함으로써 예수는 세상의 빛으로 오신 분이심을 강조한 것이다. 그뿐 아니라 요한은 바리새인들이 영적으로 소경됨을 지적하려는 데도 그의 목적이 있었다.

나사로를 살리신 표적(11:1-44)

예수의 표적 가운데 가장 극적인 것은 죽은 나사로를 살리신 이 적이다. 누가복음 10:38-42절에 보면 마리아와 마르다는 베다니 에 살고 있는 예수의 좋은 친구였다. 여기서 주목할 것은 이 마리 아가 예수에게 향유를 붓고 눈물로 그의 발을 씻어준 바로 그 장본 인이라는 점이다(눅7:37-38). 예수는 갈릴리에서 나사로가 대단히 아프다는 말을 전달받았다. 제자들과 함께 가고 있는 도중에 나사 로가 이미 죽었다는 전갈이 왔다. 당시 유대에 있는 유대인들은 예수에 대해 대단히 적대적이었다. 그럼에도 불구하고 예수는 베다니로 가셨다. 마르다는 예수가 좀 더 일찍 오셨더라면 나사로가 죽지 않았을 텐데 하며 슬퍼했다. 그 때에 예수께서는 "네 오라비가 다시 살아나리라"고 분명하게 말씀했다. 그러나 마르다는 예수께서 마지막 때에 있게 될 부활을 언급한 줄로 오해했다.

25-26절에 기록된 예수의 말씀은 가장 핵심적인 구절의 하나이 다. "나는 부활이요 생명이니 나를 믿는 자는 죽어도 살겠고 무릇 살아서 나를 믿는 자는 영원히 죽지 아니하리니 이것을 네가 믿느 냐" 여기서 예수께서 중요시 했던 것은 예수가 부활이요 생명인 것을 마르다가 믿고 있느냐에 관심을 두셨다는 점이다. 예수께서 다음에 마리아를 만났을 때에도 "주께서 여기 계셨더라면" 하고 울 었다. 이런 슬픈 장면을 보신 예수께서는 "눈물을 흘리시더라"고 요한은 36절에 기록했다. 이 구절은 성경에서 가장 짧은 구절이 다. 여기서 필자는 왜 예수께서 눈물을 흘리셨을까 하는 문제를 잠

간 언급하려고 한다.

물론 많은 사람들이 이 문제를 다루고 있지만 36절에 예수께서 우셨다는 단어는 33절에 유대인들이 소리 내어 우는 것과는 종류가 다르다. 소리 없이 눈물을 떨어뜨리며 슬퍼했다는 뜻이다.

무엇 때문인가?

첫째는 나사로가 죽어서 슬퍼한 것이 아니라 마르다와 마리아가 나사로의 죽음으로 인해 고통당하며 슬퍼하는 것을 보시자 그들에 대한 동정심과 사랑 때문에 우셨던 것이다(롬12:15). 그것은 예수께서 완전한 사람이셨음을 잘 보여준다.

둘째는 여기에 모인 대부분의 사람들이 머지않아 믿지 않음으로 인해서 당하게 될 지옥에서의 고통(롬6:23)을 생각하시며 우셨던 것이다.

셋째는 나사로의 표적으로 인해 있게 될 유대인들의 핍박과 그로 인해 마리아, 마르다, 나사로를 비롯한 많은 주님의 제자들이 당하게 될 일들을 생각하며 우셨던 것이다. 넷째는 예수께서 머지않아 십자가에서 죽게 될 때 주님을 따르던 자들이 얼마나 슬퍼할 것인가를 생각하며 우셨을 것으로 생각된다.

필자가 가서 본 바로는 나사로의 무덤은 아주 작은 편이고 낮에도 들어가 보면 어두운 편이었다. 거기서 예수께서는 무덤의 돌을 옮겨놓게 하신 후에 큰 소리로 "나사로야 나오라"고 큰 소리로 부르짖자 살아났다고 했다. 물론 이 표적은 많은 사람들이 믿게 되는 계기가 되었지만 그로인해 바리새인들과 대제사장들이 예수를 두려워하게 되었고 예수를 죽이기로 모의하게 되었다고 했다.

니고데모와의 관계(3:1-21;7:45-53; 19:38-40)

니고데모는 바리새인이요 산혜드린 공회의 회원이었다. 그가 밤에 비밀리에 예수를 찾아왔다. 공무에 바빠서는 아닐 것이고 동료들이 볼가봐 두려워서였을 것이다. 그는 예수가 행하신 표적들이 하나님으로부터 오신 증거임을 받아들였다. 그가 예수를 찾아온 목적은 중대한 종교적 문제를 해결하려는데 있었다. 그러나 예수는 그가 질문을 하기도 전에 대답을 했다. "진실로 진실로 네게 이르노니 사람이 거듭나지 아니하면 하나님의 나라를 볼 수 없느니라"(3:3). 그러자 니고데모는 사람이 늙으면 어떻게 다시 날 수 있느냐고 하면서 두 번째 모태에 들어갔다가 날 수 있냐고 물었다. 예수는 거듭난다는 것은 영적인 변화를 의미한다고 설명했다. 특별히 그리스도를 성육신한 로고스로 받아들이고 새 언약에 관한 가르침을 순종하는 것이라고 설명했다. 뱀에게 물린 이스라엘 사람들이 모세의 장대에 달린 구리 뱀을 보고 치유함을 받은 것 같이 (민21:9) 십자가에 달린 그리스도를 바라보면(앙망하면) 죄에서 치유함을 받는다고 말씀했다(요3:14). 그러고 나서 요한복음의 핵심을 말씀했다. "하나님이 세상을 이처럼 사랑하사 독생자를 주셨으니 이는 그를 믿는 자마다 멸망하지 않고 영생을 얻게 하려 하심이라" 예수는 계속해서 사람이 그의 믿음에 따라 진심으로 행하면 의롭게 행하게 될 것이라고 했다. 니고데모는 또 한 번 요한복음에 나타난다. 요한복음 7:50-51절이다. 바리새인들과 대제사장들의 모임에서 그들이 성전 관리인에게 왜 예수를 체포하지 않느냐고 꾸짖었다. 그 때에 니고데모가 용감하게 대답했다. "우리 율법은 사람의 말을 듣고 그 행한 것을 알기 전에 심판하느냐?"고(7:51).

그러자 다른 바리새인이 너도 예수의 추종자인가 하면서 갈릴리에서는 '선지자'가 있을 수 없다고 단정했다. 그 후 예수께서 십자가에 달리셨을 때에 니고데모가 유대인들의 관습적 방부제인 "몰약과 침향 섞은 것을 백 리트라(75파운드, 34kg)쯤 가지고 왔다"(19:39)고 요한은 기록하고 있다. 이 세 곳의 기록을 볼 때에 니고데모는 진실한 사람이었고 양심적인 사람이었으며 진실로 진리를 구한 사람이었다는 것을 알 수 있다. 문제는 그가 나중에 진실로 거듭난 사람이 되었는가? 이다. 재미있는 사실은 4세기경에 기록한 『니고데모 복음서』가 있었으며 가톨릭교회에서는 그를 성자로 추앙하여 8월 3일에 축제일로 지킨다는 점이다. 미켈란젤로는 1498-1499년에 제작한 『피에타』(Pieta)란 조각에서 니고데모를 '그리스도의 수호자'로 표현하고 있다. 더욱 놀라운 것은 탈무드에는 물론 유대인들의 『백과사전』에 니고데모를 '니고데모 벤구리온'이라고 기록하고 있다는 점이다. 그러나 벤구리온은 40년 후에 유대인 전쟁 때 나오는 인물이므로 동일인이라고 하기는 어렵다. 왜냐하면 니고데모가 예수를 찾아왔을 때 그는 이미 노인이었다고 보기 때문이다.

사마리아 우물가의 여인(4:1-29)

사마리아로 통과하는 도중에 예수께서 수가라 하는 동네를 지나다가 피곤하여 우물 곁에 앉아 있었는데 시간은 6시(우리의 시간으로는 12시) 쯤 되었다. 그 때에 물을 길으러 온 사마리아 여인을 만나 대화한 내용이다. 예수께서 "물을 좀 달라"고 했다. 여인은 깜짝 놀랐다. 왜냐하면 당시 유대인들은 사마리아인들과 상관하기를 꺼

려했던 때였기 때문이다. 죄인들과의 교제나 사마리인들과의 대화를 율법으로 금지하고 있었기 때문이다.

무엇 때문인가? 그것은 주전 722년에 북 이스라엘이 앗수르에게 망한 후 북이스라엘의 수도였던 사마리아는 앗수르의 한 지방으로 편입되었다. 그 후에 사마리아인들을 많이 이주시켜 흩어지게 하고, 바벨론을 비롯한 여러 지역의 사람들을 사마리아로 이주시켜 사마리아는 이방인들과의 결혼을 통해 구데스(Cuthes) 즉 쌍년이란 뜻으로 '사자(lions)들에게 개종한 사람들'이란 의미로 사마리아인들을 그렇게 불렀다. 따라서 예루살렘에서 갈릴리로 갈 때에도 지름길인 사마리아로 직접 가지 않고, 베뢰아로 돌아가는 것이 관습이 된 것이다.

유대인은 사마리아 사람과는 상종치 않는데 왜 사마리아 여인에게 물을 달라고 하는지 이해 못한 사마리아 여인은 어찌하여 사마리아 여인인 자기에게 물을 달라고 하느냐고 하면서 주저했다. 그때 예수는 사마리아 여인이 전혀 이해할 수 없는 말을 했다. 네가 만일 내가 누구인지 알았다면 내게 생수를 달라고 했을 것이라고 했다. 그러나 사마리아 여자는 "주여 물길을 그릇도 없고 이 물은 깊은데 어디서 그 생수를 얻겠습니까?" 하고 되물었다. 당신은 야곱보다 더 높으신 분이십니까? 사마리아 여자는 아직 샘물과 생수를 구별하지 못하고 그 생수를 어디서 구하느냐고 물었다. 그 때 예수는 그가 말하는 생수는 영원한 생명임을 설명하면서 "내가 주는 물을 마시는 자는 영원히 목마르지 아니하리니 내가 주는 물은 그 속에서 영생하도록 솟아나는 샘물이 되리라"(4:14)고 했다. 16절에 보면 예수는 뜬금없이 "네 남편을 불러오라"고 했다. 사마리아 여자가 지금은 남편이 없다고 하자 사마리아 여사의 내력을 예수께서 말씀하셨다. 그제야 사마리아 여자는 "주여 내가 보니 당신은 선지자로소이다"라고 고백한다. 그러면서 사마리아 여자는 유대인과 사마리아인은 예배 장소가 다른데 어디서 예배드려야 하느냐고 물었다. 그 때 예수께서는 참 예배는 장소가 중요한 것이 아니라 '영과 진리로' 예배드리면 된다고 했다. 마침내 사마리아 여자는 예수가 그리스도라는 사실을 깨닫게 된다. 그래서 여자는 자기가 가지고 온 물통까지 잊어버리고 마을로 가서 복음을 전하기 시작했다는 내용이다.

최근 대화법에 관한 연구가 세계 도처에서 연구되고 있다. 필자가 놀란 것은 미국의 어떤 교제에 『예수의 대화법』이란 책 속에 이 구절을 중심으로 기록한 점이다. 예수의 대화법은 (1)눈으로 볼 수 있는 물에서 시작하여 (2)영원히 목마르지 않는 영생수로 끌고 간 후에 (3)가정사를 통한 윤리적 대화에서 영적 대화로 가서 예수가 그리스도이심을 깨닫게 하고 (4)다음은 메시아로 믿게 만들 뿐 아니라 (5)마침내는 전도자로 만드시는 예수의 대화법이 대화법 중에 최고의 대화법이라고 기록한 것을 본적이 있다.

간음하다가 잡힌 여자(7:53-8:11)

예수의 사랑과 용서에 관한 것이 가장 잘 나타난 것이 바로 이 간음하다 잡힌 여인을 용서한 내용이다. 이 유명한 이야기는 고대 사본에는 나오지 않기 때문에 공관복음서에는 나오지 않고 요한복음에만 나온다. 내용은 간음하다 잡힌 한 여인을 서기관들과 바리새인들이 예수에게 끌고 와서 판결을 요구한 것이다. 그들의 생각에는 예수께서 너희의 법대로 돌로 쳐 죽이라고 하면 사람들이 예수의 사랑을 의심하게 될 것이고, 그냥 용서하라고 하면 당시의 관습을 어기는 것이기 때문에 대중들의 반감을 살 것으로 보고 예수를 난처하게 만들기 위해 예수에게 온 것이다.

이 사건에서 우리는 예수의 지혜와 사랑을 보게 된다. "너희 중에 죄 없는 자가 먼저 돌로 치라"고 했다. 8절에 보면 예수께서는 그들에게 생각할 시간을 주기 위해 당신은 "몸을 굽혀 손가락으로 쓰시니"라고 했다. 아마도 예수는 예레미야 17:13절 말씀 "무릇 여호와를 떠나는 자는 흙에 기록되리니 이는 생수의 근원이신 여호와를 버림이니이다"을 기억하고 쓰셨는지 모른다. 과연 여기서 예수는 무엇이라고 썼을까? 몇 가지 가정을 해보자. 어쩌면 예수는 바리새인들의 이름과 그들의 죄를 기록했거나 아니면 하나님께서 모세에게 십계명을 기록한 권위처럼 예수께서도 흙 위에 요한복음 13:34절을 기록했을 수도 있다. "새 계명을 너희에게 주노니 서로 사랑하라 내가 너희를 사랑한 것 같이 너희도 서로 사랑하라" 이 문제는 영원히 신비로 남겠지만 그것을 한번 생각해보는 것만으로도 재미있을 것이다. 한 가지 확실한 것은 그들에게 생각의 여유를 주시기 위해서란 점이다. 그래서 양심의 가책을 느껴 더 이상 여인을 괴롭히지 않게 하려고 했을 것이다.

중요한 것은 예수께서 흙 위에 글자를 쓰는 동안에 서기관들과 바리새인들과 모든 무리들은 다 사라졌다는 점이다. 이제 남은 것은 예수와 간음하다 잡힌 여자만 남았다. 그러자 예수는 여인에게 물었다. "너를 고발하던 그들이 어디 있느냐?" 가고 없다고 하자 주님께서는 "나도 너를 정죄하지 아니하노니 가서 다시는 죄를 범하지 말라"(8:11)고 했다. 여기서 우리는 주님의 지혜와 사랑을 엿볼 수가 있다.

다음은 두 개의 알레고리를 볼 수 있다. 우리는 지금까지 비유는 삶의 정황 속에서 저자가 뜻하려고 하는 한 가지 점만을 찾아야 한다는 것을 배웠다. 그러나 문제는 주께서 의도적으로 알레고리를 말씀한 것을 어떻게 해야 하느냐이다. 그것은 두 말할 필요도 없이 말씀하시는 분의 의도를 따라서 알레고리칼 하게 해석하되 무리하게 하지 않으면 된다고 믿는다.

선한 목자의 비유(19:1-18)

10:1절에 보면 주님은 "나는 선 한 목자라"(10:11)고 했다. 선한 목자는 양우리의 문을 통해서 들어간다. 그리고는 양들의 이름을 부른다. 양들을 목장으로 인도하여 낸 후에 맹수로부터 양들을 지킨다. 여기서 예수가 강조한 것은 예수를 믿고 그의 계명을 지키는 자들을 위해 예수께서도 그의 생명을 아끼지 않는 목자이심을 강조한 것이다.

여기서 선한 목자와 대조적인 것은 은밀하게 와서 양을 훔쳐 죽이려는 절도며 강도라고 했다. 이 도적들은 예수보다 앞서온 거짓 예언자들, 거짓 메시아들, 광적인 열심당원들을 말한 것이다. 그러나 선한 목자들은 품꾼들과는 달리 양들에게 위험이 닥쳐올 때에 피하지 않는다고 말씀한 것이다. 이 알레고리 중에서 예수는 자신을 '그 문, 유일한 문'이라고 한 점이다. 그러면서 이 문으로 들어가면 구원을 받는다고 했다. 그 말씀은 10:9절에서 "내가 문이니 누구든지 나로 말미암아 들어가면 구원을 받고 또는 들어가며 나오며 꿀을 얻으리라"고 했다.

참 포도나무 비유(15:1-11)

참 포도나무의 비유는 15:1절에서 "내 아버지는 농부라"는 뜻과 같은 의미로 말씀한 것이다. 포도원 일꾼은 열매 맺지 않는 가지는 잘라서 불에 태운다. 마찬가지로 하나님께서는 사랑하지 않고 섬기지 않는 자들은 구별하신다. 포도원 품꾼은 열매 맺는 가지가 더 많은 열매를 맺게 하기 위해 열매 맺지 않는 가지들을 잘라버리듯이 하나님께서도 그렇게 하신다. 그러므로 제자들은 주님 안에 거해야 더 많은 선한 열매들을 맺는다고 했다. 이 구절은 신학적으로도 아주 중요한 의미를 가진다. 그리스도와 그리스도인들 사이의 신비적 연합을 가장 잘 표현한 구절이기 때문이다.

그리스도의 선교의 영역(12:20-36)

20절 명절에 예배하러 온 '헬라인 몇'은 유대교로 개종하여 예루살렘에 와서 유월절을 지키기 위해서 온 사람들일 것이다. 그들이 빌립에게 와서 예수를 만나게 해달라고 요청했다. 그 말이 예수에게 전달되었지만 그 후의 기록을 요한은 하지 않았다. 예수께서 헬라인들을 만나주지 않았는지 아니면 요한이 기록을 의도적으로 하지 않았는지 우리는 알 수가 없다. 지금까지 예수는 단 한 번도 만남을 거절한 적이 없기 때문에 더욱 궁금하다. 어쩌면 요한은 기독교가 보편적으로 퍼져있었다는 것을 강조하기 위해서 이 기록을 남긴 것으로 보인다. 여기서 가장 중요한 구절은 예수께서 말씀하신 "인자가 영광을 얻을 때가 왔도다"라는 구절이다. 이 말씀은 예수의 사명이 곧 성취될 것이라는 뜻이다. 그러나 그 성취는 그냥 이루어지는 것이 아니라 주님께서 죽어야 한다는 뜻이었다. 그래서 12:28절에서 "한 알의 밀이 땅에 떨어져 죽지 아니하면 한 알 그대로 있고 죽으면 많은 열매를 맺느니라"고 한 것이다.

여기서 요한복음은 공관복음과 약간 다르게 설명하고 있다. 공관복음에서는 예수께서 마지막 성만찬 때 제자들에게 말씀하신 것으로 기록되어 있기 때문이다. 마가복음 14:36절에 보면 "아바 아버지여 아버지께는 모든 것이 가능하오니 이 잔을 내게서 옮기시옵소서 그러나 내 원대로 마시옵고 아버지의 원대로 하옵소서"라고 했다. 그러나 요한복음 12:27절에서는 "지금 내 마음이 괴로우니 무슨 말을 하리요 아버지여 나를 구원하여 이때를 면하게 하여 주옵소서 그러나 내가 이를 위하여 이때에 왔나이다"라고 했다. 주님은 계속해서 "아버지여 아버지의 이름을 영광스럽게 하옵소서"(요12:28상)라고 기도했다. 이 기도는 하나님의 계획대로 이루어가시라는 뜻이다. 막14:36절에서는 "그러나 나의 원대로 마옵시고 아버지의 원대로 하옵소서"라고 표현을 약간 달리했다. 이때에 하늘에서 소리가 들렸다. "내가 이미 영광스럽게 하였고 또 다시 영광스럽게 하리라"(12:28하). 마가복음에서는 하늘의 음성이 세례 받을 때(1:11)와 변화 산에서(막9:7) 두 번 들린 것으로 기록하고 있다.

이때에 하늘의 소리를 들은 사람들은 율법에는 그리스도가 영원히 계신다고 했는데 어찌하여 당신은 그리스도가 들려야한다고 하느냐(요12:34) 하고 이의를 제기 했다. 그러나 주님은 빛이 있는 동안 즉 바로 '지금' 믿어야 그들이 구원을 받을 것이라고 경고를 하신 것이다.

사랑과 위로의 설교(13:1-16:33)

요한복음에서 가장 중요한 설교의 절정은 마지막 성만찬이 있은 후 제자들에게 고별설교를 한 것이다. 먼저 제자들의 발을 씻긴 후에 겸손과 섬김의 설교를 하셨다(13:1-17). 예수는 제자들에게 잠시 후에는 그들을 떠날 것을 말씀하시면서 예수가 그들을 사랑한 것처럼 너희들도 서로 사랑하고 섬기라고 했다. 그래야 사람들이 그들이 예수의 제자인 것을 알 것이라고 했다. 그러나 베드로는 주님이 어디를 가시든지 자기는 절대로 주님을 떠나지 않겠다고 말했다(13:36). 그러자 주님은 베드로가 닭이 울기 전에 세 번 주님을 부인할 것이라고 예언했다. 그 때에 제자들의 얼굴이 슬픈 기색을 띠자 주님의 유명한 위로의 말씀을 14장에서 하셨다. "너희는 마음에 근심하지 말라 하나님을 믿으니 또 나를 믿으라"고 한 것이다. 6절의 말씀은 예수가 어떤 분인가를 밝혀준 구절이다. "내가 곧 길이요 진리요 생명이니 나로 말미암지 않고는 아버지께로 올 자가 없느니라" 그뿐 아니라 주님은 그들을 위로하기 위해서 성령을 보내주실 것을 약속했다. 15:12절은 요한복음의 가장 핵심적인 말씀의 하나이다. "내가 너희를 사랑한 것 같이 너희도 서로 사랑하라 하는 이것이니라" 16:33절은 주님이 제자들에게 주는 마지막 유훈이라고 할 수 있다. "이것을 너희에게 이르는 것은 너희로 내 안에서 평안을 누리게 하려 함이라 세상에서는 너희가 환난을 당하나 담대 하라 내가 세상을 이기었노라."

대제사장으로서의 기도(17장)

예수의 사역이 끝나갈 무렵에(4절) 예수께서는 그 뒤에 남게 될 제자들을 위해서 대제사장으로서 기도하신 것이다. 기도한 내용은 크게 세 가지 내용으로 되어 있다. 17:1-5절에서는 예수 자신을 위해서 기도하시고, 6-19절까지는 제자들을 위해 기도하신 것이다. 이 기도 속에 18절의 말씀은 마태복음에서 말씀하신 지상 명령과는 약간 다르다. "아버지께서 나를 보내신 것 같이 나도 그들을 세상에 보내었고"라고 했는데 여기서 '보낸다'는 말은 '아포스텔로'(apostello)란 말인데 이 말은 그냥 보낸다는 말이 아니라 '사명을 맡겨서 보낸다'는 뜻이다. 이 말은 요20:21절에서 다시 반복된다. 물론 이 말씀은 마태복음 28:19절의 '가서'(poreuo)와는 다르다. 마태복음에서 한 말은 문화와 국경을 넘어서 선교하라는 말씀이다. 그러면 요한복음의 '보낸다'는 말은 무슨 뜻인가? 간단히 말하면 '작은 예수'가 되어 주님이 하셨던 일(마4:23), 즉 가르치며, 복음을 전파하며 병자를 치유하고 귀신을 쫓아내는 일을 하라는 말씀이다.

20-26절에서는 모든 믿는 사람들을 위해서 기도한 내용이다. 예수께서 자신을 위해서 드린 기도는 하나님 아버지께 영광이 되게 해달라는 기도이다. 주님이 생각하는 영광은 하나님이 알려지는 것(6-16절)과 그들을 거룩해지게 해달라는 것이었다. 예수께서 곧 속죄의 죽음을 통해서 세상에 알려질 것인데 예수를 믿는 모든 자들이 하나님을 알게 되고 영생을 얻게 해달라는 기도이다. 다음으로 제자들과 진리의 사역을 위해 그들을 보호해달라는 기도이다 (17-19절). 마지막 기도(20-26절)는 모든 사람들을 위한 기도이다.

모든 믿는 자들이 영적으로 하나 될 것과 그것이 교회생활에서 나타나게 해달라는 기도이다.

재판, 죽음 그리고 부활(18-21장)

요한은 공관복음과는 달리 동산에서의 기도를 생략하고 있다. 그러나 대제사장의 종의 이름을 밝히고 있고 검으로 친 자가 베드로임을 알려준다. 마가복음14:53-15:15절과 마태복음26:57-27:26절과 누가복음22:54-23:31절을 비교하여 보면 요한은 유대인과 비유대인의 독자들을 위해 유대 법정보다는 로마 법정에 더 많은 지면을 할애한 것을 볼 수 있다. 요한의 상세한 설명은 요한이 가까이서 목격했음을 보여준다. 요한복음에는 싸늘한 밤(숯불이 말해줌. 18:18), 예수와 빌라도의 대화와 빌라도와 유대인들과의 대화, 가이사 외에는 왕이 없다고 선언하는 유대인들의 배교가 생생하게 기록되어 있다. 공관복음과는 달리 요한은 유대의 산헤드린 공회를 언급하고 있지 않다. 요한은 예수가 전임 대제사장과의 대화한 것을 자세히 기록하고 있고 가야바 앞에서 심문당한 사실도 기록하고 있다.

특별히 예수가 예언한 대로(13:38) 닭이 울었던 일, 유월절 준비일(19:14)에 어린 양을 잡아서 일몰 후에(유대인들은 다음날로 계산) 유월절 식사로 먹었다고 했다. 예수께서 유월절 어린양을 잡는 날에 죽으셨다는 것은 신학적으로 중요한 의미를 가진다. 그것은 예수가 유월절의 양임을 언급한 것이기 때문이다. 여기서 예수는 유월절 식사를 양고기 없이 하루 전에 드신 것이다.

19:17-37절에는 십자가에 못 박히시는 예수의 행적을 기록하

고 있다. 이 기록은 요한이 목격자 가운데 한 사람이있음올 잘 보여준다. 패에 기록된 세부 내용(20-22절)이라든지 호지 아니하고 위에서부터 통으로 짠 속옷(23-24절), 예수께서 모친을 요한에게 부탁하신 순간(26-27절) 같은 묘사는 요한이 함께 있었던 목격자임을 잘 보여준다. 31절을 보면 율법에서는 죄수의 시신을 일몰 후에 매달아두는 것을 금한 것(신21:23)을 기록한 것이나 한 군인이 창으로 옆구리를 찌를 때 "피와 물이 나오더라"는 기록은 에스겔 47장의 예언이 예수의 십자가를 통해서 성취된 것임을 의미한다. 마가복음 16장의 기록과 요한복음의 기록을 비교해보면 요한은 목격자로서 직접 본 것과 마리아에게서 들은 것을 기록한 것임을 금방 알 수 있다.

특별히 20:28절의 도마의 고백인 "나의 주님이시요 나의 하나님이시니이다"란 고백은 마태복음에 기록된 베드로의 신앙고백보다 어떤 면에서 더 중요한 핵심 구절이라고 할 수 있다. 20:31절에 기록된 내용은 왜 요한이 요한복음서를 기록했는지 그 목적을 분명히 하고 있다. "오직 이것을 기록함은 너희로 예수께서 하나님의 아들 그리스도이심을 믿게 하려 함이요 또 너희로 믿고 그 이름을 힘입어 생명을 얻게 하려 함이니라" 20:7절에 보면 "또 머리에 쌌던 수건은 세마포와 함께 놓이지 않고 딴 곳에 쌌던 대로 놓여 있더라"고 했는데 이것도 요한복음이 목격자의 기록임을 증명해준다. 이것을 보고 사도 요한은 예수의 부활을 믿게 된 것이다.

21장에는 갈릴리에서 제자들과 함께 하신 예수를 세밀하게 기록하고 있다. 특별히 시몬 베드로에게 세 번이나 "네가 나를 사랑하느냐"고 한 것은 그를 믿지 못해서가 아니라 베드로가 주님을 세 번 부인한 뼈아픈 기억을 회개하고 용서할 수 있는 기회를 주시기 위한 것으로 보인다. 요21:25절의 "만일 낱낱이 기록된다면 이 세상이라도 이 기록된 책을 두기에 부족할 줄 아노라"는 말씀은 유대인들이 흔히 사용하는 과장법적 표현이다. 성서에는 이런 과장법(hyperbole)이 가끔 나온다. 과장법은 일종의 강조법의 하나이다. 예를 들면 "어찌하여 형제의 눈 속에 있는 티는 보고 네 눈 속에 있는 '들보'는 깨닫지 못하느냐"(마7:3)에서 '눈 속의 들보'나 "하루살이는 걸러내고 '낙타'는 삼키는 도다"(마23:24)의 낙타란 표현이나 "너희 머리털 하나도 상하지 아니하리라"(눅21:18)는 표현도 일종의 과장법에 속한다. 이 과장법은 어떤 사물을 의도적으로 사실보다 크게 혹은 작게 표현하는 문장의 기교법의 하나이다.

목회서신의 문학적 특징

성서는 여러 가지의 문학적 장르로 되어 있다. 즉 역사, 시, 지혜문학, 예언서, 묵시문학, 서신 등의 장으로 구성된다.

신약성서의 앞부분에 나오는 4복음서는 바울 서신이나 다른 서신들보다도 늦게 기록되었으나 구약의 내용과 조화되도록 서열을 정한 것이다. 다시 말하면 4복음서가 제일 먼저 기록된 것이 아니라 구약의 모세 오경과 조화되도록 복음서를 앞에 놓도록 편집한 것이다.

성서는 전체적으로 볼 때에 모두 문학의 장르로 된 복음적 문학서로 예수에 관한 4가지 초상화라고 볼 수 있다. 4복음서의 4가지 예수님에 대한 초상의 의미는 다음과 같다.

1. 예수 전을 중심으로 기록된 문학적 기록이다. 물론 4복음서

는 서로 다른 문학적 특징을 가지고 있다. 그러나 복음서의 기본목 적은 불신자들을 회심시키고 신자들을 믿음 안에 굳게 세우기 위 해 기록된 것이다. 복음서의 장르는 다양하여 마치 백과사전과 같 다. 그 이유는 복음서 안에는 역사적 서술, 영웅담, 일지, 비유, 드 라마, 대화, 설교, 잠언, 풍자문학, 시, 비극과 희극이 모두 포함되 어 있기 때문이다.

2. 복음서에는 양식으로서의 이야기체가 주를 이룬다.

3. 구조를 보면 예수의 생애를 소개하면서 유연성 있게 3년동안 의 공생애를 다루고 있다.

4. 복음서는 인물중심으로 서술하고 있는데 그 중심은 예수를 다루고 있다. 다른 인물들을 다룰 때 대화와 교훈들로 이뤄진다.

5. 복음서는 여행을 중심으로 기록하고 있기 때문에 지리적 요 소가 중요하다.

6. 복음서에서 주목할 점은 문체이다. 문체는 예수의 장황한 교 훈을 제외하고는 일반적으로 꾸며지지 않은 투박한 면을 많이 볼 수 있다. 다른 일반적인 자서전과 흡사한 면도 있지만 예수의 기적 이나 비유나 기적을 베푸는 능력은 다른 데서 볼 수 없는 기록들이 다.

복음서의 기자들은 예수의 행하심과 가르치심을 기록할 때에 연 대기적 순서대로 기록한 것이 아니다. 그것은 마태복음과 마가복 음의 내용을 보면 금방 알 수 있다. 가장 분명한 것은 마가복음 4-5장과 마태복음 8-9장과 13장을 보면 쉽게 나타난다. 복음서들은 예수의 복음을 전하고 있다. 그렇다고 역사에 무관심한 것은 아니 다. 누가복음 서론(1:1-4)에 보면 누가는 권위 있는 목격담에 기초해서 기록했다. 그러나 요한은 독자들로 하여금 예수를 믿고 영생을 얻게 하려고 기록했다(요20:31). 따라서 요한은 예수를 직접 본 대로 기록했다. 그러므로 복음서의 역사는 비기독교인들이 볼 수 없는 기독교인들이 본 역사이다. 예를 들면 예수의 부활에 관한 기록 같은 것은 신자와 불신자의 견해가 다를 것이다.

각 복음서들의 특징을 보면 마태는 유대인의 신앙과 예수와의 관계에 초점을 맞추고 있다. 마가는 예수의 가르침보다는 그의 행하심을 강조하고 있다. 그래서 예수의 교훈에 대해서는 가장 짧게 기록하고 있다. 한편 누가는 예수가 베푸신 구원의 축복을 강조한다.

그러나 요한복음은 보는 관점이 전혀 다르다. 예수를 하나님 아버지께서 보내심을 받은 세상의 구세주이심을 강조한다. 아들로서 아버지의 권한을 지니고 계시며 아버지와 친밀한 교제를 가지고 계신 분으로 묘사하고 있다. 따라서 요한은 하나님의 계시를 가장 깊이 있게 통찰하고 있으며 하나님이 사람이 되신 사실의 의미를 강조하고 있는 것이 특징이다.

제3장
바울 서신의 장르

1. 로마서

데이비드 웬햄(David Wenham)이 쓴 『바울은 예수의 추종자인가, 아니면 기독교의 창시자인가』란 책이 나오면서 기독교계에 큰 파장을 일으켰다. 또 윌리엄 부레데(William Wrede)는 1907년에 바울은 기독교의 제2의 창시자라고 부르면서 바울은 유대인의 예언자인 예수를 이방인의 하나님으로 바꾸어 놓았다고 했다. 그리고 기독교를 현재의 모습으로 만들었다는 것이다. 그 후 그를 추종하는 Hyam Maccoby (1986)와 Karen Armstrong(1980)은 바울을 실질적인 기독교의 창시자로 보고 있다. 다시 말하면 바울은 순수하게 예수를 추종했던 사람이 아니라 기독교에 온갖 개념과 강조점들을 도입함으로 원래의 단순했던 예수의 종교를 복잡하게 만든 혁명가였다는 주장이다. 하지만 송영목 박사가 말한 대로 이들이 역사적 예수(Historcal Jesus) 탐구의 편향적인 경향을 극복했다면 예수의 생애에 나타난 기독론과 바울 서신에 나타난 기독론 사이에 많은 연속성이 있음을 보았을 것이다. 바울을 기독교의 창시자로 보는 것은 그들의 편향성의 결과이다. 요컨대 바울은 예수 그리스도의 종 이상도 이하도 아니다. 물론 필자도 바울에게 질문할 것이 적지 않다. 그중 하나가 예수의 핵심은 '하나님의 나라'인데 왜 바울 서신에는 하나님의 나라에 대해 침묵하고 있는가이다. 그러나 그것도 복음서 연구에서 보듯이 마태복음에서 "하늘나라"(天國)라고 했지만 마가복음에서는 "하나님의 나라"로 표현한 것은 독자들에게 이해할 수 있는 용어로 표현하기 위해서인 것과 같은 이유일 것이다. 요한복음을 보아도 천국이란 표현보다 "영생"이란 말을 많이 사용한 것과 같은 이유라고 보아야 할 것이다.

이제 바울의 두 번째 서신 즉 복음 서신인 로마서를 언제 그리고 왜 쓰게 되었는지 그 목적을 살펴보자.

당시 로마는 지금의 영국으로부터 아라비아까지 뻗은 대제국의 수도였다. 따라서 로마는 당시 세계의 외교와 교역의 중심지였다. 그래서 모든 길이 로마로 통했다. 여기서 주목할 것은 바울이 로마서를 기록할 무렵에 로마에는 이미 큰 기독교 공동체가 형성되어 있었다는 점이다. 가톨릭교회에서는 베드로가 선교하고 첫 번째 교황이 되었다는 주장은 자신들을 합리화하려고 역사를 왜곡시킨 것일 뿐이다.

기독교가 로마에서 주후 313년에 국교가 되었을 때 로마교회가 중추적 역할을 한 것은 두말할 필요도 없다. 그러나 가톨릭교회에서는 베드로가 창립해서 25년 동안 감독으로 있었다고 주장하나 근거가 전혀 없다. 물론 우리가 로마교회의 개척에 대해 사도행전에서 그 근거를 찾을 수는 있다. 행2:10에 보면 마가의 다락방에서 일어난 오순절 때 "로마로부터 온 나그네"들, 즉 유대인들과 이방인들이 있었다고 했다. 이 오순절 때 베드로의 설교를 듣고 로마로 다시 와서 복음을 전파했을 것이며 이들이 로마교회를 세웠을 것으로 추정된다. 한 전승에 의하면 바나바가 처음으로 와 설교를 했다고 하는데 가능한 일이었다고 볼 수 있다. 또 중요한 것은 로마서의 끝에 나오는 인사는 바울 서신 중에서 가장 많은 사람들의 이름이 나오는 것이 특징이다. 이것은 바울이 그때까지 로마에 온 적은 없지만 지인들은 많이 있었음을 말해준다. 주후 46년경, 아굴라와 브리스길라가 로마교회의 구성원이었다. 그래서 바울은 롬 16:3에서 "동역자인 브리스길라와 아굴라에게 문안하라"고 한 것이다. 당시 로마교회에는 유대교에서 개종한 유대인들도 있었지만 다수는 이방인들이었다고 본다.

바울이 복음 서신들을 쓴 것은 사도행전 19-20장에 해당하는 기간이다.

로마서를 기록한 목적은 크게 세 가지이다.

첫째는 모든 이방나라에 복음을 전하는 것이 하나님의 명령(1:5)이라고 믿었다. 바울은 오랫동안 스페인에 가는 길에 로마로 선교여행을 떠날 것을 생각하고 있었다. 그래서 로마서를 먼저 보내어 자신을 소개하고 정지작업을 하기 원하였다.

둘째는 바울은 그의 신학적 견해를 피력하여 교회에 있는 유대주의자들에게 있을 수 있는 반대에 준비하기 위해서였다.

세 번째는 유럽의 중심지인 로마가 바울의 교리를 보존하고 퍼뜨리기에 가장 적합한 장소로 보았을 것이다. 그래서 바울은 로마서에서 그의 견해를 주의 깊게 요약한 것이다. 바울이 로마서를 기록한 장소는 행10:2-3에 근거하여 고린도였을 것으로 본다. 때는 바울의 삼차 선교 기간이었을 것이며 동지중해에서 끝을 기록한 것으로 보인다(15:18-23).

로마서를 좀 서둘러 바울이 기록한 것으로 보이는 것은 자신의 예루살렘행이 목숨을 건 여행임을 알고 있었기 때문일 것이다. 바울은 로마의 교인들을 생전에 보지 못할지도 모른다고 생각했던 것 같다. 그래서 로마서에서 바울이 가르쳤던 교리들을 조직적으로 언급한 것이다.

다음은 로마서의 문체와 조직에 대해서 살펴보자.

바울은 이 로마로 보내는 편지를 위하여 두서너 달 동안 준비하여 잘 알지도 못하는 교인들에게 좋은 인상을 주려고 조직적으로 계획을 세우고 다른 어떤 서신보다도 더 주의 깊게 편지를 쓴 것이다. 로마서는 그 이전에 쓴 서신보다 더 침착하고 더 총체적으로 쓴 것이다. 예를 들어 8:38-39에서 볼 수 있듯이 바울은 더 열심을 가지고 확신 속에서 로마서를 기록했다. 로마서는 고린도전서나 갈라디아서처럼 개인적인 논쟁을 해결하려는 목적이 아니었다. 따라서 어떤 이의 "모든 길은 로마로 통한다"는 말처럼 후에 기독교 신학의 기초가 될 심각한 문서가 바로 로마서이다. 로마서는 바울이 직접 쓴 서신이 아니라 16:22에 기록된 대로 바울의 서기인 '더디오'를 통해서 기록한 것이다. 바울의 다른 서신에는 인사란(1장)에 그의 동역자나 비서의 이름을 기록하였으나 로마서는 예외이다. 그뿐 아니라 로마에는 하나의 교회만 있었던 것은 아닌 것 같다. 왜냐하면 바울이 로마서 16:5에 "또 저의 집에 있는 교회에도"라고 기록하고 있기 때문이다. 여기서 가정교회는 브리스길라와 아굴라(16:3)의 집에서 모이는 가정교회를 언급한 것으로 보인다. 행16:2에 보면 브리스길라와 아굴라는 유대인이었던 것을 알 수 있다. 또 14:2과 14:21에 보면 음식에 관한 언급이 있으나 이것은 유대인들과 이방인들 간에 가지는 음식에 관한 언급은 아니다. 바울이 고린도에서 당했던(고전 8장) 일반적인 교훈을 언급한 것이다.

로마서의 구조는 크게 세 부분으로 나누어져 있다.

1-8장까지는 교리편이고, 9-11장은 이스라엘의 역사철학을 다루고 있고, 12-16장까지는 윤리편으로 되어 있다.

로마서의 특징은 크게 네 가지이다.

첫째는 바울 서신 중에서 가장 조직적이며 깊은 신학적 내용으로 되어 있다.

둘째는 기독교 교리에 대해 강조점을 두고 있다. 예를 들면 죄와 사망, 구원, 은혜, 믿음, 의, 칭의, 성화, 영화 등이다.

셋째는 구약의 인용이 많이 나온다. 특별히 9-11장에 가장 많다.

넷째는 이스라엘에 대한 깊은 관심을 보여준다(9-11장). 핵심 구절은 11:25-26이다. "형제들아 너희가 스스로 지혜 있다 하면서 이 신비를 너희가 모르기를 내가 원하지 아니하노니 이 신비는 이 방인의 충만한 수가 들어오기까지 이스라엘의 더러는 우둔하게 된 것이라 그리하여 온 이스라엘이 구원을 받으리라" 25절은 신학에서 말하는 남은 자(Remnant) 사상이다. 구약의 이사야서를 보면 그의 아들 중 하나에게 '스알야숩'이라고 이름을 지었는데 그 뜻은 '남은 자가 돌아오리라' (사7:3; 8:18)이다. 그러면 로마서에 언급된 남은 자는 누구를 말하는가? 그것은 앗수르나 바벨론에서 귀환할 것을 가리킨 것이 아니라 메시아 시대에 이루어진 제2의 귀환을 의미한다. 미가서 4:7; 5:7-8; 7:18절에는 야곱의 남은 자라고 했다. 예레미야 23:3, 31:7절의 남은 자는 바벨론에서 귀환할 자를 의미한다. 따라서 '남은 자'란 때로는 제1의 귀환을 의미하지만 중요한 것은 이 용어가 종말론적 의미인 제2의 귀환을 언급한 점이다. 따라서 바울이 로마서 11:5절에서 언급한 '남은 자'는 구원받은 자 중 이스라엘을 가리킨 말이다. 그러므로 롬11:26절은 마지막 날에 유대인의 남은 자들에 대한 약속이다.

믿음으로 말미암아 의롭다 함을 받음(1-8장)

이 부분은 바울이 갈라디아서에서 언급한 내용을 좀 더 세밀하게 언급한 점이 특징이다. 이 부분을 흔히 '바울의 복음서'라고 부른다. 믿음, 오직 믿음만이 구원에 이르게 할 것이라고 했다. 이방인들은 지혜를 얻으려고 했다. 그러나 그들은 부패했다. 히브리인들은 율법을 의지했으나 불충분했다. 율법은 선과 악의 구별은 해주지만 그러나 율법은 만족할만한 동기나 의에 이르는 힘을 주지 못했다고 바울은 말한다. 유대인들에게 율법을 준 것은 그리스도가 올 때까지 잠정적인 율례였던 것이라고 했다. 믿음은 인간을 율법에서 자유롭게 하여 온전히 새로운 피조물이 되게 하고 욕심을 떠나 온전히 하나님의 뜻을 이루게 만들어준다는 것이다. 이 새 사람은 새 자유를 발견하고 행복과 평안을 누린다. 이제는 하나님과의 영원한 관계를 아무도 허물 수 없게 되었다고 선언한다. "내가 확신하노니 사망이나 생명이나 천사들이나 권세자들이나 현재 일이나 장래 일이나 능력이나 높음이나 깊음이나 다른 어떤 피조물이라도 우리를 우리 주 그리스도 예수 안에 있는 하나님의 사랑에서 끊을 수 없으리라"(롬8:38-39).

이스라엘의 역사철학(9-11장)

이 부분은 하나님께서 히브리인들에게 약속하신 것을 깨트린 것이 아니냐고 항변할 수 있는 문제이다. 히브리인들의 대부분은 기독교를 거절했다. 그러므로 그들은 구원을 받을 수 없다. 그러나 하나님께서는 오래전에 그들을 선택된 백성으로 여기신다고 약속을 했다. 그러면 어떻게 이 두 가지 약속이 해결될 수 있는가? 하나님께서는 측량할 수 없는 방법으로 그의 영광스러운 약속을 성취하도록 했다고 대답한다. 창세전에 하나님께서는 선택 자를 택하셔서 그들을 구원하신다고 했다. 그러나 그들은 예수 그리스도와 복음을 믿는 사람들이라고 했다. 여기서 중요한 것은 이 예정된 자들만 구원받는다는 것이 인간의 자유의지를 부인하는 것이라고 수많은 신학자들이 반대한다. 그래서 인간의 자유의지를 강조하는 편과 예정론자들이 갈라서서 계속 논쟁을 하고 있다.

그러면 본문을 어떻게 이해해야 하는가? 여기서 우리는 '하나님의 주권적 선택'에 대해 먼저 이해를 해야 한다. 문제는 하나님의 '선택'과 인간의 자유가 어떻게 동시적으로 작용할 수 있는가이다. 인간의 제한된 이해의 범위를 넘어선 것이기 때문에 이해하기가 어려운 것은 사실이다. 그러나 먼저 우리들이 이해해야 할 것은 하나님은 우리의 제한된 이해를 넘어선 분이란 점이다. 따라서 우리는 하나님의 뜻을 따를 뿐이다. 그러므로 선택에 있어서 하나님의 주권과 우리의 자유를 무리하게 조화시키려고 하지 말고 둘 다를 인정하고 받아들이는 것이 우리가 할 수 있는 최선의 길이라고 바울은 보았다.

여기서 바울의 출발점은 그 누구도 하나님의 자비를 요구할 권리가 없다는 데서 출발하고 있다. 바울은 하나님께서는 세상을 향한 당신의 뜻을 이루기 위해 그 역할을 감당할 자를 시대마다 택정한다고 했다(9:6-13). 바울은 또한 하나님의 자비의 광대하심을 강조한다(11:28-32). 하나님은 선택권을 가지고 계시며 우리는 그것에 대해서 의문을 갖거나 그의 공의를 의심할 권리가 전혀 없다고 했다. 여기서 바울이 선언하는 것은 하나님께서 사람들에게 자유를 주신 것을 악용하고 의도적으로 거역한다고 했다. 여기서 바울은 서글픈 현실을 언급한다. "그러나 그들이 다 복음을 순종하지 아니하였도다"(10:16). 하나님께서 그들의 마음을 강퍅하게 한 것은 아니다. 그래서 10:13절에서 이렇게 언급한다. "누구든지 주의 이름을 부르는 자는 구원을 받으리라"

로마서 가운데 가장 아름다운 시요 노래는 11:33-36절이다.

"깊도다. 하나님의 지혜와 지식은 풍성함이여/ 그의 판단은 헤아리지 못할 것이며/ 그의 길은 찾지 못할 것이로다/ 누가 주의 마음을 알았느냐/ 누가 그의 모사가 되었느냐/ 누가 주께 먼저 드려서/ 갚으심을 받겠느냐/ 이는 만물이 주에게서 나오고/ 주로 말미암고/ 주에게로 돌아감이라/ 그에게 영광이 세세에 있을지어다 아멘/

윤리적 권면(12-13장)

롬13장은 전체주의의 헌장이 결코 아니다. 가이사와 그의 측근들은 어떤 면에서 이스라엘의 하나님을 위해 실제적으로 기여한 것을 우리는 인정해야 한다. 따라서 율법으로부터의 자유에 관한 교리는 도덕률폐기론자(Antinominalism)들을 비판한 것이다. 그래서 바울은 세 번째로 개인적 사회적 행위에 대한 교훈들을 논하고 있다. 너희 형제를 사랑하고 정규적으로 기도하고 고난을 참고 견디라고 말한다. 타인들에 대해 너그럽게 대하고 서로 조화를 이루며 살라고 한 것이다. "악에게 지지 말고 선으로 악을 이기라" (12:21)고 했다.

13장은 기독교 신자들에게 많은 논쟁을 가져온 구절이다. "각 사람은 위에 있는 권세들에게 복종하라. 권세는 하나님으로부터 나지 않음이 없나니 모든 권세는 다 하나님이 정하신 것이라" 이 구절은 일제 때 선교사 협의회 대표였던 해리슨 감독이 잘못 사용하여 문제를 일으킨 구절이다. 그는 모든 권력은 다 하나님으로부터 나왔으니 일본 정부에 순응하는 것이 하나님의 뜻이라고 했다. 만약 독립운동이나 저항운동을 한다면 그것은 하나님을 대적하는 일이 된다고 했다. 그러므로 조선 기독인들은 일본정부에 순종하되 단 마음으로 순종해야 한다고 했다.

여기서 우리는 먼저 바울 자신이 황제의 영을 거역하다가 참수형을 당한 것을 어떻게 보아야 하는가를 깊이 생각해야 한다. 그 다음은 바울의 롬13:1과 4절은 잘못 해석할 수 있으므로 전체적인 문맥에서 살펴보아야 한다. 본문을 가지고 3.1운동 같은 것도 하지 말라고 한다면 그것은 바울을 제국주의의 앞잡이로 보는 것이다. 그러면 본문의 핵심은 무엇인가? 여기서 바울은 권력의 절대성을 부여하거나 정치적 침묵주의를 정당화하고 있는 것은 결코 아니다. 바울이 강조하는 것은 권세자들에게 순종하라는 것이 아니라 권력의 본질을 언급한 것이다. 오히려 이 말은 역설적인데 있다. 권력의 본래의 목적을 벗어났을 때는 통치적 정당성이 소멸되고 저항할 수 있는 근거를 제공해주고 있는 것이기 때문이다. 다시 말해서 13:1절은 황제나 왕이 절대적 존재가 아니라 하나님 아래에 있는 상대적 권력에 불과하다는 것을 언급한 것이다. 다시 말해서 당시에 로마인들이 하늘과 지존을 황제로부터 하나님으로 바꾸어버린 것이다. 따라서 중세 이후에 왕과 독재자들이 롬13장을 악용하여 절대적 권력으로 국민들을 탄압한 것은 큰 잘못이다. 절대적 권력을 강화하는 의도가 아니라 절대 권력자였던 황제도 상대적 권력임을 명시한 구절이다. 또 롬13:4절에 "하나님의 사역자가 되어"를 공동번역에서는 "하나님의 심부름꾼"으로 번역한 것은 아주 잘한 일이다. 결국 하나님이 권력자를 세우는 것은 사적 이익을 위해서가 아니라 국민의 공적 유익, 즉 공익을 위해서 세운다는 뜻이다.

여기서 주목할 점은 바울이 로마의 정부를 평화와 질서를 유지시키는 기구임을 알고 시민으로서 순복하는 것이 편리하며 하나님의 뜻이라고 한 점이다. 그런데 이것이 전체주의를 합법화시킨 것이냐의 논쟁점이 된 것은 참으로 안타깝다. 여기서 우리는 가이사와 그의 측근들이 하나님을 위해 실제적으로 공헌한 점은 인정해야 할 것이다. 그러나 그것이 전체주의를 합법화하자는 말은 결코 아니다. 다만 중요한 것은 하나님께서는 평화와 공의를 원하시며 무정부 상태를 원치 않으신다는 점이다. 여기서 바울은 40년대 말에 유대인들과 그리스도인들이 폭동으로 인해 로마로부터 추방당하는 실수를 반복치 않기를 원했던 것이 로마서 13장의 배경임을 기억해야 이해가 될 것이다.

2. 고린도전서

아덴에서 바울이 선교에 실패를 한 후에 고린도로 갔다. 처음에
는 여기에 바울은 잠간 동안만 머물 생각이었던 것 같다. 바울은
당시의 상황을 이렇게 기록하고 있다.

"내가 너희 가운데 거할 때에 약하고 두려워하고 심히 떨었노라"

당시 고린도는 헬라의 옛 도시는 무너지고 로마인들에 의해 거
대한 교역 중심의 국제적 도시가 되었다. 세상적인 것으로 이름난
곳이고 방종하며 우상숭배가 많은 곳이었다. 그러나 복음에 대한
반응은 열정적이었기 때문에 바울은 18개월 동안이나(행18:11) 고
린도에 머물렀으며 바울이 좋아하는 교회의 하나가 되었다. 당시
바울은 이곳이 복음화되면 보다 빨리 복음이 확산될 것이라고 믿
었다. 그러나 고린도에는 다양한 인종들이 살고 있었기 때문에 무
절제와 방종의 전형적인 도시였다. 당시 유행하던 말 중에 하나가
'고린도 시민처럼 사치스럽고 방탕하다'는 유행어가 나올 정도로
타락한 곳이었다.

고린도 교회는 도시의 특색을 나타낼 정도로 교회 역시 사회적
으로 혼합된 곳이었다. 바울은 고린도 교회의 특징을 이렇게 표현
했다. "형제들아 너희를 부르심을 보라 육체를 따라 지혜로운 자
가 많지 아니하며 능한 자가 많지 아니하며 문벌 좋은 자가 많지
아니하도다"(고전1:26). 고린도 교회는 노예로부터 고위 관직에 이
르기까지 다양한 계층으로 이루어져 있었다. 예를 들면 고린도 시
의 재무관인 에라스도도 있었다(행19:22). 특히 고린도 교회에는
융통성이 있는 배경의 출신자들이 많았다. 이렇다 할 좋은 점은 없

었지만 지적인 자부심은 대단했다. 그들은 '자유'와 '지식'이란 표어를 내세웠다. 바울이 고린도 교회에서 바로잡기를 원했던 것은 높은 신분을 가진 이방인들이었다. 그들은 신앙인이 되었으면서도 옛날의 죄악된 생활을 바꾸려 하지 않았다.

교회에서 일어난 대부분의 일이 바로 이들로 인한 것이었다.

바울이 고린도전서를 기록한 목적은 무엇이었는가?

크게 두 가지이다. 첫째는 바울이 고린도 교회와 관련해서 그의 심기를 불편하게 하는 소식을 들은데 대한 해답을 한 것이다(1:11: 5:1). 둘째는 고린도 교회의 대표단이 왔고 여러 문제에 대한 바울의 조언을 요구했기 때문이다(7:1: 16:7). 그러므로 바울은 자신에게 보고된 문제들 중 다섯 가지를 대답했다. 교회 내의 분열, 근친상간, 교인들 간의 법정소송, 그리스도인의 자유 남용, 교회의 예배 중에 심지어 주의 만찬 중에 조성되는 혼란 문제에 대해 대답하고 있다. 그 밖에도 교인들이 제기한 질문에 대해서도 대답하고 있다. 결혼과 독신에 대한 질문, 우상에게 바쳐진 음식과 신전에서 거행되는 행사에 대한 질문, 여성들이 기도할 때 머리에 수건을 써야 하는지 안 해도 되는지의 질문, 영적 은사에 대한 질문, 부활의 사실과 그 의미에 대한 질문이었다.

성서신학자들은 바울이 고린도 교회에 보낸 서신들이 몇 개인가에 대해 고민해왔다. 왜냐하면 고린도후서는 한 권이 아닌 여러 개의 서신들을 합친 것이 아닌가 하는 의문 때문이다. 필자의 견해는 고전6:14-7:1이 본래는 고린도후서 6:14-7:1에 있던 것이 여러 곳으로 옮겨지는 과정에서 고린도전서로 옮겨졌을 것으로 본다. 물론 고린도후서가 본래는 적어도 네 편이었을 것이란 주장도 있지만 아무런 외적 그리고 내적 근거가 없기 때문에 필자는 받아들이지 않는다. 이들의 견해는 (1)고후 6:14-7:1, (2)고린도전서, (3)고후 10-13장 (4)고후 1:1-6:13; (5)고후 7:2-9:15로 나눈다. 다시 말하면 고린도전서는 한 편의 서신이지만 후서는 적어도 네 부분으로 구성되었다는 것이다. 여기서 문제가 된 구절은 고전 5:9-11의 말씀이다. "내가 전에 쓴 편지에"(고전5:9)라고 한 것은 고린도전서 이전에 서신을 보낸 것이 분실되었다고 보기 때문이다. 이 부분에서 바울이 언급한 것은 그들이 부도덕한 자들과 사귀는 것을 경고한 것이다. 그 내용이 전달과정에서 고린도후서에 잘못 들어갔다는 것이다. 고전5:9-11의 내용은 고린도 교회의 교인들이 불신자들과 결혼하는 것을 책망한 것이다. 바울은 순결한 것이 불결한 것과 접촉함으로 다 불결하게 되는 것을 염려한 것이다(6:14-7:1).

여기서 필자는 고린도전서 이전에 고린도 교회에 보내는 서신이 있었을 것이라고 보지만(고후 6:14-7:1) 그러나 그것이 전달과정에서 어떻게 분실되었는지, 어떻게 고린도후서에 포함되었는지는 논쟁의 여지가 많다.

인사와 기도(1:1-9)

바울이 인사에서 감사를 표현하는 것은 그의 특색 중 하나이다. 그러나 갈라디아에서만은 이 감사가 없다. 1절에 보면 '소스데네'는 바울이 '형제'라고 부르고 있는데 그는 회당장이었다(행18:17). 바울을 대신해서 고린도전서를 쓴 비서였을 것으로 추정된다. 우리가 바울 서신을 보면 비서들이 나오는데 그것은 이 역할이 중노동에 속한 것이기 때문에 바울이 비서들을 고용한 것이다. 8절에 나오는 "우리 주 예수 그리스도의 날"은 어떤 날인가? 그것은 재림의 날과 마지막 심판의 날을 의미한다.

경쟁적인 분파들(1:10-4:21)

고린도 교회가 기독교를 받아들임으로 인해서 철학적 진리를 추구하는 입장에 있는 고린도 교회는 분열이 있을 수밖에 없었다. 무엇보다도 고린도 교인들은 예수가 말씀하신 하나님의 개념과 사후의 교훈에 대해 이해하기가 어려웠다. 아마도 고린도 교인들은 바울에게 서신을 주고받았을 수도 있었을 것이다. 중요한 것은 바울은 고린도전서에서 그 교회의 문제들을 하나씩 다 대답을 하고 있다는 점이다. 이 문제들 중에 어떤 것은 현대인들에게는 별로 관심도 없는 문제일 수도 있다. 예를 들면 그리스도인들이 우상의 제물을 먹을 수 있느냐 없느냐는 문제는 현대인들에게는 별로 관심이 없을 것이다.

그러나 교회 안에 있는 분파에 대한 문제는 지금도 중요한 문제 중 하나이다(1-4장). 고린도 교인들은 어떤 이들은 바울파라고 하고, 또 어떤 이들은 아볼로파라고 하고, 또 게바(베드로)파도 있었다. 심지어 자기들만 그리스도인이라고 했다. 바울은 이 문제를 직접 개입하기를 원치 않았다. 그것은 아덴에서(행17:16-34) 일어난 뼈아픈 폭동을 잊을 수 없었기 때문이다. 다시 말해 논리적인 논쟁은 전혀 무익하다는 것을 깨달았기 때문이다.

바울은 영의 진리는 영으로만 분별할 수 있다고 보았다. 세상의 지혜로는 하나님의 지혜를 깨달을 수 없다는 것을 바울은 이미 알고 있었기 때문이다. 베드로나 아볼로나 바울이 다 하나님의 지체이기 때문에 이들을 나누는 것은 잘못이라고 했다. 그것은 그들이 다 하나님의 일꾼이기 때문이다. 그래서 바울은 분파를 나누는 것이 잘못이라고 했다. 이것은 오늘날 수많은 교파들이 서로 싸우는 것에 대한 해답일 수 있을 것이다.

3:18에 보면 지혜(gnosis)있다고 주장하는 자들이 고린도 교회 안에 들어왔다고 한 것은 영지주의(靈知主義)자들을 언급한 것이다. 이들은 예수가 육적으로 죽으신 것을 부인하는 이단들이었다.

악행을 행하는 자들의 추방(5:1-13: 6:9-20)

5장에서 바울은 교회에서 악행을 행하는 자들을 추방시키라고 말한다. 예를 들면 성적으로 문란한 음행하는 자들, 도적질 하는 자들, 탐욕하는 자들, 술 취하는 자들, 모욕하는 자들, 속여 빼앗는 자들은 교회에서 추방시키라고 했다. 5장에서 특별히 주목을 끄는 것은 근친상간과 간음과 동성애에 관한 내용이다. 그들은 '자유'라는 이름으로 교회 내에서 근친상간을 묵과하고 있었다. 당시 자신의 계모와 혼인하는 일은 로마법과 유대교 법에서도 금지되었다. 이처럼 이교도들도 허락지 않는 근친상간이 고린도 교회 안에서 행하여졌다는 것은 놀라운 일이다.

여기서 바울은 "적은 누룩이 온 덩어리에 퍼지는 것을 알지 못하느냐"(5:6)고 하면서 누룩이란 은유를 6번이나 사용하면서 음행을 경고하고 있다. 이런 자들은 이미 사탄에게 내어준 자란 말로 엄히 경고하면서 교회에서 쫓아내라고 했다. 이런 징계처분은 중세기 때 로마 가톨릭교회에서 많이 휘둘렀던 무기였다. 유대교인들이 기독교인들에게 행하였던 것도 꼭 같은 형태였다. 여기서 바울은 특별히 성적인 부도덕에 대해서 강조하고 있는데 그것은 몸이 그리스도의 지체요 성령의 전이기 때문이었다. 그러므로 모든 성도들은 몸으로 하나님께 영광을 돌려야 한다고 했다.

교인들 간의 재판문제(6:1-8)

이 구절은 짧지만 아주 중요한 구절이다. 여기서 바울이 강조하는 것은 교인들 간의 문제는 세상 법정으로 가지 말고 교회 안에서 스스로 해결하라고 한 것이다. 불의로 고통당하는 것이 세상 법정에 가서 고통과 슬픔을 당하는 것보다 낫다는 것이다. 한국에서도 이 문제는 깊이 생각할 일이다. 필자가 총신의 교수로 있기 전에 고려파 측에서 영남파와 마산파 사이에 분쟁이 있었다. 이때 문제의 핵심은 법정에 고소해서라도 이겨야겠다는 영남파와 절대로 고소하지 말아야 한다는 반고소파의 싸움으로 번졌다. 필자는 고린도전서 6:1-11의 말씀을 지키기 위해서 반고소파의 신학교에 책임을 맡게 되었다. 끝은 그 분쟁의 초점이 성서의 말씀 때문이 아니라 교권 싸움에 있다는 것을 깨닫고 관계를 끊은 적이 있었다. 오늘날의 교파 싸움이 다 성서의 말씀 때문이라고 말하면서도 안에 들어가 보면 거의가 교권 싸움인 것을 발견하게 되는 것이 너무 안타깝다.

성(性), 결혼과 이혼(7장)

7장의 구절을 바로 이해하기 위해서는 우리가 먼저 세 가지 점을 알아야 한다.

첫째로 바울은 독신이었으며 대체로 성관계를 가지는 것을 인정치 않았다. 그것은 고린도전서와 롬7:18, 골3:5에도 나타난다. 창세기 2:18에는 "사람이 혼자 사는 것이 좋지 아니하니 내가 그를 위하여 돕는 배필을 지으리라"고 했다. 그러나 바울은 고전 7:1절에서 "남자가 여자를 가까이 아니함이 좋으나"라고 했다. 여기서 바울은 몸과 육체를 구별하고 있는 것을 볼 수 있다. 그러므로 육체는 엄격하게 억제해야 한다고 말한 것이다.

둘째로 고린도 도시는 방탕과 난교(亂交)가 심한 곳이었다. 따라서 그리스도인들에게 계속적인 시험을 받게 하는 환경이었다.

셋째로 바울은 그의 당대에 예수님의 재림이 올 것이라고 믿었다.

따라서 고전 7장의 글은 이렇게 요약할 수 있다. 나는 너희들이 나처럼 결혼하지 않고 성적 관계를 가지지 않고 혼자 지내는 것이 좋다. 그러나 대부분의 사람들은 나와 같지 않은 것을 알고 있다. 만약 어떤 사람이 결혼하지 않았다면 나처럼 혼자 있는 것이 좋을 것이다. 왜냐하면 재림이 가까이 와 있기 때문이다. 그래야 영적 일을 할 수 있기 때문이다. 그러나 성적으로 혼자 있기 힘든 사람들은 결혼하는 것이 더 좋다. 이미 결혼한 사람들은 배우자와 이혼하지 말라.

이방신에게 바쳐진 우상의 제물(8-10장)

고린도 시장에 나도는 대부분의 고기들은 이방 신전에 바쳐진 희생물이었다. 어떤 교인들은 다른 신들은 존재하지 않으므로 (8:4) 자유롭게 고기를 먹고 상인들과의 모임과의 식사에도 거리낌 없이 참석하였다. 그러나 바울은 자유 그 자체는 옳지만 다른 사람의 양심을 혼란시키는 일을 조성해서는 안 된다고 하였다.

9장에서 바울은 권리와 의무에 대해 언급하고 있다. 남을 혼란에 빠뜨리기보다는 차라리 자신의 자유를 제한하는 것이 옳다고 했다. 그러면서 자신의 예를 들었다. 바울은 사도로서 많은 권한을 가지고 있었으나 자유보다는 속박을 기꺼이 받았다고 했다. 24-27은 올림픽의 예를 들고 있다. 당시 올림픽 다음으로 유명한 이스트미아 경기가 매3 년마다 열렸다. 여기서 승리하기 위해 10개월 동안 고된 훈련을 받았다. 바울은 구원을 두려워한 것이 아니라 자신의 소명에 부합하지 못할까 봐 목표를 향해 줄곧 달렸다. 그래서 바울은 자신처럼 줄곧 목표를 향해 달려가라고 권면한 것이다.

예식에서의 머리덮개 문제(11장)

머리덮개가 고린도 교회의 단순한 문화적 문제인가? 아니면 우리가 지금도 반드시 지켜야 할 규례인가? 먼저 확실한 것은 바울이 고린도전서 11장에서 이 문제를 기록한 것은 당시 고린도 교회의 특별한 사정 때문이었다. 고린도 도시는 그리스 지방의 행정 수도로서 당시 인구가 60만이나 되고 사치와 향락의 도시로서 매춘부들이 많았다. 중요한 것은 그 영향이 교회 안에까지 들어왔고, 심지어 계모와 결혼하는 경우도 있었다. 특히 아프로디테(Aphrodite) 여신은 가장 강력한 우상이었다고 하며 역사학자인 스트라보(Strabo)에 의하면 신전 안에 천여 명이 넘는 여사제(女司祭) 창녀들이 있었다고 한다. 이들 가운데 일부는 고린도 교회에 출석을 했으니 그 영향력이 얼마나 큰지 알 수 있을 것이다. 그래서 바울은 고린도에 있는 여자들의 관습에 관심을 가지고 있었다. 그래서 교회에서 예배를 드릴 때 머리에 덮개(Head Scarf)를 반드시 하라고 한 것이다.

이 머리덮개는 루터와 칼뱅도 하라고 인정했다. 이것은 매춘부와 구별하는 표시이며 존경의 뜻을 지닌 창조의 원리로 보았기 때문이다. 무슬림이 히잡(Hijab)을 하는 것도 여기서 유래된 것이다. 가톨릭교회는 물론 동방 정교회와 러시아 정교회에서는 지금도 이 관습을 지키고 있다. 이 문제에 관해 필자는 이 머리덮개는 절대적 명령이 아니라 잠정적 문화적 위임이었다고 본다. 중요한 것은 바울이 여신도들에게 원한 것은 첫째는 존경을 나타내는 창조의 원리이고, 둘째는 매춘부와 다른 경건한 차림을 원했던 것이기 때문이었다. 그래서 버클리가 말한 대로 고대 세계에서 가장 방탕한 도시인 고린도 교회에게 보낸 서신의 특별한 규례를 보편화하는 것은 적절치 않다고 했다.

영적 은사와 사랑(12-14장)

고린도 교회에서는 겸손과 자기 헌신이 부족했던 것이 고린도전서에 나타난다. 왜냐하면 그들 사이에 어떤 은사가 가장 높은가 하고 논란을 했기 때문이다. 그래서 바울은 이렇게 기록하고 있다. "은사는 여러 가지나 성령은 같고…… 어떤 사람에게는 성령으로 말미암아 지혜의 말씀을 어떤 사람에게는 같은 성령을 따라 지식의 말씀을 다른 사람에게는 같은 성령으로 믿음을 어떤 사람에게는 한 성령으로 병 고치시는 은사를 어떤 이에게는 능력 행함을 어떤 사람에게는 예언함을 어떤 사람에게는 영들 분별함을 다른 사람에게는 각종 방언 말함을 어떤 사람에게는 방언 통역함을 주시나니 이 모든 일은 같은 성령이 행하사 그의 뜻대로 각 사람에게 나누어 주시는 것이니라"(고전 12:4-11). 여기서 바울은 은사의 서열을 언급한 것이 아니라 몸의 여러 부분이 있어 서로 협력을 하듯이 교회에서도 하나님으로부터 온 여러 은사들이 있으나 모두가 그리스도의 몸의 일부라는 것이다. 그리고 모든 것 가운데 가장 중요한 것은 사랑이라고 했다. 그것을 바울은 고전 13장에서 언급하고 있다.

고린도전서 가운데 가장 시적인 구절은 고린도전서 13장이다. 다음에 인용하는 것은 가톨릭 성경인데 그것은 가장 시적 번역을 잘 했다고 보기 때문에 여기서 인용한다.

"내가 인간의 여러 언어와 천사의 언어로 말한다 하여도/ 나에게 사랑이 없으면/ 나에게 사랑이 없으면/ 나는 요란한 징이나 소란한 꽹과리에/ 지나지 않습니다/ 내가 예언하는 능력이 있고/ 모든 신비와 모든 지식을 깨닫고/ 산을 옮길 수 있는 큰 믿음이 있다 하여도/ 나에게 사랑이 없으면/ 나는 아무것도 아닙니다/ 내가 모든 재산을 나누어주고/ 내 몸까지 자랑스레 넘겨준다 하여도/ 나에게 아무 소용이 없습니다/ 사랑은 참고 기다립니다/ 사랑은 친절합니다/ 사랑은 시기하지 않고/ 뽐내지 않으며/ 교만하지 않습니다/ 사랑은 무례하지 않고/ 자기 이익을 추구하지 않으며/ 성을 내지 않고/ 앙심을 품지 않습니다/ 사랑은 불의에 기뻐하지 않고/ 진실을 두고 함께 기뻐합니다/ 사랑은 모든 것을 덮어 주고/ 모든 것을 믿으며/ 모든 것을 바라고/ 모든 것을 견디어 냅니다/ 사랑은 언제까지나 스러지지 않습니다/ 예언도 없어지고/ 신령한 언어도 그치고/ 지식도 없어집니다/ 우리는 부분적으로 알고/ 부분적으로 예언합니다/ 그러나 온전한 것이 오면/ 부분적인 것은 없어집니다 / 내가 아이였을 때에는/ 아이처럼 말하고/ 아이처럼 생각하고/ 아이처럼 헤아렸습니다/ 그러나 어른이 되어서는/ 아이 적의 것들을 그만 두었습니다/ 우리가 지금은 거울에 비친 모습처럼/ 어렴풋이 보이지만/ 그때에는 얼굴과 얼굴을 마주 볼 것입니다/ 내가 지금은 부분적으로 알지만/ 그때에는 하나님께서 나를 온전히 아시듯/ 나도 온전히 알게 될 것입니다/ 그러므로 이제 믿음과 희망과 사랑/ 이 세 가지는 계속됩니다/ 그 가운데에서 으뜸은 사랑입니다"

부활에 관하여(15장)

15:1-11에는 그리스도의 부활에 관해 언급하고 있고 12-34에서는 죽은 자의 부활에 대해 언급한 후에 35-58에서는 부활의 몸에 대해서 기록하고 있다. 당시 많은 헬라인들은 사후의 생명을 믿었다. 그러나 그들이 믿은 것은 육을 떠난 영혼의 불멸을 믿은 것이다. 히브리인들은 육체를 떠난 영혼은 존재할 수 없다고 생각했다. 고린도인들 가운데 어떤 이들은 부활의 가능성을 부인했다. 그러나 그것이 죽은 후의 생명을 부인했다는 말은 아니다. 그들은 죽은 후에 몸의 존재를 의심했다는 말이다. 여기서 바울은 베드로와 야고보가 부활 후 예수가 육체적으로 나타나셨음을 목격했다고 언급하고 있다. 따라서 바울은 육체가 없는 영혼의 불멸은 의미가 없다고 한 것이다. 바울은 육체와 피는 하나님의 나라를 상속하지 못하며 영혼은 새로운 몸, '영적인 몸' '영광의 몸'을 입게 된다고 했

다. 그러면서 바울은 그가 다메섹 도상에서 회심할 때 예수의 영을 만났다고 했다.

바울은 다음 세상에서 그리스도와 함께할 것을 서사시적 노래로 끝을 맺고 있다.

"나팔 소리가 나매 죽은 자들이 썩지 아니할 것으로 다시 살아나고 우리도 변화되리라 이 썩을 것이 반드시 썩지 아니할 것을 입겠고 이 죽을 것이 죽지 아니함을 입으리로다 이 썩을 것이 썩지 아니함을 입고 이 죽을 것이 죽지 아니함을 입을 때에는 사망을 삼키고 이기리라고 기록된 말씀이 이루어지리라 사망아 너의 승리가 어디 있느냐 사망이 쏘는 것은 죄요 죄의 권능은 율법이라 우리 주 예수 그리스도로 말미암아 우리에게 승리를 주시는 하나님께 감사하노니 그러므로 내 사랑하는 형제들아 견실하며 흔들리지 말고 항상 주의 일에 더욱 힘쓰는 자들이 되라 이는 너희 수고가 주 안에서 헛되지 않은 줄 앎이라"(고후 15:52-58).

개인적이며 실질적인 문제들(16장)

1-4절에서는 예루살렘의 궁핍한 자들에게 보낼 구제금 모금에 대해 답한다. "매주 첫날(즉 主日)에 각 사람이 수입에 따라 모았다가 바울이 갔을 때 전달해달라"고 한 것이다. 5-12절에서는 고린도를 제차 방문할 것을 고대하고 디모데와 아볼로와 관련된 새로운 소식을 전한다.

고린도 전 후서를 바로 이해하려면 바울의 행적과 연결하여 살펴보는 것이 도움이 될 것이다.

(1)바울이 고린도에 가서 18개월간 머무는 동안 교회를 개척했

다(행18장).

(2)바울이 고린도전서 이전에 편지를 썼다(고전 5:9).

(3)주후 55년경에 바울이 에베소에서 고린도전서를 기록했다.

(4)짧지만 그러나 근심 중에 고린도 교회를 방문했다(고후 2:1; 13:2).

(5)고통 후에 바울은 엄격한 편지를 써서 디도 편에 보냈다(고후 2:4; 7:6-8).

(6)바울이 마케도니아에서 주후 56년경에 고린도후서를 기록했다.

(7)바울이 마지막으로 고린도를 방문하고(행20장) 예루살렘으로 가는 길에 로마서를 썼다. 우리가 고통스러운 편지의 내용을 알지 못하나 그것 때문에 이 고린도후서를 기록하게 된다. 어떤 학자들은 고후 10-13장이 그 내용일 것이라고 추측한다.

고린도전서는 바울이 기대한 것처럼 문제를 해결하는 데는 실패를 했다. 바울을 반대하는 파가 힘을 얻고 있었는데 그 지도자가 바울에게는 얄미웠다(2:5-11; 10:7-12). 이때의 방문에 대해 사도행전에는 기록되지 않았으나 고후12:14에 암시되어 있다. 바울은 그가 원하는 바를 이루지 못하고(2:1; 12:14, 21; 13:1-2) 반대파 지도자로부터 공개적인 저항을 받았다(2:5-8; 7:12). 바울은 에베소에 돌아와 엄한 서신을 썼다. 거기서 다룬 것이 그의 사도성에 대한 권위였다. 바울은 서신을 디도 편에 보내고, 마케도니아로 돌아왔다. 거기서 디도를 만나 좋은 소식을 들었다(2:12-13; 7:6-16). 다수가 바울에게로 돌아왔다는 것이다. 바울은 그 근심하게 한 자에 대해서는 용서해주라는 편지를 썼다(고후 2:5-11). 그러나 소수이기는 하지만 아직도 남아있는 자들에 대해서는 10-13장에서 바울은 자신의 사도직을 변호하고 자신의 이력을 언급할 뿐 아니라 그가 본 삼층천의 환상을 언급했다. 바울은 후서에서도 예루살렘에 보낼 가난한 교회를 위한 헌금에 대해 언급하고 있다.

그러면 고린도후서의 특징은 무엇인가?

바울 서신 중에서 가장 많이 자서전적 기록을 볼 수 있다. 또한 그의 목회에서 가장 힘들었던 많은 것을 언급하고 있다(11:23-33). 그것은 바울이 그의 목회의 합법성을 언급하고 참된 영성의 본질을 언급한 것이다. 바울은 자신의 목회를 변호하면서 그의 가슴을 열고, 깊은 감정을 보여주고 있다. 그는 고린도 교인들에 대한 사랑과 하나님의 영광을 위한 자신의 열정을 토로하고 있다. 바울은 복음의 진리에 대한 양보할 수 없는 충성심을 언급하고 있다. 바울은 교회 안에서의 교제를 방해하는 자들에 대한 엄격한 분노를 언급하고 있다.

고린도후서의 내용은 크게 세 가지로 요약할 수 있다.

첫째로 1-7장까지는 그의 행위와 목회에 대한 방어를 포함하고 있다. 그는 고린도 교회의 방문계획의 변경을 설명하고 그가 그럴 수밖에 없는 이유를 설명하고 있다. 바울은 여기서 목회의 성격과 문제점과 원리들과 책임을 언급하고 있다.

둘째는 8-9장에서 유대에 있는 가난한 자들을 위한 헌금에 대해서 언급하면서 고린도 교인들이 기쁨으로 참여하여 하나님의 축복을 받기를 원하고 있다고 했다.

셋째는 10-13장에서 교회를 비방하는 자들과 비판하는 자들에

대해 마구 지껄이는 것을 사도적 권위를 가진 입장에서 권면하고
있다.

고린도후서는 주를 섬기는 우리의 동기를 살펴보는 중요한 안내
자가 된다. 우리가 목사면 목사로서, 평신도면 평신도 누구에나 유
익한 내용이다. 성령의 도구로서 고린도후서는 우리의 동기가 어
떠해야 할 것인가를 말해준다. 헌금할 때 가져야 할 원칙을 잘 보
여준다.

고린도후서는 전서와는 달리 더 산란하고 문체나 논조나 내용이
다르다. 그것은 2:4절에 잘 나타난다. "내가 마음에 큰 눌림과 격
정이 있어 많은 눈물로 너희에게 썼노니" 바울은 고린도 교회의
반응을 빨리 듣고 싶어했다. 마침내 디도가 옴으로(고후 7:6) 좋은
소식을 들었다. 고린도후서 13:10절에 보면 바울이 고린도를 재
차 방문하기를 원했던 것을 알 수 있다. 결국 바울은 그가 원했던
대로 고린도를 방문해서 느긋한 마음으로 로마서를 기록한 것이
다. 바울이 고린도후서를 기록할 때에 그는 마케도니아에 있었다
(2:13; 7:5). 바울은 마케도니아에서 데살로니가 교회와 빌립보 교
회를 개척했다(빌1:5, 7-8; 4:14-16).

3. 옥중서신(에베소서, 골로새서, 빌레몬서, 빌립보서)

에베소서는 소아시아의 서해안에 있는 중요한 항구이다. 계시록
2-3장에 나오는 7교회 중에 하나이다. 에베소서는 주변에 있는 여
러 교회들과 함께 보도록 쓰인 순회서신이다. 사도행전 18:21절

에 보면 에베소서는 바울이 주후 55년 겨울에 와서 2년 동안 목회한 곳이다(행19:8-10). 바울과는 밀접한 관계를 가진 교회이기 때문에 사도행전 20:17-38절에 보면 바울의 송별 메시지가 성경 중에 가장 감동적인 메시지 가운데 하나이다. 바울이 로마에 갇혀있을 때 재판을 기다리는 중에 바울은 에베소서, 빌립보서, 골로새서, 빌레몬서를 기록했다. 그래서 이 네 순회서신을 옥중서신이라고 부른다(3:1; 4:1; 6:20). 골로새서를 기록한 후에 그 편지를 라오디게아 교회에서도 읽으라고 했다(골4:16).

에베소서가 바울의 다른 서신들과 전혀 다른 것은 바울이 그곳에 여러 해를 보냈음으로 많은 친구들이 있었을 텐데 바울이 그의 서신에 통상적으로 해온 인사가 전혀 없다는 점이 특이하다. 에베소 교회만의 특정한 문제를 다루고 있지도 않다. 에베소서는 서신이라기보다는 일종의 설교와 같은 문체로 되어 있다. 에베소교회는 오늘날 서부 터키에 자리 잡고 있는 중요한 도시였다. 우리는 로마에 갇혀있는 바울이 어떻게 그런 많은 서신들을 감옥에서 기록할 수 있는지 의아해할 것이다. 그것은 로마의 감옥은 죄수들을 징벌하는 장소가 아니라 형의 선고를 기다리는 중죄인들을 감금하는 곳이었기 때문이다. 그래서 면회도 할 수 있는 그런 자유가 허용된 곳이었다.

여기서 우리는 잠간 바울 서신의 특징과 구조를 살필 필요가 있다. 바울 서신은 크게 두 부분으로 나누어진다. 앞부분은 어떻게 믿어야 하느냐 하는 교리부분을 다루고 있고, 뒷부분에서는 어떻게 살아야 할 것인가 하는 윤리문제를 다루고 있다. 에베소서를 '바울 서신의 여왕'이라고 부르는 것은 에베소서가 로마서 다음으로 신학적으로 가장 잘 다듬어져 있기 때문이다.

1-2장은 하나님의 사역이 예수 그리스도와 그의 영을 통하여 완성되었음을 기록하고 있다. 1-2절에서 간단히 은혜와 평강을 비는 것으로 끝나고 곧 이어서 하나님의 사랑이 어떻게 축복으로 부어졌는지를 언급한다. 이 부분은 '찬송하리로다'로 시작해서(3절) 중간에 '은혜의 영광을 찬송하게 하려는 것이라'(6절)고 하고 끝에 '그의 영광을 찬송하게 하려 하심이라'(14절)로 끝난다. 여기서 3-14절은 헬라어 원문상에 긴 하나의 문장으로 되어 있다. 이 내용이 찬양과 흡사함으로 새 예루살렘 영역본(New Jerusalem Bible)에는 시 형태로 배열하고 있다. 그것은 하나님의 은혜의 축복이 넘치고도 넘치기 때문이다. 하나님의 택하심을 포함해서 모든 것이 그리스도 안에서 그를 통하여 주어지기 때문이다. 세상이 창조되기도 전에(4절) 우리를 택하시고 예정되었기 때문에 바울은 감사의 찬양을 한 것이다. 필자가 에베소서를 공부하면서 놀란 것은 여기에 나오는 이미지(image)들이 다른 어디에서도 볼 수 없는 우주적인 스케일로 다루고 있는 점이었다. 이것은 우리가 흔히 시에서나 볼 수 있는 그런 표상들이다.

여기서 주목할 것은 성서 전체에 '예정'이란 말이 6번밖에 안 나오는데 이 부분에 와서는 3번(엡1:5, 9, 11절)이나 나온다는 점이다. 물론 예정을 뜻하는 구절은 성서의 여러 곳에 나오지만 중요한 구절은 창 25:23절에 에서와 야곱이 태어나기도 전에 "큰 자가 어린 자를 섬기리라"고 하신 말씀은 이중예정론의 중요한 구절이 된다. 이 예정교리는 칼뱅에 와서 이중예정론이라고 하는 교리로 완성된 것이다(웨스트민스터 신앙고백서, 1643). 칼뱅의 5대 교리는 영어로

Tulip(Total Depravity/ Unconditional Election/ Limited Atonement/ Irresistible Grace/ Perseverance of the Saints)이다. 여기서 두 번째의 '무조건적 선택'은 이중예정론을 다른 용어로 표현한 것이다. 그러나 요한 웨슬리는 이것과는 전혀 다른 '예지예정론'을 주장했다. 필자는 이 신비의 교리를 여기서 논쟁하려고 하지 않는다. 왜냐하면 여기서는 성서의 문학성을 다루는 것이 주목적이기 때문이다.

바울이 에베소서에서 감사하고 찬송하는 것은 예수의 부활을 통해 그를 모든 것, 특히 교회의 머리가 되게 하신 하나님의 권능을 생각하면서 찬양한다고 했다. 에베소서의 첫 장은 예배의식을 연상시키는 격조 높은 어조로 하나님의 은혜에 관한 풍성한 이미지들을 풀어놓은 데 있다. 우주적인 영역으로는 그리스도의 주권을 천상의 왕권이라는 이미지로 묘사하고 있다. 하나님께서는 그리스도를 죽은 자 가운데서 일으키시고 '하늘에서' 하나님의 오른편에 앉히셨다(엡1:20). 이 구절은 시편 110:1절을 반영한 것이다. 또 에베소서는 하나님께서 만물을 "그의 발아래 두신다"(1:22)는 것은 '발등상'이나 '만물을 그의 발아래 두신다'는 것과 거의 동의어에 속한다. 하나님께서 만물을 그리스도의 발아래 두신다는 것은 "모든 정사와 권세와 능력과 주관하는 자와 이 세상뿐 아니라 오는 세상에 일컫는 모든 이름"(1:21)은 영적인 존재도 포함하는 말이다. 이 예수는 주(主)이실 뿐 아니라 화목케 하시는 자라고 했다. 예수를 '하늘'과 '땅'에 있는 모든 것이 그 안에서 통일(발원되다는 뜻)되게 하신다(1:10). 이 이미지는 즉위와 높임 받음으로 바뀐다. 에베소서 4:8-10절은 이 드라마의 장면을 재조명하면서 시68:18

절에서 끌어온 이미지를 사용하고 있다. 이 이미지는 4장 8-9절에서 더 깊은 이미지로 표현한다. 여기서 '땅 아래 곳'이란 지옥을 뜻하는 말이 아니다. 즉 '땅＝아래 곳'이란 뜻이다. 다시 말해서 땅을 의미하는 말이다. '하늘'이란 이미지는 하늘 보좌를 뜻하는 말이다. 여기서 특별히 언급한 '하늘에서'란 말은 하늘의 영역뿐 아니라 우주의 윗부분의 영역과 하나님의 초월성을 일컫는 말이다. 우리는 하늘에서 '정사와 권세'들이(3:10; 6:12) '공중의 권세 잡은 자에게'(2:2) 지배를 받는다는 것과 그러나 이제는 그리스도와 함께 하늘의 보좌에 앉으리라(2:6)고 했다. 특히 1장에서 예배드리는 자들은 하늘에서 울리는 찬양의 소리와 하늘의 신령한 축복에 참여케 된다고 했다. 그러나 이 세상은 '어두움의 세상 주관자들'과 '악의 영들'이 아직 점거하고 있는 두려운 곳이라고 했다(6:12).

2:11-22절은 이전에는 전혀 공통점이 없던 사람들로 구성된 새 공동체를 형성한 그리스도의 화목의 사역을 강조한다. 이방인들은 예전에는 '무할례당' '그리스도 밖에' '이스라엘 나라 밖의 사람'이었으며 '약속의 언약들에 대하여 외인'이었지만 이제 그리스도께서 막힌 담을 허시고(부수다는 뜻) '의문에 속한 계명의 율법'을 제하심으로 적대감을 소멸하셨다는 것이다(2:14-16). 이제 그리스도께서는 이방인들과 이스라엘에게 화평을 선포하시고 화평이 된 것이다. 그리스도의 승리는 '한 새 사람'(2:15), '한 몸'(2:16)의 창조로 이끄신 것이다. 그래서 바울은 2:19절에서 이렇게 선포한다. "그러므로 이제부터 너희는 외인도 아니요 나그네도 아니요 오직 성도들과 동일한 시민이요 하나님의 권속이라"고 했다.

3장에서는 많은 구절들이 교회의 이미지를 사용하고 있다. '한 새 사람' '권속' '성전'(2:15-16)은 그리스도의 몸으로서의 교회를 언급한 것이다. 4-5장에서는 '옛 사람'과 '새 사람'으로 나누고 성도들의 삶을 두 단어인 '벗어버리고'와 '입으라'로 압축시키고 있다. 즉 유혹의 욕심을 따라 썩어져 가는 구습을 쫓는 옛사람을 '벗어버리고' 의와 거룩함으로 구별되는 새 사람을 '입으라'는 것이다. 왜냐하면 믿는 자들은 '하나님을 따라' 지으심을 받은(엡4:24) 아담적 공동체에 속한 자들이기 때문이라고 했다. 바울은 '그리스도의 몸'(1:23-2:16; 5:3-5)은 자라는 유기체로서 그 머리는 그리스도라고 했다(4:15). 그러나 그리스도를 머리라고 할 때에 그것을 몸에 붙어있는 몸으로 이해하면 혼돈할 수 있다. 왜냐하면 고전 12:12절의 말씀과 혼동할 수 있기 때문이다. "몸은 하나인데 많은 지체가 있고 몸의 지체가 많으나 한 몸임과 같이 그리스도도 그러하니라." 에베소서에서 말하는 '머리'의 개념은 '주권'을 뜻하는 말이기 때문이다. 2:20절의 '권속'으로서의 교회란 이미지는 초대교회 당시에 가정이라는 장소에서 일상적으로 집회를 가지던 공동체를 의미한다.

6장에서 중요한 구절은 10-20절에 나오는 마귀를 대적하는 싸움을 '전쟁'이란 은유를 사용한 점이다. 여기서 바울은 성도들이란 영적인 전쟁을 위하여 준비해야 하는 그리스도의 군사로 비유하고 있다. 그리고 대적이란 말은 '혈과 육'이 아니라 힘을 가진 마귀라는 영적 세력이다. 마귀는 여러 가지로 언급하고 있다. '악한 자' '정사' '권세' '이 어두움의 세상 주관자들' '하늘에 있는 악의 영들'이 우리의 적이라고 했다. 그들과 대적하려면 하나님의 전신갑주를 입어야 한다고 했다. 이 이미지는 이사야 59:17-18절에서 온 것이다. 그러나 바울은 당시의 로마 병정들에게서 그의 이미지를 가져왔을 것이다. 이스라엘이 약속의 땅으로 들어갈 때에 이스라엘처럼 교회도 싸워야 할 전투가 많이 있다는 것이다. 진리의 허리띠, 의의 흉배, 평안의 복음을 예비한 신, 모든 화전을 소멸하는 믿음의 방패, 구원의 투구, 성령의 검 곧 하나님의 말씀(6:14-17)을 준비해야 한다고 했다. 물론 사탄 마귀는 십자가에서 결정적으로 패배했지만 계속해서 그의 수하인 악령들을 통하여 공격하고 있기 때문이라고 했다.

다음에 주목할 것은 비밀(musterion)에 관하여 언급한 점이다. 하나님께서는 창세전에 세워놓으신 종말론적 계획이 있었다는 것이다(1:4). 에베소서 1장과 2장은 이 비밀을 펼쳐 놓은 것이다. 그 비밀은 이방인들이 이제는 같은 기업을 이을 자들이요 같은 한 몸의 지체요 그리스도를 따르는 유대인들과 같은 약속을 나누는 자들이란 것이다(3:6). 그러나 중요한 것은 이 비밀은 수직적 영역을 포함한다는 점이다. 그리스도와 교회의 연합을 말하는 것이다(5:32). 이 비밀은 세상의 지혜에는 알려져 있지 않으나(고전 2:6-8) 이제는 그 베일이 거두어져 그들에게도 그 비밀을 드러났다는 것이다.

주목할 또 다른 이미지들은 능력에 관한 것이다. 당시 소아시아와 에베소 지역의 종교적 환경을 염두에 둔 이미지이다. 에베소에 있었던 어두움의 세력들을 바울은 여러 가지의 이름으로 표현했다. 정사(1:21), 권세(1:21; 3:10; 6:12), 능력(1:21), 주관자(1:21), 세상주관자들(6:12), 공중의 권세 잡은 자(2:2)란 표현은 당시 악의 세력에 이루어진 악의 세력들에 의하여 점거된 세상의 이미지를 언급한 것이다. 그러나 바울은 하나님의 능력이 강력하게 나타난 것을 강조하면서 성도들이 능히 이길 수 있을 것을 언급하고 있다. 하나님의 능력이 가장 강력하게 나타난 것은 그리스도가 죽은 자 가운데서 부활하시고 승천할 때라고 바울은 언급하고 있다(4:8; 1:20-21). 여기서 중요한 것은 하나님의 능력은 성령으로 말미암아 성도들을 강건하게 하실 수 있다는 것이다. 3:20절에서 바울은 이 렇게 선포한다. "우리 가운데 역사하시는 능력대로 우리가 구하거 나 생각하는 모든 것에 더 넘치도록 능히 하실 이"라고 했다. 6:10 절에서는 "너희가 주 안에서와 그 힘의 능력으로 강건하여 지고" 라고 선포했다. 그것은 바로 하나님의 전신갑주이다(6:10-17).

4. 골로새서

성서에는 골로새 교회가 어떻게 시작되었는지에 대한 기록은 없 다. 하지만 골로새 출신인 베바브라와 빌레몬이 회심한 것은 아마 도 바울이 3년간 에베소에 머물렀을 때였을 것이다(행19장). 그들 은 고향에서 복음을 열심히 전했다(골1:6-7;4:12-13; 몬1-2, 5절). 골 로새서의 기록연대는 주후 61년경일 것이다. 그 감옥이 어딘지에 대해서는 의견이 분분하나 필자는 로마라고 생각한다. 로마의 감 옥은 형을 집행하는 곳이 아니라 정식 재판을 기다리는 동안 머물 러 있으면서 서신을 쓸 수 있는 비교적 자유로운 곳이었기 때문이 다. 바울은 이 편지를 두기고와 오네시모 편으로 보냈을 것이다.

골로새서의 문제점은 혼합주의에 있었다. 다른 철학이나 종교의 개념을 기독교에 도입하려는 경향이 있었다. 이것은 오늘날에도 흔히 볼 수 있는 현상이다. 그러나 바울은 그것이 기독교의 복음 메시지에 큰 타격을 준다는 것을 간파했다. 천사숭배와 신비주의 (2:18)는 물론 할례, 음식규례, 절기에 다시 집착하려 함으로써 (2:11, 16) 오직 그리스도께 의지하는 삶의 기초를 뒤바꾸려 했던 것이다. 천사 숭배의 개념은(2:18) 그리스도의 절대권위를 거부하는 것이었다. 또 금욕주의와 과장된 철학의 도입은 인간적인 지혜에 다시 몰두하게 했다(1:18-23). 따라서 바울의 주제는 이 문제들을 하나하나씩 그리스도의 절대권위와 완전 충족성을 다시 새롭게 붙들도록 해야만 했다.

바울이 골로새서를 쓴 것은 그리스도를 올바르게 경배하지 못하게 하는 것을 파헤치고 그 이단들의 거짓 교훈에 미혹되지 않도록 하려는 데 목적이 있었다. 골로새서는 서두의 인사와 기도(1:1-14) 후에 네 가지 핵심을 기록하고 있다. 바울의 인사는 언제나 감사로 시작한다. 바울은 그리스도인의 우선순위를 잘 알고 있었다. 바울은 그들이 믿음과 사랑과 소망을 가지는 것에 대해 감사했다. 그래서 그것이 영속적으로 계속되기를 기도하였다. 7절에서 바울이 에바브라를 언급한 것은 그가 골로새 출신으로 골로새 교회의 설립자였기 때문이다. 그는 골로새는 물론 히에라볼리와 라오디게아에서 열정적으로 일한 신실한 종이었다. 그는 바울이 골로새서를 기록할 때에 바울과 함께 있었다(4:12-13).

골로새서의 내용은 크게 네 부분으로 나누어진다.

첫째 내용은 예수 그리스도의 지고하심을 기록하고 있다. 바울이 그리스도를 '먼저 나신 이'라고 한 것은 맨 먼저 피조 되었다는 뜻이 아니라 유일무이한 신분을 지닌 하나님의 상속자란 뜻으로 기록한 것이다. 16절의 '왕권들'이란 말은 가시적인 세계 밖의 보이지 않는 존재들과 능력들을 의미한다. 여기서 바울은 예수는 교회의 머리이시며 십자가의 피로 화평을 이루셨으므로 우리가 그에 대한 믿음과 소망에서 흔들리지 아니하면 그리스도의 충만하심이 우리에게도 이루어진다고 했다. 그러나 여기에 나오는 거짓 교훈을 가르치는 유대교 신비주의자들은 할례를 받게 하고(2:11), 유대교의 음식 규례들을 지키게 하며 또 중요 절기들과 안식일을 가르쳤다(2:16). 더욱이 신비주의적인 관행들을 가르쳤다. 그것은 사람이 하늘로 올라가서 하나님의 보좌와 천사들을 볼 수 있다는 것이다(2:18). 이들은 교만할 뿐 아니라 그리스도를 교회의 머리로 경배하지도 않았다.

두 번째로(1:24-2:5) 바울의 직무를 언급한다. 하나님의 메시지를 전달할 뿐 아니라 주님이 십자가 위에서 당하신 패턴(다른 사람들을 위해서 고난당하신 것)을 바울 자신에게도 적용한다(1:24). 그것은 그리스도의 사역에 무엇을 첨가하려는 것이 아니라 그리스도의 부활과 재림 사이의 기간 동안에 주님의 백성들도 고난을 받을 것을 언급하려는 것이다. 이 부분에서 바울은 영지주의적인 용어들을 의도적으로 사용하고 있다. 예컨대 '비밀' '지혜' '지식'이란 단어들은 영지주의자들이 하나님으로부터 직접 받은 것이라는 항목이다. 바울이 여기서 이 용어들을 사용한 것은 이런 것들은 이미 그리스도를 통해서 계시되었다는 것을 말하기 위해서였다

세 번째로(2:6-3:4) 바울은 여기서 거짓 교훈과 그 해독제를 언급한다. 당시 골로새 교회에 침투한 사상은 인간의 가르침에 기초

한 것으로 그릇된 방향으로 이끌기 위해서였다(2:8). 그러면 2:20 절에서 말하는 '초등학문'이란 무엇을 말하는 것인가? 그것은 영들이 세상을 통제한다는 미신적인 생각을 언급한 것이다.

네 번째로(3:5-4:6) 바울은 그리스도인의 생활을 네 가지로 언급하고 있다.

(1)과거의 죄를 벗어버리라(3:5-11).

(2)그리스도의 은혜들을 입으라(3:12-17).

(3)그리스도인의 가정에 대한 행위(4:2-6).

(4)마지막으로 개인의 인사와 교훈(4:7-18)을 언급하면서 그의 서신을 마친다.

여기서 신학적으로 중요한 것은 바울이 천사에 대해 언급했다는 점이다. 천사들에 대한 언급은 창세기부터 계시록까지 약 300군데 정도 언급하고 있다. 그러나 솔직히 천사에 대한 언급은 종교개혁 이후에 학자들이 별로 취급하지 않았다. 더욱이 설교에서도 천사의 이야기는 별로 하지 않고 있다. 대신 성령의 사역을 강조하는 경향을 볼 수 있다. 그러나 이 천사들은 성서에 하나님의 사자들로서 많이 언급되어 있다. 천사들은 하나님의 보좌 앞에서 섬기는 그룹인 스랍과 같은 거룩한 천사들이 있고 철저히 추방당한 사탄과 같은 악한 천사도 있다. 또 부패하여 타락한 세상 질서를 계속 붙들고 있는 '정사와 권세'들도 있다. 그러므로 성령론에 가려 천사론에 대한 언급이 없어지고 있는 것은 아쉬운 점이다.

이 천사들은 구약에 보면 여호와의 사자를 뜻하기도 하고 때로는 하나님 자신을 언급하기도 하였다(출3:1-6). 또 그리스도로 해석되기도 하며 구원역사에서 하나님의 백성을 인도하며 하나님의 말씀을 전달하는 천사장을 가리키기도 한다(출23:20-22). 이름이 거명된 천사는 미카엘과 가브리엘이다. 외경에는 라파엘이 나온다. 이 천사들은 예수의 생애와 사역의 시작과 끝에 등장한다. 오순절 이후에 성령께서 임하셨지만 천사들도 교회의 역사 속에 줄곧 모습을 나타냈다(행8:26-40). 신약성경에 보면 천사들이 하나님의 백성들을 보살핀다고 했다(눅15:10). 신자들 각자를 돌보는 수호천사가 있는지의 여부는 다소 불확실하다(마18:10; 생12:15). 서신 서에 보면 천사들이 주로 예수의 아들 되심을 강조하기 위해서 언급된다(엡1:20-23; 롬8:38-39). 히브리서에는 그리스도의 온전하신 신성과 인성을 돋보이게 하기 위해 천사들과 대조한다.

예수가 가르쳐준 주기도문에 "뜻이 하늘에서 이룬 것 같이 땅에서도 이루어지이다"는 내용은 천사들의 찬양과 순종으로 특징져지는 천상의 사회를 암시한 말씀이다. 최근에 사해 두루마리에서 '천사들의 예배의식'을 상세하게 묘사된 것을 볼 수 있다. 바울은 고전 11:10절에 신자들이 예배를 드릴 때에 천사들이 함께 하는 것으로 언급되어 있다. 천사들은 예수의 재림을 선포하고 하나님의 심판 집행을 돕는다(살 전4:16; 마24:31). 또한 천사들은 무리를 이루어 예수의 완성된 사역을 증거하고 찬양한다(계4장과 5장). 따라서 우리들은 천사들의 사역을 다시 찾아내고 언급해야 할 것이다.

5. 빌레몬서

바울이 로마의 감옥에 갇혀 있었을 때에 기록한 4편의 서신 중에 하나이다. 가장 짧은 서신이지만 당시의 가장 중요한 노예제도 문제를 다루고 있기 때문에 기독교에서는 소홀히 볼 수 없는 서신이다. 바울과 디모데가 함께 쓴 것으로 되어 있으나(1절) 19절을 보면 바울은 '나 바울이 친필로 쓰노니'라고 한 것으로 보아 바울이 중심적으로 쓴 것이 분명하다. 아주 짧은 서신이지만 서두에 인사(1-3)와 감사(4-7)를 한 후에 오네시모에 대한 바울의 뜻과 마지막 인사(21-24)를 하고 축복(25)으로 끝난다. 다른 바울의 서신과는 다르게 바울의 사랑과 정이 넘치는 서신이다. 이 서신에는 많은 우아한 재담이 담겨져 있다.

이 서신은 도망온 종에 대한 바울의 사적인 호소이다. 짧은 그러나 간절한 이 서신은 빌레몬에게 도망 온 오네시모(골4:9)를 어떻게 처리할지에 대한 서신이다. 수신자인 빌레몬은 바울을 통해 회심한 자요 좋은 벗이기도 했다. 빌레몬은 당시 상당한 지위에 있었던 자였으며 부자였다. 골로새에 있는 그의 넓은 집에서 정규적으로 모임을 가졌다. 그런데 그의 종 가운데 하나인 오네시모가 피난하기 쉬운 로마로 도망을 갔다. 거기서 오네시모는 체포되어 감옥에 들어갔다. 로마 감옥에서 그는 바울을 만나 그리스도인이 되었다. 바울은 오네시모를 사랑했지만 그러나 그는 엄연히 빌레몬의 법적인 소유였다. 당시 도망간 노예는 형벌 받을 만한 큰 범죄였다. 오네시모는 단순히 도망간 노예가 아니라 빌레몬의 소유이기 때문에 바울은 오네시모를 주인인 빌레몬에게 보내야만 했다. 빌레몬의 동의 없이는 계속 오네시모를 데리고 있을 수 없기 때문이었다. 바울은 빌레몬에게 명할 수도 있었지만 그러나 그는 사랑을 바탕으로 요청한 것이다. 이 서신에서 바울은 오네시모를 해방시켜서 빌레몬 대신 바울을 도울 수 있도록 부탁을 했다(13절). 따라서 이 빌레몬서는 단순히 바울의 개인서신이 아니라 기독교 공동체에 보내어진 서신이다.

오네시모란 이름의 뜻은 "유익하다"(useful)는 말이다. 그는 이름처럼 에베소 교회에서 빌레몬이 감독으로 있었을 때에 많은 도움을 주었다. 로마의 네로 황제 때에 빌레몬이 에베소 교회의 감독으로 있었고 순교하게 되었을 때에 감독 자리를 오네시모에게 맡겼다. 그는 이름대로 처음에는 빌레몬에게 유익한 자였다가 나중에는 바울에게 유익한 자였고 종말에는 에베소 교회에 유익한 자가 된 것이다.

빌레몬서는 당시 기독교 공동체에 노예제도를 어떻게 대처해야 할 것인가를 분명하게 보여주고 있다. 바울은 노예제도를 못 마땅하게 생각했지만 그러나 그것을 잘못 다루면 기독교는 로마제국과의 정면 마찰을 가져올 수 있는 중요한 문제였다. 여기서 우리는 바울의 지혜와 노예제도의 문제를 어떻게 다루어야 할지를 잘 보게 된다.

6. 빌립보서

바울 당시 빌립보는 고린도처럼 이그나티오스 대로 상에 위치한 로마의 식민지였다. 빌립보에서는 마케도니아에서 전반적으로 그러하듯이 여성들의 지위가 존중되었다. 공공분야는 물론 사업계에도 심지어 교회 안에서도 그랬다. 빌립보 교회는 바울이 유럽에서 최초로 설립한 교회로 바울의 제2차 선교여행 때 주후 50년경에 설립되었다(행16:12-40). 바울과 실라와 디모데가 떠난 후에도 의사 누가는 계속 머물러 있었다. 빌립보는 의료의 중심지였고 어쩌면 누가의 고향이라고 필자는 추측한다. 이 빌립보 교회는 나름대로 시련을 겪으며(1:29) 분열의 위기도 있었다(1:27; 2:2). 당시 빌립보 교회는 완전주의 교리에 현혹되었을 수도 있었다(3:12-13). 그러나 바울이 빌립보서를 기록한 것은 문제해결이라기보다는 진전하고 있는 교회를 격려하는 데 목적이 있었다. 바울은 교회 안에 있는 할례와 유대인들의 율법을 지켜야 구원을 받는다고 한 유대계 그리스도인들을 경계하라고 했다(3:2).

그래서 바울은 "개들을 삼가고 행악하는 자들을 삼가고 몸을 상해하는 일을 삼가라"고 했다. 여기서 '개'라는 말은 좀 듣기가 험악하게 들릴 수도 있다. 그러나 당시 빌립보 교회에 침투한 유대주의자들과 신비주의자들을 은유로 표현할 수 있는 가장 적합한 말은 '개'라는 말보다 더 알맞은 말은 없다. 구태여 설명하지 않아도 알 수 있는 말이기 때문이다.

가장 놀라운 것은 4장밖에 안 되는 이 짧은 빌립보서에 '기뻐하라'는 단어가 16번이나 나온다는 점이다. 그런 점에서 빌립보서는 감사의 서신이라고 할 수 있다. 편지를 쓸 때 바울은 로마의 감옥에 있었다. 형벌을 위해서가 아니라 연금 상태에서 황제 앞에서 재판을 받는 날을 기다리는 중이었다(행28:16, 30-31). 그 시점은 주후 60년경일 것이다.

빌립보서의 문학적 연구는 빌립보서가 문학에 대해서 말하고 있는 것에서 알 수 있다. 바울은 기독교 예술을 위한 신학적 기초를 제공함으로써 서신의 권면 부분을 끝맺는다. "끝으로 형제들아 무엇에든지 참되며 무엇에든지 경건하며 무엇에든지 옳으며 무엇에든지 정결하며 무엇에든지 사랑받을 만하며 무엇에든지 칭찬받을 만하며 무슨 덕이 있든지 무슨 기림이 있든지 이것들을 생각하라" (4:8).

빌립보서의 가장 아름다운 구절은 그리스도의 찬양 시(Christ Hymn)이다(2:6-11). "그는 근본 하나님의 본체이시나 하나님과 동등 됨을 취할 것으로 여기지 아니하시고 오히려 자기를 비어 종의 형체를 가지사 사람들과 같이 되셨고 사람의 모양으로 나타나서 자기를 낮추시고 죽기까지 복종하셨으니 곧 십자가에 죽으심이라 이러므로 하나님이 그를 지극히 높여 모든 이름 위에 뛰어난 이름을 주사 하늘에 있는 자들과 땅에 있는 자들과 땅 아래에 있는 자들로 모든 무릎을 예수의 이름에 꿇게 하시고 모든 입으로 예수 그리스도를 주라 시인하여 하나님 아버지께 영광을 돌리게 하셨느니라.

바울의 종말론적 인생관은 1:20-21절에 잘 나타나 있다. "나의 간절한 기대와 소망을 따라 아무 일에든지 부끄러워하지 아니하고 지금도 전과 같이 온전히 담대하여 살든지 죽든지 내 몸에서 그리스도가 존귀하게 되게 하려 하나니 이는 내게 사는 것이 그리스도니 죽는 것도 유익함이라"

빌립보 교회에는 데살로니가 교회처럼 심각하지는 않지만 종말론에 대한 생각이 복잡했었다. 그래서 바울은 간단하게 지나가는 말처럼 권면했다. '주께서 가까우시니라'(4:5). 서론에서는 '그리스도 예수의 날'(1:6)이란 말로 표현했다. 바울은 빌립보 교인들이 주님의 재림이 가까운 때를 지적하면서 어떻게 살아야 할 것을 구체적으로 언급한다. "형제들아 나는 아직 내가 잡은 줄로 여기지 아니하고 오직 한 일 즉 뒤에 있는 것은 잊어버리고 앞에 있는 것을 잡으려고 푯대를 향하여 그리스도 예수 안에서 하나님이 위에서 부르신 부름의 상을 위하여 달려가노라"

7. 목회서신(딤전후서, 디도서)

디모데전서는 주후64년경에 기록되었고, 후서는 2년 후인 주 66-67년경에 기록되었으며 디도서는 디모데전서와 같은 주후 64년경에 기록된 것으로 보인다. 먼저 디모데전서는 크게 두 가지 내용을 다루고 있다.

첫째는 거짓된 교리의 문제를 다루고 있고, 다음은 교회의 적합한 지도자들의 선택 문제를 다루고 있다. 이 서신의 목적은 에베소에서 목회를 하고 있는 디모데를 스승으로서 격려하기 위해서였다. 디모데전서의 단어들을 보면 바울이 일상적으로 사용했던 단어들과는 많이 다르다. 그래서 디모데전서의 저자를 바울이 아니라는 주장이 있어 왔다. 그러나 필자는 바울의 저서인 것은 맞으며 단어들이 다른 것은 일반 서신과는 달리 디모데전서는 디모데를 비롯한 그 지역에 있는 목회자들에게 보낸 특수한 서신이기 때문에 내용도 다르고 단어들도 다를 수밖에 없다고 본다. 더욱이 놀라운 것은 디모데후서 끝에(4:10-21) 16명의 많은 바울의 동역 자들의 이름이 나오는 것을 보아 우리는 이 목회서신의 내용이 전에 기록한 바울의 서신과 다를 수밖에 없음을 짐작할 수 있다.

먼저 바울 자신을 '사도된 바울'이라고 밝혔다. 바울 서신에 언제나 사용되는 '은혜와 평강"이란 인사말 대신, '긍휼(mercy)'이란 단어를 더 첨가해서 넣었다. 필자의 추리로서는 에베소 교회는 하나님의 긍휼하심이 필요한 위치에 있었기 때문일 것으로 짐작된다. 1:3-11절에 보면 바울이 얼마나 디모데를 사랑하고 있는지 잘 나타내고 있다.

'내가 밤낮 간구하는 가운데 너를 생각' 한다는 말이나 '너 보기를 원' 한다는 말은 디모데가 바울이 복음으로 낳은 아들이기도 하지만 바울이 디모데의 여린 성품을 잘 알기 때문에 더욱 격려하고 싶은 마음이었을 것이다. 특히 바울이 경고한 것(4:1-8; 6:3-5, 20-21)을 보면 에베소 교회 안에 있는 영지주의의 거짓 교사들의 면모를 알 수 있다. 아홉 가지 내용으로 요약할 수 있다.

(A) 거짓된 교리를 가르치는 일(1:3; 6:3)

(B) 모호한 족보에 근거한 끝없는 이론(1:4; 4:7)

(C) 논쟁을 불러일으키는 일(1:4, 6:4)

(D) 의미 없는 헛된 말만 하는 자들(1:6)

(E) 율법의 선생이 되려는 일(1:7)

(F) 교만하여 아무 것도 알지 못하면서 언쟁을 일삼는 일(1:7; 6:4)

(G) 자기가 말하는 것을 깨닫지 못하는 자(6:4)

(H) 금욕주의적 교훈을 가르치는 일(4:3)

(I) 이권을 위해 자기의 직위를 이용하는 일(6:5) 등이다.

바울은 영지주의자들의 잘못을 지적하면서 바울이 하나님의 은혜를 감사하는 아름다운 시가 나온다(딤전1:12-17).

"나를 능하게 하신 그리스도 예수 우리 주께 내가 감사함은 나를 충성되이 여겨 내게 직분을 맡기심이니 내가 전에는 비방자요 박해자요 폭행자였으나 도리어 긍휼을 입은 것은 내가 믿지 아니할 때에 알지 못하고 행하였음이라 우리 주의 은혜가 그리스도 예수 안에 있는 믿음과 사랑과 함께 넘치도록 풍성하였도다 미쁘다 모든 사람이 받을 만한 이 말이여 그리스도 예수께서 죄인을 구원하시려고 세상에 임하셨다 하였도다 죄인 중에 내가 괴수니라 그러나 내가 긍휼을 입은 까닭은 예수 그리스도께서 내게 먼저 일체 오래 참으심을 보이사 후에 주를 믿어 영생 얻는 자들에게 본이 되게 하려 하심이라 영원하신 왕 곧 썩지 아니하고 보이지 아니하고 홀로 하나이신 하나님께 존귀와 영광이 영원무궁하도록 있을지어다 아멘"

딤전 2:15절의 "그러나 여자들이 만일 정숙함으로써 믿음과 사랑과 거룩함에 거하면 그의 해산함으로 구원을 얻으리라"는 구절은 잘못 해석할 가능성이 많은 구절이다. 분명한 것은 이 구절이 출산을 통해서 여자들이 구원을 받는다는 뜻은 아니다. 앞에 나오는 13-14절의 문맥 속에서 해석해야 할 것이다. 비록 여자가 먼저 죄를 지었지만 구주의 탄생은 여자를 통해서 왔다는 뜻으로 해석할 수도 있다. 혹은 여자가 출산을 통해서 안전한 삶을 확보할 수 있다는 의미로도 해석이 가능하다. 또 다른 세 가지 해석이 가능하다고 본다. 첫째는 가정에서 아내와 어머니로서의 역할에서 경건한 여자의 성취를 언급한 말로서. 둘째는 예수의 성육화를 통해서 영적으로 구원받은 여자들을 언급한 것으로. 셋째는 여자들이 아이의 출생을 통해서 육체적으로 안전케 되는 것의 경우를 언급한 것으로 볼 수 있다.

3:16절에 가면 '경건의 비밀'에 대한 아름다운 시가 또 나온다.

"크도다 경건의 비밀이여 그렇지 않다 하는 이 없도다 그는 육신으로 나타난바 되시고 영으로 의롭다 하심을 받으시고 천사들에게 보이시고 만국에서 전파되시고 세상에서 믿은바 되시고 영광 가운데서 올려지셨느니라"

이 구절은 당시에 사용된 찬미의 하나로 놀라운 것은 '신의 현현(그리스도의 영광이 나타나심)'의 이미지가 서로 교차되면서 나타나고 있다는 점이다. 다시 말하면 그리스도께서 이 땅에 나타나신 것과 하늘로 높임 받으신 것이 서로 교차되고 있다는 말이다. 좀 더 구체적으로 말하면 "그는 육신으로 나타난바 되시고 영으로 의롭다 하심을 입으시고 천사들에게 보이시고 만국에서 전파되시고 세상에서 믿은바 되시고 영광 가운데 올리우셨음이니라 이 왕께서 하늘로 올라가셨기 때문에 그의 백성들은 복스러운 소망과 우리의 크신 하나님 구주 예수 그리스도의 영광이 나타나심을 기다리게 된다"(딤전 6:14; 딛2:13). 이 현현이라는 주제는 바울의 다른 어떤 서신에도 나오지 않는 목회서신만의 특징이다.

디모데후서에서는 예배-존귀와 영광을 받으시기에 합당하신 예수님의 모습(딤후4:17)은 과거에 나타났고(딛3:4) 하늘 왕국이 열리는 미래에(딤후4:8) 나타나게 될 것이다. 이 현현의 주제는 하나님께서 그리스도 안에서 행하시는 전능하신 행동과 관련이 있는데 '우리 구주 하나님의 자비와 사람 사랑하심(딛3:4)이 나타날 때'라고 했다. 여기서 중요한 단어는 '구세주'란 말인데 이 말은 세상에서 주님이 하나님처럼 높임을 받으신다(딤전 4:10; 딛1:4; 3:6)는 뜻이다. 구세주란 용어는 바울이 다른 서신에서 사용하지 않은 칭호이다. 이 '구세주'란 용어는 이 땅의 '임금들과 높은 지위에 있는 모든 사람'(딤전 2:2)과는 전혀 다른 칭호이다. 이 구절은 시저가 처음으로 사용했던 용어이다. 그러나 예수님에게 사용할 때의 뜻은 '구원을 성취시킨 분'이란 뜻이 있기 때문에 비록 카이사르(Caesar)에게서 사용된 같은 용어이지만 그 뜻은 하늘과 땅의 모든 권세를 가지신 분이란 말이기 때문에 전혀 다른 의미로 사용한 것이다.

따라서 '구세주'란 칭호는 과거와 미래의 긴장관계를 연결시켜 준다. 구세주로서의 예수님의 사역은 과거와 미래뿐 아니라 지금도 역사하신다.

딤후 4장6-8절에 보면 거기에도 아름다운 시가 나온다. 자신에게 다가오는 죽음을 바라보면서 부른 노래이다.

"전제와 같이 내가 벌써 부어지고 나의 떠날 시각이 가까웠도다. 나는 선한 싸움을 싸우고 나의 달려갈 길을 마치고 믿음을 지켰으니 이제 후로는 나를 위하여 의의 면류관이 예비되었으므로 주 곧 의로우신 재판장이 그 날에 내게 주실 것이며 내게만 아니라 주의 나타나심을 사모하는 모든 자에게도니라"

딤후 3:14-15절에서는 디모데에게 주는 간곡한 권면이 나온다.

"그러나 너는 배우고 확신한 일에 거하라 너는 네가 누구에게서 배운 것을 알며 또 어려서부터 성경을 알았나니 성경은 능히 너로 하여금 그리스도 예수 안에 있는 믿음으로 말미암아 구원에 이르는 지혜가 있게 하느니라"고 하면서 성경의 근원과 우리들에게 주는 이점을 구체적으로 언급하고 있다.

"모든 성경은 하나님의 감동으로 된 것으로 교훈과 책망과 바르게 함과 의로 교육하기에 유익하니 이는 하나님의 사람으로 온전하게 하며 모든 선한 일을 행할 능력을 갖추게 하려 함이라"(딤후 3:16-17).

딤후2:14-19절에서는 인정받는 일꾼들이 되려는 자들의 자격을 언급하고 있다.

(1)말다툼을 하지 않을 것

(2)망령되고 허탄한 말을 버릴 것

(3)부활을 영적 체험으로만 보는 영지주의적 생각을 버릴 것이라고 하였다. 딤후2:20-22절에서는 바울이 교회에 필요한 일꾼들을 큰 집의 그릇에 비유하면서 사용한 은유들이 나온다. 금그릇, 은그릇, 나무그릇, 질그릇이 있듯이 교회 안에도 어디에 쓰임을 받든지 깨끗한 그릇이 되어 쓰임에 합당하도록 하라고 당부했다.

특히 목회자들에게 주는 딤후2:24-26절의 교훈은 오늘날에도 지켜야 할 덕목에 속한다.

"주의 종은 마땅히 다투지 아니하고 모든 사람에 대하여 온유하며 가르치기를 잘하며 인내하고 거역하는 자를 온유함으로 훈계할지니 혹 하나님이 그들에게 회개함을 주사 진리를 알게 하실까 하며 그들로 깨어 마귀의 올무에서 벗어나 하나님께 사로잡힌바 되어 그 뜻을 따르게 하실까 함이라"

다음은 디도서이다. 디도서는 디모데전서와는 달리 바울 자신에 대한 많은 정보를 준다. 디도서에는 디모데전서 이상의 별다른 교훈은 없다. 디도서는 세 가지 주제를 중심으로 기록되었다.

첫째는 교회의 질서(1:59), 둘째는 거짓된 교훈(1:10-16), 셋째는 공동체와 믿음의 관계 즉 공동체와 믿음의 관계(2:1-3:11)이다. '감독'이란 칭호가 '장로'란 칭호와 함께 사용한 것으로 보아 같은 직분은 아닌 것이 확실하다.

3:12절에 보면 바울은 그가 어디로 간다는 말없이 니고볼리 (Nicopolis)에서 겨울을 보낼 것이라고 했다. 아마도 디도가 올 것을 기대했던 것 같다. 바울이 디도를 오라고 한 것은 두 가지 이유가 있었던 것이다.

첫째는 바울이 남겨놓은 일을 돌보게 하고, 둘째는 장로들을 세우게 하려는데 목적이 있었다(딛1:5). 디모데와 마찬가지로 디도 역시 바울의 충성된 믿음의 자녀였다. 바울이 디도를 그레데에 남겨둔 이유는 1:5절에 나온다. "내가 너를 그레데에 남겨 둔 이유는 남은 일을 정리하고 내가 명한 대로 각성에 장로들을 세우려 함이니" 디도는 바울로부터 여러 가지 교회의 질서와 논쟁에 대한 가르침을 받았다. "범사에 네 자신이 선한 일의 본을 보이며 교훈에 부패하지 아니함과 단정함과 책망할 것이 없는 바른 말을 하게 하라"(딛2:7)고 당부를 했다. 바울은 디도에게 "권면하며 모든 권위로 책망하라"고 했다.

디도서에서 주목할 것은 바울이 주전 6세기 크레데의 시인인 에피메니데스의 말을 인용했다는 점이다. 바울은 구약의 구절을 인용한 것이 아니라 하나님을 모르는 그레데인의 글을 딛1:12절에서 인용하고 있다.

"그레데인들은 항상 거짓말쟁이며 악한 짐승이며 배만 위하는 게으름뱅이라"

이것은 당시의 속담으로서 '그레데화하다'는 말은 '거짓말하다'는 뜻과 동의어였다. 고대에는 이 같은 상투어가 흔했던 것이다. 바울이 이 말을 인용한 것은 "유대인들의 허탄한 이야기"를 경고하기 위해서였다.

이방인의 말을 인용한 다른 예는 행17:28절에도 나온다.

"너희 시인 중 어떤 사람들의 말과 같이 우리가 그의 소생이라 하니" 이인용은 길리기아(Cilicia)의 시인 아라토스(Aratus)가 쓴 '제우스에게 바치는 찬송'(Hymn to Zeus)에 나오는 구절이다. 또 다른 예는 고전15:33절에도 있다. 여기서 '악한 동무'란 말은 12절에 나오는 '부활이 없다는 자들'을 일컫는 말로서 이 말은 그리스의 시인 메난다(Menander)의 코미디, 타이스(Thais)에서 인용한 글이다. 이 예들을 통해서 우리가 알 수 있는 것은 성서 저자들이 하나님의 말씀을 받아서 적었다는 근본주의자들의 주장이 얼마나 잘못되었는가를 보여준다. 성서는 성령의 감동으로 기록된 것은 사실이지만 그러나 성령의 영감이 저자들의 문화적 특징까지 지배한 것은 아니며 저자 개인의 특징인 문체나 장르 및 언어는 그대로 유지하여 활용한 것임을 알 수 있다.

사도행전에 디도에 대한 언급은 없지만 딤후4:10절에 "디도는 달마디아(오늘날의 유고슬라비아)로 갔고"라고 한 것을 보면 바울은 복음을 더 멀리 전파하기 위하여 유고슬라비아로 디도를 보낸 것 같다.

디도서에서 우리의 주목을 끄는 것은 첫째로 언어와 문체가 다른 바울 서신과 다르다는 점이다. 그래도 디모데후서는 다른 목회서신에 근접하다는 것이 특징이다. 둘째는 디도서의 바울이 당면한 역사적 상황이 알려진 바울의 상황과 잘 조화하지 않고 있다는 점이다. 사도행전과 다른 바울 서신에 바울이 아시아에 있는 교회에 돌아왔다는 기록이 없다. 또 바울이 스페인에 여행을 계획했다면(롬15:23) 로마의 교도소에서 풀려나온 후였을 것이다. 그러나 바울이 스페인에 왔다는 기록은 성서에는 없고, 오직 제일 클레멘스서 5:7절과 이그나티오스의 글에 바울이 서방에 왔다는 기록만 있다. 딤전 4:6-8절에 보면 바울의 순교가 곧 일어날 것으로 언급되어 있고 딤전 4:13절에는 수수께끼 같은 알 수 없는 언급만 나온다. 문제는 성서의 어디에도 바울이 스페인에 왔다는 기록은 없다. 거짓 교사들에 관한 기록으로는 음식에 관한 것(딤전 4:3; 5:23; 딛1:15)과 결혼을 반대하는 영지주의(딤전 2:15; 4:3, 딛3:9)와 족보에 관한 억측, 거짓된 신화(딤전 1:4; 딛3:9), 부활은 이미 지나갔다(딤후2:18)는 것을 볼 수 있다. 당시의 교회 지도자들은 감독들, 장로들 집사들과 과부들이 목회서신에 나온다. 여기서 필자는 목회서신 3편은 다 바울의 것임에는 틀림없지만 문체와 단어가 다른 것은 목회서신이라고 하는 특수성 때문에, 그리고 또 다른 이유는 목회서신을 바울이 직접 쓴 것이 아니고 비서를 통해서 쓰기 때문일 수도 있다고 본다.

목회서신의 848개의 다른 단어들 중에 306개의 단어는 오직 목회서신에만 나오는 단어들이다. 목회서신의 문학적 가치는 바울의 다른 서신보다는 낮다. 문체는 장황하고 문장 구조는 단조로우며 너스한 느낌을 준다. 그럼에도 불구하고 이 목회서신이 중요한 의미를 가지는 것은 두 가지 이유가 있기 때문이다.

첫째 교회 조직의 변화를 보여준다는 것, 둘째 2세기에 혼합주의적 이단들이 교회 안에 성장하고 있었다는 것을 보여주기 때문이다.

첫 번째 기록한 목회서신을 에베소에 있는 디모데에게 보낸 것은 두 가지의 목적이 있었다. 첫째는 4:7절에 언급된 대로 교회는 순수한 복음을 영지주의의 사색적인 신화가 해치고 있기 때문에 이것을 뿌리뽑기 위해서이고 둘째는 감독과 집사들의 자격을 요약해주기 위해서였다. 목회서신에 특별히 눈에 띄는 것은 기독교의 공동체 안에 각개각층의 사람들 즉 과부들, 젊은 여성들, 노예들, 소유주들, 젊은 남자들, 나이 많은 남자들, 감독들과 집사들이 있었다는 것을 보여준다. 주목할 구절로는 5:23절의 말씀이다.

"이제부터는 물만 마시지 말고 네 위장과 자주 나는 병을 위하여 포도주를 조금씩 쓰라" 주당(酒黨)들이 좋아하는 구절이다. 또 6:10절의 "돈을 사랑함이 일만 악의 뿌리가 되나니 이것을 탐내는 자들은 미혹을 받아 믿음에서 떠나 많은 근심으로써 자기를 찔렀도다"는 말이다.

두 번째 목회서신은 더 개인적이고 친근한 느낌을 준다. 바울은 디모데를 다시 보기를 갈망하고 디모데의 어머니 유니게와 할머니인 로이스를 애정을 가지고 회상하고 있다. 바울은 그의 선교사로서의 체험을 언급한 후에 젊은 동료인 디모데에게 설교자로서 가장 중요한 것을 기록했다. 가장 중요한 것은 거짓된 가르침을 피하는 것이며 말다툼을 하지 말고, 망령되고 허탄한 말을 버리라고 했다. 이런 것들은 마치 악성 종양과 같이 퍼진다고 충고하고 있다. 딤후 4:6절은 바울은 자신의 죽음이 임박했음을 말해준다. 그러면서 가장 중요한 어떻게 살아야 할 것을 유언처럼 기록하고 있다 (4:7-8). "나는 선한 싸움을 싸우고 나의 달려갈 길을 마치고 믿음을 지켰으니 이제 후로는 나를 위하여 의의 면류관이 마련하였으므로 주 곧 의로우신 재판장이 그 날에 내게 주실 것이며 내게만 아니라 주의 나타나심을 사모하는 모든 자에게도니라"

제4장
문학으로서의 히브리서

히브리서는 엄격히 말해 공동서신에 속할 수 없는 특별한 서신이다. 주제와 문체가 다른 서신들과 비교할 수 없는 특별한 서신이기 때문이다. 특별히 두 가지의 가치가 있다.

첫째로 예수님께서 엠마오라는 촌으로 가실 때에 제자들에게 "내가 너희와 함께 있을 때에 너희에게 말한바 곧 모세의 율법과 선지자의 글과 시편에 나를 가리켜 기록된 모든 것이 이루어져야 하리라 한 말이 이것이라"(눅24:44)는 말씀이 성취된 것이 바로 히브리서이다(히3:1).

둘째는 히브리인들 중의 한 사람을 예수님께서 '사도'라고 부르셨다는 점이다. 두 제자들에게 주님께서 하신 말씀을 히브리서 저자는 '권면의 말'(히13:22)이라고 언급했다. 그것은 히브리서가 바울의 서신들과 같지는 않지만 신학적 논설이 아님을 언급한 것이다. 히브리서는 13:23-25절에서 결론을 내린다. 1:1-2절에서 시작한 것 "옛적에 선지자들로 여러 부분과 여러 모양으로 우리 조상들에게 말씀하신 하나님이"을 12:25절에서 끝막음을 한다. 우리는 그 내용이 13:22절을 통해서 '권면'임을 알 수 있다. 따라서 우리는 히브리서의 주제가 '기독교의 결말'이라고 말할 수 있을 것이다. 1:1-4절에서 요약되고 있는 것이다. 전승에는 서신이 기록된 장소에 대해 침묵하고 있다.

히브리서의 스타일은 신약성서의 어떤 것과도 비교할 수 없는 특수한 문체이다. 웨스트코트(Westcott)는 다른 서신들보다 '더 순수하고 더 힘찬' 서신이라고 했다. A. B. 데이비드선(Davidson)은 히브리서를 '웅변의 위풍당당한 행진'과도 같다고 평했다. 히브리 저자의 문체의 방법은 1:1-2절에 잘 나타나 있다. 하나님에 대해서 '여러 부분과 여러 모양(일회적 방식으로)/ 말씀하신(말씀하셨으니)/ 과거에(마지막 때에)/ 조상들에게(우리에게)/ 선지자들로(마지막에 아들로)라고 반복해서 언급한 것은 다른데서 볼 수 없는 기록이다. 히브리서에만 나오는 단어는 153개이며 바울 서신에 나오지 않는 단어는 167개나 된다. 히브리 서신에는 이방 신자들에 대한 언급이 없고 히브리인들에 대한 언급만 나온다. 히브리서의 독자들은 가난한 성도들은 아니었으나 더 가난한 형제들에게 관용했음을 볼 수 있다(6:10). 그들의 영적 성장은 더디었다(5:11-12). 그들의 실망은 그들의 근면과 소망을 어둡게 했다(6:11-12). 영적 교제는 뒤틀렸고 서로의 교육을 위한 모임은 자주 있지 않았다(10:24-25).

히브리서는 두 가지의 장르로 되어 있다. 설교와 서신의 두 가지 형태이다. 히브리 서신은 여러 세기 동안 바울 서신으로 보았지만 지금은 히브리서는 바울의 서신이 아니란 것이 증명되었다. 히브리 서신에는 바울 서신에 나오는 상투적인 인사말도 없고, 13:22절에서는 본서를 '권면의 말'이라고 했다. 물론 히브리서에는 바울의 문체나 사상이 드러나 있지 않다. 기록자를 언급한 것은 그가 디모데를 알고 있었다는 것(13:23)이다. 세련된 헬라어를 구사하고 있다는 것, 자신의 믿음과 유대인과의 관계를 철저히 탐구한 사람이란 점을 알 수 있다. 그래서 필자는 히브리 서신은 아마도 아볼로나 바나바 중에 한 사람일 것이라고 보고 있다.

그러면 히브리 서신의 구조는 어떻게 구성되어 있는가? 1:1-4절은 서론이고, 세 부분으로 구성되어 있다.

1:1-10:18절은 교리적 논술이고, 10:19-39절은 중심적 권면이며, 11:1-13:21절은 실제적 적용이고, 13:22-25절은 결론으로 되어 있다.

그러면 이 히브리서는 누구에게 썼는가? 물론 '히브리인에게'란 말은 오래전부터 있었지만 원래부터 있었던 말은 아니다. 유세비우스와 터툴리안 때부터 붙여진 말이다. 특히 제사장과 희생제사에 대해 언급하고 구약의 많은 인용을 한 것으로 보아 히브리서는 유대인계 그리스도인들에게 보낸 것을 알 수 있다. 이 공동체는 설립된 지 여러 해가 지났음(2:3; 13:7)도 알 수 있다. 핍박의 역사도 지니고 있음을 볼 수 있다. 예루살렘 성전에 대해 언급하지 않은 것으로 보아 주후 70년 이전에 기록된 것으로 보인다. 12:4절을 보면 이 서신은 네로의 박해 직전인 주후 60년 중반기경으로 보인다.

사실 히브리서는 서신이라기보다는 설교에 더 가깝다. 히브리서에는 그리스도의 이미지들이 놀랍도록 많다. 예수님을 "만유의 상속자로 세웠다"고 했고(1:2), 그 다음 3절에서는 "하나님의 영광의 광체시요 그 본체의 형상이시라"고 하면서 "높은 곳에 계신 지극히 크신 이의 우편에 앉으셨느니라"고 했다. 이 말씀은 그리스도께서 대리인의 능력을 행사하심을 상징한 것이다. 그뿐 아니라 그리스도를 하나님에 의해 기름을 받은 왕으로 묘사되며 규(圭:옥으로 만든 홀)를 가지시고(1:8) 그 발아래 그의 원수들이 꿇어앉을 것이 란 것(1:13)을 묘사하고 있다. 얼마나 놀라운 이미지요 은유인가!

그러나 히브리서에 나타난 압권적인 이미지는 예수님을 대제사 장으로 묘사한 이미지일 것이다(2:17). 그리스도는 "대제사장이 되 어 백성의 죄를 속량하려 하심이라"고 했다. 그러면 이 대제사장 을 히브리서는 어떻게 묘사하고 있는가? 히4:14-16절에는 이렇 게 묘사하고 있다. "그러므로 우리에게 큰 대제사상이 계시니 승 천하신 이 곧 하나님의 아들 예수시라 우리가 믿는 도리를 굳게 잡 을지어다 우리에게 있는 대제사장은 우리의 연약함을 동정하지 못 하실 이가 아니요 모든 일에 우리와 똑같이 시험을 받으신 이로되 죄는 없으시니라 그러므로 우리는 긍휼하심을 받고 때를 따라 돕 는 은혜를 얻기 위하여 은혜의 보좌 앞에 담대히 나아갈 것이니 라" 그러나 히브리서 기자는 그리스도의 차이점을 이렇게 말한다. 그리스도는 아론의 반차를 좇은 대제사상이 아니라 "하나님께 멜 기세덱의 반차를 따른 대제사장이라 칭하심을 받으셨느니라"고 했다. 이 말은 그리스도의 대제사장직의 영원함을 의미한다. "그 리로 앞서 가신 예수께서 멜기세덱의 반차를 따라 영원히 대제사 장이 되어 우리를 위하여 들어가셨느니라"(히6:20).

두 번째 주목할 이미지는 속죄의 이미지이다. 여기서도 아론의 제사장직과 비교하고 있다. 아론의 제사장직은 죄를 위하여 매일 제사를 드린 반면 그리스도께서는 단번에 자신을 제물로 드리셨다 고 했다(히10:11-18). "오직 그리스도는 죄를 위하여 한 영원한 제 사를 드리시고 하나님 우편에 앉으사"(히10:12), "이것들을 사하였은즉 다시 죄를 위하여 제사드릴 것이 없느니라"(히10:18).

세 번째로 중요한 이미지는 구원자로서의 이미지이다. 구원의 상태와 과정에 대해서는 이렇게 설명한다. 회심하기 전의 상태를 "죽기를 무서워하므로 일생에 매여 한 평생 종노릇하는 모든 자들을 놓아주려 함이니"(히2:15)라고 묘사했고 그 후의 상태를 "의와 평강의 열매를 맺느니라"(히12:11)고 했다. 히브리서 기자는 구원받은 후의 삶을 몇 가지 은유들로 언급하고 있다. 히6:2절에서는 건축의 은유를 사용하여 처음에 는 "단단한 음식은 못 먹고 젖이나 먹어야 할 자"의 단계였으나 다음에는 "단단한 음식"을 먹는 단계로 성장해야 할 것을 언급하였다.

중요한 것은 히브리서 기자는 여기저기에 수많은 은유와 이미지를 사용하여 그의 메시지를 끌고 간다는 점이다. 히4:12절에서는 하나님의 말씀을 '검'에 비유하고 있다. "하나님의 말씀은 살아 있고 활력이 있어 좌우에 날선 어떤 검보다도 예리하여 혼과 영과 및 관절과 골수를 찔러 쪼개기까지 하며 또 마음의 생각과 뜻을 판단하나니" 이처럼 히브리서 기자는 계속해서 많은 은유를 사용하고 있는 것으로 보아 그는 신학자임과 동시에 시인이었음을 알 수 있다.

히브리서는 유대교와 기독교 사이에서 흔들리는 사람들을 위해 변증법적으로 기록한 책이다. 그래서 히브리서에는 구약의 인용이 아주 많다. 그것은 유대교와 비교를 하여 기독교를 설명하고 있기 때문이다. 히브리서에는 구약의 인용이 직접적으로 한 것이 30여 개나 되고 특히 모세 오경(레위기를 제외하고, 레위기는 간접적으로 한 것뿐)과 사무엘, 이사야, 예레미야, 하박국, 그리고 잠언은 한번 뿐이나 시편은 압도적으로 많다. 그러나 중요한 것은 이런 인용이 히브리어 구약이 아니라 70인역인 셉투아진트에서 인용하고 있다는 점은 많은 것을 시사한다. 여기서는 1장에서 인용된 구절만 살펴본다. 히1:5절에 시편2:7절, 삼하 7:14절이 인용되었고 6절에는 시편97:7절, 신32:43절이 인용되었으며 7절에는 시편104:4절을 인용했고, 8절에는 시편45:6, 7절이 인용되었으며, 10절에는 시편102:25-27절이 인용되었고 13절에는 시편110:1절이 인용되었다. 필자가 이렇게 독자들에게 별관심도 없는 구약 인용을 예로 든 것은 이 짧은 히1:5절에서 13절에만도 이렇게 많은 인용을 했다는 것을 증명하려는데 있다.

히브리서에 나오는 이미지 가운데 중요한 것은 천사, 사자(使者), 구주, 피, 언약, 휘장, 계약, 천국, 멜기세덱, 모세, 순례자, 제사장, 휴식, 안식, 희생제물, 하나님의 아들, 대제사장 등이다. 그러면 히브리서의 내용의 핵심은 무엇인가? 예수 그리스도의 절대적 주권과 충족 성, 하나님의 은혜의 계시자요 중보자로 기록하고 있다. 서론(히1:1-4)에서 그리스도를 하나님의 충만한, 구약의 어떤 계시보다 훨씬 뛰어난 마지막 계시자로 언급하고 있다.

요컨대 바울이 믿음을 강조했다면 베드로는 소망을 강조했고, 요한은 사랑을 강조했으나 히브리서는 믿음(11장), 소망(12장)과 사랑(13장)을 다 강조한 것이 특징이다. 히브리서 중에서 가장 위대한 문학적 표현은 11장이다. 세계의 영적 역사를 믿음의 승리의 역사중심으로 기록하고 있다. 히브리서 안에는 여섯 개의 경고가 있다. 2:1-4절, 3:7-19절, 4:11-13절, 5:11-6:20절, 10:26-31절, 12:25-29절 등이다.

히브리서에는 수많은 중요한 주제를 다루고 있다. 점진적 계시
(1:1), 그리스도의 신성(1:2-14), 천사들(1:4-14), 신앙의 표류(2:1),
위대한 구원(2:3), 그리스도의 인성(2:5-18), 교회(2:12), 마귀
(2:14), 죽음에 대한 두려움(2:15), 고난과 동정(2:18), 마음의 완악
함(3:8), 불신앙(3:12, 18-19), 살아계신 하나님(3:12), 오늘(3:13,
15), 40년간의 고난(3:17), 속히 오심(4:1), 7째 날(4:4), 하나님의
안식과 성도들의 안식(4:4-11), 하나님의 말씀(4:12-13), 우리의 회
개(4:14), 그리스도의 시험들(4:15), 은혜의 보좌(4:16), 그리스도
의 제사장직(5:5), 아론과 멜기세덱(5:4-6), 그리스도의 기도들
(5:7), 더디 듣는 들음(5:11), 영적 성숙(5:11-14), 젖과 음식(5:12-
14), 첫 번째 원리(6:1) 등이다. 이것을 다 언급한다면 수백 가지가
되기 때문에 독자들이 졸리기만 할 뿐이어서 여기서 중단한다.

　놀라운 것은 히브리서에 성전에 대한 언급이 전혀 없고 장막에
대한 언급이 9번 나온다는 점이다(8:2, 5; 9:2, 3, 6, 8, 11, 21; 13:10
절). 이 사실에서 우리는 히브리 서신이 기록될 때에는 이미 성전
이 무너졌다는 것을 짐작할 수 있다. 그래서 잔(Zahn)은 히브리서
는 주후 70년 이후일 것이라고 말한다. 필자도 그의 주장에 동의
한다. 히브리서의 특별한 해석은 멜기세덱과 장막에 대한 설명이
다(7:3; 9:1-14절). 히브리서는 희생제사와 언약은 지나간 시대의
것으로 이미 그리스도 안에서 성취되었다(8장-9장)고 말한다.

제5장
공동서신(General Epistles 혹은 Catholic Epistles)

(1)문학으로서의 야고보서

공동서신 가운데 제일 먼저 기록된 서신이 야고보서이다. 이 서신은 바울 서신처럼 특정한 지역이나 특정한 사람에게 보낸 서신이 아니고, 세계 여러 지역에 있는 기독교 공동체에게 보내어졌기 때문에 공동서신으로 분류한다. 정확하게 말하면 흩어진 유대인계 그리스도인들에게 보낸 서신이다. 1:1절에는 수신인을 이렇게 기록하고 있다. "그리스도의 종 야고보는 흩어져 있는 열두 지파에게"라고 했다. 이 야고보서의 내용이나 정신을 보면 아모스, 이사야, 미가와 같다. 야고보서는 히브리서와 잠언을 섞어놓은 것 같다. 마치 실제적인 삶을 위한 설교와 같은 느낌을 준다. 야고보서는 헬라어를 보면 총 108절 가운데 54절이 명령형으로 되어 있다. 야고보서는 성서 가운데 명령형은 단연 가장 많다. 야고보의 질책은 듣기가 민망할 정도이다. "너희는 도리어 가난한 자를 업신여겼도다 부자는 너희를 억압하며 법정으로 끌고 가지 아니하느냐 그들은 너희에게 대하여 일컫는 바 그 아름다운 이름을 비방하지 아니하느냐"(약2:6-7). 5:1-3절에는 "들으라 부한 자들아 너희에게 임할 고생으로 말미암아 울고 통곡하라 너희 재물은 썩었고 너희 옷은 좀 먹었으며 너희 금과 은은 녹이 슬었으니 이 녹이 너희에게 증거가 되며 불 같이 너희 살을 먹으리라 너희가 말세에 재물을 쌓았도다"

야고보서는 서신의 형식으로 되어 있으나 연설 내용에 더 가깝다. 야고보서에는 많은 주제를 다루고 있다. 부유함과 가난, 교만과 겸손, 지혜, 인내, 기도, 혀 제어하기, 그러나 가장 중요한 주제는 믿음과 행함에 관한 것이다.

믿음과 행함의 주제를 논하는 데 있어서 야고보는 여러 가지의 이미지를 사용한다. 예를 들면 행함이 없는 믿음을 죽은 믿음으로 비유한 것은 기발한 착상이다(약2:17,26). 또 혀를 불에 비유한 것(3:6)이나 "쉬지 아니하는 악이요 죽이는 독이 가득한 것이라"고 한 것이나 혀를 샘에 비유한 것(3:11)은 놀라운 발상이고 문학적 표현이다.

야고보서는 산문체로 되어 있으나 시적 산문체로 간주할 만큼 이미지와 은유들이 많다. 야고보서는 신약성서 가운데 가장 실제적으로 재미있는 서신이다. 불행하게도 종교개혁 때 '오직 믿음(Faith Alone)'이란 구호 때문에 루터에게는 '지푸라기 서신(an epistle of straw)'이란 혹평을 받았다. 그러나 야고보서에 보면 믿음이란 말이 자주 나온다. 이 야고보 서신은 예수님의 형제였으며 초대교회 때 중요한 위치에 있었던 사람이다(예루살렘 교회의 중요한 지도자였다(행12:17; 15:13이하; 21:18). 그러면 야고보서에서는 어떤 내용의 서신을 기록했는가? 먼저 공동체에 대한 배려가 깊었고, 후기 유대 지혜문학에서 발견되는 지혜개념을 볼 수 있다. 야고보서에는 예수님의 산상수훈과 같은 내용을 볼 수 있다. 예루살렘 공회의에서 행한 연설(행15)과 유사한 부분도 있다. 아마도 이 서신은 그의 순교 이전인 60년경에 기록되었을 것이다.

야고보서에서 가장 강한 비판은 하나님에게 입술로만 충성하는 lip service에 대한 강한 질책이다. 야고보서의 핵심구절은 2:26절이다.

"영혼 없는 몸이 죽은 것 같이 행함이 없는 믿음은 죽은 것이니라"

(2)문학으로서의 베드로 전 · 후서

이 서신들의 기자들은 자신을 "예수 그리스도의 종과 사도인 시몬 베드로"라고 밝히고 있다(벧전1:1; 벧후1:1). 베드로는 형제인 안드레를 통해서 예수를 만난 후에 줄곧 지도자와 대변인 역할을 해왔다. 그는 예수의 기적들은 물론 심지어 예수의 영광도 목격했다(막9장). 그러나 그는 예수께서 재판을 받았을 때 세 번이나 그를 부인한 일로 인해 양심의 가책에 시달려 왔으나 부활하신 주님을 사도 중에는 제일 먼저 만났다. 그는 새로 탄생한 교회의 지도자가 되었고 제일 먼저 예수에 대한 복음을 선포했다(행2장). 전승에 의하면 만년의 베드로는 로마에서 복음을 전했으며 그의 아내와 함께 다녔다고 전해진다. 네로의 박해 때 주후 64년에 로마에서 거꾸로 십자가에 달려 순교했다고 한다. 벧전5:13절에 나오는 바벨론은 로마의 암호명(계16:19)일 수 있다. 그렇다면 베드로 서신들은 네로의 박해가 시작될 무렵에 로마에서 기록했을 것이다. 베드로 곁에는 마가, 요한이 함께 있었을 것이고 바울의 동료인 실루아노(실라)가 베드로의 곁에서 서신을 쓸 때 도왔을 것이다.

베드로 서신은 소아시아 북부에 있는 디아스포라('흩어진 유대인' 이란 뜻)들을 위로하고 소망을 주며 믿음 안에 굳건히 견디라는 격려의 서신이다. 베드로의 서신들은 주후 64-67년경에 기록된 것으로 본다. 그러나 어떤 학자들은 베드로후서는 베드로의 서신이 아닐 것이라고 주장한다. 이유는 어휘와 주제가 전서와 다르기 때문이라고 했다. 재미있는 것은 1911년에 페르델위치(R. Perdelwitz)의 주장이다. 그는 베드로전서는 원래는 편지가 아니라 두 편(1:3-4:11과 4:12-5:14)의 설교였다고 주장했다. 또 어떤 학자들은 세례식에 사용된 일종의 예식서라는 주장도 나왔다. 또 보이스마르드(M. Boismard)는 4개의 찬송시를 발견했다고 발표했다. 즉 (1)1:3-5 (2)2:22-25 (3)3:18-22 (4)5:5-9가 찬송 시들이라는 것이다. 여기서 문학으로서의 성서를 연구하는 우리들에게는 이 4개의 문장들이 시적으로 기록된 것을 발견한 것으로 족하다.

베드로서의 특징은 대부분 구약으로부터 인용한 수많은 이미지를 사용하고 있는 것이 특징이다. 특히 하나님의 백성인 이스라엘에 대한 것을 비유로 표현하고 있다.

(1)영적인 이스라엘로서 성도들은 이 세상에 속하지 않는다.

(2)성도들은 예수 그리스도의 연합에 의하여 하나님의 집(이스라엘)에 속한다.

(3)하나님께서는 의롭게도 그들을 이러한 위치로 이끌어 오셨다.

(4)이런 상황은 일종의 전쟁 상태로 이끈다.

다음은 베드로후서와 유다서의 관계이다. 유다서의 25개의 절 가운데 15개가 전체적으로 혹은 부분적으로 베드로후서에 나온다. 이에 대해 몇 가지 이론을 추리해보면 (1)두 서신이 동일한 저자이거나(그러나 그럴 가능성은 거의 없다), (2)다음은 한 저자가 다른 저자의 글에 의존했거나, (3)끝으로 두 저자가 공동 자료를 사용했을 것으로 추리할 수 있다. 여기서 필자는 세 번째 견해가 가장 타당하다고 본다. 이유는 베드로가 당시의 교리문답서(혹은 설교내용)를 그의 서신에서 활용했다고 하는 견해가 많기 때문이다.

다음은 전서의 내용을 살펴보자. 베드로전서는 세 가지 내용으로 분류를 할 수 있다. 1장에서는 소망을 중심으로 2-3장에서는 하나님의 백성다운 삶을, 4-5장은 고난이 닥칠 때를 위한 내용으로 나눌 수 있다. 1장의 중요한 교훈으로는 1:5-7절을 들 수 있다. "너희는 말세에 나타내기로 예비하신 구원을 얻기 위하여 믿음으로 말미암아 하나님의 능력으로 보호하심을 받았느니라 그러므로 너희가 이제 여러 가지 시험으로 말미암아 잠간 근심하게 되지 않을 수 없으나 오히려 크게 기뻐하는도다 너희 믿음의 확실함은 불로 연단하여도 없어질 금보다 더 귀하여 예수 그리스도께서 나타나실 때에 칭찬과 영광과 존귀를 얻게 할 것이니라"

2-3장의 핵심은 2:21절이다. 이 구절이 유명해진 것은 찰스 셀돈(Charles Sheldon) 목사가 『예수라면 어떻게 할 것인가?』(In His Steps: What would Jesus Do?)라는 경건 소설을 써서 미국을 비롯한 영어권에서 수백만 권이 팔렸고 한국에서는 『예수라면 어떻게 할 것인가』로 출판되어 많은 교인들에게 영향을 준 책이다. 4-5장의 핵심은 5:7-9절이다.

"너희 염려를 다 주께 맡기라 이는 그가 너희를 돌보심이라 근신하라 깨어라 너희 대적 마귀가 우는 사자 같이 두루 다니며 삼킬 자를 찾나니 너희는 믿음을 굳건하게 하여 그를 대적하라 이는 세상에 있는 너희 형제들도 동일한 고난을 당하는 줄을 앎이라"

베드로는 자신의 글에서 생생한 이미지를 사용하여 시골의 모습을 많이 그리고 있다. 목자들과 양떼, 파종기와 수확, 물 없는 샘들과 광풍에 밀려가는 안개 같은 내용은 오늘날에도 소아시아 지역에 거주했던 당시의 독자들에게는 매우 친숙했을 것이다.

베드로후서의 핵심 구절은 3:9-10절이다.

"주의 약속은 어떤 이들이 더디다고 생각하는 것 같이 더딘 것이 아니라 오직 주께서는 너희를 대하여 오래 참으사 아무도 멸망하지 아니하고 다 회개하기에 이르기를 원하시느니라 그러나 주의 날이 도둑 같이 오리니 그 날에는 하늘이 큰 소리로 떠나가고 물질이 불에 풀어지고 땅과 그 중에 있는 모든 일이 드러나리라"

베드로전서에서 교리적으로 중요한 것은 연옥설 문제 때문이다. 연옥(Purgatory)설은 가톨릭교회에서는 트렌트공회(Council of Trent)에서 베드로전서에 근거하여(3:19절) 연옥이 있다고 결정했다. 그러나 3:19절에 나오는 '옥'(flake)란 단어는 '연옥'이란 뜻이 아니라 '지옥'을 뜻하는 또 하나의 다른 헬라어이다. 가톨릭성서에는 '감옥'이란 말로 번역하였다.

다음은 베드로후서의 내용이다. 요약하면 그리스도의 재림의 중요성 그리고 그리스도에 대한 소망을 버리는 것의 위험성 등이다. 특히 후서에 기록된 세상의 종말이나(벧후 3:10-13) 선지자들의 사악함(벧후2장)에 대한 묘사들은 아주 생생하다. 베드로후서의 저작은 베드로가 아니라고 하는 것은 제임스 모팟(James Moffat)뿐이 아니다. 그러나 성서의 저자들이 결정하는 것은 인기투표하듯이 하는 것이 아니고 두 가지에 근거한다. 첫째는 외적 증거이고 둘째는 내적 증거이다. 그러나 베드로후서는 베드로가 저작자임을 분명히 하고 있기 때문에(1:1절) 필자는 외증이 충분치 않다고 해도 베드로를 저자로 보는 것이 옳다고 본다. 특별히 1:17-18절에 나오는 변화 산에서의 예수의 변형을 생생하게 묘사한 것은 실제로 본 사람이 아니고는 쓸 수 없는 것이므로 베드로의 서신임을 강하게 주장한다.

(3)문학으로서의 요한서신(1, 2, 3서)

요한의 이름으로 기록된 세 서신은 95년경에 사도 요한이 기록한 서신이다. 요한의 고향은 벳새다이며(요1:44) 가족으로는 세베대의 두 아들인 요한, 야고보가 있었다. 이들은 아버지의 직업인 어업을 인계받았다. 어머니인 살로메는 야심이 많은 여자였다. 심지어 예수에게 와서 하나님의 나라에 임할 때에 두 아들을 좌우에서 주님을 보좌케 해달라고 요청할 정도였다(마20:21). 그 가정은 품꾼들을 둘 정도로 물질적으로는 부유하였다(막1:20, 마27:56).

처음에 요한은 형제인 야고보와 함께 세례요한을 따랐다(요1:35, 40). 그러다가 주님으로부터 부르심을 받고 주님의 제자가 되었다(마4:21-22). 마지막에는 사도로 부르심을 받은 것이다(눅6:12-14). 이렇게 요한은 성서에 보면 세 번이나 부르심을 받은 것으로 기록되어 있다. 주님과의 관계도 특이하다. 먼저 예수와는 외종 사촌간이었다. 요한의 어머니 살로메와 예수의 어머니 마리아는 자매지간이었기 때문이다. 요한은 예수에게서 특권을 받은 3제자 중에 하나였다(막5:37). 또 요한은 예수를 위해 유월절을 준비한 두 사람 중에 하나였다(눅22:8). 성서에 보면 예수가 가장 사랑했던 제자였으며 성만찬 때 예수님의 가슴에 안겼던 제자로 기록되고 있다(요13:13, 20:2, 21:7, 20). 교회사에 관계된 기록을 보면 사도행전에 3번이나 나타난다(3:1, 4:13, 8:14). 그러나 사도행전 15장 이후에는(갈2장) 40년간 기록이 없다. 다만 자신의 기록에만 나온다(요 1:40, 계1:1, 4, 9).

그러면 요한은 사도로서 어떤 특징을 가지고 있었는가? 무엇보다도 사도 요한은 열정과 깊은 사고를 하는 사람이었다. 그의 형제인 야고보와 함께 보아너게(Boanerges)란 별명을 들을 정도였다. 보아너게란 말은 '우뢰의 아들'이란 뜻이다. 그가 소리를 지르는 소리가 우레가 울리는 것과 같았기 때문이다. 요한은 열심도 많고 참는 성품을 가지고 있었다(막3:14, 눅9:54, 요일2:22, 3:8, 15, 4:20). 그러나 때로는 혼자서 명상을 하는 성품도 가지고 있었다.

초대교회 때에는 사도 요한은 베드로와 함께 지도력을 가진 사람이기도 했다(행2:1, 3:4, 4:8). 그러나 요한의 언급은 다음 성경 귀절에서는 간접적으로 나온다(요1:40, 13:23, 20:2, 21:7, 20, 계1:4, 9). 사도 요한은 사도시대에 첫 번째 나오는 인물이며 마지막에 나오는 인물이기도 하다. 초대교회를 세운 사람이 베드로라고 하면 바울은 초대교회를 해방시킨 사람이었고 요한은 그것을 성취시킨 사람이었다고 볼 수 있다.

바울과 요한은 그 가르침을 볼 때에 비교도 되고 대조도 되는 인물이었다. 서로 다른 시기에 기록을 남겼고 서로 다른 관점에서 또 서로 다른 목적을 가지고 기록을 남겼다. 바울과 요한의 기록은 서로 모순이 되지는 않지만 서로 보완이 된다고 보인다. 바울이 크게 시작한 것을 요한이 완성하였다고 볼 수 있다. 요한의 기록들은 마지막 도장과도 같기 때문이다. 그러나 바울과 야고보는 명백하게 서로 모순되는 것처럼 보이기도 하지만 요한과는 분리할 수 없는 하모니를 이뤄서 같은 진리의 양면성과도 같다고 할 수 있다. 요한 복음과 요한 서신들은 함께 읽어야 이해가 빠르다. 목적은 같은데 접근방법이나 강조점은 서로 다르다. 플루머(Plummer) 박사는 이렇게 말하였다. 요한의 복음서는 객관적이나 서신들은 주관적이고, 복음서는 역사적으로 기록을 했지만 서신들은 도덕적으로 기록을 했다는 점이다. 복음서는 교훈적이지만 서신들은 변증적이며 복음서는 진리를 논문적으로 기록을 했으나 서신들은 변론적으로 기록을 했고, 복음서는 인간적인 편에서 기록을 했다면 서신들은 하나님 편에서 기록했다고 보았다. 또 복음서는 예수가 하나님의 아들이심을 기록했다면 서신들은 하나님의 아들이 인간의 몸을 입고 오신 것으로 기록하고 있으나 두 관계는 전체적으로 볼 때에 밀접하고 유기적으로 기록했다. 요컨대 복음서가 기독교 신학이라고 한다면 서신들은 기독교 윤리이고, 계시록은 기독교 정치이다.

그러면 요한의 서신들은 누구를 위해 기록을 한 것인가? 서신들의 서론을 보면 누구에게 기록한 것인지 분명치가 않다. 그러나 전체적으로 볼 때에 에베소에 있는 교회와 아시아에 있는 교회들과 모든 하나님의 교회에 보낸 것으로 볼 수 있다. 요한 서신들은 마치 에베소서와 같이 순회서신이라고 할 수 있다. 구약의 인용이 없는 것이 특징이나 5:21절에 보면 이단에 대한 경고가 나온다. "자녀들아 너희 자신을 지켜 우상에게서 멀리하라"고 했다.

요한 서신들의 기록연대는 네로의 핍박이 68년경에 끝나고 예루살렘의 함락이 디도 대장에 의해 70년경에 있은 후 약 25년간은 침묵 기간이 지난 뒤에 요한은 복음서와 세 서신들과 계시록을 기록하였다. 그러면 요한이 서신들을 기록한 목적은 무엇이었는가? 이에 관해서는 십여 곳에 언급이 나온다(1:4, 2:1, 7, 8, 12, 13, 14, 21, 26, 5:13). 서신들의 내용을 보아서 독자들은 하나님에 대한 어느 정도의 지식을 가지고 있었던 것으로 보인다. 요한은 그것을 확인하고 연장하고 현재 당하고 있는 위험들을 경고하고 있다. 1:1-4절의 내용을 보면 하나님과의 교제와 성도들 간의 교제를 돈독히 하고 그들의 기쁨을 증진시킬 것을 언급하고 있다. 서신에서는 지식에 관해서는 '오이다'(oida)란 말을 사용하고 있는데 이것은 밖으로부터 오는 객관적 지식을 암시하는 말이다. 다음은 '기노스코'(ginosko)란 단어를 13번이나 사용하고 있는데 이것은 내적, 주관적 지식을 뜻하는 단어이다. 즉 그의 지식은 영적 지식임을 표현한 것이다.

요한 서신들의 문체는 아주 독특할 뿐 아니라 독창적이며 매력이 있는 것이 특징이다. 바울이 삼단논법적이라면 히브리서의 저자는 웅변적이고 야고보서는 간결하고 금언적이며 베드로서는 대화적이다. 그러나 요한 서신들은 묵상적이며 서로 대조를 이루는 단어들을 많이 사용하고 있다. 헬라어 공부를 할 때 요한복음이나 요한 서신을 많이 사용할 정도로 단순체로 되어 있다. 단어는 단순하지만 사고는 위엄있는 언어를 구사하고 있다. 잔잔하게 깊이 흐르는 물과 같다. 바울의 로마서를 보면 논리가 정확하고 논쟁을 하나하나씩 다루어가는 신학자와 같다. 그러나 요한은 논쟁을 하지 않고 그냥 진리를 언급할 뿐이다. 문장의 구조는 대조를 이루고 문장의 리드미컬한 운율이 특징이다. 요한의 사상은 서로 궁극적인 대조를 이루는 것은 주목해야 한다. 요한의 언어는 흑백의 색깔이며 희색과 같은 애매한 용어는 사용하고 있지 않다. 요한은 생명과 죽음, 진리와 거짓, 사랑과 미움, 빛과 어두움, 의와 죄, 아버지와 세상, 하나님의 자녀와 사탄의 자녀 등처럼 대조적 용어를 많이 사용하고 있다. 요한은 한 가지 주제에서 다른 주제로 넘어갈 때 아주 치밀하게 지나간다. 그가 논하는 주제를 따라가는 것은 어렵지 않으나 그의 변천은 항상 쉬운 것은 아니다. 깊이 연구해 보면 중대한 연결 고리를 이루고 있는 것을 볼 수 있다. 그의 단어는 누구나 쉽게 관찰하기 쉬운 단어이지만 그 의미는 아주 깊고 오묘하다.

요한 서신들은 삼중성(triplicity)의 특징을 가진다. 가장 대표적인 구절이 요한1서 1:8-10절이다. "만일 우리가 죄 없다 하면 스스로 속이고 또 진리가 우리 속에 있지 아니할 것이요/ 만일 우리가 우리 죄를 자백하면 저는 미쁘시고 의로 우사 우리 죄를 사하시며 모든 불의에서 우리를 깨끗하게 하실 것이요/ 만일 우리가 죄를 범하지 아니하였다 하면 하나님을 거짓말하는 자로 만드는 것이니 또한 그의 말씀이 우리 속에 있지 아니하리라" 이처럼 '만일'이란 말을 세 번씩이나 반복하고 있다.

그러면 요한 서신의 신학은 무엇인가? 요한복음서에서처럼 하나님을 빛으로, 사랑으로, 생명으로 계시하고 있다. 그래서 요한 서신들을 구분하기가 쉽다. 예를 들면 요일1:5-2:29절에서는 하나님을 '빛'으로 언급하고 있어서 신자의 삶이 뚜렷하게 언급되어 있다. 요일3:1-4:21절에서는 하나님을 '사랑'으로 언급하고 있어서 신자의 삶이 뚜렷하게 언급된다. 요일5:1-20절에서는 하나님을 '생명'으로 언급하고 있어서 신자의 삶이 밀접하게 언급되고 있다. 서신의 이런 언급은 요한복음의 서론(1:1-18)과 연결이 된다. 요일1:5절에서 '생명'이 나타났고 요일6-13절에서는 '빛'이 전시되고, 14-18절에서는 '사랑'이 표현되고 있다. 그러므로 요한복음 1:19-12:50절에서는 하나님을 세상에 계시된 '빛'으로 언급한다. 요13-17장에서는 하나님을 제자들에게 나타난 '빛의 계시'로 언급한다. 18-20장에서는 하나님을 모든 사람들에게 나타난 '사랑'으로 언급한다. 따라서 요한복음과 요한 서신들은 서로 깊이 연결되고 있는 것을 알 수 있다.

(4)문학으로서의 유다서

신약성서 가운데 가장 큰 공헌은 두 말할 필요도 없이 13권의 서신을 기록한 바울이고 그 다음은 복음서와 요한계시록과 세 권의 서신을 기록한 사도 요한이다. 그러면 요한은 어떤 인물이었는가? 먼저 그의 가정과 직업을 살펴볼 필요가 있다.

신약성서에는 두 사람의 유다가 있다. 한 사람은 눅6:16절에 나오는 '야고보의 아들 유다'와 다른 하나는 예수의 동생인 야고보(마13:55)이다. 여기서 유다서의 저자는 후자, 즉 예수의 형제인 유다이다. 그는 자신을 사도라고 부르지 않았고 또 사도도 아니었다. 그는 예루살렘 교회의 잘 알려진 대표적 인물이었다. 그가 자신을 예수의 형제인 유다임을 침묵하고 있는 것은 예수의 승천에서 주님과의 육적 관계로 인해 예수의 신성을 가리지 않기 위해서였을 것이다. 우리는 이 야고보가 결혼한 것을 고전9:5절에서 짐작할 수 있다.

그러면 유다서의 독자는 누구인가? 1절에서 이 서신이 일반 독자로 언급하고 있으나 그러나 내용을 볼 때에 유대계 성도들에게 중심을 두고 있다는 것을 내용을 통해서 알 수 있다. 4절과 16절을 볼 때에 어떤 특별한 교회에 보내진 것으로 아마도 팔레스틴에 있는 교회일 것으로 보인다.

유다서는 필체가 야고보서와 유사하며 시적이고, 생생한 것이 특징이다. 이런 특색은 어머니 마리아에게서 물려받았을 것이며 수도사적인 면은 아버지인 요셉에게서 물려받았을 것이다. 유다서는 문체가 좀 지리멸렬하고 울퉁불퉁한 면이 있으나 불과 같은 힘이 있고 헬라어보다는 아람어로 썼을 가능성이 있다. 12절은 유다서의 대표적인 문학적 문체이다.

"애찬에 암초요 자기 몸만 기르는 목자요 바람에 불려가는 물 없는 구름이요 죽고 또 죽어 뿌리까지 뽑힌 열매 없는 가을 나무요"(12절).

이 얼마나 문학적이며 시적 표현인가!

유다서는 내용으로 볼 때에 아마도 주후 70년 전에 기록된 것으로 보인다. 그것은 예루살렘 성전의 파괴에 대한 언급이 없고 교회에 대한 일반적인 기록으로 보아 짐작할 수 있다. 그러면 왜 유다는 이 서신을 기록했는가? 3-4절에 보면 크게 두 가지 이유가 있었던 것으로 보인다.

첫째는 3절에 기록된 대로 "믿음의 도를 위하여 힘써 싸우라"는 일반적 권면과, 둘째는 4절에 "가만히 들어온 몇이 예수 그리스도를 부인하는 자"들을 경고하려는 데 목적이 있었던 것이다.

유다서는 비록 짧은 서신이지만 그러나 그 가르침의 가치는 아주 크다. 왜냐하면 믿음과 행함의 관계 특히 초대교회에 번지고 있는 잘못이나 악의 심판에 관한 교훈 및 배교에 관한 식별법이나 기도의 중요성을 강조하고 있기 때문이다. 특별히 24-25절은 유다서의 중요성을 잘 말해준다.

"능히 너희를 보호하사 거침이 없게 하시고 너희로 그 영광 앞에 흠이 없이 즐거움으로 서게 하실 자 곧 우리 구주 홀로 하나이신 하나님께 우리 주 예수 그리스도로 말미암아 영광과 위엄과 권력과 권세가 만고 전부터 이제와 세세에 있을지어다 아멘"

제6장
묵시문학으로서의 요한계시록

　신약성서 가운데 가장 큰 공헌은 두 말할 필요도 없이 13권의 서신을 기록한 바울이고 그 다음은 복음서와 요한계시록과 세권의 서신을 기록한 사도 요한을 들 수 있다. 복음서와 요한 서신들은 헬라어가 능통하지만 계시록은 뛰어나지는 않다. 그래서 계시록을 기록한 것이 사도 요한이 아닐 수도 있다는 주장이 나오지만 그러나 계시록 서론에 자신의 이름을 '그 종, 요한'이라고 뚜렷하게 언급하였기 때문에 저자도 사도 요한인 것을 의심할 여지가 없다. 3세기 프랑스 파리의 초대주교인 디오니시우스(Dionysius: 200-265)는 사도 요한의 신학적 용어와 사상의 특징을 열여덟 가지로 언급하고 있다. 요컨대 계시록의 단어는 완전히 이국적으로 다르고, 감동적이며 접근법이 다르고 음절이 다르다고 했다.

　여기서 우리가 알아야 할 것은 신약의 묵시문학이 계시록에만 있는 것은 아니란 점이다. 예를 들면 살후2:1-12절은 말할 것도 없고, 살전4:16절 5:2절 고전15:23-52절은 다 묵시문학적 요소를 지니고 있다. 심지어 복음서에도 묵시문학이 나온다. 예를 들면 눅12:8절이하나(비교, 막8:38절), 막8장은 물론 눅17:22-37절은 다 묵시문학적 표현을 하고 있다. 복음서의 묵시문학적 표현은 예수를 단순히 구세주로만 보지 않고 메시아, 혹은 인자라고 표현하고 있는 것이 특징이다. 또 다른 묵시문학의 특징은 역사를 이원론적으로 표현하고 있다는 점이다.

다시 계시록으로 들어가 보자. 계시록을 기록한 것은 1:9절에 보면 '밧모'라고 했는데 이 섬은 에게해 바다의 불모의 바위로 된 주변 길이가 18마일 되는 곳이다. 독자들은 모든 세대의(22:6) '하나님의 종들'이라고 했다. 문학적 형태는 당시의 예언문학과는 다른 묵시문학의 장르에 속해있다. 그러므로 계시록을 읽을 때나 해석할 때에 이 점을 유념해야 한다. 계시록의 기능은 고난과 핍박 속에서 미래에 오실 이스라엘의 오랜 숙원인 구원자를 기다리는 자들을 위로하고 용기를 주려는데 목적이 있다. 그래서 일제 때 우리 민족이 자유를 잃은 체 일본의 억압 속에서 살 때에 가장 많이 읽혔던 책이기도 하다.

그러나 성서 안에는 계시록 외에도 여러 묵시문학적으로 된 기록들이 있다. 예를 들면 이사야 24-27장, 에스겔 37, 다니엘 7-12장, 스가랴 9-14장, 심지어 막13장 1-37절, 마태복음 24장 1-52절, 누가복음 21장 5-36절은 '작은 묵시록'(Little Apocalypse)이라고 부를 정도이다. 또 고린도전서 15장, 유다서, 베드로후서, 데살로니가 후서 1-2장을 비롯해서 여기저기에 흩어져 있는 서신들에도 묵시문학적인 특징이 나온다. 우리가 정경으로 인정하지 않지만 제2 에스드라서나, 바룩서의 일부도 묵시문학의 장르로 기록된 책들이다.

그러나 교회역사를 보면 이 묵시문학들을 예언서로 다룬 경우가 많이 있으나 엄밀하게 말해서 묵시문학은 예언문학과는 아주 다르다. 물론 예언서와 묵시문학은 둘 다 부분적으로는 환상적 문학의 특징을 가지고 있으나 묵시문학은 엄연히 다른 특징을 가지고 있다. 놀라운 것은 요한계시록은 옛날에는 묵시록이라고 불렀다는 점이다. 본래 묵시란 말은 아포칼립시스(apocalypsis)란 말에서 온 것으로 '숨은 것을 들어내 보인다'는 뜻이다. 환상과 상징으로 되어 있기 때문에 난해한 책으로도 유명하다. 문법까지도 특수해서 보통 헬라어 문법과는 달리 셈 어계(語系)의 문법으로 되어 있다.

요한계시록은 엄밀하게 말하면 전체적으로는 설화적 형태를 가지고 있지만 7교회에 보내는 편지(2장과 3장)의 내용을 보면 바울 서신처럼 서신 장르로 되어 있다. 그럼에도 불구하고 묵시문학으로 보는 것은 4장 이하의 내용이 서술적이 아니고 독자들을 일깨워주려는 묵시문학적 장르로 되어 있다. 요한계시록의 특징은 많은 상징들이 나오고 모형론적 이미지들(archetypal images)과 모형론적 플로트들(plots)로 되어 있다는 점이다.

위에서도 모형론에 대해 약간 언급했지만 우리는 이 모형론이 구약과 신약과의 관계를 밀접하게 연결시켜주는 연결고리인 것을 볼 수 있어야 한다. 그것은 바로 모형론의 사용이다. 가장 대표적인 것 중에 하나는 고전 10장 4절이다. 모세 때에 반석을 쳐서 생수를 마시게 한 것은 바로 반석되신 예수 그리스도의 모형이라고 해석한 점이다. 이 모형론은 문학적 장치로서 성서를 이해하고 해석하는데 아주 중요하다. 그러므로 우리가 성서의 문학성을 연구하려면 모형론을 이해해야 한다.

그러면 왜 모형론이 중요한가?

첫째로 하나님께서 모형론에 큰 가치를 부여하고 있기 때문이다. 그러므로 이 모형론은 성령께서 인도하신 중요한 방법이다. 구약에서 장막은 앞으로 있게 될 성전의 모형이요 더욱 중요한 것은 그리스도의 모형이기 때문이다.

둘째로 주님께서 가르치실 때 많은 모형들을 활용했기 때문이다. 누가복음 24장에 엠마오로 가는 제자들에게 부활하신 주님인 것을 깨닫게 한 것은 주님이 자신을 모형론적으로 설명해주었기 때문이다.

셋째로 주님은 모형론적으로 가르치시기도 했지만 신18:15-19절에서 모세는 앞으로 오실 메시아를 모형론적으로 설명한데서도 볼 수 있다. 예수님의 사역을 장막, 제물, 축제로 언급한 것도 모형론적 예이다.

넷째로 신약의 저자들이 모형론적 설명을 많이 하고 있다는 점이다(고전 15:4). 레위기의 유월절(23장)도 예수님에 대한 모형론적인 해석에서 보다 분명하게 나타난다.

다섯째는 신약에 모형론적으로가 아니면 이해할 수 없는 수많은 구절이 있기 때문이다. 사도행전 3장에서 베드로가 주님의 오심을 설명할 때 레위기 25장의 나팔 절을 모형론적으로 설명한 것을 볼 수 있다.

특별히 요한복음에 모형론적 인용이 많이 나온다. 예수를 '하나님의 양'으로 언급할 때 아벨의 양(창4장)으로 본 것을 비롯해서 예수 자신을 성전으로(요2장), 만나로(요6장), 생수의 근원으로(요7장), 세상의 빛으로(8장과 9장), 목자로(10장), 한 알의 밀(12장), 놋대야로(13장), 참 포도나무로(15장) 묘사한 것은 다 모형론적 가르치심이다.

모형론적으로 기록된 것은 갈보리에 대한 기록들에서도 볼 수 있다. 예를 들면 아벨의 양으로서의 제물됨을 통해 피 흘림이 없이는 사함이 없다는 교훈을 본다. 우리가 가장 잘 알고 있는 것은 예수의 십자가를 유월절에 피 흘려 죽는 양(the Paschal Lamb)으로 본 것이다. 그것은 출12장 13절에 나오는 "내가 피를 볼 때에 너희를 넘어가리니 재앙이 너희에게 내려 멸하지 아니하리라"는 구절에서 잘 알 수 있다. 이것은 민21장에서도 잘 나타난다.

"불 뱀을 만들어 장대 위에 달라 물린 자마다 그것을 보면 살리라"(8절)고 했고 그 다음 9절에는 "놋뱀을 쳐다본즉 살더라"고 했다. 다음은 부활에 관한 모형론이다. 고린도전서 15장 4절에 바울이 "성경대로 사흘 만에 다시 살아나사"라고 한 것은 창세기에 나오는 아라랏 산에 만든 노아의 방주의 예를 그림자로 언급한 것이다. 또 레위기에서 우리를 씻기 위한 준비에 대한 모형은 장막의 경우에서 모형론적으로(그림자로) 나온다. 다시 말하면 신약의 진리(모형)가 구약에 '그림자'로서 언급된 것을 모형론이라고 말하는 것이기에 어떤 면에서 구약이 그림자라면 신약은 모형이란 말이다. 이상에서 우리는 구약성서가 신약성서의 그림자이며 신약은 구약의 모형이며 본질인 것을 볼 수 있다.

특히 9장에 나오는 사탄에 대한 표현들은 많은 상징들로 되어 있다. 1절에 나오는 '떨어진 별'은 타락한 천사 즉 사탄에 대한 것으로 그가 무저갱(지하로 내려가는 구렁: 가톨릭성서의 번역)의 열쇠를 받았다고 했다. 다음에 나오는 '연기'는 거짓과 미혹, 죄와 슬픔 및 도덕적 타락을 상징한 것이다. 그 다음에 나오는 '황충'(메뚜기)은 출10:12절에 나오는 여덟 번째 재앙으로 언급된 상징이다.

역사적으로 보면 이런 묵시문학은 계시록처럼 그리스와 로마가 팔레스타인을 점령했을 때 일어났고 그 이전에는 에스겔과 다니엘처럼 바벨론 포로시대에 일어난 것을 볼 수 있다. 다시 말해서 주전 586년에서 주후 100년 사이에 이스라엘이 아주 불안했던 시대에 나타난 것이다. 이 때 사람들은 이제 모든 것이 끝나는 마지막 시대가 되었다고 보았다. 이런 때에 해독을 필요로 하는 묵시문학이 기록된 것이다. 이 묵시문학은 예언문학과는 비슷한 것 같으면서도 본질적으로 다르다. 공통점은 둘 다 하나님의 주권과 죄의 문제를 다룰 뿐 아니라 시간이 끝날 때 하나님의 개입을 강조한다는 점이다.

예언문학과 묵시문학의 차이점은 다음과 같다.
1. 예언문학은 처음에 예언을 하고 나중에 기록했으나 묵시문학은 예언 없이 처음에 바로 기록한 점이다.
2. 예언문학은 일반 언어로 기록한데 반해서 묵시문학은 기호언어인 상징들을 통해서 이원론적으로 기록되었다는 점이다.
3. 예언문학은 열매 없는 명목상의 신자들을 비판하고 있으나 묵시문학은 남은 자를 확인하고 장려한다는 점이다.
4. 예언문학은 회개와 믿음을 강조하고 있지만 묵시문학은 역사적으로 인간들에 대한 비관적 전망과 함께 종말론을 중심으로 의로운 남은 자들을 위로하기 위해 기록했다는 점이다.
5. 예언문학에서는 예언자가 하나님의 말씀을 듣는 입장에 있으나 묵시문학에서는 하나님의 계시를 보는 것이다.
6. 예언문학은 단편적인데 반해서 묵시문학은 사상의 체계를 이

루고 있다는 점이다.

7. 예언문학은 민족 전체에 관계하는 반면에 묵시문학은 개인의 관심사를 기록하고 있다는 점이다.

그러면 묵시문학의 주제는 무엇인가?

1. 하나님께서 악한 백성들과 싸워서 악의 세력을 싸워 멸망시키고 새 하늘과 새 땅을 만든다는 내용으로 기록하고 있다.

2. 묵시문학은 현 시대에 대한 절망과 부정으로 기록되고 새 시대를 갈망하는 것으로 되어 있다.

3. 현시대를 악으로 보고 내세는 선이라는 이원론적 사고를 하고 있다.

4. 수많은 상징적 언어로 기록되었고 미래 다가올 새 시대에 대한 간절한 기대를 가지고 있다는 점이 예언문학과 다른 점이다.

그 중에서도 요한계시록의 숫자에 대한 상징적 의미는 특별하다.

예를 들면 하나(1)란 숫자는 기본수요 일치를 뜻한다. 둘(2)이란 숫자는 연합을 상징하기도 하지만 나눔과 분리를 의미하기도 한다. 셋(3)은 신성의 충만함을 의미하고 넷(4)이란 숫자는 에덴동산에 흘러내리는 네 강처럼 세상의 숫자이다. 신약에서는 세상을 위해 4복음서를 기록했다. 이것은 에스겔(1:5-10)의 환상에 잘 나타나고 있고 다니엘에서 바벨론, 페르시아, 그리스, 로마로 세상을 넷으로 언급하고 있다. 다섯(5)이란 숫자는 은혜의 뜻을 가진다. 모세의 오경이 대표적이다. 여섯(6)이란 숫자는 완전수인 일곱에서 하나가 모자란 인간의 숫자를 의미한다. 일곱(7)이란 숫자는 3+4=7 즉 완전 숫자이다. 성서에서 가장 많이 나오는 숫자이기도 하다. 계시록만 해도 일곱 교회(2:1-3:22), 일곱 인(6:1-8:1), 일곱 나팔(8:2-11:8), 일곱 인물들(여자, 용, 남자아이, 천사장, 남은 자, 바다에서 올라온 짐승, 땅에서 올라온 짐승들), 일곱 대접재앙(15:1-16:21), 일곱 가지 심판들(17:1-20:15), 일곱 가지 새로운 것들(21:1-22:21: 새 하늘, 새 땅, 새 성, 새 나라, 새 강, 새 나무, 새 보좌)을 볼 수 있다. 여덟(8)이란 숫자는 완전 숫자인 7 다음이므로 새로운 시작을 의미한다. 그래서 나은지 팔일 만에 할례를 받았고(눅2:21) 예수께서는 제자들에게 새로운 시작을 위해 팔복을 말씀했다. 열(10)은 율법을 대표하는 숫자이기 때문에 십계명을 주신 것이다. 열둘(12)이란 숫자는 하나님의 능력과 권위를 뜻하는 숫자로 구약에 12지파, 신약에 12사도를 임명했다. 사십(40)이란 숫자는 시험 숫자로서 홍수 심판 때 40일간 비가 왔고, 예수께서 40일간 금식했다. 특히 계시록 7장에 보면 인 맞은 자의 숫자가 144000이라고 했다(계7:4). 이 숫자는 $12 \times 12 \times 1000 = 144000$을 의미한다. 이것은 구약의 대표인 12지파에 신약의 대표인 12사도들을 더한 수에 인간의 완전수인 10을 세 번 곱한 수인 1000을 곱한 숫자이다. 즉 천국에 갈 사람들의 숫자를 상징적으로 기록한 것이다. 이처럼 묵시문학에서는 숫자에 의미를 부여하고 있다.

묵시문학의 구조는 어떻게 되어 있는가?

계시록은 여러 가지의 구조로 된 건물처럼 다양한 것이 특징이고 해석도 다양하다. 그러나 1:19절에서 계시록 해석의 실마리를 찾으면 된다. 구조를 보면 1-3장까지는 똑 바로 가고 있으나 나머지 부분들은 다양하게 해석해야 한다. 특히 세 번에 걸친 7인 재앙과 7나팔 재앙과 7대접 재앙은 마치 용수철처럼 반복되면서 전진하듯이 해석해야 하므로 복잡한 것이 특징이다.

계시록의 공헌은 무엇인가?

첫째는 메시아사상과 종말론을 강조한 점, 둘째는 부활사상을 강조한 점, 셋째는 현실의 고통을 인내하도록 해주고 소망을 갖게 해준 점이다.

필자가 계시록을 연구하면서 놀란 것은 사탄에 대한 자세한 언급이 없다는 점이다. 다만 사탄이 역사하는 내용을 언급하면서 23개나 되는 이름을 가진 존재란 점이다. 묵시문학에 있어서 사탄의 기원과 사역을 연구하는 것은 아주 중요하기 때문에 여기서 간단하게 기술하려고 한다. 사탄은 창세 전(영원)에 하나님께 가장 사랑을 많이 받았던 루시퍼, 계명성이었다. 그러나 그가 하나님과 같아지려고 수많은 천사들 중에 삼분의 일을 끌어다가 자신의 부하로 만들고 하나님께 대항했다. 이 사탄에 대하여는 사14:12-17절, 겔28:12-19절에 은유적으로 언급한 것과 계12:4절에 불과하다. 감사한 것은 그것도 필자가 사탄학에 대한 공부를 하는 가운데서 발견한 것이다.

귀신들은 어디서 왔나?

사탄과 귀신들은 본래는 천사들이었으나 천사장이었던 루시퍼에게 유혹되어 함께 하나님께 반역하였고 그것이 오늘날 우리 성도들을 괴롭히는 존재가 되었다. 천사들은 지·정·의(知情意)를 가진 존재로 하나님의 심부름을 하는 영적 존재들이다. 그러나 이 사탄과 귀신들은 창조물이기 때문에 영원한 존재는 아니다.

사탄을 물리치는 비결은 무엇인가?

사탄의 역사는 거짓말하게 하고(요8:44), 믿지 않는 사람의 마음을 가지며(고후4:4), 의로움으로 가장(고후11:13-15)한다, 기적을 일으키고(딤후2:9), 유혹하여 죄를 짓게 한다(마4:1-11), 말씀을 뽑아내고 신앙을 죽인다(막4:1-9), 아픔과 질병을 준다(눅13:16), 살인자(요일3:12)이며, 사역자들을 대적한다(살 전2:17-18), 신자들을 고소하는(계12:10) 등등의 활동을 한다. 가장 무서운 것은 교만이다. 루시퍼가 마귀가 된 것도 하나님과 같아지려는 교만 때문이었고, 아담과 하와가 죄를 범한 것도 하나님과 같아지려는 교만 때문이었다. 여기서 우리가 주목할 것은 사탄의 이런 역사에도 불구하고 우리는 예수 그리스도의 십자가와 부활과 승천함으로 인해서 '이미' 승리하였으며 '이제는' 주님만 믿음으로 꼭 붙들면 우리는 반드시 승리한다(요일3:8; 히2:14; 골2:15; 계20:10)는 점이다.

요한계시록은 어떻게 해석해야 좋은가?

바른 해석을 위해서는 먼저 요한계시록의 목적과 특징을 아는 것이 중요하다. 필자가 세 번에 걸쳐 출판한 요한계시록 강해서를 참조하면 좋을 것이다. 요한계시록의 목적은 1:1절에 명시되어 있다.

"예수 그리스도의 계시라 이는 하나님이 그에게 주사 반드시 속히 될 일을 그 종들에게 보이시려고 그 천사를 그 종 요한에게 보내어 지시하신 것이라"

이 구절만 보면 요한계시록은 예언서처럼 보인다. 왜냐하면 저자의 이름이 명시되어 있고 미래에 일어날 일을 기록하고 있기 때문이다. 그러나 계시록은 비록 저자의 이름이 기록되었으나 요한계시록은 묵시문학에 속해있기 때문에 구약의 다니엘서처럼 해석해야 한다. 사고의 형태가 이분법적 사고에 기초한 것으로 포로시대 이후에 생겨난 예언에 대한 종말론적 재해석이란 점에서 일반 예언서처럼 해석해서는 바른 해석을 할 수 없다.

왜 하나님께서 사도 요한에게 이 책을 기록하게 했는가?

그것은 당시에 시련과 핍박을 받고 있는 일곱 교회의 성도들에게 속히 될 일을 기록함으로써 그들을 위로하고 확고한 믿음을 갖게 하려는데 있었기 때문이다. 요한계시록의 내용은 미래에 반드시 속히 될 일을 기록한 것이지만 엄밀하게 말하면 4장 이후가 미래에 일어날 일을 기록한 것이고, 1-3장은 아니다. 요한계시록 만큼 구약 인용이 많은 책도 없을 것이다. 스위트(Swete)는 요한계시록의 404절 가운데 278절이 구약성서와 관련된 구절이라고 했다. 요한계시록의 문법은 토리(C. C. Torrey)가 예를 든 것처럼 많은 불규칙 변화를 하고 있다. 아마도 이것은 요한계시록 주제의 특수성 때문인 것으로 보인다.

요한계시록을 좀 더 구체적으로 어떻게 해석해야 하는가?

필자가 신학교에서 성서해석학을 가르쳤지만 요한계시록 만큼 어려운 책은 없었다고 기억한다. 크게 네 가지 방법이 있다.

첫째는 과거적 해석방법이고, 둘째는 미래적 해석방법이고, 셋째는 상징적 해석방법이고, 넷째는 교회사적 해석방법이다.

첫 번째의 과거적 해석 방법은 에발트(Ewald), 드 베테(De Wette), 류크(Lucke) 등의 해석방법이다. 이 방법은 주로 자유주의 신학자들이 사용하는 방법의 하나이다. 문제점은 본서의 의도가 미래에 대한 예언(계1:19)임을 인정치 않는 데 있다.

두 번째의 미래적 해석방법은 폰 호프만(Von Hofman), 헹스텐버그(Hengstenberg), 에브랄드(Ebrard) 등의 해석방법인데 이 방법은 주로 세대주의자들과 역사적 전천년설자들의 방법이다. 이 방법은 상징과 문자에 대한 구별이 불분명하고 역사에 대한 곡해가 많을 뿐 아니라 하나님의 일관된 섭리를 부정하는 것이어서 개혁주의자들에 의해서 비판을 받고 있다.

세 번째의 상징적 해석방법은 무(無)시간적이어서 은유적, 상징적으로만 보는 견해이다. 옛날 알렉산드리아학파에서 많이 사용한 방법으로 소위 영해를 주로 한다. 많은 부흥사들이 주로 사용하는 방법이다. 이 방법은 성서를 성서로 해석하지 않고 해석자 마음대로 성서를 요리하는 위험한 방법이다.

끝으로 교회사적 해석방법은 지금까지 필자가 가장 애용하는 방법이다. 개혁주의자들이 주로 사용하는 방법으로서 벵겔, 엘리오트, 헨드릭슨 등의 방법이기도 하다. 이 해석방법은 요한계시록을 예수의 초림에서 재림에 이르기까지의 역사와 신천신지에 대한 서술로 보는 방법으로 가장 무난한 방법이다.

요한계시록을 구체적으로 어떻게 해석해야 좋은가?

위에서도 잠간 언급한대로 그 열쇠가 1;19절에 있다. "그러므로 네 본 것과(과거 계시)/ 이제 있는 일과(현재 계시)/ 장차 될 일(미래 계시)을 기록하라"고 했으므로 계시록을 과거와 현재와 미래의 계시로 해석하면 자연스럽게 분석이 된다. 좀 더 구체적으로 말하면 1장은 과거 계시로, 2-3장은 현재 계시로, 4-22장은 미래 계시로 보는 것이다. (1)과거 계시(1:1-20)는 서론(1:1-8)에서 계시자(1:1)가 그리스도임을 밝히고, 기록자(1:2)는 요한 자신임을 언급하고 있다.

신약의 마태복음이 8복에서 시작했다면 마지막에 나오는 계시록은 7복으로 끝난다. 마태복음처럼 함께 묶어서 기록한 것이 아니라 계시록에서는 여러 곳에 나누어 기록하고 있는 것이 특징이다.

첫 번째 축복(1:3)은 계시록을 읽고 듣고 지키는 자들의 복, 두번째 축복(14:13)은 죽음의 복, 세 번째 축복(16:15)은 회개하는 자의 복, 네 번째 축복(19:9)은 천국의 복, 다섯 번째 축복(20:6)은 부활의 복, 여섯 번째 축복(22:7)은 행함의 복, 일곱 번째 축복(22:14)은 두루마기를 빠는 자의 복을 기록하고 있다.

다음에(1:4-8)는 당시의 서신의 성격에서 흔히 하는 문안의 관습에 따라 그리스도의 은혜와 평강(5절)을 기원하고 그분이 어떤 분임을 밝혀주고 있다. 주님은 "우리를 사랑하사/ 죄에서 우리를 해방하시고/ 우리를 제사장으로 삼으신 분이시며 장차 구름을 타고 오실"(7절) 재림주 임을 밝히고 있다. 1:8절에서는 계시를 주신 주님이 알파와(처음이요) 오메가(나중이신)요 전능한 분이라고 했다. 1:4절에서는 '일곱 영'이라고 상징적 언어로 표현했다. 이것은 이사야 선지자가 성령을 일곱 가지로 묘사한 것처럼 요한도 성령의 일곱 가지의 활동력을 언급한 것이다. 계시록에는 일곱이란 숫자가 많이 나온다. 1:4절에 '일곱 영' 3:1절에 '일곱 별' 4:5절에 '일곱 등불' 5:6절에는 '일곱 뿔' '일곱 눈'이 나온다. 6:1절에 보면 '일곱인 재앙' 8:2절에는 '일곱 나팔 재앙' 16:1절에는 '일곱 대접 재앙'이 나온다. 놀라운 것은 1:7절에 예수의 재림 때의 모습을 상징적으로 기록한 점이다. 그것은 주님의 재림 때에 '구름을 타고 오시리라'(계1:7)고 한 기록이다.

성서에서 구름이란 말은 세키나(shekinah), 즉 하나님의 '영광'을 뜻하는 말이다. 그러나 세키나란 단어는 실제로 성서에는 나오지 않고 다만 유대인들의 용어와 관습에서 볼 수 있는 말이다. 하나님께서 이스라엘 백성들을 광야에서 인도하실 때의 구름이란 말은 실제적 구름으로 이스라엘 백성들이 볼 수 있게 인도했다는 뜻이다. 그러나 예수께서 재림하실 때의 구름은 실제적인 구름이 아니라 세키나 즉 영광 중에 모든 사람들이 볼 수 있도록 오실 재림 주를 언급한 말이다. 이것을 신학적으로는 파루시아(Parousia)라고 말한다. 놀라운 것은 '오시리라'는 말이 진리를 표현할 때에 사용되는 현재시제로 되어 있다는 점이다. 그러므로 1:4절에서 '보좌 앞에 일곱 영'이라고 한 것은 7가지의 성령이 있다는 뜻이 아니라 이사야 11:2절에서 성령 하나님을 7가지("여호와의 신/ 지혜와/ 총명의 신/ 모략과/ 재능의 신이요/ 지식과/ 여호와를 경외하는 신이 그 위에 강림하시리니")로 언급한 것과 같은 뜻이다.

1:9-20절에서는 사도가 본 과거 계시를 9가지로 밝혀주고 있다. 9-10절에서는 요한이 처한 환경을 언급하고 11절과 19절에서는 요한이 받은 명령을 언급한 뒤에 12-18절과 20절에서는 인

자의 환상을 상징적 용어로 8가지로 표현하고 있다. 역사의 주인이신 주님을 8가지로 언급한 것은 위에서도 언급했지만 새로운 시작을 의미할 때 사용하는 상징적 숫자이다. 계시록에서 7가지의 축복을 언급한 것은 그것이 완전수(3+4=7)를 의미하기 때문이다.

재림하실 예수의 모습을 9가지로 언급하고 있다.

(1) '발에 끌리는 옷'을 입었다고 했다. 이것은 예수의 삼대직분의 하나인 대제사장의 모습이다.

(2) '가슴에 금띠'를 띠었다는 말은 왕으로서의 모습을 언급한 것이다.

(3) '머리와 털의 희기가 흰 양털 같고 눈 같다'고 한 것은 예수의 신성과 순결함을 말한 것이다.

(4) '불꽃 같은 눈'을 가지셨다는 말은 예수께서 우리의 모든 사정을 다 보시는 능력과 심판주이심을 언급한 것이다.

(5) '발은 풀무에 단련한 빛난 주석' 같다고 한 것은 재림주의 강력한 심판을 상징하는 말이다.

(6)예수님의 '음성은 많은 물소리와 같다'고 한 것은 재림주가 선지자, 예언자로서의 영광과 위엄을 가지신 분이라는 뜻이다.

(7) '오른 손에는 일곱 별'이 있다고 한 것에서 오른쪽이란 표현은 존귀와 능력을 상징하는 뜻이고, 일곱 별은 2-3장에 나오는 7교회들을 상징적으로 대표한 뜻이다. 다시 말해서 모든 교회는 주님의 보호와 권능 안에 있다는 말이다.

(8)그 입에는 '좌우에 날선 검'이 나온다고 한 것은 히4:12절의 말씀과 같이 "예리하여 혼과 영과 및 관절과 골수를 찔러 쪼개기까지 하며 또 마음의 생각과 뜻을 판단"한다는 뜻이다.

(9) '그 얼굴은 해가 힘 있게 비취는 것 같다'는 말은 재림주의 영광을 뜻하는 말이다. 따라서 1장은 과거 계시라고 할 수 있다.

다음 2-3장에서는 7교회에 보내는 편지로서 당시의 교회의 형편을 대표적으로 (7이란 숫자의 뜻) 기록하고 있다. 여기에 나오는 7교회는 사도 당시의 교회들뿐 아니라 현재와 미래의 모든 교회를 대표적으로 언급한 것이다. 7교회의 내용을 보면 세 가지 내용의 교회를 언급하고 있다.

첫째는 칭찬만 받은 두 교회인 서머나 교회와 빌라델비아 교회의 둘을 언급하였다.

둘째는 칭찬과 책망을 받은 두 교회인 에베소 교회와 버가모 교회와 두아디라 교회의 셋을 기록하고 있다.

셋째는 책망만 받은 교회로서는 사데 교회와 라오디게아 교회의 둘을 언급하고 있다. 이 7교회는 당시에 실제로 있었던 터키지역의 교회들로서 지금은 그 옛날의 터전을 볼 수 있는데 필자가 조사한 바로는 에베소 교회가 가장 분명하게 남아있다.

4장에서 22장까지는 미래에 있게 될 5묵시를 기록하고 있다. 따라서 요한계시록은 과거 계시(1장)와 현재 계시(2-3장)와 미래 계시(4-22장)로 되어 있다. 미래 계시의 구조는 교회사적인 점진적 계시로 되어 있다. 이 해석 방법은 두 가지 특징을 가진다. 첫째는 교회사 안에서 해석한다는 점과 둘째는 그 모든 사건이 점진적으로 일어난다는 점이다. 특별한 것은 삼대 계시인 일곱인 재앙과 일곱 나팔 재앙과 일곱 대접 재앙이 차례대로 일어난다는 점과 그 사이에 5번에 걸친 중간 계시 즉 보조적인 계시가 나온다는 점이다 (7:1-17/ 10:1-11:14/ 11:1-14:20/ 16:13-16/ 17:1-19:9). 다음은 20-

22장에 있게 될 7가지 사건이 나온다. 그 사건은 (1)그리스도의 재림(19:11-16), (2)아마겟돈 전쟁(19:17-21), (3)사탄의 결박(20:1-3), (4)천년왕국(20:4-6), (5)마지막 사탄의 반격(20:7-10), (6)흰 보좌 심판(20:11-15), (7)신천신지(21:1-22:5)이다. 끝으로 22:6-21절에서 맺는말로 요한계시록은 끝난다.

요한계시록에서 주목할 점은 창세기에서 일어난 사건이 계시록에서 결론이 난다는 점이다. 따라서 요한계시록은 창세기와 대조하면서 인류 역사가 일어나고 살아지는 것을 대조하여 보면 더욱 재미가 있다. 창세기에서 일어나 계시록에서 끝나는 중요한 것을 보면, 창1:1, 에덴동산(처음 하늘과 처음 땅)- 계21:1, 하나님의 나라(새 하늘과 새 땅)/ 창3:22-24, 생명나무(타락 후에 금지된 나무)-계22:2(천국에서 허락된 생명나무)/ 창3:16(죄, 슬픔, 고통의 시작)-계21:4(죄, 슬픔, 고통이 끝남)/ 창2:17(첫 사망)-21:4(첫 사망이 해결되어 다시는 사망이 없음)/ 창(첫 아담의 통치)-계(둘째 아담의 통치)/ 창11장(바벨탑: 반역)-계18장(바벨론의 멸망)/창3:3(사탄이 하나님의 말씀을 가감)-계22:18-19(말씀 가감한 자에 대한 심판)/ 창1:1(만물의 시작)-계22:20(만물의 종말) 등으로 되어 있다.

그러므로 계시록은 성서 전체와 연결되어 있으며 특히 구약과 밀접한 관계를 가지고 있다. 많은 상징들은 헬라적이지 않고 로마적이지도 않고 히브리적이란 특성을 가진다. 더욱이 계시록은 신약의 구조나 역사성이나 영성이 밀접하게 연결되어 있다. 위에서도 언급했지만 다니엘서와는 뗄 수 없는 관계를 가진다. 더욱 놀라운 것은 창세기와 깊은 연관(위에서도 언급함)을 가진다는 점이다. 서로 대조되는 면은 사탄이 창세기에서는 승리하는 것 같으나 계시록에 보면 실패하는 것으로 나온다. 창세기에서는 사망의 문이 열렸으나 계시록에 와서는 그 사망의 문이 닫힌다. 창세기에서 낙원의 문이 닫히지만 계시록에서는 낙원의 문이 다시 열린다. 창세기에서 잃었던 생명나무가 계시록에서 다시 회복된다. 창세기에 나오는 강도 계시록에 생수의 강으로 변화된다.

따라서 계시록의 가치는 무엇인가?

첫째로 주 예수 그리스도의 정체가 확인되어 그가 알파요 오메가 되심을 확인시켜 준다. 그가 바로 말씀이요 어린 양이요 새벽별이요 왕이심을 말씀해준다.

둘째는 환란과 고통 속에서 살아가는 현재의 성도들에게 확신과 용기와 소망을 준다는 점이다.

셋째로 창세기에서 시작된 역사가 어떻게 종결되는 가를 보여준다는 점에서 성서는 역사의 지도책과 같이 궁금한 모든 것을 계시해주고 있다.

여기서 필자는 예언해석의 가장 중요한 원리 하나를 소개하려고 한다. 우리는 하나님의 나라가 이미 임했는가 아니면 미래에 임할 것인가에 대해 여러 가지 견해를 가지고 있다. 이것에 대해 가장 중요한 해답은 게할더스 보스의 Already but Not Yet(이미 이루어졌으나, 그러나 아직 완성되지는 않았다) 라는 말이다. 우리는 가끔 어떤 교단에 가보면 "당신은 언제 구원받았습니까?" 하고 질문을 받으면 장로교인들은 다 당황하고 망설인다. 왜 그런가? 그것은 위에서 언급한 Already but Not Yet의 예언 성취의 원리를 모르기 때문이다. 질문도 잘못된 것이지만 망설이는 태도도 하나님 나라의 개념을 올바로 모르기 때문이다. 간단히 말하면 하나님의 나라는 이미(Already) 왔으나 아직 이 땅에서는 완성되지 않았다(Not Yet)는 뜻이다. 하나님의 나라의 개념은 '하나님의 통치'에 있다. 따라서 예수가 이 땅에 오셔서 십자가에서 보혈을 흘리시고 부활하심으로 하나님의 통치인 하나님의 나라는 이미 시작되었으나 장소로서의 하나님의 나라는 아직 이 땅에 완성되지 않았다는 말이다.

눅17:21절은 많은 오류를 범하는 구절의 하나이다.

"여기 있다 저기 있다고도 못하리니 하나님의 나라는 너희 안에 있느니라"는 말씀에서 '너희 안에'라는 말은(in you가 아니라 among you) 즉 복수형이다. 따라서 이 구절은 귀신이 쫓겨나고 기적이 일어나는 것은 하나님의 통치로서의 하나님의 나라가 이미 시작되었다는 뜻이다.

결론적으로 필자가 성서를 문학으로 다룬 것은 성서가 다양한 장르를 사용하여 기록되었기 때문이다. 따라서 이 장르를 무시하고 해석하면 보다 깊은 성서의 의미를 알 수가 없다고 본다.

성서의 본질에 관해서는 (1)축자영감설, (2)완전 영감설, (3)유기적 영감설, (4)역동적 영감설, (5)기계적 영감설이 있으나 필자는 역동적 영감설이 가장 무난하다고 믿는다. 사실 성서는 전체적으로 볼 때에 서로 다른 관점에서 기록되었음에도 불구하고 일점일획 오류가 없다는 것은 성령의 영감 때문이다.

신약성서의 저자는 누가 외에는 다 유대인들이며 구약성서는 28명의 저자가 기록했고 신약은 8명(혹은 9명)의 저자들이 기록했으며 직업상으로 보면 왕, 노동자, 정치가, 군인, 제사장, 선지자,

농부, 어부, 시인, 세리, 목자, 의사, 장막 짓는 자, 사업가 등이었다. 언어는 구약이 히브리어와 아람어이며 신약은 코이네 헬라어였다. 구약이 39권, 신약이 27권(3×9=27)이다. 장(章)수로는 구약이 929장, 신약이 260장이며 절(節)수로는 구약이 23,214절이고 신약이 7,959절이며 글자 수는 영어로 356만 6,490단어로 되어 있다. 기록자(대필자)수는 40여 명이며 연대는 구약이 1500년 간, 신약은 약 90여 년간, 합쳐서 1600년 동안에 기록된 책이다. 이렇게 서로 다른 직업을 가진 사람들이 오랜 세월 동안 기록했는데도 서로 모순되지 않게 기록된 것은 성령의 영감으로 기록되었다는 것밖에는 설명할 길이 없다. 성서의 장르는 역사, 율법, 시, 예언, 묵시문학, 지혜문학, 찬송, 비유, 복음, 서신 등 아주 다양하다. 따라서 성서의 깊이를 알려면 그것이 어떤 장르로 기록되었는가를 먼저 이해하고 그 장르에 따라 연구하고 해석해야 한다.

특히 신약성서의 핵심은 예수의 말씀을 바로 이해하는 것이 가장 중요하다. 복음서에 나오는 예수의 말씀은 그 장르가 아주 다양하다. 가장 많은 것이 은유(metaphor)이다. 이 은유를 바로 이해하지 못해 많은 교단으로 갈라졌다. 예를 들면 예수께서 성찬식을 거행할 때 빵을 집으시고 '이것은 내 몸이니'라고 했을 때 로마가톨릭에서는 문자적으로 해석해서 화체설을 주장하고 루터교에서는 공존설을 주장하고 장로교를 비롯한 대부분의 교파에서는 상징설을 주장한다. 이것은 빵과 포도주를 직유(simile)로서 말씀하신 것을 이해하지 못했기 때문이다. 다시 말해서 예수의 시(詩)적 표현을 전혀 이해하지 못한 무지에서 교파가 갈라진 셈이다. 사실 예수는 인류가 낳은 가장 위대한 시인이기도 하다. 또 예수께서 내가

선한 목자라고 했을 때, 그것은 알레고리(allegory)로 표현한 것이
다. 또 마5:29-30에서 '만일 네 오른 손이 너로 실족케 하거든 찍
어 내버리라'고 했을 때 이것을 문자적으로 해석해서 스스로 불구
자가 된 경우도 있다고 한다. 이 비유는 유대인들이 많이 사용하는
과장법(hyperbole)이다. 그러므로 성서를 읽을 때 문학적 이해가 필
수적이다. 물론 성서는 기도로 시작해서 그 영적 면을 이해하지 못
하면 문학적 이해만으로는 그것도 하나님의 음성을 듣지 못한다.

사실 필자는 신학생 시절에 성서를 문학적으로 이해한다는 것에
대해 알레르기 반응을 했다. 그래서 성서를 문학적으로 이해한다
는 것은 성서의 축자영감설을 부인하는 뜻으로만 받아들였고 그것
은 19세기의 고등비평에서나 볼 수 있는 것으로 생각했다. 물론
성서가 하나님의 말씀임에는 틀림없지만 그러나 그것이 인간의 언
어로 표현될 때에는 인간이 사용하는 문학의 형식을 취해서 표현
되었다는 것을 깨달은 후부터는 성서를 보다 깊게 이해하게 된 것
이다. 그런 점에서 본서 『문학으로서의 성서』를 필자가 쓰게 된 이
유이다.

그러면 성서가 문학의 장르로 기록되었다는 것은 우리에게 무엇
을 의미하는가? 그동안 우리가 살펴본 대로 성서의 장르에는 율
법, 복음, 지혜, 서신, 시, 잠언, 역사, 묵시, 드라마, 예언 등 아주
다양하다. 따라서 성서는 해석할 때에 그 장르에 따라 해석해야 한
다. 물론 성서는 기본적으로는 문자적으로 해석해야 하지만 그러
나 그 장르를 무시하면 저자의 뜻을 독자 자신의 자의적으로 해석
하기 쉽다. 그러므로 성서는 해석할 때에 인간 기록자의 뜻을 무시
하면 안 된다. 다음으로 중요한 것은 그 시대적인 배경 속에서 본

문의 뜻을 해석해야 하므로 역사 연구도 중요한 의미를 가진다. 따라서 성서는 해석할 때에 그것을 통해서 뜻하려고 하는 하나님의 영원한 뜻도 찾자내야 하지만 때로는 기록자의 그 시대만의 잠정적인 뜻도 있기 때문에 그것을 구분하는 것이 필요하다. 놀라운 것은 성서 기록자의 직업이나 지식도 제가끔 다르기 때문에 그것도 연구할 필요가 있다. 한 걸음 더 나아가 구약의 히브리어나 아람어의 뜻을 깊이 연구해야 하고 신약의 헬라어인 코이네 헬라어(고전 헬라어가 아님)도 연구해야 한다.

우리가 잘 아는 대로 구약은 표의문자인 히브리어로 기록되었으나 신약은 표음문자로 기록되었다. 그래서 구약에는 시제도 없고 완료와 미완료 두 가지만 있다. 그러나 신약은 시제가 몹시도 다양하다. 과거, 현재, 미래, 과거완료, 현재완료, 미완료 등 아주 다양하다. 또 구약의 히브리어 동사의 기본형은 3인칭 단수이나 신약의 헬라어 동사의 기본형은 1인칭 단수이다. 그래서 창세기 1장에 나오는 하나님은 복수형으로 기록되었으나 신약의 요한복음 서론에 나오는 하나님은 단수형으로 되어 있다. 이런 문학적 특징을 모르면 성서의 해석에 많은 오류를 범한다.

이것으로 좀 부족한 점이 있지만 '문학으로서의 성서'에 대한 글을 끝마치려고 한다. 필자의 지식이 부족하고 시간도 부족하여 좀 더 깊이 있게 성서의 문학성을 다 다루지 못한 점을 안타깝게 생각한다. 그러나 이 졸작이 후배들에게 작은 도움이라도 된다면 그것으로 족하다. 필자에게 문학으로서의 성서를 쓰게 해주신 역사의 주인이신 주님의 영광과 권세가 온 세상에 넘치기를 기도한다. ✣